Das große Buch der
Schwäbischen Alb

Das große Buch der

Herausgegeben von
Ernst Waldemar Bauer
und Helmut Schönnamsgruber

Schwäbischen Alb

Mit Beiträgen von Ernst Waldemar Bauer,
Joachim Hahn, Dieter Kapff, Konrad Plieninger
und Helmut Schönnamsgruber

Konrad Theiss Verlag

Redaktion: Hans Schleuning, Gabriele Süsskind
Bildredaktion und Gestaltung: Rolf Bisterfeld

CIP-Titelaufnahme der Deutschen Bibliothek

Das grosse Buch der Schwäbischen Alb / hrsg. von
Ernst W. Bauer u. Helmut Schönnamsgruber. Mit Beitr. von
Ernst W. Bauer . . . – 2. Aufl. – Stuttgart : Theiss, 1988
  ISBN 3-8062-0574-4
NE: Bauer, Ernst W. [Hrsg.]

2. Auflage 1988
© Konrad Theiss Verlag GmbH & Co., Stuttgart 1988
Alle Rechte vorbehalten
Printed in Germany
Gesamtherstellung: Grafische Betriebe
Süddeutscher Zeitungsdienst, Aalen
ISBN 3-8062-0574-4

Nachweis der Abbildungen

Die Ziffern beziehen sich auf die Seitenzahlen

E. W. Bauer, Ostfildern: 15 unten, 36 oben rechts, 68 links, 70 unten, 71, 75, 80.
I. Bauer, Ostfildern: 46 rechts, 66 unten (2).
H.-J. Bayer, Karlsruhe: 44 rechts.
G. Bernert, Murr: 66 oben (2), 69 unten (nach Hasenmayer), 78 oben, 96, 110 oben, 111, 135, 156 oben rechts, 160 unten, 161 rechts, 166 oben, 168 unten, 173, 177 unten, 182, 184, 188 oben, 192, 199 rechts, 206.
Gemeinde Beuren: 52 oben rechts.
R. Bisterfeld, Leinfelden-Echterdingen: 42 oben, 46 links, 47 oben, 48, 55 unten, 72 unten links, 128 rechts, 179 oben (2), 179 Mitte (2).
R. Bitzer, Albstadt-Tailfingen: 186 oben rechts.
A. Brugger-Luftbild, Stuttgart: 19 (2/50748 C), 37 (2/42142 C), 39 (2/57213 C), 40 oben (2/50728 C), 50 oben (2/47599 C), 52 unten (2/50735 C), 64 links (2/43696 C), 124 (2/60208 C), 131 oben (2/41556 C), 132 (2/55854), 137 (2/42753), 147 oben (2/43082 C), 154/155 (2/43110 C), 162 rechts (2/43608 C), 167 links (2/43524 C), 167 rechts (2/52925 C), 188 rechts (2/51754 C), 191 (2/37089), 203 oben links (2/24466 C), 203 oben rechts (2/56394 C), 203 rechts (3).
R. Christlein, Landshut: 149, 150 links, 153.
D. Dehnert, Göppingen: 8/9, 28/29, 43, 47, 53 Mitte, 55 oben, 59 oben, 64 rechts, 68 rechts, 75 oben, 80 oben, 162 links, 163 Mitte, 170 unten, 172 unten, 198 links, 200 (2), 201 oben links, 201 Mitte, 205 unten.
U. Deusch, Ditzingen: 76, 77 oben (2).
A. Dieter, Mössingen: 44 links, 48/49 Mitte, 60 (3), 78 unten links.
O. Engelhardt, Neresheim: 11 links, 16 unten, 45 unten, 72 unten rechts, 86, 87 (4), 88 (2), 89 (6), 90 (6), 92 (4), 93 (9), 94, 202 unten, 208 oben.
J. Feist, Pliezhausen: 13, 14 unten, 15 oben rechts, 17 unten, 24 rechts (3), 25, 26 oben, 31 oben, 35 rechts, 36 oben links, 40 unten, 52 oben links, 53 unten, 59 unten, 63, 65 unten, 67, 69 oben, 74 oben, 80 unten links, 82, 83, 84 oben, 85, 91, 97, 99 oben rechts, 102 rechts, 103 (3), 104 unten, 105 links unten, 113, 116 links, 117, 121 rechts, 122 rechts, 123, 141 oben 156 unten, 159 oben links, 159 unten, 162 Mitte, 163 rechts, 165 unten, 166 unten (2), 168 oben rechts, 169, 170 oben Mitte, 170 oben links, 172 oben, 175, 179 unten, 180 unten rechts, 181, 183 oben, 185 oben rechts, 189 Mitte, 190, 194 links, 198 rechts, 201 rechts, 202 oben, 204 unten, 205 Mitte, 208 unten, 209.
M. Friedel, Dietramszell: 36 unten rechts.
A. Gmähle, Börtlingen: 30, 33 links, 35 links, 164 rechts, 170 oben links, 205 oben links.
M. Grohe, Kirchentellinsfurt: 11 rechts, 38 (42/2200), 161 links, 183 unten, 199 links, 205 oben rechts.
G. Haseloff, Würzburg: 150 rechts.
Museum Hauff, Holzmaden: 22/23 unten.
Hauptstaatsarchiv Stuttgart: 164 links.
K. Henseler, Tübingen: 17 oben, 20 rechts, 189 oben.
Heuneburg-Museum, Hundersingen: 126.
U. Höch, Stuttgart: 84.
S. Höfler, Tübingen: 129 oben, 131.
Institut für Vor- und Frühgeschichte, Tübingen: 115, 125, 126 unten, 127 (2), 128 links.
Institut für Urgeschichte, Tübingen: 99 unten, 100, 101 oben, 101 rechts, 102 links, 105 links oben, 105 rechts, 107, 108 links, 109.

H. Keppler, Stuttgart: 77 unten (3).
Kreisarchiv Göppingen: 160 oben (3), 171 rechts, 193.
K. Krischke, Esslingen: 21, 26/27 unten, 34, 36 unten links, 54, 58, 62, 65 oben, 72 oben, 79 rechts.
O. Krösche, Wiesensteig: 49.
P. Kruppa, Aalen: 30 oben, 139 oben, 185 oben links, 185 unten.
E. Kulzer, Tübingen: 79 links (3).
G. Laichinger, Laichingen: 176 links, 186 links (2).
Landesdenkmalamt Baden-Württemberg, Stuttgart: 110 unten, 112 links, 112 rechts, 116 rechts, 118 unten, 119, 120, 122 links, 130 unten, 133 rechts, 136, 138, 141 unten, 142, 143, 144, 148, 152 oben.
Landesdenkmalamt Baden-Württemberg, Tübingen: 159 oben rechts.
F. Luwe, Blaubeuren: 168 oben links.
Metz-Verlag, Tübingen: 78.
W. Müller, Stuttgart: 194 rechts, 195 unten, 196 (2).
K. Münzing, Freiburg: 42 unten.
K. Natter, I. Nägele, Stuttgart: 149 links, 152 unten.
B. Pfeifroth, Reutlingen: 98, 99 oben links, 99 Mitte, 106, 108 rechts.
G. Planck, Stuttgart: 151.
W. Pszolla, Freiberg: 211 (2).
Verlag Repro-Druck GmbH, Fellbach-Schmiden: 58 unten.
E. Sauter, Ulm: 74 unten, 174 unten, 176 rechts, 177 oben, 180 links (3), 180 oben rechts, 195 oben.
Schiller-Nationalmuseum, Marbach: 18 unten.
H. Schönnamsgruber, Waldbronn: 207 (2), 208 Mitte.
Verlag J. F. Schreiber Gmbh, Esslingen: 70 oben, 73 (aus »Bauer, Höhlen – Welt ohne Sonne«).
Schwäbischer Albverein: 197.
Silvestris, Kastl: 204 Mitte.
Staatliches Museum für Naturkunde, Stutgart: 22/23 oben, 24 links, 27 oben, 31 unten (Munz), 32, 41, 50 unten, 51, 56 (2), 57.
Staatsarchiv Lüttich: 156 oben links.
Staatsgalerie Stuttgart: 10.
Städt. Galerie Albstadt: 14.
W. Staiger, Essen: 12/13.
W. Straile, Oberstenfeld: 33 rechts, 45 oben, 61, 81, 95, 101 links, 104 oben, 130 oben, 134, 140.
Stuttgarter Luftbild Elsäßer: 189 unten.
Trigema, Burladingen: 186 unten rechts.
T. Uhland-Clauss, Esslingen: 157 links.
Universitätsbibliothek Heidelberg: 158 unten.
Voith, Heidenheim: 187.
G. Weißhuhn, Stuttgart: 133 links, 146.
G. Wiedner, Leinfelden-Echterdingen: 16 oben.
L. Windstoßer, Stuttgart: 18 oben, 114 links.
WMF Geislingen: 188 unten links.
Württ. Landesbibliothek, Stuttgart: 157 rechts.
Württembergische Landesbildstelle, Stuttgart: 171 links, 178.
Württembergisches Landesmuseum, Stuttgart: 114, 118 oben (Augustin), 121 links, 129 unten (Augustin).

Die Luftbilder sind freigegeben von den Regierungspräsidien Stuttgart und Tübingen.

Plüderhausen · Lorch · Mutlangen · Lein · Zöbingen

Altbach · Plochingen · Lichtenwald · Adelberg · Schwäbisch Gmünd · Böbingen an der Rems · Heuchlingen · Wasseralfingen · Westhausen · Baldern · Kerkinger

Deizisau · Wernau (Neckar) · Reichenbach an der Fils · Eberbach an der Fils · Birenbach · Wäscherschloß · Straßdorf · Ober-bettringen · Mögglingen · Braunenberg · A7 · Lauchheim · Baldern

Wendlingen am Neckar · Hochdorf · Roßwälden · Uhingen · Rechberg-hausen · Hohenstaufen · Rechberg · Heubach · Rosenstein · Aalen · Kapfenburg · Kirchheim am Ri · Bopfingen

Nürtingen · Notzingen · Schlierbach · Albershausen · Göppingen · Ottenbach · Hohenstaufen · Stuifen · Rechberg · Waldstetten · Essingen · Volkmarsberg · Oberkochen · Flochberg · Ipf

Kirchheim · KIRCHHEIM unter Teck · Hattenhofen · Jebenhausen · Staufenland · Eislingen/Fils · Unter · Große Scheuer · Härtsfeld

Holzmaden · Zell u Aichelberg · Heiningen · Salach · Stauferneck · Bartholomä · Elchingen · Trochtelfingen

Dettingen unter Teck · Aichelberg · Boll · Dürnau · Süßen · Messe stein · Weißenstein · Lauterstein · Albuch · Königsbronn · Großkuchen

Beuren · Owen · Weilheim an der Teck · Kornberg · Schlat · Donzdorf · Böhmenkirch · Steinheim am Albuch · Rudelsberg · Neresheim · Klosterkirche · Kösingen

Hohenneuffen · Teck · Bößler · Neidlingen · Wasserberg · Gingen an der Fils · Steinenkirch · Söhnstetten · Schnaitheim

Erkenbrechtsweiler · Lenningen · Gruibingen · Blasiberg · Kuchen · Nattheim · Katzenstein

Vordere Alb · Reußenstein · Mühlhausen im Tale · Bad Ditzenbach · Hungerberg · Gussenstadt · Heidenheim an der Brenz · Dischingen

Grabenstetten · Gutenberger Höhle · Drackenstein · Bad Überkingen · Schalksstetten · Mergelstetten · Taxis

Bad Urach · Falkensteiner Höhle · Wiesensteig · Hohenstadt · Amstetten · Zegelwald · Gerstetten · Herbrechtingen · Syrgenstein

Alb · Römerstein · Westerheim · Nellingen · Ursprung · Altheim (Alt) · Weidenstetten · Dettingen am Albuch · Giengen an der Brenz · Bachhagel

Römerstein · Feldstetten · Laichingen · A8 · Merklingen · Scharenstetten · Lonsee · Neenstetten · Eselsburg · Hermaringen

Münsingen · Nattenbuch · Laichinger Tiefenhöhle · Merklingen · Westerstetten · Charlottenhöhle · Vogelherd

Suppingen · Berghülen · Nerenstetten · Niederstotzingen · Sontheim an der Brenz

Mehrstetten · Heroldstatt · Dornstadt · Beimerstetten · Fohlenhaus · Bernstadt · Langenau · Rammingen

Hohen-hundersingen · Blaubeurer Alb · Klosterkirche · Blautopf · Ulmer Alb · Langenau · Asselfingen · Niederstotzingen

Schelklingen · Blaubeuren · Herrlingen · Jungingen · Ulm-West · Autobahnkreuz Ulm-Elchingen · A8

Schmiechen · Blaustein · Ulm-Ost · A8

Allmendingen · Ringingen · Hochsträß · Ulm · Elchingen · Donau · Burlafingen

Wartstein · Neu-Ulm · Pfuhl

Lauterach · Ehingen (Donau) · Erbach · Wiblingen · A7

Ober-marchtal · Munderkingen · Oberdischingen · Opfingen · Donau

Hausen Bussen · Griesingen · Rottenacker

Uttenweiler

N

0 · 5 · 10 · 15 · 20 · 25 km

Autobahn
Autobahnanschluß
Bundesstraße
Hauptstraße
Eisenbahn

Schloß, Burg
Ruine
Kirche
Höhle
Berg

Vorwort

»Die blaue Mauer der Schwäbischen Alb« sieht Eduard Mörike von den Stuttgarter Höhen aus aufsteigen auf seinem Wege zur schönen Lau. So nimmt sie sich heute noch aus und so ist sie Traumlandschaft der Schwaben schlechthin geblieben, wenn sie Wochenende für Wochenende den Rucksack schnüren, die Wanderschuhe anziehen und sich aufmachen, wieder ein Stück dieser ganz Schwaben durchziehenden Gebirgslandschaft zu erkunden.

Ist es die Widersprüchlichkeit, die so ganz dem Charakter des Schwaben entspricht: Weite und Enge, Felsgebirg und Parklandschaft, Romantisches und Ernüchterndes in stetem, überraschendem Wechsel?

Und geht es nur den Schwaben so? Sind nicht zahlreiche »Reingeschmeckte«, sogar Amerikaner, Engländer und Franzosen Freunde dieser herb-schönen Landschaft geworden?

Was verbirgt sich hinter der »blauen Mauer«? Was ist es, was die Alb unvergleichlich macht? Die Herausgeber und Autoren dieses Buches versuchen, diese Fragen zu vertiefen, Antworten zu finden, vor allem aber Einblicke in die Geheimnisse der Schwäbischen Alb zu vermitteln. Sie möchten den Wanderer und Besucher noch offener werden lassen für die Wunder der Schöpfung, die sich hier wie in einem Bilderbuch der Geologie auftun, offener aber auch für die Gefährdung, die der Landschaft durch Industrie und Freizeitgesellschaft droht.

Der Mensch hat die Alb bereits in frühester Zeit genutzt: Die ältesten Kunstwerke der Menschheit stammen aus Höhlen der Schwäbischen Alb. Römer und Kelten haben eindrucksvolle Zeugnisse ihrer Geschichte hier hinterlassen. Zahlreiche Burgen und Burgruinen geben Zeugnis von einer langen Geschichte seit der alamannischen Landnahme bis zu den Anfängen der Industrialisierung, die für die Alb ein neues Zeitalter brachte, die auch das Leben des »Älblers« auf seinem Dorf grundlegend veränderte gegenüber der kargen Zeit, als Wasser noch Mangelware war und nur Fleiß und Erfindungsgabe weiterhelfen konnten.

Mit der Romantik kam die Schwäbische Alb in die Literatur, mit Verkehrserschließung und Industrialisierung im 19. und 20. Jahrhundert wurde die Alb dem »Unterland« immer näher gebracht.

Und dann wurde die Schwäbische Alb »entdeckt«, von den Geologen und Petrefaktensammlern, von den Höhlenforschern, den Botanikern, den Wanderern, aber auch den Häusleund Fabriklesbauern. Und endlich war es die moderne Freizeitgesellschaft nach dem Zweiten Weltkrieg, die die touristische Erschließung mit allen Mitteln des Wohlstands verantrieb und mit der totalen Automobilisierung an schönen Wochenenden zum Massenansturm auf die schönsten Teile der Schwäbischen Alb führte. Heute ist die Überbeanspruchung der einstmals so intakten Landschaft weit vorangeschritten. Rettung tut not!

Freilich wuchs mit der Neuentdeckung der Schwäbischen Alb auch das Bewußtsein bei den Nachdenklichen und Verantwortlichen, daß es so nicht weitergehen kann, daß Beschränkungen des hemmungslosen Landschaftsverbrauchs und Freizeitbetriebs unumgänglich werden, daß Schutzzonen und Reservate eingerichtet werden müssen, bevor es endgültig zu spät ist.

Dieses Buch wurde zum 100jährigen Jubiläum des Schwäbischen Albvereins herausgegeben, um den Freunden der Schwäbischen Alb – Organisierten ebenso wie Nichtorganisierten – ein Gesamtbild der Alb und ihrer Wunderwelt, ihrer Entstehung und Nutzung durch den Menschen zu schaffen, aber auch um das Bewußtsein für die Verantwortung jedes einzelnen zu schärfen für die Erhaltung, die sinnvolle Gestaltung und den Schutz dieser Landschaft an und hinter der »blauen Mauer«, die nicht nur den Schwaben ans Herz gewachsen ist und an der sich auch künftige Generationen noch erfreuen sollen.

Ernst Waldemar Bauer
Helmut Schönnamsgruber

Inhalt

Alb und Jura

Blick über die Alb nach Südwesten. In der Mitte vorne der Farrenberg, rechts in der Mitte der Hohenzollern, im Hintergrund die Schweizer Alpen.

Alb. Ein kurzes Wort genügt, um das Mittelgebirge zwischen Randen und Ries zu benennen. Wer es genauer haben will, hält den Schweizer Jura, die Schwäbische Alb und die Fränkische Alb auseinander, obwohl alle drei im wesentlichen aus Gesteinen aufgebaut sind, die dem Erdmittelalter, genauer gesagt der Jurazeit, entstammen.

Die Jurazeit läßt man vor 195 Millionen Jahren beginnen und vor 145 Millionen Jahren enden. Ihren Namen verdankt sie keinem Geringeren als Alexander von Humboldt. Er erkannte 1795, daß der weiße Kalkstein, der den langen Gebirgszug auszeichnet, einer eigenen geologischen Formation zugehört, eben dem Jura. Namengebend wurde der Schweizer Jura, wobei das keltische Wort »Jura« soviel wie Waldgebirge bedeutet.

Der Name. Schwieriger ist es, den Namen »Alb« zu deuten. Sprachforscher haben ermittelt, daß

»Alb« indogermanischer oder keltischer Herkunft ist. Das erschlossene Wort »alpis« hat die Bedeutung von »Weide, nährender Berg«, also von Alpweide, Hochweide, Alm. Vielleicht heißt »Alb« auch nur ganz einfach Berg, dies meinen die Bauern in Glems, am Fuße der Alb, bis heute, wenn sie sagen: »Mr ganget auf de Berg.« In einer Breite von rund 45 Kilometer zieht sich die Alb vom Randen bei Schaffhausen über rund 200 Kilometer bis zum Ries bei Nördlingen hin. Das ist in unserer Zeit so. Früher war die Alb größer. Den Albvereinler mag es schmerzen, aber das Gebiet der Alb wird kleiner und kleiner. Vor allem von Nordwesten her setzen die Nebenflüsse des Neckars dem Mittelgebirge kräftig zu. Sie sorgen allerdings durch ständige Abtragung auch dafür, daß der markante Trauf der Alb erhalten bleibt, der felsbekränzte Steilabfall, der sie von Nordwesten gesehen als langgestrecktes Bollwerk erscheinen läßt.

Jedem seine Alb

Der Riese Heim ließ den Reußenstein bauen; der grobschlächtige Linkenbold hauste in seiner Höhle hinter dem Raichberg. Sagen gibt es viele von der Alb. Nicht nur von Riesen, auch von nebelhaften Geistern, wie dem wilden Jäger vom Mädlesfels, von's Muotes Heer gar oder von huldreichen Frauen wie der Urschel vom Ursulaberg und der Sibylle von der Teck. Zur Adventszeit vor allem und in den Rauhnächten zwischen Weihnachten und Dreikönig, wenn der Sturmwind durch die kahlen Bäume fegt und Wolkenfetzen über die Bergrücken fliegen, bringen sie sich in Erinnerung.

Märchen sind rar. Große Lieder singt man nicht über das Mittelgebirge zwischen Neckar und Donau. Gedichte und kurze Erzählungen, auch Romane, aber mehr noch eine Fülle ins einzelne gehender Beschreibungen von Land und Leuten, von Geschichte und Kultur und nicht zuletzt von der Natur der Alb gibt es in großer Zahl. Manche sind beispielhaft, wie das grundlegende Werk Robert Gradmanns über das Pflanzenleben der Schwäbischen Alb oder Friedrich August Quenstedts Jura. Die Zahl der Bücher, die mehr sind als nur ein kalenderartiger Aufriß mit großen Bildern, füllt eine Bücherwand. Dazu kommen die alten Oberamtsbeschreibungen und die neueren Kreisbeschreibungen und Heimatbücher, die Texte zu den Karten und die Bücher und Schriftenreihen der Heimatvereine.

94 Jahrgänge haben bisher allein die »Blätter des Schwäbischen Albvereins«. Die ganze Fülle von kurzen, aber wohl gerade deshalb so gerne gelesenen Berichten aus allen Wissensbereichen wird bereits in einem einzelnen Heft deutlich. Da liest man vom Albschäfer, von der Schwäbischen Alb im Satellitenbild, von der schwäbischen Mundart, der Tierwelt zur Zeit

Aus der Höhle im Heimenstein blickt man hinüber zum Reußenstein. Der Höhlenraum ist romantisch vergrößert in dieser

Gouache von Louis Mayer. Der Ausblick aber stimmt. Nur die Fledermäuse sind verschwunden.

des Steinheimer Urmenschen, von Wilderergeschichten und der napoleonischen Zeit, daneben von Aussichten und Wanderungen, von einem Ortsmuseum in Gussenstadt und, wen wundert's, von den bohrenden Fragen der Wanderjugend nach den Ursachen des Waldsterbens. **Die Alb hat viele Freunde:** Theatergruppen und Heimatvereine, Höhlenforscher, Drachenflieger und Segelflieger, Naturschützer und Kletterer, Freunde der Wanderfalken und Freunde des Uhus, Kanufahrer, Reiter und Schiläufer und, wer könnte die größte Gruppe vergessen, die Wanderer. Jeder sucht seine Alb. Immer deutlicher zeigt sich allerdings die Notwendigkeit, die Interessen aller in einem größeren Zusammenhang zu sehen und gemeinsam für die Bewahrung der Heimat einzutreten. Der besonders kritische Naturfreund mag sich angesichts eines neuen Buchs, und sei es selbst zum Jubiläum des geliebten Albvereins mit seinen 116 000 Mitgliedern, sagen, daß man für eine Tonne Papier immerhin drei ausgewachsene Bäume fällen muß. Es mag ihn trösten, daß mancher vielleicht, wenn er dieses Buch gelesen hat, auf unseren Wald ein bißchen besser aufpaßt.

Der Wanderer sucht die stillen, schmalen Pfade abseits der großen Heerstraße. Er liebt den Sonnenschein zwischen den Wacholderbüschen, den Duft von Thymian und Dosten. Am liebsten folgt er dem schmalen Weg am nördlichen Trauf. Er wandert in Gedanken vielleicht, aber nicht gedankenlos. Wandern ist raumgreifendes Schreiten, ermüdend aber zugleich entspannend und erholsam, weil es eben nicht auf

chenglocken in den Tälern nach. Wenn Schnee die Kuppen und Flächen der Höhen bedeckt, zeigt die Alb dem Schiwanderer ihr rauhes, fast sibirisches Gesicht. Im grauen Licht der kurzen Tage verschwimmt der Horizont. Die sanft gebuckelte Ebene ist dann von grenzenloser Weite. **Die Amerikanerin** stammt aus Neu-Mexiko. Schroffe Bergabstürze und weite Ebenen zeichnen den menschenarmen Staat im Süden der

sind ihm die Felder und gepflegten Wiesen eher ein Hindernis. Für seine Herde ist die Weide das Beste. Die Zeit der klassischen Dreifelderwirtschaft auf der Alb war die hohe Zeit des Schäfers: Sommerfrucht, Winterfrucht und Brachland. Lange noch war der Bauer froh, wenn die Herde auf seinem Acker pferchte und ihn düngte. Heute, zur Zeit der »hochentwickelten« Landwirtschaft, tut's ein Sack Kunstdünger.

Kampf, auf Rekord eingestellt ist, vielmehr auf Ausgleich und Erleben. Wanderer können allein sein. Wandern ist aber auch Gemeinschaftserlebnis im Verein mit anderen. Beim Wandern fliegt die Landschaft nicht vorbei, verschmelzen die Bäume nicht zu gestaltlosem Grün. Jedes Blatt bleibt ein Blatt. Der Falter auf der Kratzdistel lädt zum Betrachten ein, die Farben seiner Flügel, seine Bewegungen mit dem langen honigsaugenden Rüssel. Der Wanderer hat Zeit zu schauen. Aus der Betrachtung wird Beobachtung, erwächst Verständnis für die Natur, aber auch für die geschichtlichen Wurzeln unseres Seins. Man begegnet einem Stück Mittelalter in den Burgruinen am Rande des Großen Lautertals, geht im Herbst dem Geläut der Kir-

Ein Kleiner Fuchs saugt Nektar aus den Blüten der Silberdistel. Falter und Distel sind bedroht und stehen deshalb unter Schutz. Wenn sich jeder daran hält, haben Distel und Falter eine Chance.

Die weiten Ebenen der Alb sind für den Langläufer wie geschaffen. Kaum daß er daran denkt, daß er die Weite der Alblandschaft der Arbeit der Bauern verdankt.

USA aus. »Gäbe es die Alb nicht, wäre ich in meiner neuen Heimat Deutschland nie mit dem Herzen heimisch geworden«, sagt sie. »Weil ich mich nach Freiheit sehne, nach einem hohen Himmel und einem weiten Horizont mit flimmernder Luft an heißen Sommertagen, fahre ich auf die Alb und wandere stundenlang zwischen Kornfeldern und Wiesen.«
Der Schäfer teilt dieses Lebensgefühl. Nur

Auch daran liegt's, daß die Schafe nicht mehr so gerne auf den Äckern fressen. Aber es gibt noch Ärgeres, so meint der Schäfer Hans Schurr: »'s Schlimmste für den Schäfer, wisset Se, was des ischt? Des ischt der Schwemmist; da frißt kei Schaf mehr.« Im Namen »Geißentäle« hat sich die Erinnerung erhalten an die Zeit, als die Weidewirtschaft nicht auf Schafe beschränkt war und auch nicht auf die Hochfläche allein, sondern als auch Geißen über die steilen Abhänge kletterten. Die Waldfläche hat zugenommen auf der Alb. Wo früher Schafweide war, steht heute vielerorts ein dunkler Fichtenforst als Trauerrand vor dem Laubwald. Auch das Grünland geht zurück; manche Wiese wird unter den Pflug genommen, um den Anbau von

Futterpflanzen zu verstärken. Viele Kleinbetriebe sind verschwunden und mit ihnen die »handtuchgroßen« Parzellen mit ihren unbewirtschafteten Rändern. Auch dort fanden Schafe mehr als heute. Für typische Albpflanzen und -tiere war noch Platz. Bringt uns die neue ökologische Landwirtschaft auch die Weide zurück?

Försterskinder. Vor dem Ersten Weltkrieg war das alles ganz anders. Eine Familie mit zehn Kindern lebte damals im Forsthaus von St. Johann. Das Gehalt des Vaters hatte die 100 Goldmark-Grenze gerade überschritten. Trotz Dienstwohnung, Holz für die Heizung und einem Anteil an der Jagdstrecke reichte das Geld nur, weil die Förstersfrau mit ihren Kindern die Landwirtschaft umtrieb, die zur Dienststelle gehörte. Ein paar Kühe im Stall, Schweine, Gänse, Enten, Hühner und vor allem Bienen,

Der Schnee kommt früher auf die Alb. Es wird Zeit für den Wanderschäfer Hans Schurr, ins Unter- land zu ziehen. Folgt er dem gußeisernen Wegzeiger, geht's Eningen zu.

dazu natürlich Wiesen und Felder. Die Schule, in die man bei Wind und Wetter zu Fuß ging, lag in Würtingen, eine gute Stunde Wegs entfernt. Eier, frische Butter und Bienenhonig brachte man auf den Markt nach Reutlingen, zwei Stunden hin und zwei Stunden zurück, zu Fuß natürlich. Der häuslichen Pädagogik kam die idyllische Abgeschiedenheit des Forsthauses zugute. Wer schmeißt schon ein zweites Mal ein Fenster ein, wenn die Konsequenz daraus heißt: »Mach's raus, trag's nach Urach zum Glaser und bring's heit no zrick«, zweieinhalb Stunden hin, zweieinhalb Stunden zurück, zu Fuß natürlich. Die ersten Benzinkutschen schnauften die Schottersteigen auf die Alb hinauf. Die Reutlinger Fabrikanten leisteten sich die Ausfahrt in die Sommerfrische. Aber wenn dann das Fahrzeug am Gestütsgasthof geparkt war, kehrte die ländliche Stille wieder ein.

Dreimal hat der Förster seither gewechselt. Die Straßen sind asphaltiert und begradigt. Ein großer Parkplatz dehnt sich in den Wald hinter dem Forsthaus. Die Kinder von einst sind in alle Welt zerstreut. Aber wo sie auch sind hängt ein Bild von der Alb.

Die Deutsch-Amerikanerin stammt von einem Dorf am Fuße der Alb. Als sie wiederkam und die alte Heimat suchte, fand sie »Amerika«. Im Tal vor dem Dorf hatte sich ein Supermarkt angesiedelt. Barbershop und Dry Cleaning, Servicestation und Hamburger, Jogging und Surfen, auf der Tür zum stillen Örtchen: Ladies. Wo Angelika Bischoff-Luithlen kurz nach dem Kriege wenigstens bei den älteren Frauen noch Trachten sah, auf der Ulmer Alb vornehmlich, wo es bei den Männern um Laichingen herum noch das Blauhemd gab, ist im Alltag nicht mehr geblieben davon als »der Schurz« über dem Rock. Auf der Alb zieht man sich auch nicht

Haber und Korn, so nannte man den Dinkel, erntete der Bauer früher auf der Alb. So war das, als Fritz Steißlinger um 1920 dieses Bild malte. Es hängt im Städtischen Museum in Albstadt.

Rechte Seite, links: Weinlands Romangestalten Rul und Repo kämpfen mit dem gewaltigen Höhlenbären.

Von der alten, bescheidenen Tracht ist bei den älteren Frauen auf der Alb der Schurz geblieben. Zum Leiterwägele und zur Schafherde will die akkurat asphaltierte Straße nicht so recht passen.

mehr anders an als sonst im Land. Die Industrialisierung hat aus den Tälern heraus fast jedes Dorf erreicht. Das Auto bringt auch den Älbler überall hin, und »Dallas« kann man in Laucherttal genauso gut empfangen wie in Stuttgart.

Der Gastwirt ist jetzt in den Achtzigern. Er hat die Zeit der Jahrhundertwende gerade noch im Gedächtnis. »Damals«, so meint er, »sind die Buaba und die Mädla am Abed nausgloffa, vor's Dorf. Oimal, zwoimal om da Flecka rom send se gloffa und hend gsonga drzua.« Heute, das weiß er nur zu gut, kommen die Jungen so wenig wie damals abends ins Wirtshaus. »Am Geld dät's ed fehla. Aber sie fahren lieber auf starken Motorrädern, von ihren Mädchen umklammert, ins Tal zur Disco.«

Rulaman. Nur mit Schwaben kann man sich über den Steinzeitälbler unterhalten. Wer die Alb kennt, kennt auch die Spuren und Hinterlassenschaften des eiszeitlichen Menschen. Nur we-

nige Landschaften in Mitteleuropa haben so eindrucksvolle Zeugnisse geliefert. Für viele hat David Friedrich Weinlands »Rulaman« die Tür zur Vergangenheit aufgestoßen, aber auch Gustav Rieks »Mammutjäger vom Lonetal«. Wer wanderte nicht schon auf den Spuren des Rulamans zur Tulka- und zur Huhkahöhle und war überrascht, wie genau Weinland seine Heimat kannte. Nicht wenige sind »Höhlenforscher« geworden, weil der Rulaman eben auch einer war. Sie haben als Kinder damit angefangen und sind nicht mehr davon losgekommen.

Der Naturschützer schätzt die waldfreien Hänge mindestens so sehr wie den Wald. Nicht umsonst hat man den Ipf, den äußersten Vorposten der Schwäbischen Alb, als kahlen Berg unter Schutz gestellt. Niemand möchte eine bewaldete Limburg oder gar den Wald auf dem runden Buckel des Jusi oder am Georgenberg. Längst ziehen auch Albvereinler mit der Heckenschere durch die Irndorfer Hardt, um die

Wacholderheide so zu erhalten wie sie früher war. Damit ist es heraus: Naturschutz ist oft genug ein Schutz der Kulturlandschaft. Nicht der allesbedeckende, teutonische Urwald ist das Ziel des Schutzes, nicht der Rotbuchenwald mit Eichen an den warmen Hängen und Linden mit Bergahorn und Esche in den Schluchten. Was wir wollen, ist Vielfalt, wie sie nur unter der wirtschaftenden Hand des Menschen entsteht. Wald und Steppenheide, Wacholdergebüsch und Hecken sind uns ans Herz gewachsen.

Die geliebte Steppenheide entwickelt sich am ausgeprägtesten im Traufbereich der Alb auf tiefschwarzem Humus und mineralreichen Kalkstein-Schwarzerde-Böden. Dort am äußersten Felsrand, wo nur noch die schmalen Risse und Spalten ein wenig Erde zu erhalten vermögen, wurzeln Blaugras und Traubensteinbrech, Silberwurz und Fetthenne, Küchenschelle und Federgras. Auf diese Felsenränder hat der Naturschützer sein Augenmerk schon

Der Ipf bei Bopfingen ist der nordöstlichste Auslieger der Schwäbischen Alb.

Am äußersten Felsrand wächst das Blaugras.

gerichtet, bevor es Mode wurde, in Naturschutz zu machen.

Der Förster ist natürlich seinem Wald und dem jagdbaren Wild im besonderen verpflichtet, dennoch gehen sein Interesse und seine besonderen Aufgaben weit darüber hinaus. Obwohl die Reviere viel größer geworden sind, und die Büroarbeit, oh Fluch der Rationalisierung, mehr Zeit frißt als früher, ist der Naturschutz mehr und mehr auch von dienstlichem Interesse. Rentabilität um fast jeden Preis ist das Zauberwort von vorgestern. Der Wald ist zwar auch, aber nicht nur, Holzlieferant. Auch Holz kann er auf Dauer nur liefern, wenn das Sterben der Bäume ein Ende findet. Dazu muß aber außerhalb des Waldes mehr getan werden.

Interessant mag es allerdings sein, daß das mit dem Wald auf der Alb so eine Sache ist: Bis zur Wiederkehr der Bäume nach der letzten Eiszeit war die Alb Jahrzehntausende lang kahl. Um die Wende vom 18. zum 19. Jahrhundert waren weite Flächen als Folge übermäßiger Nutzung entwaldet. Vor allem in der Ostalb wurden die Wälder als Holzkohle in den Eisenschmelzen an Brenz und Kocher verheizt. Erst mit der Eisenbahn kam Kohle von der Ruhr. Damit hörte der Raubbau auf. Allerdings setzte mit der Verbrennung fossiler Brennstoffe auch eine vorher nie dagewesene Belastung der Luft mit Abgasen ein. Zum Eisenbahnzug kam das Auto. In unseren Heizungen brennen Öl und Gas. Auch der Förster fährt heutzutage mit dem Auto durchs Revier. Schließlich rücken an jedem schönen Wochenende wahre Heerscharen erholungsuchender Menschen an, um sich auf den Höhen der Alb und nicht zuletzt im Wald zu erholen. »I frog me bloß, worom des älle emmer am gleicha Platz probiaret«, so der Förster, »ond worom fascht älle am liabschda mit ihre Kärra no zwischa de Beem romfahre dädet.« Er hat schon recht. Jeder sollte darum bemüht sein, daß am Ende die Alb samt dem Wald vor lauter Liebe zur Natur nicht in die Knie geht.

Daß das Waldsterben vor den Buchen der Alb nicht Halt macht, hat im übrigen der Forstamtmann, wie er heute heißt, schon früh bemerkt. »Guck doch net ällaweil an de Beem nuff! 's langt, wenn er des Gras und des Kraut und dia viele Büsch em Wald sähet; des gäb's ed, wenn dia Wipfel net so licht wäret, daß d'Sonn sogar em Sommer durchscheina ka.«

Bis heute gibt es auf dem Härtsfeld noch Köhler.

Der Kletterer sucht die rauhen Felszinnen am Albtrauf und über den Tälern.

Der Kletterer mag manchem als reiner Athlet erscheinen. Doch die Kalkstotzen am Albtrauf sind mehr als Trainingsgeräte zur Entwicklung von Kraft und Selbstbeherrschung. Wer den rauhen Fels je selbst gespürt hat, seinen unverwechselbaren Geruch noch in der Nase hat, wer den Vorposten der Pflanzenwelt am abschüssigen Grat begegnet, wird am Ende zum Verehrer der Felsflur und ihrer Geschöpfe. Wenn er schließlich die Höhe erreicht hat und vom Schaufelsen hinabblickt ins Donautal, von der Sirchinger Nadel ins Seeburger Tal oder von einem der Fünffingerfelsen auf den Talkessel von Glems, wird er dies nicht ohne Dankbarkeit tun. Gerade die extremen Sportarten, zu denen zweifellos auch die Drachenfliegerei, das Kajakfahren und die Höhlenerkundung gehören, dürfen aber nicht mehr im Gegensatz zur Natur stehen. Das gilt auch für das Segelfliegen und vor allem den Schilauf.

Der Geologe hat auf der Alb stets sachkundige Gesprächspartner. Der Bauer weiß, auf wel-

Die Amaltheentone im Schwarzen Jura Delta haben die Petrefaktensammler seit jeher angezogen.

chem geologischen Grund und Boden er »sein Sach« hat. Der Kontakt zur »Scholle« ist, wie könnte das im Zeitalter der Technisierung der Landwirtschaft auch anders sein, allerdings nicht mehr so eng wie früher. Man geht nicht mehr mit dem »Karst«, der zweizinkigen Hacke, über die steinigen Felder, sondern mit der passenden Maschine. Und mancher »Schultes« fühlt sich immer aufs Neue versucht, um einem geplagten Bauern zu helfen, die Buckel, auch wenn es zufällig ein paar Grabhügel sein sollten, und die Löcher, auch wenn es sich um bemerkenswerte Dolinen handelt, einebnen zu lassen. Das war im übrigen schon immer so, nur war das technische Handwerkszeug, das zur Nivellierung der Landschaft eingesetzt wurde, weniger leistungsfähig und damit weniger zerstörerisch.

Manches also geht heutzutage unter den Augen des Vorgeschichtsforschers und des Geologen verloren, wenn er nicht, wie sagt man doch, fünf Minuten vor Zwölf wenigstens ein Kreuz für einen Grabhügel und einen Kreis für einen Erdfall auf seine Karte malt. Auch die Zahl der Steinbrüche hat abgenommen. Die ganz großen fressen sich fast zu schnell in den Berg. Zur Zeit sind die Geologen auf der Alb vor allem darum bemüht, das Karstwasser zu kartieren und zu schützen, um eine Lebensgrundlage für uns alle zu sichern.

Der Petrefaktensammler, wie ihn Mörike in seinem Gedicht vorstellt, ist immer noch Leitbild der Menschen, die den Schwäbischen Jura und damit die Alb besonders mögen. Ob nun die Liebhaber der weltberühmten Fossilien am Sonntag die alten Lesesteinriegel zum zehnten Mal abklopfen und Stücke aufsammeln, in denen sie Ammoniten, Terebrateln oder gar Korallen vermuten, oder ob sie den frisch angeschnittenen Hang an einem Waldweg oder am Bachriß systematisch ablesen, macht keinen großen Unterschied. Nur, wenn sie mit schwerem Gerät anrücken, um hinter den Steinbrechern oder, was die Sache noch prekärer macht, ihnen ein Stück voraus fossilreiche Platten abzuheben, dann hört der Spaß auf. Im Albvorland, bei Holzmaden, ist nicht umsonst ein großes Gebiet als Fossilschutzgebiet ausgewiesen.

Der Bauer hat es bis heute nicht leicht auf der Alb. Das Klima ist zwar nicht rauher als in anderen Mittelgebirgen auch, aber in der Südwestalb ist's schon einen Kittel kälter als im Neckarland. Nur ein Viertel der landwirtschaftlichen Fläche ist am Rande der Baar noch Ackerland, während es auf der Ulmer Flächenalb immerhin zwei Drittel sind. Die Zahl der Bauern, aber auch die der Nebenerwerbslandwirte wird weiter abnehmen. Dennoch, ein schöner Garten und ein Stück Land sind immer noch begehrt.

Der neue Dörfler. Die Gemeindereform hat zwar den Charakter vieler Dörfer verwischt. Die Neubauviertel und Gewerbegebiete haben nur selten Schönes bewirkt. An Lebensmut und Lebenskraft haben die Dörfer aber eher wieder gewonnen. Zwar mag uns die renovierte Hüle wie ein Zierteich erscheinen, auch das neue Backhaus und das Theater in der Zehntscheuer sind nicht mehr Teil des alten, bäuerlichen Dorfs. Doch ohne die geteerte Straße mag man eben auch im Dorf nicht mehr sein.

Die Schule allerdings hätte man am liebsten wieder da, wo sie hingehört, bei den Kindern. Auch dem Lehrer würde man lieber im Dorf begegnen als in der nächsten Stadt. Doch das ist beileibe nicht nur auf der Alb so. Schließlich wohnen auch auf der Alb nur Leute wie wir. Ein wenig nachdenklicher sind sie vielleicht bis heute, herber und zurückhaltender immer noch. Dies mag der motorisierte Ausflügler empfinden, der im Strom der Tausende, die es an schönen Tagen auf die Alb zieht, kommt. Gegen ein Entgelt kann er Schlösser, Burgen, Museen, ja selbst die Urnatur der Höhlen besichtigen. Naturtheater und Konzert locken im Sommer. Doch an die Leute auf der Alb kommt er kaum heran. Vielleicht hilft eine neue Offenheit. Die Menschen der Vielmillionenstadt zwischen Albtrauf und Heilbronn haben die Alb als zweite Heimat entdeckt. Beim Kandelfest und bei der Kirbe sind sie in »ihrem« Dorf. Am Wochenende sind die Wirtschaften voll. Nur im Hochsommer wird's ruhiger, aber dann ist auch der Gastwirt im Urlaub an der Costa Brava. Danach merkt man seine Weltläufigkeit auf der Speisekarte: Kräuterflädle und Lachs, Maultäschle an Safransößle mit Grönlandshrimps. »Dr Bauer hätt' des friher net g'fressa!«

Einst war die Hüle oder Wette ein großer Gumpen, in dem sich das Regenwasser sammelte. Die Zaininger Hüle ist heute die Zierde des Dorfes.

Wagen, guckt unterhalb zwischen die Räder, und da kein Mensch zu sehen war, und auf der Ebene weit und breit kein Baum oder Grube, noch sonst des Orts Gelegenheit danach gewesen wäre, daß sich ein Mensch verbergen mochte: stand ihm das Haar gen Berg . . .« Das ist die Alb in einem Satz: ». . . die Ebene ohne Baum, ohne Vertiefung . . .« Das muß man gesehen haben, bevor man Alb so kurz faßt, so treffsicher und nachprüfbar. Kein Wunder bei Mörike; schließlich kannte er die Strecke aus seiner Zeit als Seminarist in Urach. Kein Wunder auch, daß er den Schusterseppe auf seinem Weg nach Blaubeuren und auf dem Rückweg nach Stuttgart die geliebte Alb anschauen läßt, um ihn gewissermaßen zwischen Wirklichkeit und Traum schweben zu lassen, wenn er solchermaßen denkt: ». . . Mit großen Freuden sah er bald

von der Bempflinger Höhe die Alb als eine wundersame blaue Mauer ausgestreckt. Nicht anders hatte er sich immer die schönen blauen Glasberge gedacht, dahinter, wie man ihm als Kind gesagt, der Königin von Saba Schneckengärten liegen. Doch war ihm wohl bekannt, daß oben weithin wieder Dörfer seien als: Böhringen, Zainingen, Feldstetten, Suppingen, durch welche sämtlich nacheinander er passieren mußte . . .« Und dann das Gedicht mit dem Titel: Besuch in Urach. Nur zwei Strophen dieser Liebeserklärung an ein Albtal:

Da seid ihr alle wieder aufgerichtet,
Besonnte Felsen, alte Wolkenstühle!
Auf Wäldern schwer, wo kaum der Mittag
   lichtet
Und Schatten mischt mit balsamreicher
   Schwüle.
Kennt ihr mich noch, der sonst hieher
   geflüchtet,
Im Moose, bei süß-schläferndem Gefühle,
Der Mücke Sumsen hier ein Ohr geliehen,
Ach, kennt ihr mich, und wollt nicht vor mir
   fliehen?

Längst ist die Industrie aus dem Vorland auf die Alb gewandert. Ihre Qualität hält jedem Vergleich stand.

Eduard Mörike zeichnete diese Karte in seiner Ochsenwanger Zeit. Kaum einen Weg, den er da nicht kannte.

Der Industriearbeiter von der Alb war jahrzehntelang Pendler. Nicht, daß es auf der Alb gar keine Industrie gegeben hätte; in Laichingen die Leinenweberei, Feinmechanik und Trikotagen im Schmiechatal. Bis heute aber ist es so, daß viele die lange Fahrt von der Alb herab bis zu den finanzstarken Großbetrieben in den Tälern auf sich nehmen. Doch hat inzwischen die Industrie auch die Alb erfaßt. Die Zahl der Pendler hat abgenommen. Bei kürzerer Arbeitszeit bleibt mehr für das Leben im Dorf. Allerdings, wenn der Großbetrieb, von dem das Dorf abhängt, auf Schichtbetrieb angewiesen ist, lebt das ganze Dorf in Schichten, bis hinein in die Vereine.

Dichter haben viele Bilder der Alb eingefangen. Die eindrucksvollsten Skizzen beschränken sich auf Ausschnitte: »Zehn Ochsen und ein Bauer sind zwölf Stück Rindvieh«, läßt Mörike im »Stuttgarter Hutzelmännlein« den unsichtbaren Seppe auf dem Wagen des Böhringer Bauern spotten. »Der Bauer, mit offenem Maul, schaut um, schaut über sich die Sperlachen, horcht, ruft Oha dem Gespann, steigt ab dem

Hier wird ein Strauch, ein jeder Halm zur Schlinge,
Die mich in liebliche Betrachtung fängt;
Kein Mäuerchen, kein Holz ist so geringe,
Daß nicht mein Blick voll Wehmut an ihm hängt:
Ein jedes spricht mir halbvergeßne Dinge;
Ich fühle, wie von Schmerz und Lust gedrängt
Die Träne stockt, indes ich ohne Weile,
Unschlüssig, satt und durstig, weiter eile.

Der Ästhet. Zum Gebirge wird die Alb durch ihre Täler. Die Mauer gliedert sich beim Näherkommen in einzelne Bastionen, in Berghalbinseln mit ihren Vorwerken, die wie Hohenzollern und Achalm, Neuffen und Teck, Staufen, Rechberg und Stuifen und Ipf, längst von der schiefen Tafel abgetrennt sind. Einzelne Berge sind gerade dabei, sich aus dem Verband zu lösen. Sie zeigen »eckige, ja gebrochene Umrisse«, meint Friedrich Theodor Vischer. Den Staufen allerdings hebt er heraus, auch in seinem Gedicht, das er 1840 niederschrieb, als er den Sarg Friedrichs II. in Palermo gesehen hatte:

Rauh sind die Berge der Alb,
Sargförmig gestreckt und gebrochen,
Harte, gediegene Kraft,
Selten ein Adel der Form.
Aber der Staufen,
In schön geschwungener Linie steigt er
Auf zum Gipfel
Und sinkt in die Gelände herab. –
Wenn du zum Hafen schrittest,
In die lachende Bucht von Palermo,
Mächtiger Kaiser,
Da sahst du wahrlich ein schöneres Bild.

Hohenrechberg und Hohenstaufen liegen als Zeugenberge weit vor der geschlossenen Albtafel. Die verbindende Ebene, der Aasrücken wird vom harten Eisensandstein gebildet.

Das Meer kehrt zurück

Abbildung links:
Die Haifischzähne stam-
men aus der Rätbonebed.
Damals begann ein Meer
Südwestdeutschland auf
Jahrmillionen hinaus zu
überfluten.

Ein regelrechtes »Ammo-
nitenpflaster« bilden die
Arieten in den dunklen
Kalkbänken von Schwarz-
jura Alpha in der Steinlach
bei Ofterdingen.

Vor 200 Millionen Jahren kehrte das Meer in das Germanische Becken zurück. Gegen Ende der Triaszeit rückte es langsam von Nordosten nach Südwesten vor. Damals entstand der helle, feinkörnige Rätsandstein. Vor allem in der Gegend von Bebenhausen und Pfrondorf ist der Spülsaum des vorrückenden Meeres als Rät-bonebed, als »Knochenlager« also, erhalten: Muscheln, Knochenreste, Haifischzähne und Saurierzähne findet man dort, aber auch die Zähnchen erster säugetierähnlicher Reptilien. Daneben gibt es auch Pflanzenreste, die gelegentlich sogar kleine, aber unergiebige Kohlenlager bilden können.

Zu Beginn der Jurazeit, vor 195 Millionen Jahren, dehnte sich das Meer schon über den ganzen südwestdeutschen Raum aus. Fast 50 Millionen Jahre wird es ununterbrochen so bleiben. An menschlichem Maß gemessen sind 50 Millionen Jahre eine unvorstellbar lange Zeit. Das Gebiet, in dem heute die Schwäbische Alb liegt, wurde allerdings nach der Jurazeit, die vor 145 Millionen Jahren zu Ende ging, nur noch einmal, im jüngeren Tertiär, von Süden her ein Stück weit vom Meer überflutet. Der weitaus größere Teil der Schwäbischen Alb ist seit dem Ende der Jurazeit Festland geblieben.

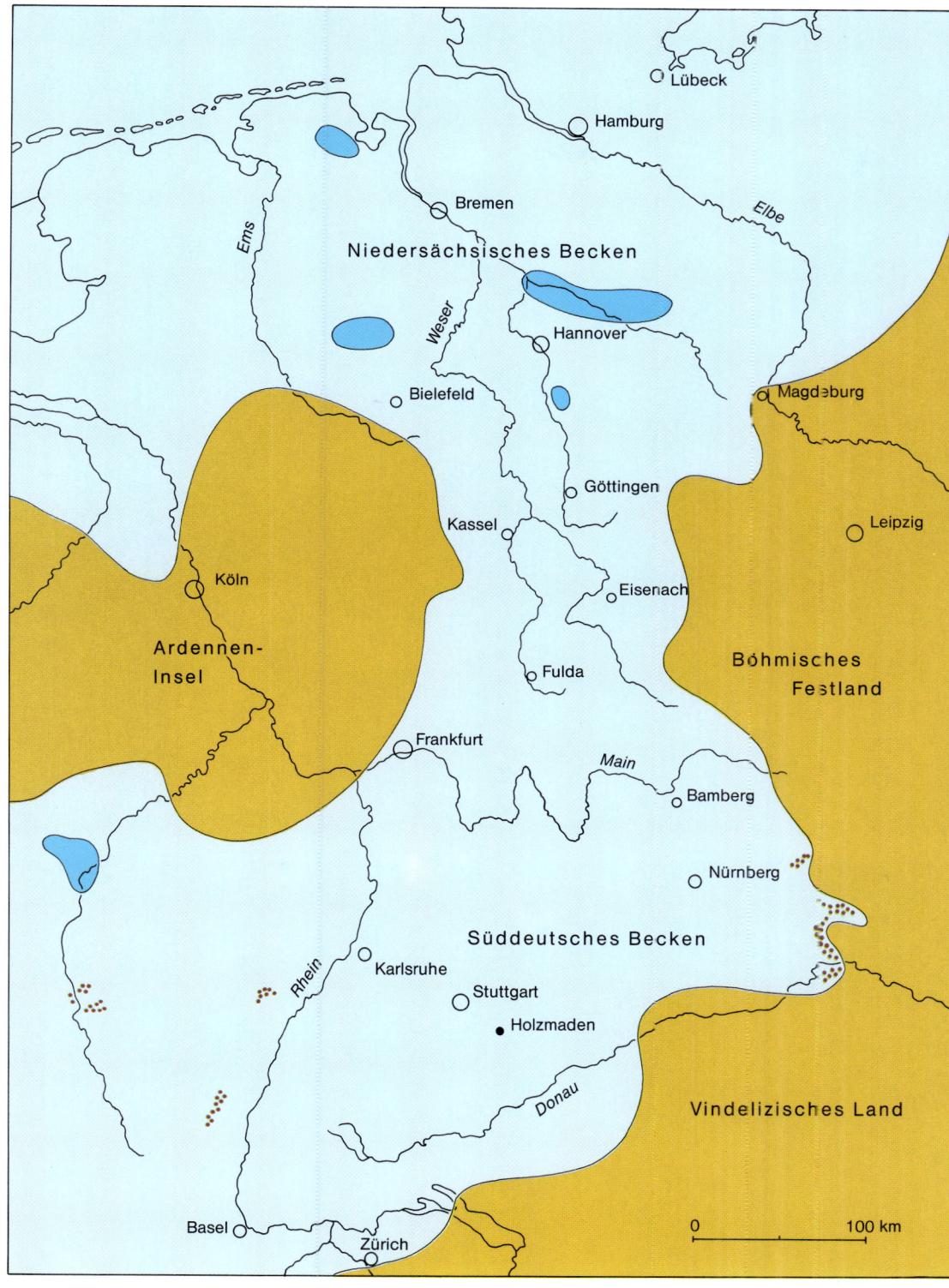

Vor rund 170 Millionen Jahren, in der Zeit des Schwarzen Jura Epsilon, war Südwestdeutschland weithin vom Meer überflutet. In den dunkelblau eingetragenen Gebieten war das Meer am tiefsten. Dort ist der Posidonienschiefer mehr als 40 Meter mächtig, in unserem Raum zwischen 6 und 12 Meter. Wo rote Punkte eingezeichnet sind, lagerte sich sandiges Material ab.

Das Jurameer selbst war wärmer als der heutige Nordatlantik unserer Breiten. Dies kann man unter anderem daraus schließen, daß sich am Ende der Jurazeit Korallen auf den Riffen der Alb ansiedelten. Riffkorallen verlangen eine Mindesttemperatur von 21°C, außerdem gut durchlüftetes, flaches, reines Meerwasser von normalem Salzgehalt.

Auch das Isotopenverhältnis der Sauerstoffatome im abgelagerten Kalk läßt auf verhältnismäßig hohe Wassertemperaturen schließen. Auf der ganzen Erde war es, nach allem, was man weiß, damals deutlich wärmer als heute. Gletscher gab es nirgends.

Über die Lebewesen der Jurazeit, insbesondere über die Meeresfauna in Südwestdeutschland, weiß man sehr gut Bescheid; die Überreste der Meereslebewesen haben sich in großer Zahl und über weite Flächen hinweg in den feinkörnigen Sandsteinen, den Tonen und Tonschiefern sowie in den Mergeln und Kalken zum Teil ganz hervorragend erhalten. Fundorte wie Holzmaden, Nattheim, Nusplingen und Solnhofen, um nur einige zu nennen, sind weltberühmt.

Alle Fossilien der Jurazeit, die in unserer Heimat erhalten geblieben sind, wurden im Meer abgelagert, einerlei, ob man sie im Tonmergel, im Sandstein oder im reinen Kalk findet. Die dunklen, bitumenreichen Tonmergelschiefer des *Schwarzen Jura* bildeten sich in einem etwas tieferen, ruhigen, wenig durchlüfteten Meeresbereich. Die bräunlichen, meist eisenhaltigen mächtigen Sandsteine, die den *Braunen Jura* der östlichen Alb auszeichnen, entstanden in Festlandnähe. Die hellen, fast reinen Kalke des *Weißen Jura* bildeten sich in weit größerer Entfernung von der Küste. Dennoch war das Jurameer nie offenes Weltmeer, sondern ein Schelfmeer, das den Kontinentalrand nur auf Zeit überflutete.

Daß die höchst unterschiedlichen Gesteine tatsächlich im Meer abgelagert wurden, läßt sich schlüssig beweisen. Bei ihrer chemischen Analyse fällt der hohe Jodgehalt auf. Diese Eigentümlichkeit läßt sich darauf zurückführen, daß Meeresalgen die Fähigkeit haben, Jod anzureichern. Augenfälliger ist natürlich die Tatsache, daß fast alle fossilen Überreste von Meereslebewesen stammen. Dies gilt für die mikroskopisch

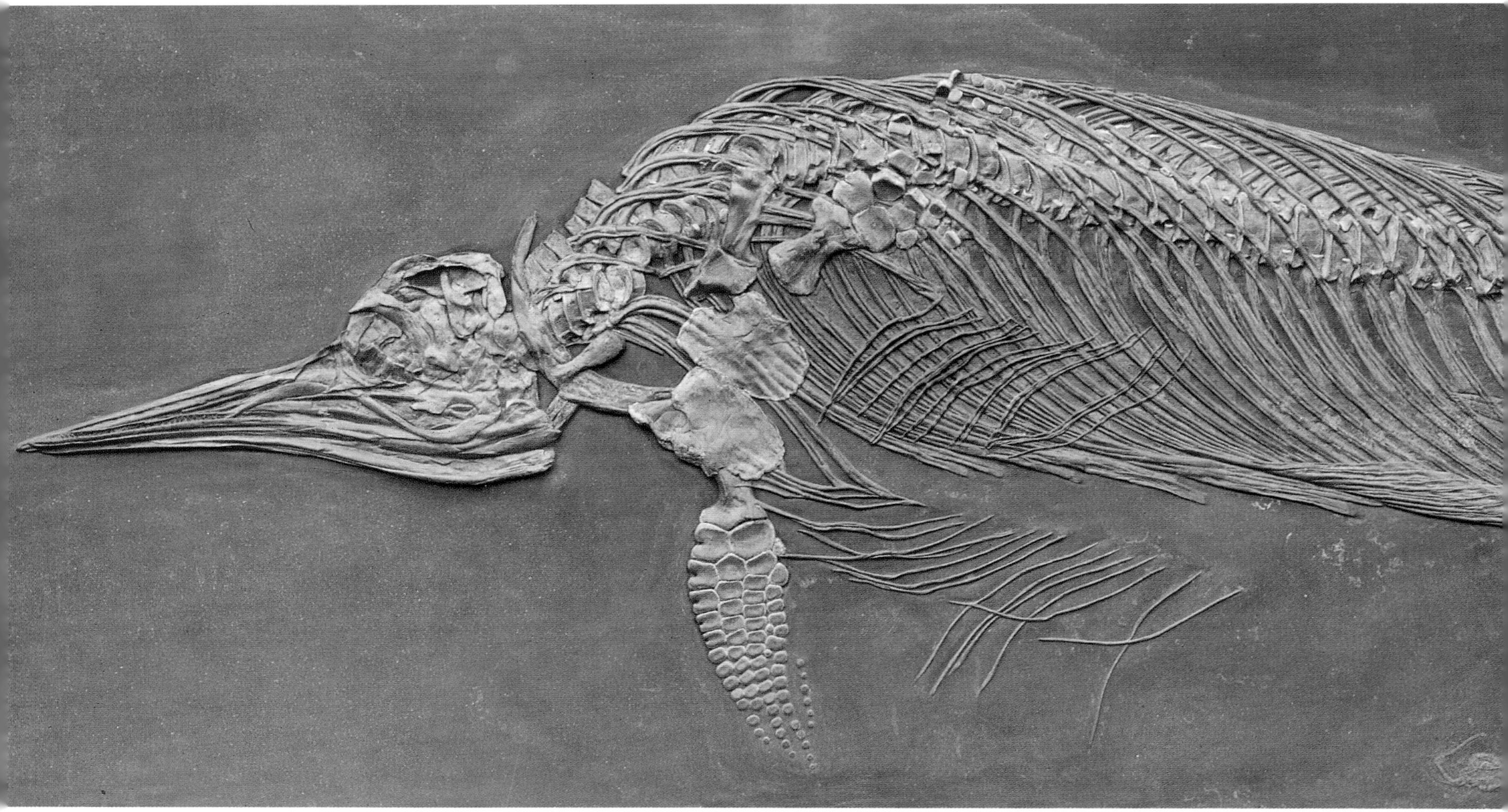

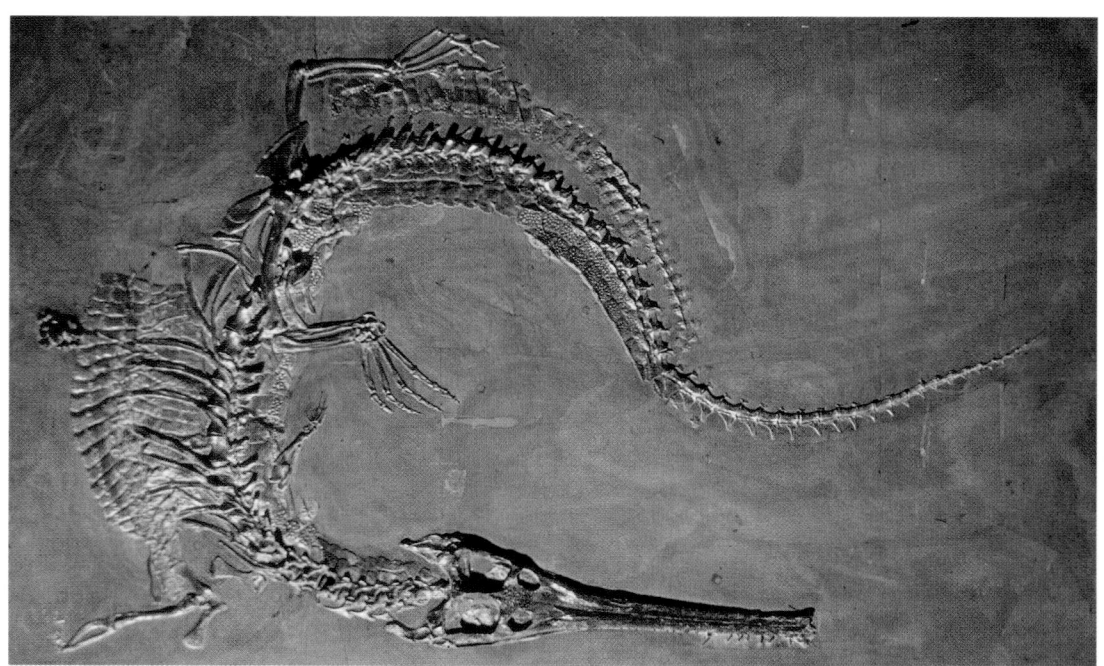
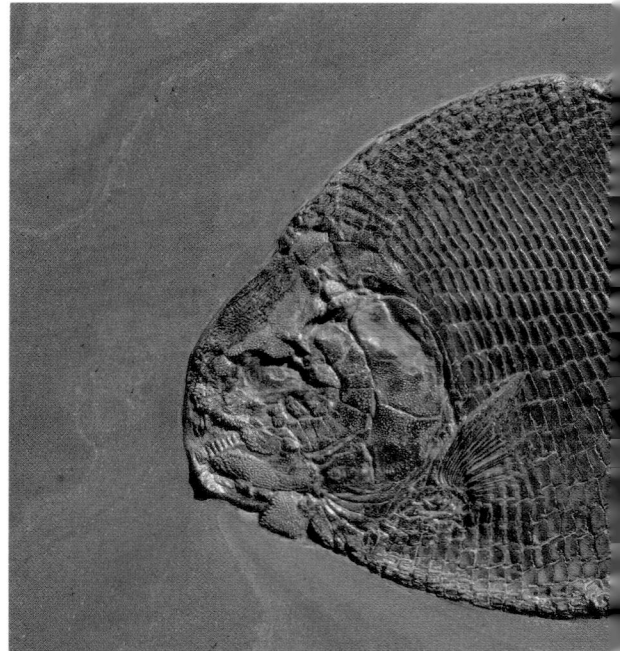

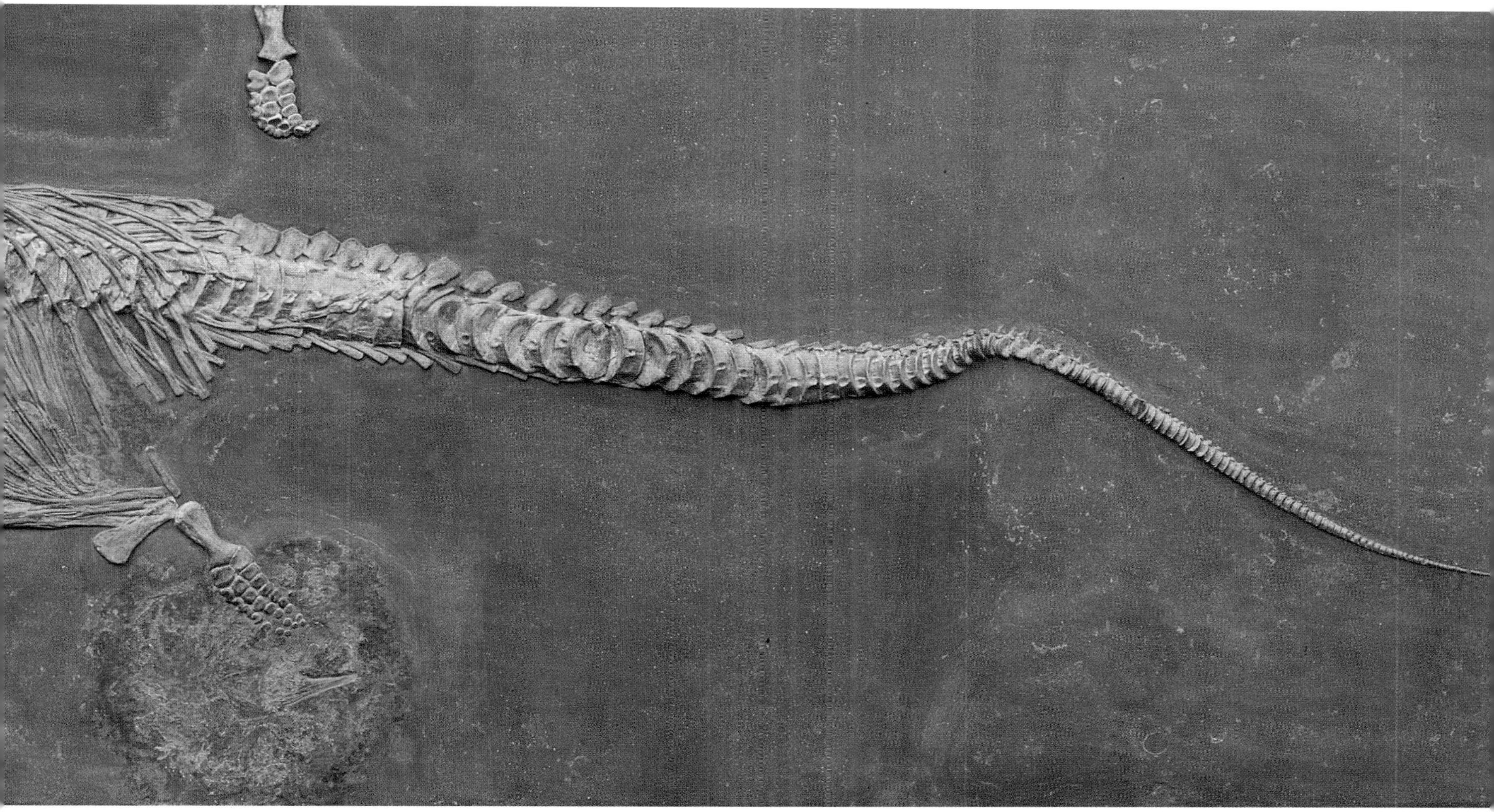

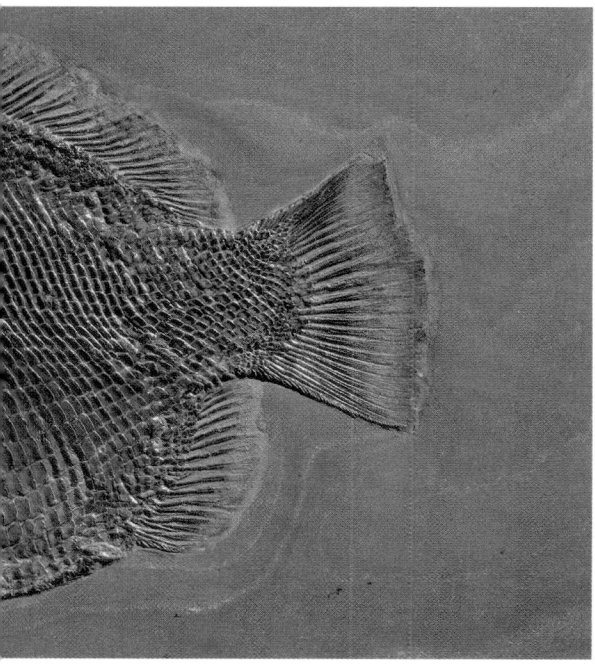

Im ölreichen Posidonienschiefer haben sich auch große Fossilien hervorragend erhalten. Dank der Präparationsmethoden, wie sie vor allem Bernhard Hauff entwickelte, konnten selbst die Embryonen im Leib eines weiblichen Ichthyosauriers, der Mageninhalt und selbst der Hautumriß freigelegt werden. Zu den schönsten Fossilien gehören Meereskrokodile und Schmelzschupper.

kleinen, einzelligen, schalentragenden Radiolarien und Foraminiferen gleichermaßen wie für die größeren Formen, zu denen nicht nur eindeutig meeresbewohnende *Muschelarien* und *Armkiemer*, sondern vor allem auch die äußerst formenreiche Gruppe der Tintenfische, zu der *Ammoniten* und *Belemniten* gehören. Auch bei den Wirbeltieren sind die eindeutigen Meeresbewohner weit in der Überzahl: die *Schmelzschupper* und *Quastenflosser* und andere, eher altertümliche Knochenfische, daneben *Haifische* mit Knorpelskelett, aber auch Knochenfische, die unseren heutigen Fischarten schon recht ähnlich sind.

Unter den meeresbewohnenden Reptilien waren zweifellos die *Ichthyosaurier* in jeder Phase ihres Lebens auf das Meer eingestellt. Selbst ihre Jungen kamen im Wasser zur Welt. *Plesiosaurier*, Meereskrokodile und Meeresschildkröten dürften, wie dies bis heute bei Meeresreptilien der Fall ist, ihre Eier am Land abgelegt haben. Ihr eigentlicher Lebensraum war aber zweifellos das nahrungsspendende, weite Meer. Die Tatsache, daß gelegentlich auch Knochen von Dinosauriern, Reste von Flugsauriern, und im Oberen Jura vom Urvogel, gefunden wurden, spricht allerdings dafür, daß das Festland nie allzu fern war.

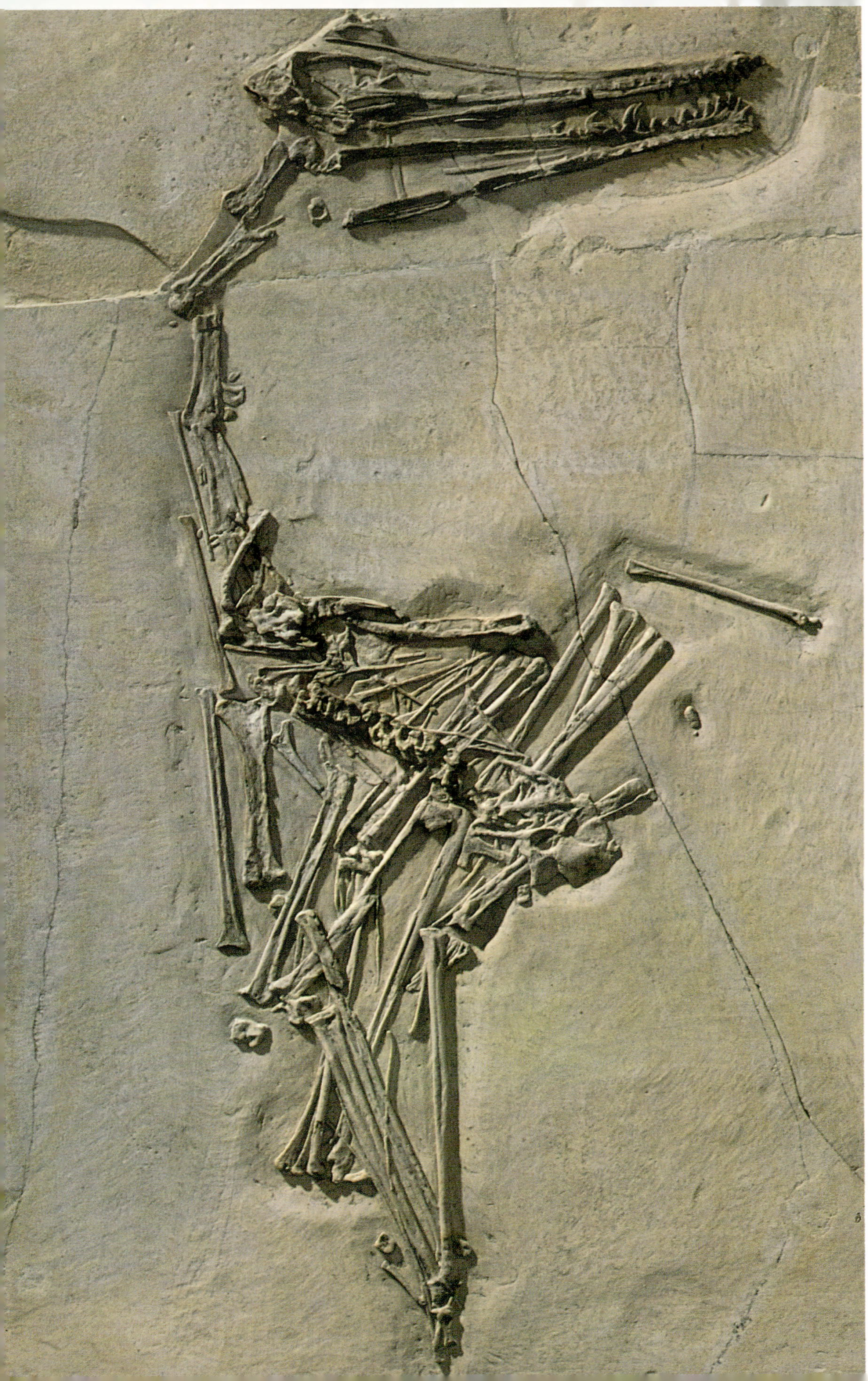

Linke Seite:
Das Skelett des schwanzlosen Flugsauriers Pterodactylus stammt aus dem Weißen Jura Zeta von Nusplingen. Der Schädel ist 22 cm lang.

Häufig und weit verbreitet sind Rhynchonellen, hier aus dem Mittleren Braunen Jura, Terebrateln, hier aus dem Weißen Jura, und Schwämme, hier aus dem Mittleren Weißen Jura.

Rechte Seite:
Der Ammonit Keplerites stammt aus den Macrocephalenschichten des Oberen Braunen Jura. Aus dem Opalinuston im Unteren Braunen Jura stammt die Muschel Trigonia Navis. Die Belemniten kommen aus dem Mittleren Braunen Jura.

Fossilien dürfte es eigentlich gar nicht geben, denn normalerweise vergehen die Überreste der Lebewesen, ohne Spuren zu hinterlassen. Die organischen Bestandteile werden nach dem Tod meist unter Beteiligung von Bakterien abgebaut. Der Weichkörper zerfällt. Faulschlamm kann entstehen, schließlich auch Erdöl und Erdgas. Bei Luftabschluß, Trockenheit oder Dauerfrost, aber auch bei Einschluß in Harz – wie das beim Bernstein der Fall ist – oder in Asphalt, können sich empfindliche Weichteile über lange Zeit erhalten. Die Hartteile widerstehen dem Zerfall normalerweise länger, das gilt für Schalen und Knochen, vor allem auch für die schmelzbewehrten Zähne. Wenn die Weichteile nur langsam zerfallen, vor allem im sauerstofflosen Milieu, bleibt mitunter ein ganzes Skelett im Zusammenhang erhalten.

Jura und Alb sind nicht dasselbe

Das Albvorland ist aus den ältesten Schichten der Jurazeit aufgebaut. Der Untere Jura oder Lias bildet die weiten Ackerflächen, die diese Landschaft kennzeichnen. Die Filder sind eine typische Liasfläche. Das Albvorland ist ein altes bäuerliches Siedlungsland. Dort liegen viele Dörfer und Städte mit Endungen auf -ingen und -heim.

Die Kante der Liasstufe wird vom gelblich verwitterten, harten Angulatensandstein und von dunklen Arieten- und Gryphaeenkalken gebildet. Gelegentlich ist auch der Obere Keuper mit dem Rätsandstein in die landschaftsbestimmende Kante einbezogen. Darunter liegt der weichere, zu Rutschungen neigende Knollenmergel. Er bildet die Talhänge.

Die eigentliche Alb läßt Robert Gradmann, der große südwestdeutsche Geograph, mit dem Braunen Jura beginnen. Hält man sich an diese Definition, so liegt der tiefste Punkt der Schwäbischen Alb im Neuffener Tal bei Frickenhausen auf dem Spiegel der Steinach mit 304 Metern. Die höchste Erhebung der Alb ist der Lemberg mit 1015 Metern. Dies entspricht einer Höhendifferenz von etwas mehr als 700 Meter.

Während die Bestimmung des *Nordwestrands* des Albgebiets als Grenze zwischen Schwarzem und Braunem Jura recht eindeutig ist, fällt dies beim *Südostrand* schwerer. Er ist durch die Überlagerung des Oberen Jura von Ablagerungen der Tertiärzeit und des Eiszeitalters verschwommener, so daß es einer Übereinkunft bedarf, um eine möglichst ungezwungene, dem Gelände angepaßte Grenzlinie zu bestimmen. Robert Gradmann zieht sie von Schaffhausen über Thayingen, Aach, Heudorf, Sigmaringen, Riedlingen, Ehingen und dann dem Nordrand der Donau entlang bis Donauwörth. Das so umgrenzte Gebiet der Schwäbischen Alb umfaßt

Blick über Gosheim auf den Lemberg.

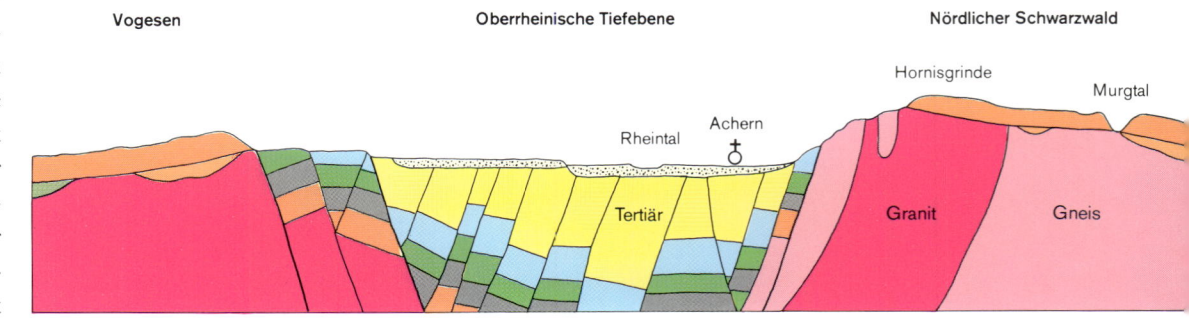

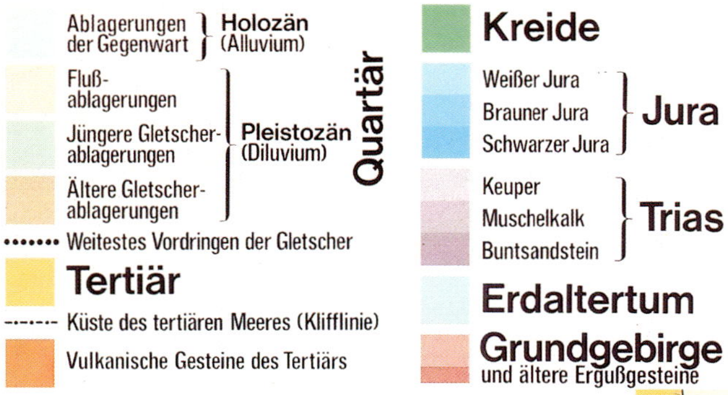

Legend

Ablagerungen der Gegenwart } Holozän (Alluvium)

Flußablagerungen
Jüngere Gletscherablagerungen
Ältere Gletscherablagerungen
} Pleistozän (Diluvium)

Quartär

•••• Weitestes Vordringen der Gletscher

Tertiär

–·–·– Küste des tertiären Meeres (Klifflinie)

Vulkanische Gesteine des Tertiärs

Kreide

Weißer Jura
Brauner Jura
Schwarzer Jura
} **Jura**

Keuper
Muschelkalk
Buntsandstein
} **Trias**

Erdaltertum

Grundgebirge und ältere Ergußgesteine

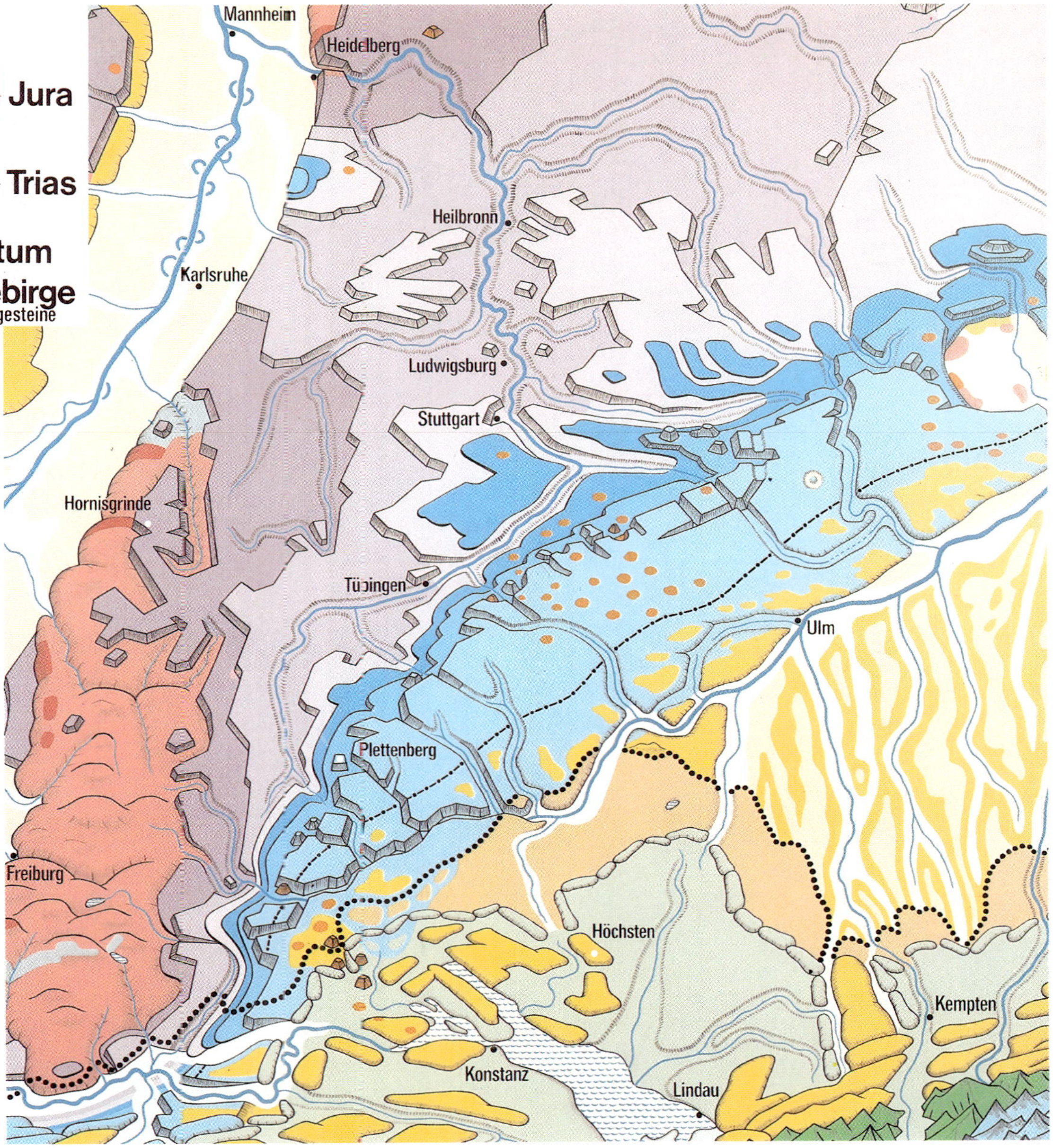

ungefähr 6600 Quadratkilometer und ist damit etwa so groß wie der Schwarzwald.

Der Jura, die Sedimente aus dieser Formation des Erdmittelalters also, ist in Südwestdeutschland nahezu vollständig ausgebildet. Seine größte Mächtigkeit entwickelt er im Bereich der mittleren und der westlichen Alb mit 750 bis 900 Meter. Im Bereich der Ostalb sind es 600 bis 750 Meter. Lediglich die jüngsten Schichten des Oberjura fehlen in unserem Raum. Obwohl die *international gültige Stufengliederung* in jüngerer Zeit stärker berücksichtigt wird, ist es durchaus berechtigt, in Südwestdeutschland der *Dreigliederung* von *Schwarzem, Braunem* und *Weißem Jura,* wie sie Leopold von Buch eingeführt hat, zu folgen; ebenso der Gliederung dieser drei Abteilungen in jeweils sechs Stufen, die Friedrich August Quenstedt jeweils mit den ersten sechs Buchstaben des griechischen Alphabets bezeichnete.

Map labels

Mannheim, Heidelberg, Heilbronn, Karlsruhe, Ludwigsburg, Stuttgart, Hornisgrinde, Tübingen, Ulm, Plettenberg, Freiburg, Höchsten, Kempten, Konstanz, Lindau

Oben: Übersicht über den geologischen Aufbau Südwestdeutschlands.

Links: Schnitt von den Vogesen durch den Rheintalgraben, den Grundgebirgsschwarzwald und das südwestdeutsche Schichtstufenland bis zum Molassetrog in Oberschwaben.

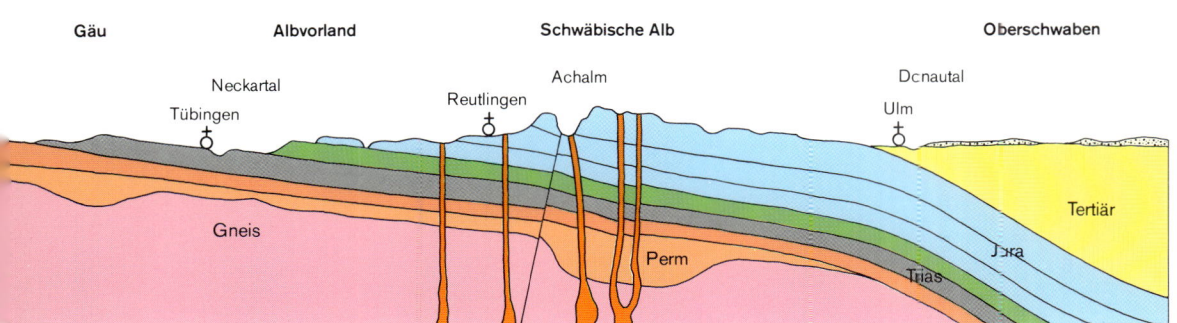

Gäu — Albvorland — Schwäbische Alb — Oberschwaben

Neckartal — Achalm — Donautal
Tübingen — Reutlingen — Ulm

Gneis — Perm — Trias — Jura — Tertiär

Gliederung nach Quensted		Schichtenfolge		Internationale Gliederung
Weißer Jura (Malm)	ζ	Hangende Bankkalke Zementmergel liegende Bankkalke		Untertithonium
	ε	Obere Felsenkalke		Kimmeridgium
	δ	Untere Felsenkalke		
	γ	Mittlerer Weißjuramergel		
	β	Wohlgeschichtete Kalke		Oxfordium
	α	Unterer Weißjuramergel		
Brauner Jura (Dogger)	ζ	Obere Braunjura-tone	Ornatenton	Callovium
	ε			Bathonium
	δ	Oolithische Laibsteinschichten		Bajocium
	γ	Kalksandige Braunjuratone		
	β	Sandflaserschichten		Aalenium
	α	Opalinuston		
Schwarzer Jura (Lias)	ζ	*jurense* – Mergel		Toarcium
	ε	Posidonienschiefer		
	δ	Obere Schwarzjuratone		Pliensbachium
	γ	Untere Schwarzjuramergel		
	β	Untere Schwarzjuratone		Sinemurium
	α	Gryphaeenkalke Angulatensandstein Psilonotentone		Hettangium

Blick über die Alb von der Baßgeige nach Südwe-sten, links vorne die Baß-geige, dahinter Erken-brechtsweiler. Rechts im Vordergrund die »Vulkan-embryonen« von Spitz-berg und Engelberg bei Beuren, dahinter der Ho-henneuffen. Im Tal der Erms gut erkennbar der Hohenurach, dahinter die St. Johanner Alb.

Schichtstufenland

Abbildung rechts:
»Schmuckammoniten« der
Art Cosmoceras Ornatum
aus dem Oberen Braunen
Jura.

Im Gegensatz zur Keuperzeit, während der die Ablagerungsbedingungen in den verschiedenen Teilen unseres Landes recht unterschiedlich waren und entsprechend auch höchst unterschiedliche Gesteine gebildet wurden, herrschten während der *Jurazeit* in unserem Raum einigermaßen *einheitliche Verhältnisse*. Die Senkung des Untergrunds hielt lange Zeit an. Ungefähr im selben Maße lagerte sich Material ab. Die Wassertiefe schwankte wohl zwischen 100 und 300 Meter, zeitweise war das Meer aber auch flacher.

Im Braunen Jura sind die Ablagerungsverhältnisse am ungleichmäßigsten, entsprechend sind die Unterschiede zwischen der damals festlandsnäheren Ostalb und der Westalb größer.

Wandert man von der Neckarseite her auf die Alb zu, erreicht man zuerst die *Doppelstufe* des Braunen Jura. Über der Liasfläche steigt der *Opalinuston* rund 100 Meter hoch auf. Seinen Namen verdankt dieses Tongestein den weißen, opalisierenden Schalen von Muscheln und Ammoniten, die hier in ihrer ganzen Schönheit erhalten blieben. Berühmt ist das Leitfossil *Leioceras opalinum*. In den oberen Lagen des Opalinustons nimmt der Sandgehalt zu. Eine Sandsteinbank mit dem bezeichnenden Namen Wasserfallbank bildet die Grenze zu den 50 bis 75 Meter mächtigen Sandfaserschichten des Braunen Jura Beta.

Widerstandsfähige Sandsteinbänke, zu denen auch die ehemals als Bausteine sehr begehrten *Donzdorfer Sandsteine* gehören, bilden vor allem im Bereich der mittleren Alb eine erste Schichtstufe im Braunen Jura. Zwischen den Donzdorfer Sandsteinen kommt es verschiedentlich zur Ausbildung von abbauwürdigen *Eisenerzflözen*. Bis 1963 wurde in Geislingen-Altenstadt in der *Grube Karl* ein 1,8 Meter mächtiges Flöz mit ei-

Links: Staufische Buckelquader vom Hohenrechberg aus Donzdorfer Sandstein.

Oben: Eingang zum Besucherbergwerk »Tiefer Stollen« bei Aalen.

nem Eisengehalt von über 30 Prozent abgebaut. Etwa 30 000 Tonnen Erz pro Monat wurden gefördert.

Im westlicheren Teil der Alb bildet sich in der nächsthöheren Schicht, dem Braunen Jura Gamma, an den bis zu fünf Metern mächtigen *Blaukalken*, das sind braun verwitternde, bläuliche Kalksandsteine, eine *schärfere Stufenkante*. Dies hängt damit zusammen, daß der Blaukalk klüftiger, wasserdurchlässiger und so gegen die Abtragung widerstandsfähiger ist als dies die Sandsteinhorizonte sind. Vor allem während der Kaltzeiten des *Eiszeitalters* rutschten oftmals Sandsteinschollen, zusammen mit den quellfähigen Tonen darunter, talwärts und bis ins Vorland. Meterdicke Hangschuttmassen verhüllen vielerorts die Hänge des Braunen Jura und damit auch die Stufen.

Ganz im Westen der Alb, um Spaichingen herum und in der Baar, entwickelt sich an eisenhaltigen Sandkalken des Braunen Jura Delta eine breite, ganz auf diesen Raum beschränkte

Stufe. Schließlich steigt über den Flächen des Mittleren Braunen Jura der äußerst quellfähige und zu Rutschungen neigende *Ornatenton* von Braunjura Zeta auf. Er bildet mit seinen Wiesenhängen den tönernen Fuß der Schwäbischen Alb.

Die Grenze zwischen Braunem und Weißem Jura fällt vielfach mit der Waldgrenze zusammen. Das anstehende Gestein selbst ist aber meist durch mächtige Hangschuttmassen überdeckt. Beim Autobahnbau wurden sie in einer Mächtigkeit von bis zu 60 Metern angeschnitten. Selbst auf der topographischen Karte unterscheidet sich das Land des Braunen Jura deutlich von dem des Weißen Jura. In den weitgehend wasserundurchlässigen Schichten des Braunen Jura entwickelte sich ein dichtes Netz von Wasserläufen. In die weichen Tone haben

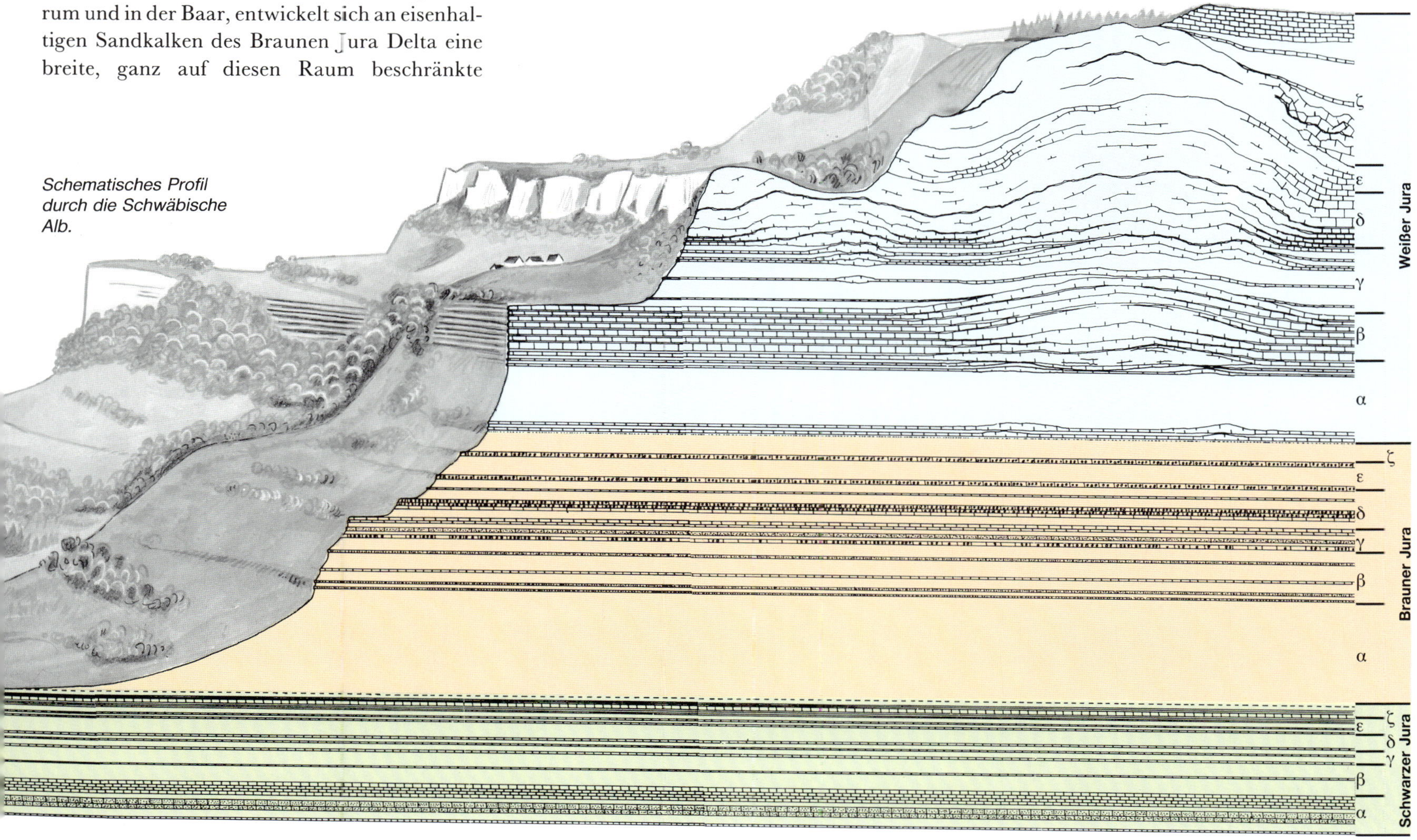

Schematisches Profil durch die Schwäbische Alb.

Weißer Jura

ζ
ε
δ
γ
β
α

Brauner Jura

ζ
ε
δ
γ
β
α

Schwarzer Jura

ζ
ε
δ
γ
β
α

Blick vom Rechberg

Staufen, Rechberg und Stuifen blieben als Zeugenberge einer alten Albhochfläche vor dem Albtrauf erhalten, weil sie in einem geologischen Graben länger vor der Abtragung geschützt waren als ihre Umgebung. Der Asrücken zieht sich vom Rechberg hinüber zum Staufen. Auf dieser Ebene über den harten Sandsteinen des mittleren Braunen Jura hat sich eine reich gegliederte, landwirtschaftlich genutzte und deshalb offene Fläche erhalten. Die Landzungen sind gerade so groß, daß es für einen Hof reicht.

Zur Lauter und zur Fils hin sind Ramsberg und Staufeneck die Eckpunkte dieser Fläche. Ohne Schwierigkeit aber läßt sich die Fortsetzung der »Voralbstufe« entlang von Stuifen und Heldenberg, vor der Kuchalb und selbst jenseits des Filstals vor dem Wasserberg, dem Fuchseck und dem Boßler verfolgen.

Weiträumiger und nur wenig gegliedert dehnt sich vor der Stufe des mittleren Braunen Jura die Felderfläche des Schwarzen Jura, des Lias. Einst war hier der Reichtum des Landes um den Staufen daheim; die intensive Landwirtschaft auf schwerem, aber fruchtbarem Boden. In diesem Raum liegen die meisten der alamannischen Urdörfer.

Hohenrechberg mit Asrük-
ken, Hohenstaufen und
Spielburg.

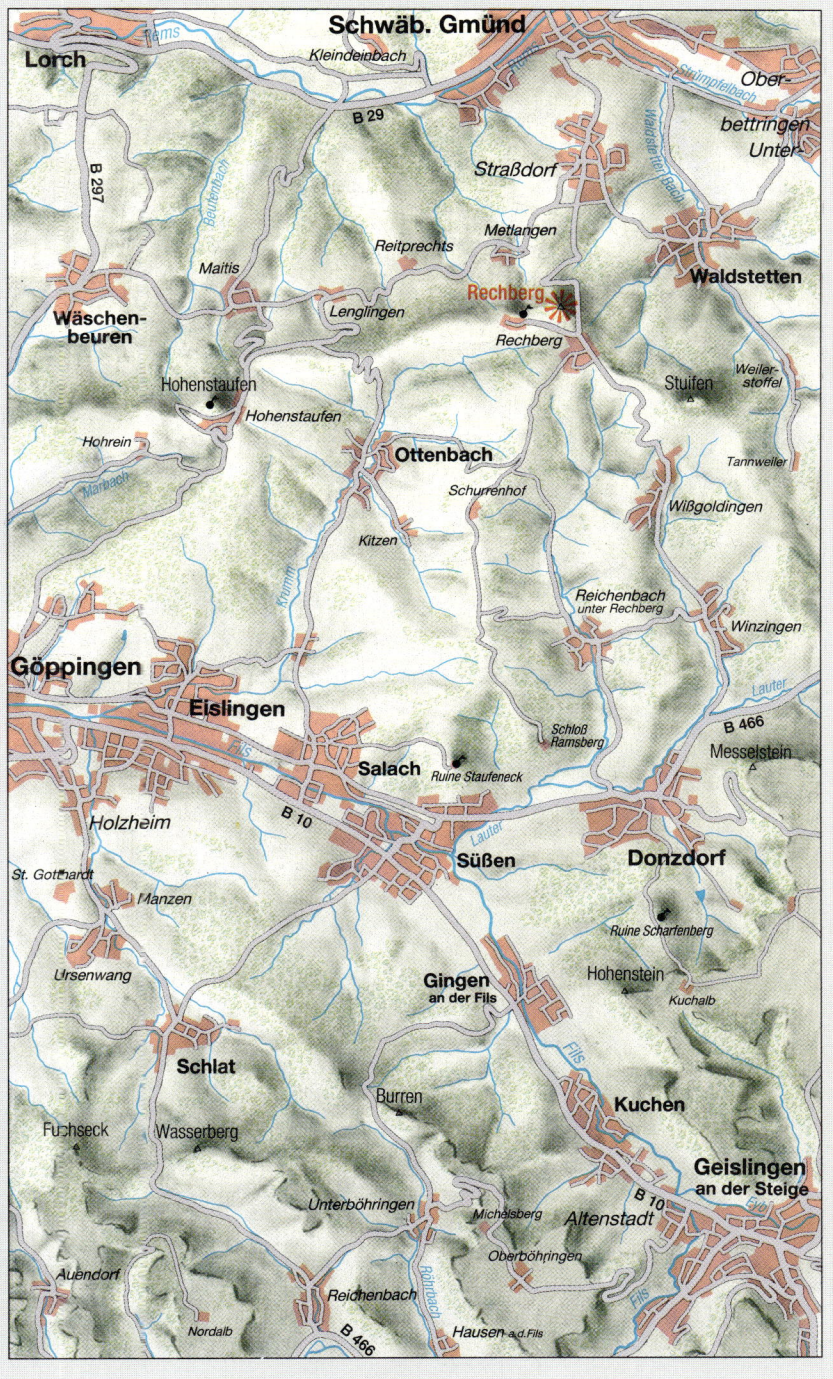

◁ *Ammoniten der Gattung*
Leioceras mit gut erhalte-
nen Schalen aus dem
Opalinuston.

sich die Bäche nicht selten so tief eingeschnitten, daß so unzugängliche *Klingen* entstanden sind wie das Teufelsloch bei Boll. Wo harte Sandsteinbänke diese Klingen queren haben sich kleine Wasserfälle entwickelt

In der Nähe der Dörfer werden die steilen Hänge des Opalinustons durch Streuobstwiesen genutzt. Früher lagen dort viele Ziegeleien, die den Ton verarbeiteten. Auf der Höhe über der Stufe stellt sich fast überall Wald ein. Den Verwitterungsböden des Sandsteins fehlt vor allem Kalk, so daß sich Rohhumus bilden kann. Es

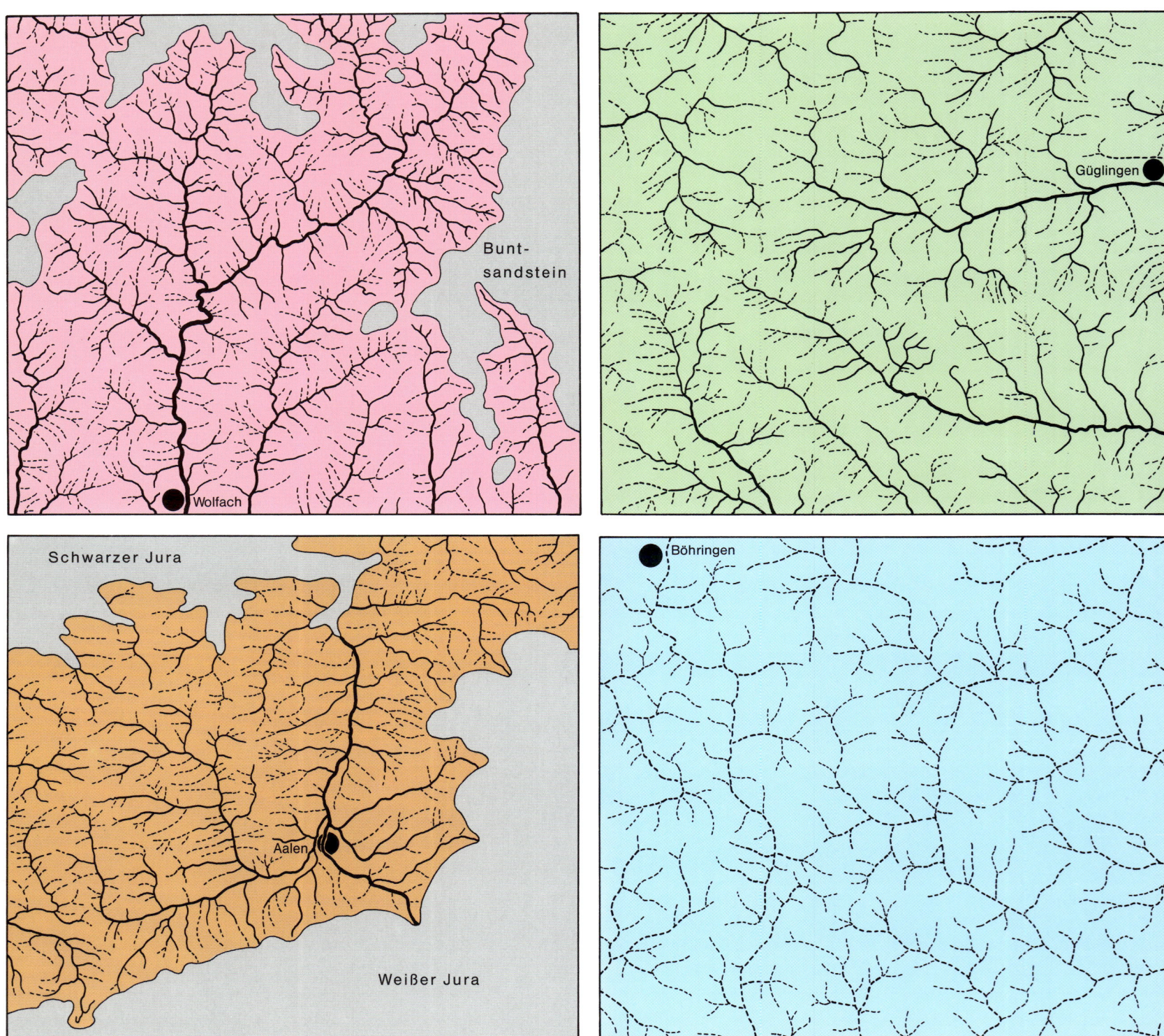

Die Flußdichte gibt einen guten Hinweis auf die Durchlässigkeit des Untergrunds. Im Grundgebirgsschwarzwald, links oben, erreicht sie Werte von 5 Kilometer Flußlauf pro Quadratkilometer. Im Keuperland, rechts oben, sind es durchschnittlich 1,8 Kilometer Flußlauf pro Quadratkilometer, im Braunen Jura, links unten, ergeben sich Werte um 3, im Karstgebiet der Schwäbischen Alb, rechts unten, gibt es weite Flächen ohne einen einzigen ständig fließenden Bach. Die Durchschnittswerte liegen bei 0,03 pro Quadratkilometer. Noch während der letzten Eiszeit floß, bei gefrorenem Boden, Wasser durch diese Täler.

kommt zu Vegetationsbildern mit Adlerfarn und Heidelbeere. Man fühlt sich an den Schwarzwald erinnert.

Die ausgedehnteren Flächen im Mittleren Braunen Jura wurden meist im Mittelalter, aber auch noch später, *gerodet*. Zahlreiche Höfe, Weiler und kleine Dörfer, nicht selten mit den Wortstämmen -hardt, -loh oder -loch für Wald, -rot, -hau und -schlatt für roden, liegen auf der sanft zur Alb hin einfallenden Fläche unmittelbar vor dem eigentlichen Albanstieg.

Wo der Braune Jura nicht von Hangschuttmassen verhüllt ist, findet der Sammler bei einigem Glück und viel Ausdauer besonders große Belemniten und die dickschaligen *Hahnenkammaustern* im Braunen Jura Delta. Einen der schönsten Ammoniten, *Cosmocerat ornatum*, bergen die Ornatentone.

Der Weiße Jura wird auch als Oberer Jura oder Malm bezeichnet. Hellgraue Mergel im Wechsel mit weißgrauen Kalken zeichnen die Ablagerungen der jüngsten Abteilung der Jurazeit aus. Der Einfluß des Festlands auf die abgelagerten Gesteine tritt im Vergleich zum Braunen Jura fast gänzlich zurück. Allenfalls die Tontrübe, die, mit Kalk zusammen, Mergel entstehen läßt,

Im Teufelsloch bei Boll sind die Wasserfallschichten deutlich ausgebildet.

Eine Hahnenkammauster aus dem Mittleren Braunen Jura.

weist auf den Einfluß einer entfernten Küste hin. Auffällig ist die Regelmäßigkeit, in der bei den wohlgeschichteten Kalken von Weißjura Beta und bei den Bankkalken von Weißjura Zeta dünne Mergellagen und Kalkbänke aufeinander folgen.

Vieles spricht dafür, daß diese Regelmäßigkeit der Schichtenfolge die Folge rhythmischer Klimaschwankungen ist. Sie dürften sich vor allem auf den jeweiligen Anteil des Kalks an der Ablagerung ausgewirkt haben. Die Temperatur des Jurameers lag, soweit man dies heute bestimmen kann, vom Weißjura Alpha bis zum Weißjura Delta zwischen 19° und 23°C. Vergleichbare Temperaturverhältnisse findet man derzeit im Bereich der Bahamas. Dort wird auch heutzutage Kalk abgelagert. Die Ausfällung von Kalk aus dem mit Kalk übersättigten Meerwasser spielt dabei eine geringe Rolle. Wichtig sind viel-

mehr die *winzigen Kalknädelchen*, wie sie aus den Zellen von Algen nach deren Absterben frei werden. Dazu kommen mikroskopisch kleine Kalkschälchen von Einzellern, zerriebene Wohnröhren von Würmern, aber auch Schalen von Armkiemern, Muscheln und Ammoniten, sowie die Hartteile von Tintenfischen und Seeigeln.

Riffbildung. Im Bereich der Südwestalb setzte schon früh, zur Zeit von Malm Alpha die Bildung von Schwammriffen ein. Zunächst waren es vor allem Kieselschwämme, die in etwas tieferem Wasser vorkommen. Erst später kamen Kalkschwämme und andere Riffbewohner dazu, die flacheres Wasser bevorzugen. Die normalerweise wohlgeschichteten Kalke von Malm Beta zeigen im Gebiet zwischen Balingen und Fridingen nur selten eine saubere Schichtung; sie sind größtenteils verschwammt. Im Verlauf der Jurazeit breitete sich die Riffbildung zunehmend nach Osten aus. Im Bereich des Oberen Malm Delta erreichte sie schließlich ihren Höhepunkt.

Die wohlgeschichteten Kalke bilden in der Südwestalb den *Albtrauf*, wobei die Mächtigkeit dieses Schichtpakets vom Randengebiet mit mehr als 100 Meter bis zur Ostalb bis unter 30

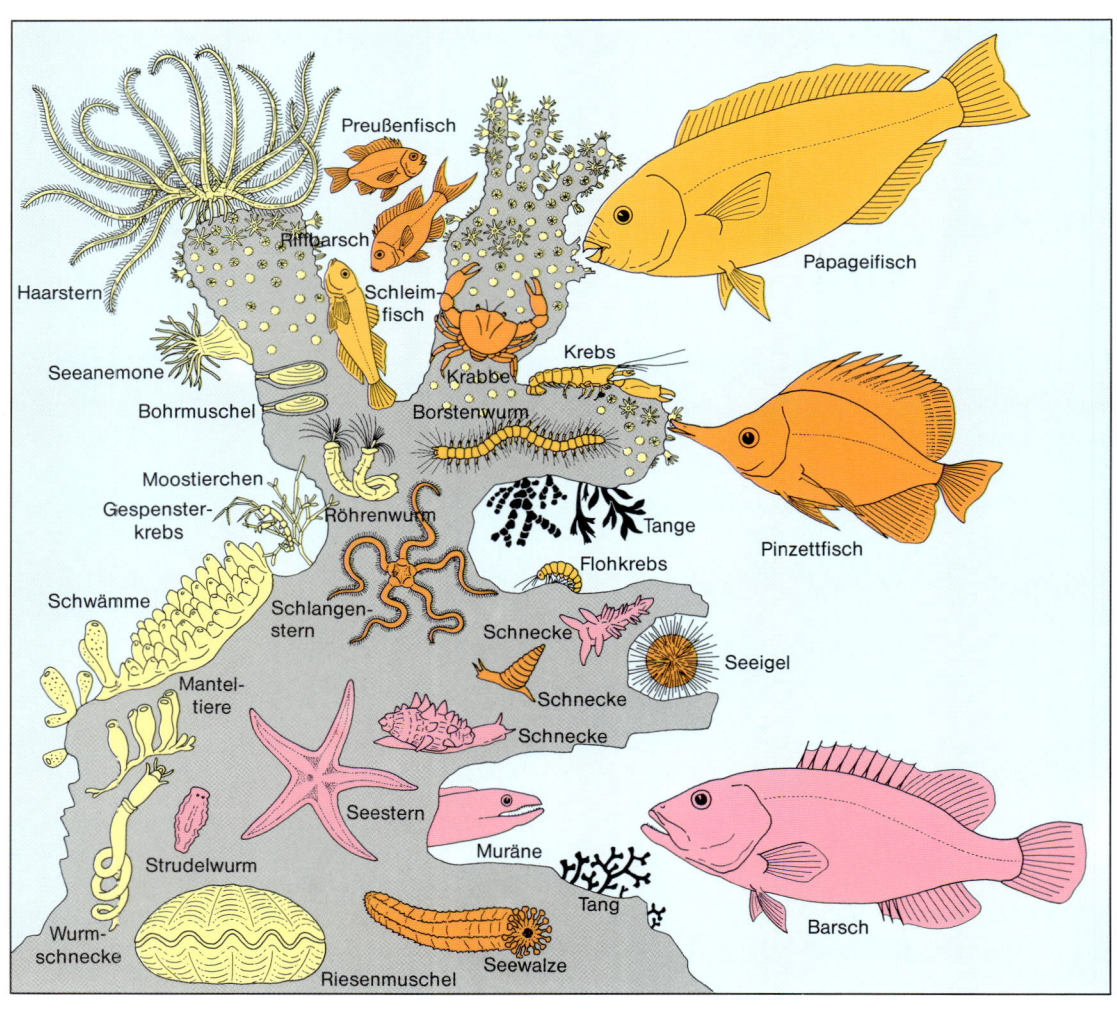

Als Felsenreihe freigelegte Riffe aus dem Oberen Weißjura am Traifelberg.

Die untere Reihe liegt in den Unteren Felskalken von Weißjura Delta. Darüber ist eine Kuppe angeschnitten, die bis in die Oberen Felskalke des Weißjura Epsilon hinaufreicht.

Meter abnimmt. Zusammen mit geschichtetem und verschwammtem Weißjura Gamma bilden sie auch die sanft einfallende Hochfläche. Die Schichtstufe der Felsenkalke liegt im Südwesten ein gutes Stück albeinwärts. Sie ist auch nicht sehr augenfällig. Malm Zeta tritt erst im Gebiet des Donautals auf.

Die Schichtfläche über Weißjura Beta wird von Südwesten nach Nordosten immer schmaler. Am Gutenberg über Eningen klingt sie in einer schmalen Leiste aus. Weiter östlich ist sie meist nur als Knick auf halber Höhe des Traufs zu erkennen. Besonders eindrucksvoll ist die Schichtfläche rund um den *Kornbühl* bei Salmendingen. Der Kornbühl selbst ist ein Auslieger von

Weißjura Delta. Auch vom *Roßberg* aus – ebenfalls ein Zeugenberg, der bis in den Weißen Jura Delta hinaufreicht – blickt man über die Weißjura-Beta-Fläche hinüber zur Wanne und zum Urselberg bis zum vorgelagerten Kegelstumpf der *Achalm*, deren Hochfläche von den wohlgeschichteten Kalken gebildet wird. Bei Glems rücken die Felsenkalke des Oberen Jura an die Traufkante heran. Vom Wolfsfels über die Fünffingerfelsen, den Roßfels, den Olgafels, den Sonnenfels bis hinüber zu den Rutschenfelsen bilden massige Riffe die Felsen der Traufkante. **Zur Zeit des Weißen Jura Delta** war auch im Bereich der mittleren Alb das Meer so flach, daß sich Riffe bilden konnten. Auch hier waren

Schwämme zusammen mit kalkabscheidenden Algen die wichtigsten Riffbildner. Da die Riffe schneller wuchsen als sich zwischen den Riffen Riffschutt und Kalkschlamm ablagerte, entwickelte sich am Meeresgrund ein buckliges Relief. Zwischen den *Riffkuppen* blieben schließlich weiträumige Schüsseln, in denen auch später noch die Sedimentation von Bankkalken und Mergeln weiterging. Besonders mächtig sind diese Ablagerungen in der Ostalb, wo für den

Im Zollerngraben hat sich der Hohenzollern als Zeugenberg erhalten. Dahinter die Berge der Südwestalb. Im Hintergrund die Schweizer Alpen.

Weißen Jura Zeta insgesamt bis zu 300 Meter anzusetzen sind. Dabei darf man davon ausgehen, daß die allerhöchsten Lagen gar nicht mehr erhalten sind.

Fazies. Bei Gesteinen, die zwar zur gleichen Zeit entstanden, aber trotzdem von unterschiedlicher Ausbildung sind, spricht man von unterschiedlicher Fazies. Die geschichtete Ausbildung ist so gesehen die *Normalfazies*. Bei den Riffkalken spricht man von *Massenkalkfazies*. Stellen-

weise sind die Riffe ohne sichtbare Unterbrechung bis in den Weißjura Zeta weitergewachsen. Rund um Urach und ermstalaufwärts bilden viele kleine Riffe aus dem Weißen Jura Zeta auffälligere Felsenreihen.

Am Albtrauf und an den Talrändern sind die Massenkalke als schroffe Felszinnen herauspräpariert. Auf den Höhen bilden sie sanft aufsteigende Kuppen. Im Weißen Jura Zeta gibt es in den Riffen auch Korallen. Berühmt sind die Korallen von Nattheim auf der Ostalb, von Arnegg bei Blaubeuren sowie aus der Umgebung von Urach.

Wandel. Gegen Ende der Jurazeit bahnte sich im südwestdeutschen Raum ein erdgeschicht-

licher Wandel an. Quer durch Mitteleuropa hindurch begann sich der Meeresboden zu heben. Schließlich tauchten die Riffe und nach und nach der ganze Meeresboden als flache Insel, die sich vom heutigen Nordfrankreich bis nach Schlesien erstreckte, aus dem Wasser auf. Auf dieser Insel lebten neben den großen und kleinen bodenbewohnenden und fliegenden Reptilien auch die taubengroßen Urvögel und rattengroße, allesfressende Ursäugetiere. Unter den Pflanzen standen die Farne auf dem Höhepunkt ihrer Entwicklung. Die Vorfahren der Nadelhölzer bildeten dichte Wälder. Blumen allerdings, blühende Kräuter, Gräser und Laubbäume gab es damals noch nicht. Die Welt der Lebewe-

Rund um den Kornbühl mit der Salmendinger Kapelle dehnt sich die Schichtfläche über Weiß- *jura Beta. Der Kornbühl selbst ist ein Auslieger von Weißjura Delta.*

Links: Blick über den Albtrauf zwischen Roßberg und Hohenzollern. Die Traufkante wird hier von den wohlgeschichteten Kalken des Weißen Jura Beta gebildet. Über den Kalken, in den Mergeln vom Weißen Jura Gamma entwickelt sich eine ausgeprägte Verebnung. Darüber erhebt sich der 869 m hohe Roßberg. Der Aussichtsturm steht auf den unteren Felsenkalken des Weißen Jura Delta. Der Roßberg ist ein Auslieger und damit ein Zeugenberg vor dem weiter südwestlich verlaufenden Stufenrand des Weißen Jura Delta.

Rechte Seite:
Die Koralle Thecosmilia trichotoma aus dem Weißen Jura Zeta von Ettlenschieß hat insgesamt einen Durchmesser von 9 cm. Korallen weisen auf klares, nicht zu tiefes, warmes Meerwasser hin.

Unten, von links nach rechts:
Das mächtige Riff, der Rutschenfelsen, im Weißen Jura Delta.
Im Bandfelsen bei Wildenstein im Donautal ist die »Glaukonitbank« im Weißen Jura Delta gut erkennbar.
Massenkalk im Weißen Jura Zeta bildet die Steinernen Jungfrauen im Eselsburger Tal.

sen in der Jurazeit ist für unser Gefühl eine fremde Welt, aber dennoch war sie die unabdingbare Vorstufe unserer eigenen Existenz.

In der Kreidezeit, die auf die Jurazeit folgte, scheint bei uns für 70 Millionen Jahren die Zeit stillgestanden zu sein. Aber gerade in der Kreidezeit gab es gewaltige Bewegungen in der Erdkruste: Die Südkontinente trennten sich voneinander, der Atlantische Ozean bildete sich, Gebirge wurden aufgefaltet. Doch unser Gebiet war während der Kreidezeit eine Oase der Ruhe im großen Sturm.

Obwohl der ehemalige Meeresboden nicht sehr hoch über den Meeresspiegel herausgehoben wurde und sicher auch kein starkes Relief aufwies, kam es im subtropischen Klima doch zu flächenhafter Abtragung. Eine große Rolle spielte dabei zweifellos die chemische Verwitterung mit starker Kalkauflösung. Je mehr sich aber das Gefälle zum Meer hin verstärkte, um so größer wurde auch die erodierende Kraft des fließenden Wassers. Flußsysteme entwickelten sich, die im Südosten in das damalige Mittelmeer, die Thetis, mündeten.

Die Katastrophe. Gegen Ende der Kreidezeit setzte im Süden die Bildung der Alpen ein. Vor etwa 63 Millionen Jahren kam es, nach allem was wir heute wissen, zu einer weltumspannenden Katastrophe, die nicht nur zum *Aussterben* vieler Pflanzenarten führte, sondern auch das Ende der damals weltweit verbreiteten, vielgestaltigen Gruppe der landbewohnenden und fliegenden Dinosaurier führte. Auch die Ichthyosaurier und Plesiosaurier, die Meereskrokodile, zahlreiche Fischarten, alle Belemniten und Ammonitenarten verschwanden für immer. Das große Sterben erfaßte auch einzellige Pflanzen- und Tierformen im Meer.

Man darf wohl sicher sein, daß ein kosmisches Ereignis katastrophalen Ausmaßes die Ursache für diesen Einschnitt in die Entwicklung des Lebens war. Wahrscheinlich endete die Kreidezeit damit, daß ein riesiger *Meteorit* mit einigen Kilometern Durchmesser auf die Erde niederging. Nicht nur die Schockwellen, die von diesem Einschlag ausgingen, die ausgeworfenen Gesteins- und Staubmassen hatten verheerende Folgen, mehr noch die Glutwelle, die vom Zusammenprall ausging und gewaltige Flächenbrände in

ihrem Gefolge. Rauch und Ruß stiegen hoch in die Atmosphäre, verdunkelten die Sonne auf lange Zeit. Die Lebensbedingungen für Pflanzen und Tiere änderten sich einschneidend. Den Beweis für diese Katastrophe findet man wohl in einer nur wenige Zentimeter mächtigen Mergelschicht an der Grenze von Kreide und Tertiär. Deren hoher *Iridiumgehalt* spricht für den Einschlag eines Himmelskörpers. Der Gehalt an Rußpartikeln weist auf Brandkatastrophen hin. Daß es sich dabei um kein lokales Ereignis gehandelt hat, sieht man daraus, daß man die Trennschicht weltweit, selbst in Bohrkernen aus dem Ozeanboden fand.

Was sich allerdings zu jener Zeit auf der nicht hoch über das Meeresniveau herausgehobenen,

Schnitt durch den Hohenzollerngraben, oben im Albvorland, unten durch den Hohenzollern selbst. Der Schnitt ist stark überhöht.

Oben: Der poröse Kalkstein aus der oberen Süßwassermolasse wird als »Gauinger Marmor« gebrochen.

Rechts: Die Erkenbrechtsweiler Halbinsel liegt in einem tektonischen Graben und springt deshalb weiter nach Nordwesten vor. Entsprechendes gilt für die Achalm.

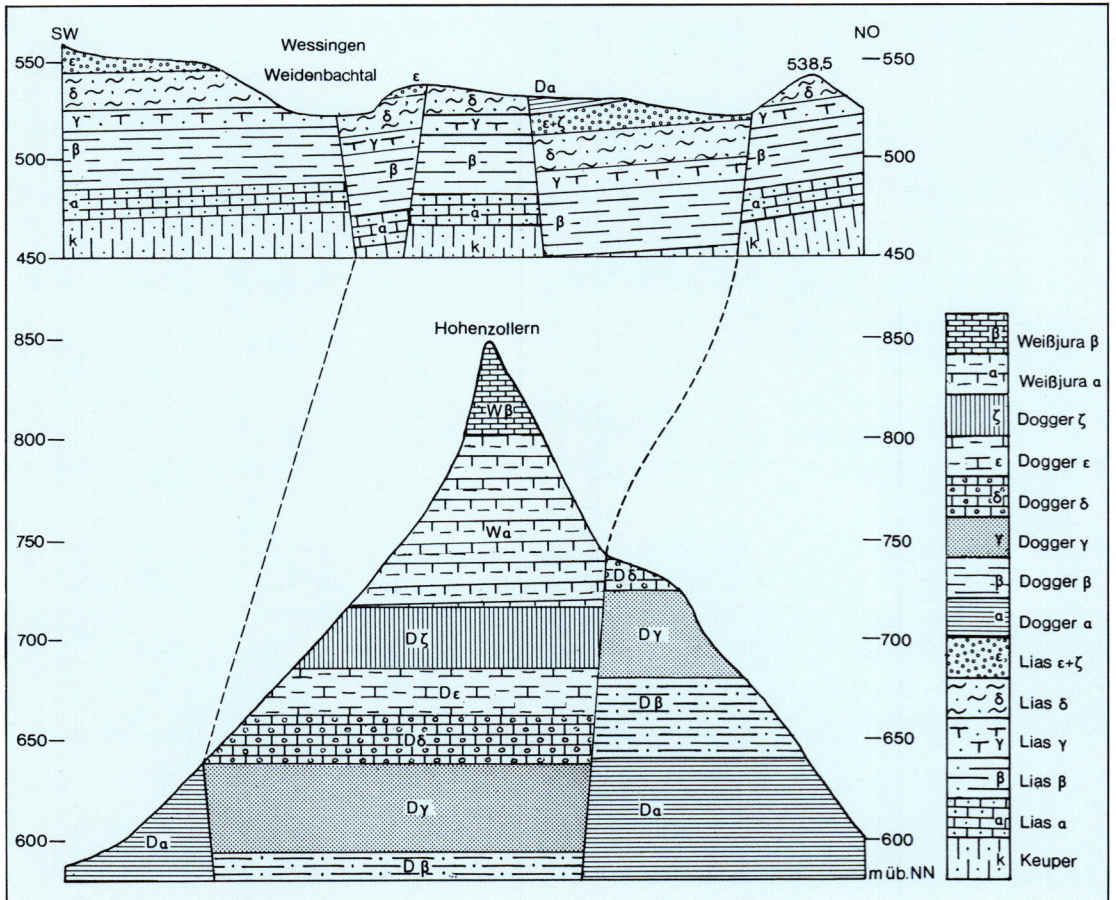

nach Südosten sanft einfallenden Kalksteintafel der »Uralb« getan hat, weiß niemand. Es fehlen Ablagerungen und damit auch Fossilien. Wie lange diese *geologische Nachrichtensperre* dauerte, mag daraus erhellen, daß sich das Jurameer schon vor rund 150 Millionen Jahren zurückzog und weder aus der Kreidezeit, die vor 63 Millionen Jahren zu Ende ging, noch aus dem beginnenden Tertiär Sedimente von der Alb bekannt sind.

Tertiär. Über das mittlere Tertiär und die Zeit danach wissen wir viel mehr: Von entscheidender Bedeutung für die Entwicklung der Alb war einerseits das Einsenken des Oberrheingrabens im Westen, andererseits aber das Auffalten der Alpen im Süden und die damit verbundene Ab-senkung des Molassetrogs im nördlichen Voralpenraum.

In den Senkungsbereichen kam es zur Ablagerung gewaltiger Sedimentmassen. Zeitweilig drang das Meer in diese Räume ein und stellte bisweilen sogar eine Meeresverbindung vom Mittelmeer zum Nordmeer her. Im Oberrheingraben ist unter den tertiären Sedimenten das Juragestein erhalten geblieben. Die Bohrung Offenburg I zeigt ein durchgängiges Profil vom Lias Alpha bis zum Unteren Malm.

Über den Höhen des Schwarzwalds wurde der Jura völlig abgetragen. Erhalten blieb er auf den Randschollen des Grabens, der Vorbergzone. Berühmt ist der Isteiner Klotz im Markgräfler Land mit seinen 60 bis 70 Meter mächtigen Kalksteinbänken aus dem Unteren Malm. Im Alpenvorraum senkten sich die Schichten des Jura durchweg bis in große Tiefe ab. Bei Bohrungen im Erdölfeld Mönchsrot wurde die Weißjuraoberfläche in rund 850 Meter unter NN angefahren und die Grenze zum Keuper in 1450 Meter unter NN erreicht.

Die großräumigen Hebungs- und Senkungsbewegungen wirkten sich auch auf die Kalksteintafel der Uralb aus. Sie zerbrach im Laufe der Zeit in ein Mosaik größerer und kleinerer *Schollen*, die sich mehr oder weniger stark gegeneinander verschoben. Der Eindruck einer geschlossenen Tafel blieb dennoch erhalten. Nur Verwerfungen mit größerer Sprunghöhe und einige *Grabenbrüche* sind in der Landschaft gut erkennbar, der

Lauchertgraben, der Hohenzollerngraben und die Fortsetzung des Fildergrabens zum Beispiel. Die Sprunghöhe der Grabenränder des Hohenzollerngrabens und des Fildergrabens beträgt rund 100 Meter.

Das Grabeninnere wird von der Abtragung weit weniger stark erfaßt als die höherliegenden Schollen. Dies fällt auch am Verlauf des Stufenrands auf. So springt die tektonisch tiefliegende Scholle der Erkenbrechtsweiler Halbinsel zusammen mit der Teck, die ebenfalls im Innern des Grabens liegt, deutlich nach Nordwesten vor. Auch beim Hohenzollern, der Achalm und den drei Kaiserbergen Stuifen, Rechberg und Staufen ist das so. Weil sie in tektonischen Gräben liegen, blieben sie als Zeugen vor dem eigentlichen Albtrauf erhalten.

Die Gräben sind keineswegs schlagartig eingebrochen, vielmehr summierten sich über Jahrmillionen hinweg kleine und kleinste, allerdings oft ruckartige Bewegungen, die von Erdbeben begleitet wurden. Besonders auffällig ist dies heute beim *Hohenzollerngraben*. Dort treten Erdbeben der Stärke 7 bis 8 auf der zwölfteiligen Mercalli-Skala auf. Mitunter kommt es zu erheblichen Gebäudeschäden. Das Erdbebenzentrum liegt 5000 bis 12000 Meter tief. Die östliche Scholle wandert dabei etwas schneller nach Nordwesten. Das Erdbebenzentrum verlagert sich derzeit nach Nordwesten.

Die Richtung der großen Verwerfungen, aber auch der zahllosen kleinen Klüfte, die man in jedem Steinbruch sehen kann, ist nicht beliebig. Zwei Hauptrichtungen lassen sich leicht aussondern: Die *rheinische Richtung* von Südsüdwest nach Nordnordost, die den Rändern des Oberrheingrabens entspricht, und die ungefähr senkrecht darauf stehende *herzynische Richtung* von Nordwest nach Südost, die ungefähr parallel zu den Rändern des Harzes verläuft.

In den letzten Jahren gelang es, die größeren Bruchlinien der Alb durch *Satellitenaufnahmen* zu erfassen. Wertet man nämlich solche Aufnahmen im Hinblick auf feinste Temperaturunterschiede aus, so lassen sich unter günstigen Bedingungen die großen wasserführenden und darum kühleren Klüfte im Albkörper erkennbar machen. Um derartige Bilder zu bekommen, ist nicht nur die Hochleistungskamera im Weltraum und der Computer notwendig, sondern vor allem ein angemessenes Rechenprogramm. Dies alles aber macht die Kleinarbeit des Geologen im Steinbruch nicht überflüssig. Im Gegenteil. Jede Kluft, die der Computer errechnet, muß in der Natur gesucht und bestätigt werden, bevor sie als erwiesen gelten darf.

Links:
Beim Erdbeben von 1978 brach dieser Schornstein in Albstadt-Tailfingen ab.

Rechts:
Die Auswertung von Satellitenaufnahmen läßt »lineare Strukturen« in der Erdkruste erkennen, von denen sich viele als Verwerfungen nachweisen lassen. Gut erkennbar sind die Bruchlinien in der Umgebung von Stuttgart, die den Fildergraben begrenzen und das »Schwäbische Lineament«, das südwestlich von Aalen weitgehend mit dem Albtrauf zusammenfällt.

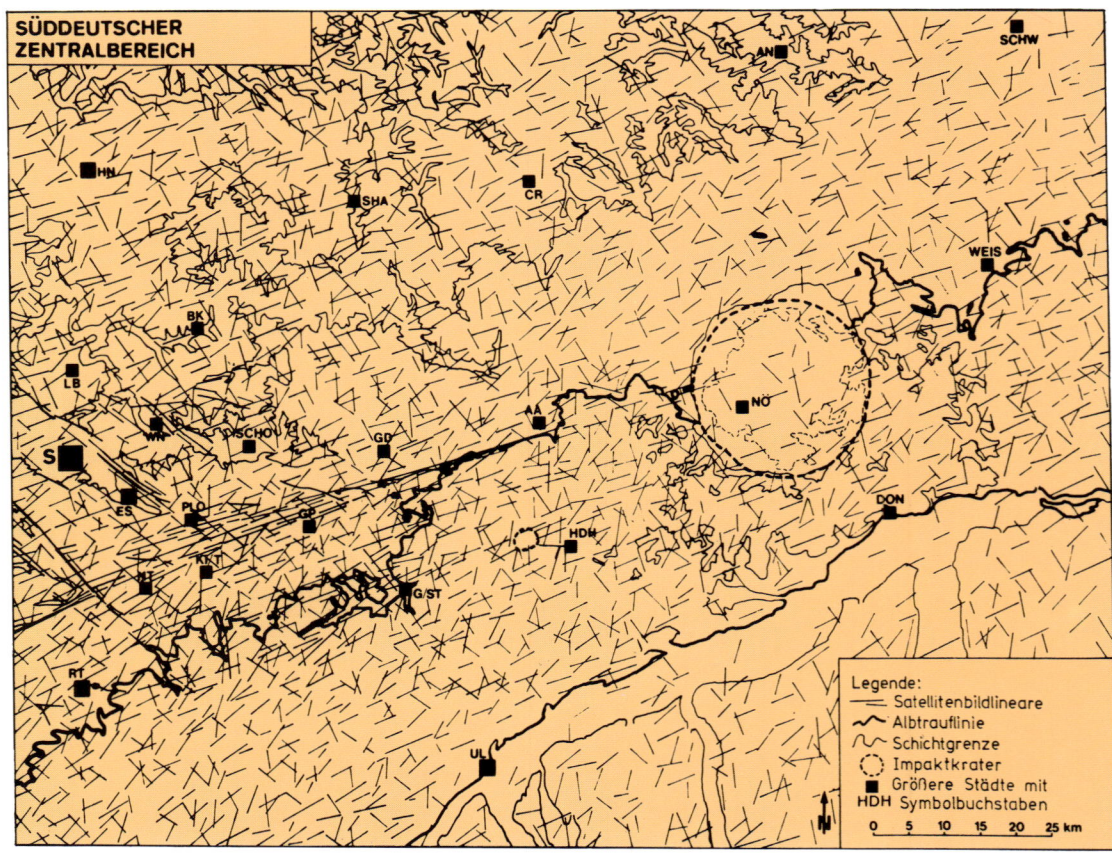

SÜDDEUTSCHER ZENTRALBEREICH

Legende:
— Satellitenbildlineare
— Albtrauflinie
— Schichtgrenze
--- Impaktkrater
■ Größere Städte mit HDH Symbolbuchstaben

0 5 10 15 20 25 km

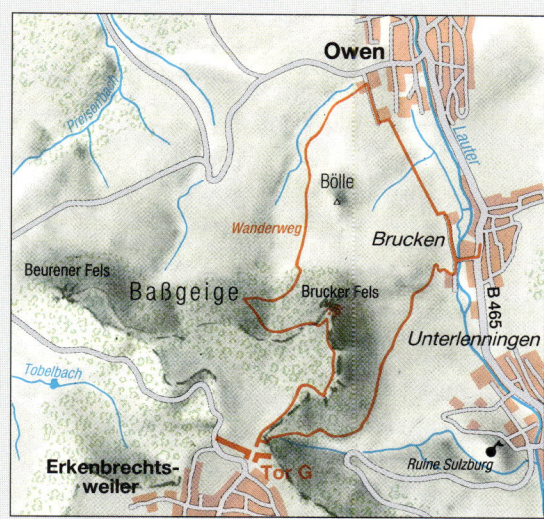

Spätsommerwanderung von Brucken auf die Erkenbrechtsweiler Halbinsel

Am besten parkt man in Brucken auf dem Parkplatz beim ehemaligen Rathaus in der Dorfmitte. Dort quert man auch die Kirchheimer Straße und folgt der Oberen Straße, die auf einer massigen Steinbrücke über die Lauter führt. Hinter der Lauter geht es rechter Hand auf der Kanalstraße weiter über die Eisenbahnlinie, die Steigstraße aufwärts. Nach den letzten Häusern endet der Asphaltbelag. Ein mit hellem Kalkschotter eingeworfener Fahrweg windet sich steil bergan. An den Wegrändern blühen violette Knautien, stehen Dosten und Kronwicken neben Labkraut. Die Büsche am Wegrand sind von Waldrebe überwuchert. Weißlinge und Heufalter, selbst das selten gewordene Schachbrett, finden hier noch Nahrung. Auf dem Weißen Steinklee tummeln sich winzige Einsiedlerbienen, auf der Fahnwicke Mooshummeln und Steinhummeln. Schafgarbe und Zypressenwolfsmilch stehen neben purpurrotem Ziest; ein Stück Schafweide am steilen, sonnigen Südosthang. Unter alten Nußbäumen führt der Weg bergan, neben einer Hecke aus Schlehe und Hartriegel, entlang von Eichen und Eschen. Eine verlassene Kiesgrube am rechten Hang, auf deren verwildertem Grund Weidenröschen und Steinklee wuchern. Vor Jahren wurde hier noch Hangschutt gegraben. Als Straßenbelag warf man ihn zusammen mit viel Lehm auf die Wege. Den

Lehm wusch der Regen ab. Im Herbst schleppten ihn die Bauernwagen in die Dorfmitte. Dort stand der zähe Dreck an Regentagen knöcheltief.

Hochstämmige Apfelbäume, Luigen und Rennetten, stehen auf den Wiesen auf der Höhe einer alten Lauterterrasse. Gegenüber, auf der östlichen Lautertalseite hinter dem Bühl hat sie eine Entsprechung. Man wird an die Zeit erinnert, als die Lauter noch auf dieser Höhe floß und auf der anderen Talseite den Bühl als Umlaufberg herausmodellierte.

Hohe Pflugterrassen zwischen den Flurstreifen zeigen, daß die Wiesen in schlechteren Zeiten Ackerland waren. Eine Weide am Wegrand, Baldrian und schwerduftendes Mädesüß. Dunkelgrüne Binsenhorste in der buckligen Welt unterhalb des Waldrands zeigen an, daß die wasserstauenden Ornatentone erreicht sind. Man steht auf dem »tönernen Fuß der Alb«. Ein besonders schöner, zwar kleiner, aber fein skulpturierter Ammonit: Cosmoceras ornatum, hat diesen Schichten des obersten Braunjura den Namen gegeben.

An einem Gatter endet der Fahrweg. Der wenig begangene Fußweg führt in gleicher Richtung weiter. Eine Quelle zur Rechten wird in einem steinernen Trog als Viehtränke aufgefangen. Die Quellfassungen im oberen Ornatenton sind heutzutage kaum noch von Bedeutung. Schließlich scheint der Weg an einem Nußbaum zu enden. Doch er führt, gerade noch erkennbar, geradeaus weiter und erreicht nach etwa 500 m in einem Einschnitt eine uralte Steige, die als Hohlweg von Unterlenningen heraufführt.

Rechts aufwärts geht der Weg durch eine Fichtenschonung zum verwilderten Waldrand. Man überquert einen häßlich breiten Holzabfuhrweg, erreicht schließlich den alten, vergrasten Aufstieg und geht an einer Ruhebank vorbei bergan. Rechts eine kleine Grube im Hangschutt. Die freistehenden Wurzeln der Buchen an der oberen Kante, ein abgestorbener Stamm und vor allem das ausgeprägte Baumknie am Fuße vieler Bäume zeigt, daß der Hang überall, wo man ihn anschneidet, unruhig wird und eine Ausgleichsbewegung im gestörten Hangprofil einsetzt, die erst nach Jahrzehnten zur Ruhe kommt.

Einst war dieser steile Weg die einzige direkte Verbindung zwischen dem Lenninger Tal und der Erkenbrechtsweiler Berghalbinsel. Heute führt eine breite Asphalttrasse, die Hochwangsteige, von Unterlenningen her, hinter der Sulzburg vorbei hinauf auf die Alb. Wer sie nicht

sieht, hört die quietschenden Reifen der Feierabendrennfahrer.

Der geschotterte Weg biegt in einem Tälchen links ab. Die wohlgeschichteten Kalke von Weißjura Beta sind erreicht. Der erste Schweiß bricht aus. Knappe 50 m unter der Hangkante entspringt eine Quelle. Ob es sich bei ihr nur um eine Schichtquelle an der Grenze von Weißjura Gamma zu Weißjura Delta handelt oder um das Übereich eines Vulkanschlots, läßt sich oberflächlich nicht erkennen. Eine Quelle auf dieser Höhe ist aber nicht zuletzt deshalb von Interesse, weil das Tor G einer keltischen Fliehburg nur 400 Schritte entfernt ist. Dieses Tor des keltischen Oppidums auf der Berghalbinsel, das man nach seinen Wall- und Grabenanlagen »Heidengraben« nennt, stammt aus dem 1. Jahrhundert v. Chr. Das 1981 freigelegte und rekonstruierte Tor G hat einen ausgeprägten Vorplatz. Der Torweg selbst zeigt die stark abgelaufene und abgefahrene keltische Straßenpflasterung. Seit zwei Jahrtausenden endet hier der Weg, der vom Lenninger Tal heraufkommt. Ein Randweg zog wahrscheinlich schon damals am Albtrauf entlang hinaus zum Brucker Fels.

Von dort aus führt ein Fußweg nach Owen hinab. Bevor der Talgrund erreicht ist, geht ein schmaler Schotterweg rechts ab, zurück nach Brucken.

Mädesüß
(Filipendula ulmaria)

Das tertiäre Meer und das Kliff

Obwohl sich der Voralpentrog um mehr als 5000 Meter einsenkte, stieß das Meer nur zeitweise in die Senke vor. In Zeiten der Meeresbedeckung lagerte sich *Meeresmolasse* ab. Dazwischen gab es Zeiten, in denen sich zwischen Alpen und Schwäbischer Alb flache Seen ausdehnten. In diesen Seen bildete sich die *Süßwassermolasse*. Über die längste Zeit hinweg aber brachten die Flüsse aus den jungen, aufsteigenden Alpen und aus dem Südwesten der Alb, die damals noch in den Schwarzwald hinaufreichte, so viel Schutt,

daß die Senkungsgeschwindigkeit im Voralpentrog mehr als ausgeglichen wurde.

Flächenhafte Ablagerungen brachte auf der südlichen *Alb* erst das *mittlere Tertiär*. Abgelagert wurde Untere Süßwassermolasse auf der Ulmer und der Ehinger Alb. Es handelt sich dabei um meist schneckenreiche poröse Kalke.

Im Jungtertiär, vor etwa 25 Millionen Jahren im Miozän, zur Zeit des Burdigalisums, drang das Meer zum letztenmal in den Voralpenraum ein und überflutete schließlich auch den südli-

chen Teil der Alb. Vom Ries bis in die Gegend von Tuttlingen ist das Brandungskliff des tertiären Meeres noch heute als deutlicher Geländeknick, als *Klifflinie*, erkennbar.

Am Ortsrand von Heldenfingen im Kreis Heidenheim ist ein Stück dieser Steilküste im Fels so gut erhalten, daß man sich schwertut mit der Vorstellung, daß seit der Zeit, als hier die letzten Wellen über die flache Strandebene anrollten, 18 Millionen Jahre vergangen sein sollen. Der Massenkalkfels ist von Bohrwurm- und Bohr-

Das Heldenfinger Kliff ist 18 Millionen Jahre alt und wirkt fast so frisch wie das »rezente« Riff im Bild rechts.
Im Massenkalk haben sich die Löcher von Bohrmu- scheln ausgezeichnet erhalten.
Das Meer reichte damals als rund 100 Kilometer breiter Arm vom Rhonebecken bis zum Wiener Becken.

muschellöchern durchsetzt. Diese Tiere lebten damals im Spritzwasserbereich. Auch der felsige Meeresboden, den die Bohrmuscheln durchlöchert haben, ist großartig erhalten. Nach Süden fällt die Felsplatte langsam ab. Sie war ein Teil der Brandungsebene, der Schorre. Von Heldenfingen aus läßt sich die *Klifflinie* nach Nordosten und Südwesten verfolgen. In den Massenkalken ist sie schroff, in den Zementmergeln flacher. Bei Dischingen liegen große Gerölle und abgerundete Blöcke aus Massenkalk und Bankkalk vor dem Kliff; Gerölle, die deutlich machen, daß dieses Meer die Kraft hatte, auch die Kuppen der Alb im Lauf der Jahrmillionen abzuarbeiten und schließlich eine weite Abrasionsfläche zu hinterlassen, die sich bis heute deutlich

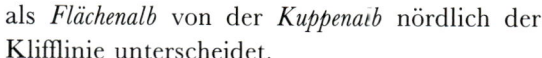

Das Kliff bei Altheim. Im Hintergrund wird die Klifflinie durch den Wald markiert. Vor dem Kliff liegt die vom tertiären Meer eingeebnete Flächenalb. Bis heute weist die fossile Steilküste des Kliffs noch einen Höhenunterschied auf, der 50 Meter erreichen kann.

Unten: Die Kuppenalb bei Burladingen. Die flachen, 50 bis 70 Meter hohen Kuppen bestehen größtenteils aus Massenkalk. In der Umgebung von Burladingen steigen sie bis über 900 Meter auf. Die Kuppenalb wurde vom tertiären Meer nicht eingeebnet.

als *Flächenalb* von der *Kuppenalb* nördlich der Klifflinie unterscheidet.

Nach dem Rückzug des Meeres blieb südlich des Kliffs zunächst ein amphibisches Land zurück. Mehr oder weniger ausgesüßte Seebekken, in denen recht Unterschiedliches abgelagert wurde, Sand und Pflanzenreste im einen, Kalkstein, Mergel und humusreiche Böden im anderen.

Die Alb senkte sich zunächst noch ab. Sogar nördlich des Kliffs kam es zu Ablagerungen von Süßwassermolasse. Vor ungefähr 15 Millionen Jahren begann sich die Alb herauszuheben. Das Kliff liegt heute bei Heldenfingen 590 Meter hoch. Bei Tuttlingen erreicht es 850 Meter. Entsprechend der Heraushebung tieften sich die Täler ein. Auch die Verkarstung des tieferen Untergrunds begann.

Vulkane auf der Alb

Vulkanische Ereignisse aus dem Miozän haben auf der Alb ihre Spuren hinterlassen. Rund 350 Tuffschlote liegen in einem Gebiet von rund 40 Kilometer Durchmesser im Umfeld von Kirchheim und Bad Urach, am weitesten im Norden, im Körschtal, liegt der »Scharnhäuser Vulkan«. Am weitesten im Südosten liegt der Schlot von Laichingen, im Südwesten sind es die Schlote von Groß- und Kleinengstingen. Den größten Durchmesser mit über 1000 Meter besitzen der Jusi und das Randecker Maar.

Vieles spricht dafür, daß die Schlote der mittleren Alb in der Tiefe eine gemeinsame Wurzel haben, daß es sich um einen einzigen, den *»Schwäbischen Vulkan«*, handelt. Sein Magma ist aus dem Erdmantel aufgestiegen. In einer zerrütteten Zone hat er sich Wege nach oben aufgeschmolzen. Zur Explosion kam es, sobald das Magma mit dem Grundwasser im Oberen Malm zusammenkam. Ein Kessel wurde ausgesprengt. Die schlagartig entlastete Schlotfüllung drängte mit all den Gesteinsbrocken, die in der Tiefe losgerissen wurden, nach oben. Wahrscheinlich gab es in vielen Fällen mehrfache, zunehmend tiefer ausgelöste Ausbrüche. An den Rändern der Krater wurden große Blöcke und ganze Schollen abgebrochen, die, mehr oder weniger zerbrochen, aber noch im ursprünglichen Schichtverband, als sogenannte Sinkschollen in der Schlotfüllung tiefer und tiefer sackten. So steckt im *Schlot des Aichelbergs* auf der Höhe von Braunjura Alpha eine große, schiefgestellte Sinkscholle aus Weißjura Beta bis Delta.

Das *vulkanische Grundmaterial,* in das die Gesteinstrümmer des durchschlagenden Gesteins eingebettet sind, ist ein kieselsäurearmes, feldspatfreies und kalkreiches, basaltartiges Trümmergestein. Erstarrtes Magma findet sich nur in etwa sieben Prozent der Schlote. Der ungefähr 1500 Meter lange »Basaltgang« bei Grabenstetten ist eine Ausnahme. Der Vulkanismus der mittleren Alb erstreckte sich über einen Zeitraum von ungefähr sechs Millionen Jahre. Daraus läßt sich erkennen, daß es kaum jemals ein flächendeckendes vulkanisches Feuerwerk auf der Alb gegeben haben dürfte.

Neben den Kalksteinbrocken aus dem Malm stecken in den Schlotfüllungen auch Sandsteine und Tone aus Dogger und Lias, Keupersandsteine, dunkler Muschelkalk und roter Buntsandstein, daneben Granit und Gneis. Betrachtet man diese Trümmermasse genauer, so findet man neben den größeren Einschlüssen auch

rungen wurden in einem warmen Klima, im *Torton*, gebildet, das entspricht einem Alter von rund elf Millionen Jahren.

Im weiteren Umfeld des Schwäbischen Vulkans ist die *geothermische Tiefenstufe* – ein Meßwert, der angibt, wie tief man bohren muß, um eine Temperaturerhöhung von 1°C zu bekommen – sehr niedrig. Bei einem Mittelwert von

Links: Längs dem Steinbruch an der Neuffener Steige ist ein Vulkanschlot mit Basaltofond, Trümmern des Deckgebirges, aufgeschlossen. An einer

scharfen Kluftfläche grenzt er an Weißjura Delta an.

Mitte: Basalttuff am Jusi.

Rechts: Eine große, schiefgestellte Sinkscholle aus Weißjura Beta im Vulkanschlot des Aichelbergs.

kleine rundliche, aus Lava geschmolzene Lapilli, dazwischen sechseckige Glimmerplättchen, Hornblende und Biotit, Pyroxen und grünen Olivin.

Die Sprengkessel der Schlote füllten sich nach den Ausbrüchen mit Wasser. Diese Maarseen verlandeten im Laufe der Zeit. Am besten sind die Süßwasserablagerungen aus dem *Randecker Maar* bekannt. Dieser große Vulkanschlot liegt heute unmittelbar am Albtrauf. In jüngerer Zeit zapfte der Zipfelbach den mit Sedimenten aufgefüllten Sprengtrichter an und räumte ihn weitgehend aus. Am Rande des Sprengkessels liegen, als Sinkschollen, viele Massenkalkblöcke. Am

Grund des ehemaligen Maarsees sind kalkreiche, schiefrige Mergel, Kalkschiefer und feingeschichtete *Blätterkohle* abgelagert Diese Sedimente sind reich an *Fossilien*. Neben Algen und Pollen, Blüten und Blättern subtropischer Pflanzen fand man Reste von Molchen und Fröschen, Eidechsen, Vögeln und Säugetieren. Unter ihnen viele Nager sowie das guterhaltene Skelett einer Bulldoggenfledermaus, daneben Teile von Schwein, Hirsch, Pferd, Nashorn, Löwe und Mastodon. Auch die Schalen von Land- und Süßwasserschnecken sowie kleine Muschelkrebse, Reste von Raupen, Libellenlarven und Zweiflüglern fand man. Die Seeablage-

33 m/°C in Deutschland, liegt sie nahe Neuffen bei 11,1 m/°C, nahe Boll sogar nur bei 9,1 m/°C. Auffällig ist, daß es im Bereich des Vulkans zahlreiche kohlensäurehaltige *Mineral- und Thermalbrunnen* gibt, in Überkingen, Bad Ditzenbach, Bad Boll, Beuren und Bad Urach. Auch die Kohlendioxid-Austritte im Eyachtal seien genannt. Längere Zeit wertete man sowohl die höhere Erdwärme als auch das aufsteigende Kohlendioxid als Nachklang des Vulkanismus. Neuerdings neigt man dazu, anzunehmen, daß die mächtigen Tone in der Tiefe einen Wärmestau bedingen. Es ist auch denkbar, daß geochemische und geophysikalische Vorgänge im Un-

Auf dem Spitzigen Felsen

Mörikefels wird er heute genannt und keiner hat die Aussicht von diesem Felsen besser beschrieben als Eduard Mörike selbst:

». . . Zwischen einem der Felsen sitzt man ohne alle Gefahr, wenn man nur erst darauf ist, wie in einem Lehnstuhl mit Moose gepolstert, und hängt die Füße gleichsam über die herrliche Galerie hinaus, daß einen die Lüfte des Himmels mit seligem Schauder berühren. – Da sieht man im Tal die Äcker und Felder, schon sauber gepflügt, in niedlicher Kleinheit, braun und grün abwechselnd, liegen, und drüberher zerstreut die Feldarbeiter wie Ameisen emsig zappeln und die Häuslein des Dorfes nur leicht hingewürfelt – das alles aber in den linden, goldnen Duft und in ein lispelndes Meer von Frühlingsstimmen getaucht . . .«

Viel gibt es dem nicht hinzuzufügen, als vielleicht eine kleine Beschreibung dessen, was man in größerer Ferne noch sieht: Im Lindachtal die Siedlungsausläufer Neidlingens, unter dem Fels das immer noch schnuckelig kleine Hepsisau. Die Kirschenbuckel ringsum, und über Lindach ansteigend den Neidlinger Lichtenstein. Er heißt

wirklich so und ist, wie könnte es in dieser Gegend auch anders sein, ein Vulkanembryo. Dahinter liegt der Weiler Pfundhard mit seinen Feldern auf der Verebnung über dem Eisensandstein. Häringen versteckt sich hinter einem Wäldchen, aber das Deutsche Haus unter dem Boßler leuchtet herüber und im Hintergrund die Dörfer vor den Kaiserbergen. Man sieht, wie sich die Hochfläche des Boßler nach Südosten hin einsenkt und der Erkenberg sich von der Albfläche abzulösen beginnt.

Der Felsensessel, von dem Mörike schreibt, ist immer noch derselbe. Man kann sich setzen und träumen. Aber manches ist auch anders geworden: Die Straßen sind glatter und geradliniger, lärmende Autos, Motorräder, Traktoren, Flugzeuge empfindet man als Störenfriede. Der Bauer geht nicht mehr hinter dem Gespann. Wer vom Breitenstein zum Randecker Maar wandert, kann den Spitzigen Fels nicht übersehen. Geht er ein wenig abseits des breiten Wanderpfades und schaut über die nicht mehr so eifrig gemähten Wiesen, sieht er Wilden Dosten und Bärenklau, Kaisermantel und Schillerfalter. Es scheint sich zu lohnen, daß wir im Umgang mit der Natur gelernt haben, daß Unkraut und Ungeziefer einen neuen Klang bekommen haben.

In der Bildmitte das Kraterrund des Randecker Maars. Deutlich erkennbar sind die Bachläufe, die über der undurchlässigen Schlotfüllung zum tief eingeschnittenen Zipfelbach hin entwässern. Rechts auf der Hochfläche Ochsenwang, davor der Spitzige Felsen. Links in der Bildmitte erkennt man hinter den Häusern das Rund des Schopflocher Torfmoors. Auch hier staut sich das Wasser über undurchlässigem, vulkanischem Untergrund.

Reste eines Frosches aus den Miozänablagerungen im Randecker Maar.

Rechts: Blätter des Seifenbaums, einer Weide und der Gleditsio Knorrii aus dem Miozän des Randecker Maars.

tergrund der mittleren Alb der Grund für die höhere Erdwärme sind, Das Kohlendioxid ist aber mit hoher Wahrscheinlichkeit als Nachklang des Vulkanismus zu deuten. Obwohl die Thermalquellen geothermisch beheizt werden, reicht die Energiedichte im tieferen Untergrund nach den bisherigen Ermittlungen für eine technische Nutzung größeren Stils nicht aus.

Die Mineralbäder in Bad Urach (links) und Beuren (rechts).

Unten: Der Albtrauf im Bereich der mittleren Alb. Vorne die Stadt Neuffen, darüber im Blaukalk des Dogger Gamma die Ver- *ebnung, auf der auch Balzholz liegt. In der Mulde Beuren und am Fuße der Teck Owen. Auf der Hochfläche, die hier von Weißjura Delta gebildet wird, Erkenbrechtsweiler.*

Im Landschaftsbild der mittleren Alb und ihres Vorlands spielen die Vulkanschlote eine große Rolle, obwohl die Sprengkessel auf der Hochfläche weitgehend eingeebnet sind. Das *Schopflocher Torfmoor* ist ein schönes Beispiel dafür, wie die natürliche Entwicklung nach der Explosion zum See führt, der schließlich verlandet und als Hochmoor endet. Dort ist auch gut zu sehen, wie das saure Wasser aus dem Hochmoor zu den Rändern abläuft und in so auffällig großen Dolinen wie dem »Stauchloch« und dem »Wasserfall« verschwindet. Im Schlot von Böttingen sind dichte, rotgebänderte Thermalsinterkalke erhalten geblieben. Dieser *»Böttinger Marmor«* fand unter anderem bei der Ausgestaltung des Marmorsaals im Neuen Schloß in Stuttgart Verwendung. Die meisten Siedlungen in der mittleren Alb liegen im übrigen auf wasserstauenden Tuffschloten.

Auffälliger als auf den Höhen der Alb sind die Tuffschlote im Vorland. Berge, wie der Georgenberg bei Reutlingen, der Rangenberg bei Eningen, der Metzinger Weinberg, der Hofbühl und der Florian, Grafenberg und Geigersbühl, Spitzberg und Engelberg bei Beuren, die Sulzburg bei Unterlenningen, die Limburg und der Aichelberg weisen in ihrem Kern einen Vulkanschlot auf. Trotzdem waren sie, so wie sie heute dastehen, keine Vulkane. Allenfalls sind sie »Pseudo-Vulkankegel«. Die Schlotfüllung dieser Berge, vor allem die Weißjurasenkschollen in der Füllung sind gegenüber der Abtragung widerstandsfähiger als die Schichten des Braunen Jura im Umfeld. Deshalb erheben sich diese Erosionskegel, die an kegelförmige Vulkanbauten erinnern, im Bereich der Braunjuravorberge, und nur hier.

Ganz anderer Natur sind die beiden nördlichen Auslieger der miozänen Hegauvulkane Hewenegg und Wartenberg im Südwesten der Alb. Ihre Basaltschlote samt dem Berg sind echte Vulkanbauten. Der *Hegauvulkanismus* begann vor 14 Millionen Jahren und endete vor 7 Millionen Jahren.

Rechts oben: Felix Hollenberg stellt in dieser Grafik den Weißjuraauslieger der Achalm (rechts) dem gegen Erosion ebenfalls widerständigen Georgenberg gegenüber.

Mitte: Auch die Limburg bei Weilheim verdankt ihre Kegelgestalt einem Vulkanschlot, der im ganzen härter ist als die Gesteine des Braunen Jura ringsum.

Unten: Der Wartenberg an der jungen Donau ist der nördlichste Hegauvulkan. Im Kern besteht er aus Olivinbasalt, der Mantel aus Braunem Jura.

Die rätselhaften Krater

Es lag nahe, auch die beiden nahezu kreisrunden Kessel des Steinheimer Beckens mit einem Durchmesser von 3,5 Kilometer und das Ries mit 24 Kilometer Durchmesser in die Reihe der vulkanischen Ereignisse zu stellen, zumal Ries und Steinheimer Becken auch im Miozän vor nicht ganz 15 Millionen Jahren entstanden. Zwei Meteorite, möglicherweise »Zwillinge«, schlugen damals in die Albtafel ein. Wahrscheinlich trafen die beiden kosmischen Körper die Erdoberfläche mit einer Geschwindigkeit von 25 Kilometer je Sekunde.

Der Riesmeteorit hatte wohl einen Durchmesser von 800 bis 900 Meter. Bei seinem Einschlag entstand ein Druck von mehreren 100 000 Atmosphären mit einer Temperatur von einigen 10 000 Grad Celsius. Der Meteorit selbst und ein großer Teil des getroffenen Gesteins verdampfte. Ein Krater von 700 Metern Tiefe wurde ausgesprengt. In Sekundenbruchteilen wurde das Gestein pulverisiert. Alle festen Gesteine, auch der harte Weißjurakalk, wurden in sich zerbrochen und geschockt, das Grundgebirge aufgeschmolzen, große Gebirgsschollen nach allen Seiten weggedrückt, überkippt und durch die Luft geschleudert. Im wahrsten Sinne des Wortes wurden Berge versetzt.

Die in sich zertrümmerten, man sagt »vergrieß-

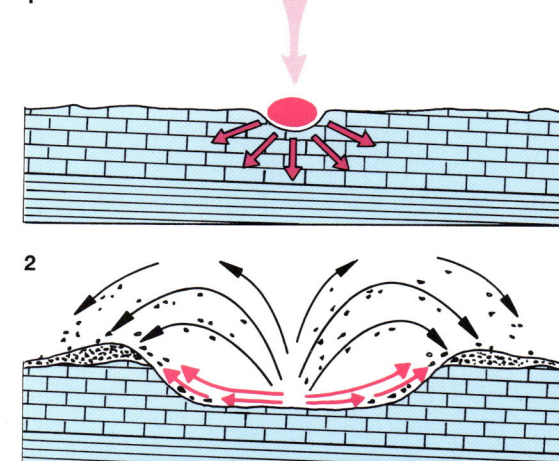

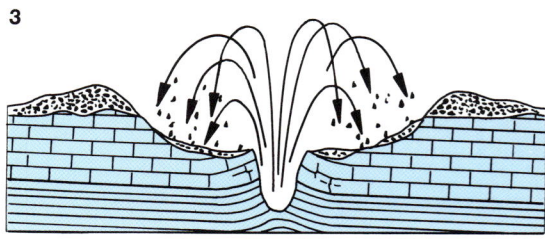

So muß man sich die Entstehung des Steinheimer Beckens nach den Vorstellungen der Geologen Winfried Reiff und Paul Groschopf denken.
1. Der Meteorit schlägt ein. Stoßwellen breiten sich aus.
2. Der Krater wird ausgesprengt. Der Randwall bildet sich.
3. Trümmermassen aus der Mitte werden ausgeworfen. Vor allem der Kraterboden wird mit Breccie überschüttet.
4. Der Zentralkegel steigt als Folge der Rückfederung auf.

Ausblick vom Ipf

Der Ipf ist der äußerste, nordöstlichste Vorposten der Schwäbischen Alb. Obwohl seine Gipfelfläche im Weißen Jura Delta liegt, erreicht er nur 668 m. Manchem mag er ob seiner Kegelform wie ein Vulkan erscheinen, er ist dies aber genausowenig wie der Hohenstaufen oder die Achalm. Der Ipf ist so kahl wie ein Burgberg im Mittelalter. Wacholder und Rosenbüsche stehen auf der Schafweide mit Thymian und Natterkopf, Kratzdistel und Sonnenröschen und dürren Grashalmen. Selbst im Sommer ist hier Bienen- und Hummelgesumm. Auf einer Skarbiose saugt ein Blutströpfchen, Schachbrettfalter gaukeln über die Weide und, wie ein Wunder, ein Schwalbenschwanz leuchtet in der Sonne auf. Offenbar zeigt die wachsende Bereitschaft, die Natur mit allen ihren Gliedern zu schützen, erste Erfolge.
Die Wälle am Osthang des Berges sind in die Steilstufen des Aufstiegs eingefügt. Ein doppelter Ringwall umgibt das Gipfelplateau. Von dort hat man eine umfassende Rundsicht: im Süden Bopfingen, die alte, ehemals Freie Reichsstadt, dahinter die Albtafel mit der Fläche des Härtsfelds. Im Westen, hinter Oberdorf, liegen in der Ferne die Kapfenburg und dahinter der Braunenberg mit seinem Sendemast.
Die kahlen Buckel in der Umgebung des Ipf sind Wurfschollen aus dem Rieskrater. Der Schloßberg von Baldern besteht aus Weißjura Epsilon, der ohne »Wurzel« auf Braunjura liegt.
Im Westen verstellt der Blasienberg den Blick auf Kirchheim. Auch die Weißjurascholle des Blasienbergs wurde ausgeschleudert, als vor 13,8 Millionen Jahren ein Meteorit den gewaltigen Rieskessel aussprengte. Nicht nur, daß dieses Ereignis das Leben weithin auslöschte, es veränderte auch die Landschaft grundlegend. Die alten Flußläufe wurden zusammen mit dem Land ringsum unter Schutt begraben. Berge wurden aufgeworfen, wo es vorher keinen Berg gab. Schließlich füllte ein See das Kraterrund von 22–23 km. Am Rande dieses Sees und auf hufeisenförmiger Untiefe in der Seemitte entwickelten sich Kalkalgenriffe. Der Goldberg zwischen Ipf und Nördlingen ist eines dieser Riffe sowie der Wallerstein in der Riesmitte.
Im Norden beherrscht der Hesselberg die Landschaft. Merkwürdig buckelig ist die vom Meteoritenschlag umgestülpte Welt zwischen Ipf und Hesselberg. Im Osten geht sie in die Ebene des Rieskessels über.

Blick von Nordwesten in das rund 3,5 Kilometer weite Steinheimer Becken. Der Zentralberg ist gut zu sehen.

ten«, Gesteinsschollen aus Weißjurakalkstein können bis zu 20 Kilometer vom Riesrand entfernt liegen. Bis zu 200 Meter hoch war das Land ringsum von Schutt bedeckt. Kaum ein Lebewesen im Umkreis von 500 Kilometer dürfte die Katastrophe überlebt haben.

Im Steinheimer Becken waren zwar alle Ereignisse eine Nummer kleiner, aber dennoch katastrophal. Der Meteorit hatte einen Durchmesser von schätzungsweise 80 Meter. Auch diese Größe reichte aus, um noch in 400 Metern Tiefe einen Druck um die 100 000 Atmosphären zu entwickeln. Auch hier ging eine Stoßwelle durch das Gestein, die unter anderem dazu führte, daß sich die für Meteorkrater typischen *Strahlenkalke* bildeten. Auch im Steinheimer Becken wurden Gesteinsschollen vom Einschlagszentrum wegbewegt. Dabei wurde Kalkfels ebenfalls zu Grieß

Die Weißjurafelsen am Burgstall sind erkennbar geschockt und in sich zu Grieß zerbrochen.

zertrümmert. Man findet auch schräggestellte Schichten, gestaucht und gefaltet. Im Inneren des Kraters schmolz und verdampfte auch hier das Gestein, wurde hoch in die Luft geschleudert, um dann größtenteils in den Krater zurückzufallen. Im Zentrum federte das unter der Wucht des Einschlags zusammengedrückte Gestein zurück und bildete den zentralen Kegel des Beckens, der auch hochgerissenes Material aus dem Braunen Jura enthält.

Die Albhochfläche lag damals nur wenig mehr als 100 Meter über der Seenplatte der Oberen Süßwassermolasse. Der Krater füllte sich mit Grundwasser. Es dauerte wahrscheinlich gar nicht lange, bis die ersten Pflanzen und Tiere in den See gelangten. Weltberühmt sind die *Schnekkensande* des Steinheimer Beckens, aber auch die hervorragend erhaltenen Reste von Fischen, Schildkröten und insgesamt *54 verschiedenen Säugetierarten*, die rund um den See lebten. Neben den Verwandten der Elefanten und Nashörner sind vor allem die urtümlichen *Gabelhirsche* von Steinheim bekannt.

Im Lauf des Tertiärs wurden beide Krater von Sedimenten aufgefüllt. Erst die starke Verwitterung im Eiszeitalter und die Ausräumung durch das fließende Wasser führten zum Landschaftsbild, wie wir es heute kennen.

Schädel und Geweih des Gabelhirsches Heteroprox aus dem mittleren Miozän von Steinheim.

Zusammengeschwemmte Schneckenschalen bilden die berühmten »Schnekkensande« aus dem mittleren Miozän von Steinheim.

Rechts oben: Schleienartige Fische sind in den Ablagerungen im Steinheimer Becken nicht selten.

Blick auf das Steinheimer Becken vom Burgstall aus

Wer sein Fahrzeug am Ortseingang von Sontheim, der kleineren Teilgemeinde von Steinheim am Albuch parkt, findet leicht den Weg hinauf auf den Burgstall. Er ist als geologischer Lehrpfad ausgewiesen und führt an die bemerkenswertesten Plätze im Bereich des *Meteorkraters* von Steinheim.

Vom Burgstall aus sieht man nach Norden hin über das Kraterrund. Die Albhochfläche ringsum erreicht Höhen bis zu 660 m. Der Boden des Beckens liegt in einer durchschnittlichen Meereshöhe von 450 m. Der Zentralberg im rund 3,5 km messenden Kraterbecken erreicht heute 579 m über NN. Die Hohlform selbst war bis in die Eiszeit hinein verfüllt. Erst während dieser Zeit starker Verwitterung wurde sie wieder ausgeräumt.

Vom Burgstall aus ist der zentrale Hügel im Steinheimer Becken die auffälligste Landmarke. Seine höchste Erhebung ist ein einzelner Felszahn, der *Steinhirt*. Bei näherer Betrachtung erweist er sich als tertiäres Algenriff, das sich in einem See entwickelte.

Aus der Ferne ist der Steinhirt nicht ohne weiteres erkennbar; eine Baumgruppe umgibt ihn. Links hinter der höchsten Höhe liegt eine *Hüle,* ein Teich, ausgerechnet auf dem Zentralhügel. Der geologische Untergrund besteht dort, und das ist sehr ungewöhnlich, aus wasserstauenden Tonmergeln des *Dogger*. Diese Tonmergel wurden, wie das auch die Graphik 3 des geologischen Lehrpfads ausweist, nach dem Einschlag des Himmelskörpers im Rückfedern aus dem tieferen Untergund hochgerissen. Die Spuren der schockartigen Beanspruchung des Untergrunds wurden bei Bohrungen bis 500 m in die Tiefe hinab nachgewiesen.

Die grauen *Weißjurafelsen,* die die Höhen des Burgstalls bekränzen, sind durch das kosmische Ereignis erkennbar geschockt; sie wurden in faust- bis sandkorngroße Stückchen zerbrochen. Grieß nennt der Geologe dieses so zerrüttete Gestein. Nur unter einem Druck von mehr als 100 000 Atmosphären ist eine derartige Gesteinsveränderung möglich. Beim Einschlag des Meteoriten wurden die Gesteinsmassen vom Zentrum nach allen Seiten weggeschleudert und dabei gestaucht, verbogen und schräggestellt.

Ein Teil des ausgeworfenen Materials schoß, nachdem der Himmelskörper verdampft war, aus dem Krater heraus und fiel als buntgemischtes Gesteinsmaterial zum Teil in die ausgesprengte Schüssel zurück. Dort liegt es bis heute als Basistrümmergestein, die Geologen sagen *Basisbreccie,* unter den tertiären Sedimenten des Beckens.

Als besonders schlüssiger Beweis für die Entstehung des Kraters als Meteorkrater gelten die *Strahlenkalke.* Sie entstehen unter so hohem Druck, wie er bei Vulkanausbrüchen nicht vorkommt. Im feinkörnigen Kalk des Oberen Weißen Jura haben sich Strahlenkalke besonders eindrucksvoll entwickelt.

Die tertiären Ablagerungen, vor allem die *Schneckensande* von Steinheim, lassen sich bei einer zweiten geologischen Wanderung, die bei der ehemaligen Sandgrube Fahrion beginnt, betrachten. Von dort aus führt der geologische Lehrpfad hinauf zum zentralen Hügel. Eine hervorragende Übersicht über die Entstehung und Entwicklung des Steinheimer Beckens vermittelt das *Museum* im Ortsteil Sontheim.

Das Maß der Abtragung

Der nördlichste Schlot des Schwäbischen Vulkans liegt um 320 Meter über dem Meer zwischen Ruit und *Scharnhausen* am nördlichen Talhang der Körsch. Auch in diesem Schlot findet man Trümmerstücke aus dem Weißen Jura. Der Schlot liegt 23 Kilometer vom Albtrauf entfernt. Dort erst, am Steilanstieg der Schwäbischen Alb, beginnt heute der Weiße Jura, in der Umgebung des Vulkanschlots sucht man ihn vergebens. Er wurde abgetragen, so wie alle Ge-

steine, die einst über dem Schlot lagen. Ergänzt man in Gedanken die verschwundene Sedimentdecke, so erreicht man die tertiäre Albhochfläche in ungefähr 900 Meter über dem Meer. Dort oben lag einst auch der vulkanische Sprengkessel, der aktive Vulkan, auf den der Scharnhäuser Schlot hinweist.

Das vulkanische Ereignis liegt rund 15 Millionen Jahre zurück. Damals reichte die Alb also mindestens bis auf die Höhe von Scharnhausen,

wahrscheinlich aber bis Stuttgart. Dies ermöglicht eine einfache Rechnung, die ergibt, daß der Albtrauf innerhalb von 15 Millionen Jahren um rund 25 Kilometer nach Südosten zurückverlegt wurde. Das sind rein rechnerisch etwa 1,6 km je Jahrmillion = 1,6 m im Jahrtausend = 1,6 mm im Jahr. Ein hochinteressanter Wert, nur, mit solchen Durchschnittswerten sollte man vorsichtig umgehen; sie liefern zwar ein Maß, beschreiben aber den Vorgang selbst unzureichend. Natürlich gibt es die Abtragung im Millimeterbereich, das unmerkliche Wegschwemmen winziger Bodenkrumen und die Arbeit des Windes, der Staub mit sich fortträgt. Aber es gibt auch den Stein, der den Hang hinabrollt, die Felsplatte, die vom Eis losgestemmt wird, den »Hangenden Stein«, der schließlich überkippt und als Felssturz zu Tal geht. Bei einem Bergrutsch lösen sich große Schollen an kilometerlangen, hangparallelen Klüften ab.

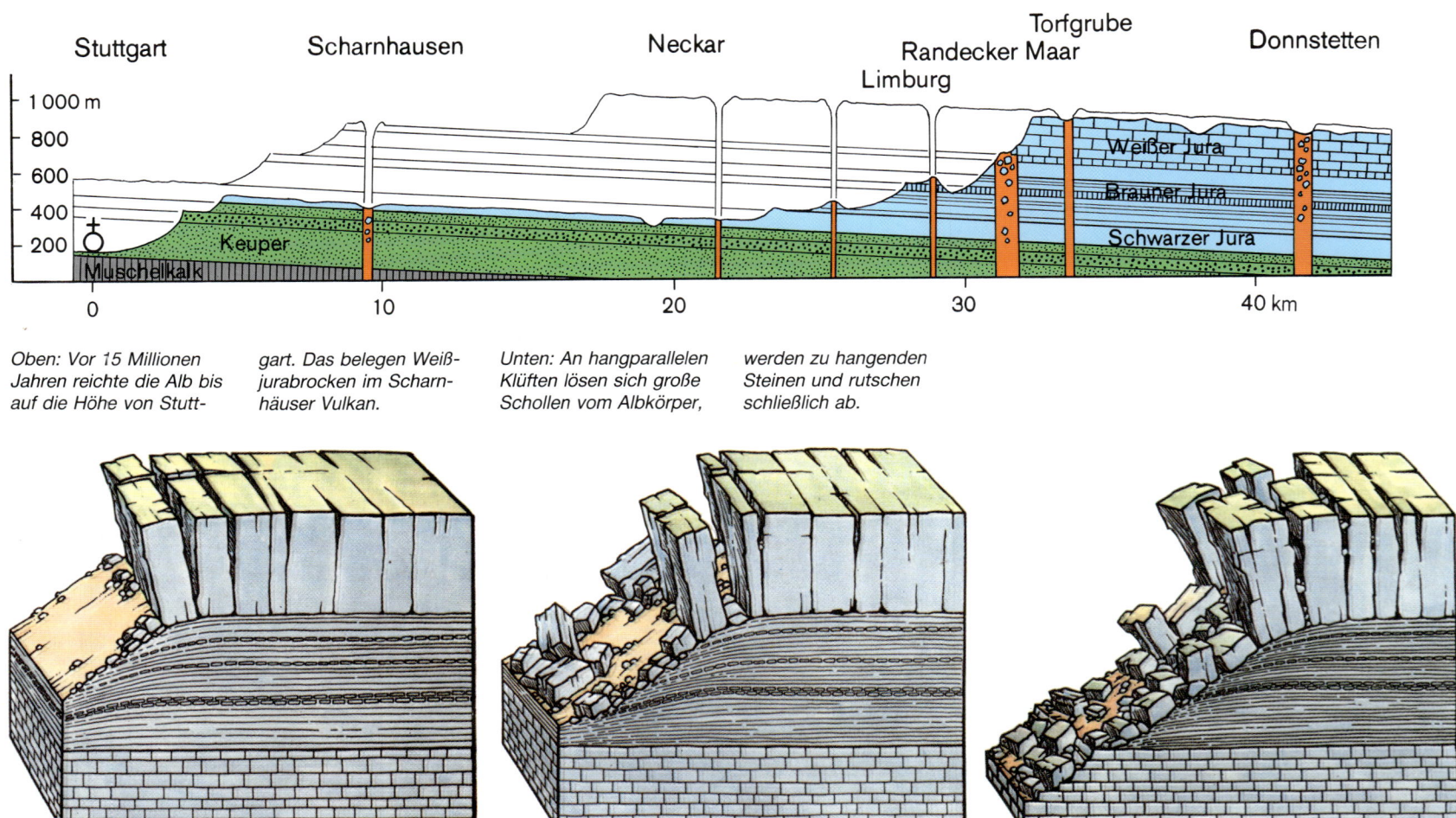

Oben: Vor 15 Millionen Jahren reichte die Alb bis auf die Höhe von Stuttgart. Das belegen Weißjurabrocken im Scharnhäuser Vulkan.

Unten: An hangparallelen Klüften lösen sich große Schollen vom Albkörper, werden zu hangenden Steinen und rutschen schließlich ab.

Oben: In der Abrißkante der Hausener Wand ist der ganze Weißjura aufgeschlossen. Unter den Felsenkalken von Weißjura Delta die vom Regen zerfurchten Mergel von Weißjura Gamma. Darunter das Band der wohlgeschichteten Betakalke. Unter ihnen, gerade noch erkennbar, die Mergel von Weißjura Alpha. Vor der Wand liegen zwei große Bergstürze mit Material aus Weißjura Beta.

Unten: Die breite Abrißkluft des »Hangenden Steins«, rechts ganz entsprechend die Abrißkluft der Dettinger Höllenlöcher.

Zuletzt ging im April 1983 bei Mössingen ein gewaltiger Bergrutsch mit Felsmassen aus dem Weißen Jura Beta nieder. Durch die Spalten der wohlgeschichteten Kalke wird den Mergeln und Tonen der Unterlage Wasser zugeführt. Sie quellen und beginnen zu rutschen. Die Klüfte weiten sich; noch mehr Wasser dringt in die Mergelunterlage ein. Die Felsmassen verlieren ihren festen Halt und kippen entweder nach außen ab oder rutschen auf Schaufelflächen als Gleitschollen hangabwärts.

Der Fuß des Albtraufs ist auf seiner ganzen Länge von *Bergsturzmassen* gesäumt. Vor allem während der Kaltzeiten kam es ständig zu solchen Bergstürzen. Damals war die Alb unbewaldet und damit ungeschützt. Die *Frostverwitterung* war stark. Der Albtrauf wanderte weit schneller nach Südosten zurück als dies heute der Fall ist. Dafür spricht auch der mächtige Mantel aus splittrigem Hangschutt, der vor allem den Fuß der Alb verhüllt. Regelrechte Schuttströme krochen durch die engen und steilen Seitentälchen zu Tal und schürften dabei die Talsohle aus. In kalten Zeiten mit häufigem Frostwechsel, außerdem starken Niederschlägen und spärlicher Pflanzendecke kann die Abtragung Werte erreichen, die außerordentlich hoch sind. Man nimmt an, daß der Albtrauf während der *Kaltzeiten* des Eiszeitalters, also innerhalb eines Zeitraums von ungefähr einer Million Jahre, um rund sieben Kilometer zurückverlegt wurde. Das sind immerhin sieben Meter im Jahrtausend. *Das heutige Landschaftsbild* und damit auch der Albanstieg und der eigentliche Albtrauf erhielt seine heutige Ausformung im wesentlichen während der letzten Kaltzeit, der Würmeiszeit.

Rundblick von der Teck

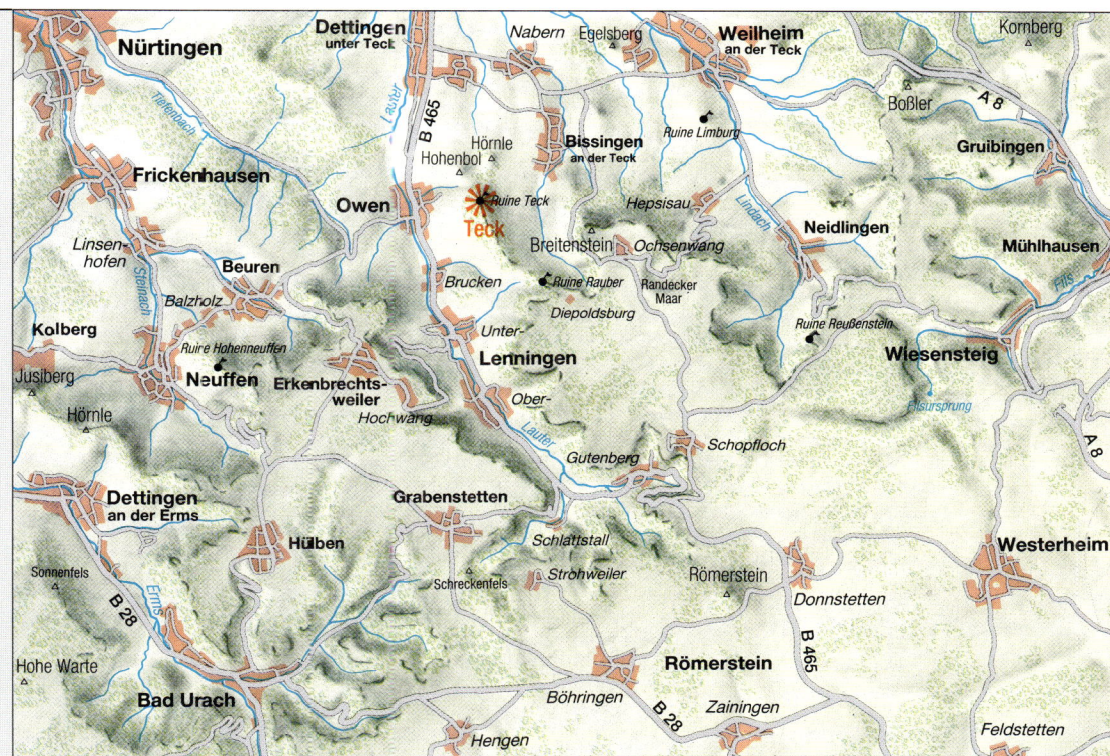

Die Teck liegt 775 m über dem Meer. An einem klaren Tag reicht der Blick nach Norden bis zum Einkorn am Rande der Limpurger Berge bei Schwäbisch Hall. Davor dehnen sich die Höhen und Wälder von Mainhardt und Welzheim. Zwischen Schurwald und Alb liegt die weite Ebene des Albvorlands. Sie gehörte einst ganz der Landwirtschaft. Die tiefgründigen, schweren Böden des Lias sind bis heute begehrte Ackerbaufläche. Die alten Dörfer, wie Dettingen, Jesingen und Bissingen, aber auch die Städte, unter denen Kirchheim die beherrschende Rolle spielt, mit den Landstädtchen Owen am Fuße der Teck und Weilheim zwischen Aichelberg und Limburg, sind aber längst ins Industriezeitalter hineingewachsen. Sie gehen alle aus dem Leim. Schaut man nach Osten, so steigen hinter dem freistehenden Bergkegel der *Limburg* und *Boßler* mit seinen jungen Bergschlipfen, der *Kornberg* und das *Fuchseck* auf. Bei einigermaßen klarem Wetter sind *Hohenstaufen*, *Hochenrechberg* und *Stuifen* als markante Auslegerberge zu sehen. An manchen Tagen geht der Blick bis zum *Hesselberg* in 93 km Entfernung. Er ist der erste Vorposten der Fränkischen Alb. Vor dem Kornberg und dem Fuchseck ist die Vortreppe der Alb im mittleren Braunen Jura zu erkennen. Der Erkenberg am Rande des Neidlinger Tals ist durch einen tiefen Sattel vom Boßler getrennt. Gegenüber der Teck liegt der rund 30 m höhere *Breitenstein*.

Der Burgberg am Fuß des Breitensteins, der einst die Ruine Hahnenkamm trug, könnte einer der vielen »Vulkanembryonen« im Albvorland sein, wie das Bissinger Hörnle, der Egelsberg, der Aichelberg und die Limburg. Der Burgberg des Hahnenkamm ist aber, das zeigt die genauere Untersuchung, Teil eines Bergsturzes. Wer den unruhigen Fuß des Breitensteins genauer betrachtet, erkennt, daß auch dort abgestürzte Trümmermassen liegen. Heute ist dieser buckelige Weidehang, die Bissinger Schafweide, ein Naturschutzgebiet von hohem Rang. Schaut man nach Süden zur Alb hin, so fällt die höher gelegene *Diepoldsburg* mit der Ruine des unteren Rauber auf, und der westlich und tiefer gelegene Engelhof entspricht ungefähr der Sprunghöhe eines Grabenrands. In der Tieflage

dieses Grabens liegen auch die Teck und jenseits des Lenninger Tals die Erkenbrechtsweiler Halbinsel mit dem Hohenneuffen und dem Hörnle.

Die Kräfte der Abtragung greifen das Höherliegende immer stärker an als das Tieferliegende. So blieb der Teil des Albkörpers im Graben vor Abtragung geschützter und springt deshalb auch gegenüber dem Albtrauf im Westen und im Osten deutlich zum Neckar vor. Die Hochfläche der Erkenbrechtsweiler Halbinsel weist deshalb auch keine ausgeprägten Trockentäler auf, während es auf den hochliegenden Schollen der Ochsenwanger Alb und der St. Johanner Alb ausgeprägte Talzüge des alten, donauwärts gerichteten Flußsystems gibt.

Um den *Säntis* in 149 km Entfernung im Süden der Teck sehen zu können, bedarf es schon sehr klarer Sicht, wie sie meist nur die Tage um Weihnachten bieten. Der *Römerstein* der *Sternberg* sind schon bei mittlerer Sicht erkennbar, wie auch drüben bei St. Johann die *Hohe Warte* und der *Sonnenfels*. Das westliche Gegenüber der Teck, die *Baßgeige*, verdankt ihren Namen dem Kartenbild. Am Fuß der Teck das *Bölle* und

der *Hohbohl*, zwei höchst ungleiche Vorberge: das Bölle ist im Kern ein Bergsturz, der Hohbohl ein Vulkanschlot, der vom rinnenden Wasser herausmodelliert wurde. Ohne Fernglas kann man die dunklen, vulkanischen Massen an seinem Südhang erkennen, auch die mächtigen Brocken von Weißem Jura, die, in den Vulkanpfropf eingebettet, ihm eigentlich erst seine Widerstandsfähigkeit verleihen.

Im Sommer sieht man die sagenhafte Sibyllenspur im Tal. Dabei kommt es sehr auf das Licht und auf den Reifezustand der Felder an. Ob die merkwürdige Doppelspur Anlaß zur Sibyllensage war, oder als »Beleg« in die Sage eingebunden wurde, ist offen. Sicher ist inzwischen, daß es sich um einen Doppelgraben aus römischer Zeit handelt, auch ein kleines Kastell hat man gefunden. Die Rätsel, die diese Spur aber aufgibt, sind damit keineswegs gelöst. Welche Rolle spielte der Hohbohl in römischer Zeit? Birgt der Berg, der später auch eine Zeitlang eine Burg trug, noch ein Geheimnis? Welche Rolle spielte die Teck selbst? Immerhin ist der Name des Berges uralt, keltisch zumindest, vielleicht vorkeltisch.

◁ *Bilder vom Bergsturz bei Mössingen. Oben: Die Abrißfläche, darunter die abgerutschten Massen.*

Unten links: Hangparallele Klüfte bilden sich.
Unten rechts: Die chaotischen Massen des abge-

rutschten Materials hängen zum Teil gegen den Hang. Große Schollen sind in sich zerbrochen.

Aus der Flußgeschichte

Die Rückverlegung des Albtraufs war mit einem großen Flächenverlust für die alten Flußsysteme verbunden, die zuvor über die sanft nach Südosten geneigte Albtafel zur Donau hin flossen. Der Kampf der Nebenflüsse des Neckars mit den Nebenflüssen der Donau um die europäische Wasserscheide dauert bis heute an. Er geht auch künftig weiter. So gesehen ist der Albtrauf unserer Tage nur eine Momentaufnahme. Der berühmte Tübinger Geologe Georg Wagner hat sich insbesonders auch mit der Entwicklung der Flußsysteme in unserem Raum befaßt. Ihm verdanken wir die wesentlichen Einsichten. Die ersten Spuren, die Flüsse auf der Alb hinterlassen haben, sind Schuttablagerungen aus dem Tertiär, die bis zu 100 Meter Mächtigkeit erreichen können. Nagelfluh nennt man diesen Schutt. Von Juranagelfluh spricht man, wenn es sich dabei vor allem um Schutt und Geröll aus dem Weißen Jura handelt.

In der Ostalb, vor allem aber im Westen, ist solche Nagelfluh in enger Anlehnung an das tertiäre Kliff erhalten. Das Ablagerungsgebiet reicht 10 bis 15 Kilometer weit in das Molassebecken hinein.

Wesentlich jünger sind die rund zehn Millionen Jahre alten Flußschotter, die hoch über ihrem heutigen Tal die Donau begleiten. Nur Quarzite und Hornsteine haben sich erhalten. Diese Quarzitschotter stammen aus dem Quellgebiet der Aare, also dem Bereich des St. Gotthards. Damals floß eine Alpendonau also hoch über dem heutigen Aaretal und dem Wutachtal über die Alb nach Südosten.

Der *Alpenrhein* war damals, so wie es heute die Iller und der Lech sind, ein rechter Nebenfluß dieser Aare-Donau. Erst später tiefte sich die Donau in den Albkörper ein, ungefähr genau so schnell wie sich die Alb heraushob. Das Durchbruchstal der oberen Donau entstand in den letzten fünf bis acht Millionen Jahren.

Auch aus dem Albvorland zogen große Flüsse über die Alb zur Donau. Die Größe der Täler auf der Alb weist darauf hin. Es gibt aber auch handfeste Beweise, wie die Flußschotter in diesen Tälern, die aus dem nordwestlichen Vorland stammen.

Der Rhein greift an. Vom tief eingesunkenen Oberrheingraben her begann sich das Flußsystem des Rheins dank seines Gefällevorteils kräftig rückwärts einzuschneiden. Im Süden wurde die Aare abgelenkt und schließlich der Rhein. Vor etwa 70 000 bis 80 000 Jahren hatte sich die Wutach so weit rückwärts eingeschnitten, daß sie auf etwa 700 Meter Meereshöhe das Tal einer alten Donau, die damals vom Feldberg

Drei Phasen, die die Entwicklung der Flußsysteme von Rhein und Donau verdeutlichen.

Blick vom Eichfelsen in das obere Donautal mit Schloß Werenwag. Der Weiße Jura Delta erreicht hier Mächtigkeiten bis 110 Meter.

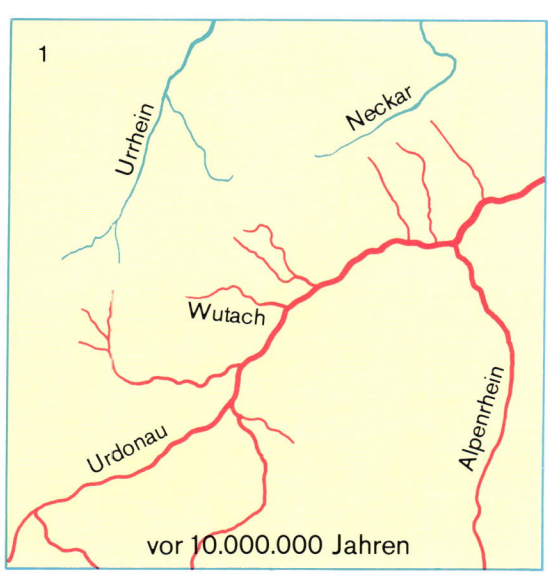

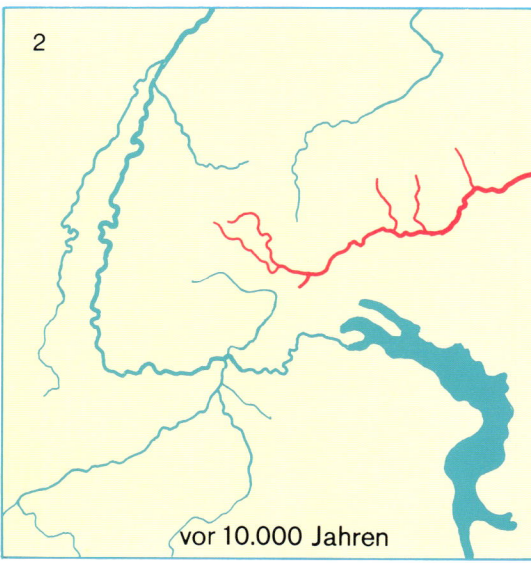

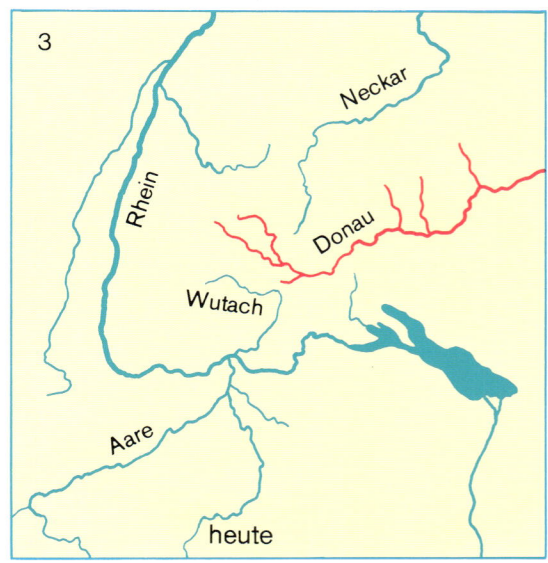

kam, anzapfte. Inzwischen hat die Wutach eine tiefe Schlucht in das alte, breite Donautal eingeschnitten. Erhalten blieb das Tal der *Feldbergdonau* zwischen Blumberg und Geislingen.

Die Erosionskraft des Neckars und seiner Nebenflüsse verstärkte sich mit dem Einsinken des Oberrheingrabens ebenfalls. Kein Wunder, daß die Albtafel auf breiter Front von Nordwesten her angegriffen und Zug um Zug nach Südosten zurückverlegt wurde. Das alte ausgereifte Flußsystem, das vordem die Albhochfläche zur

hoch, gewissermaßen in die Luft ausstreicht. Auch die Ur-Eschach, die über die Talpforte von Priem und Faulenbach zur Donau hin floß, wurde angezapft und umgelenkt. Ebenso die Vehla bei Burladingen und die Lauter nahe des alten Bahnhofs Lichtenstein. Durch die Spaichinger Pforte strömte einst ein beachtlicher Fluß der Donau zu. Aus dem oberen Kinzigtal brachte er Buntsandsteingerölle mit, die heute zwischen Spaichingen und Tuttlingen unter den jüngeren Geröllen im Talgrund zu finden sind.

Ein besonders stattlicher Fluß war zweifellos die *Ur-Lone*. Sie bezog ihr Wasser aus dem Flußgebiet der heutigen Nagold. Der obere Neckar bis Plochingen floß ihr zu. Der mittlere Neckarraum bis auf die Höhe der Rems gehörte zu ihrem Einzugsgebiet. Das Neckarknie bei Plochingen läßt sich als Ablenkungsknie erklären. Dort zapfte der Ur-Neckar, der sich von Norden her zurückschnitt, hoch über dem heutigen Flußlauf die Ur-Lone an und lenkte sie um. Bedenkt man den Gefällsvorteil, den die Nebenflüsse des Neckars

Donau hin entwässert hatte, wurde zerschnitten, angezapft und umgedreht.

Die »geköpften« *Talenden* der alten Donaunebenflüsse sind am Albtrauf als tiefe, breite Kerben erkennbar. Häufig bilden sie die Paßhöhe der Albsteigen. Auch die Eisenbahnen, die über die Alb führen, nutzen diese Pässe. Nach der Geislinger Steige erreicht die Eisenbahn bei Amstetten auf 582 Meter den Talboden der Ur-Lone, dann rollt sie zunächst im wasserlosen breiten Tal, dann ab Ursprung bis Westerstetten dem kleinen Flüsslein entlang sanft abwärts Ulm zu.

Bei der Gosheimer, Deilinger und Tieringer Bära ist dies zu sehen, ebenso beim geköpften Schmiechatal, dessen Talboden, 827 Meter

Links: Blick über den Lichtenstein auf das von der Echaz geköpfte Tal der Ur-Lauter.
Der Lichtenstein und die Höhen am Traifelberg erreichen rund 780 Meter über NN. Das Urlautertal ist auf 690 Meter eingetieft, das Echaztal auf 450 Meter über NN.

Rechts: Bei Geislingen schneidet sich das Rohrachtal – in der linken Bildmitte – in das breite Tal der Ur-Lone ein.
Der Übergang in das Urlonetal liegt rund 580 Meter hoch, Geislingen 460 Meter über NN. Die höchsten Kuppen erreichen 700 Meter.

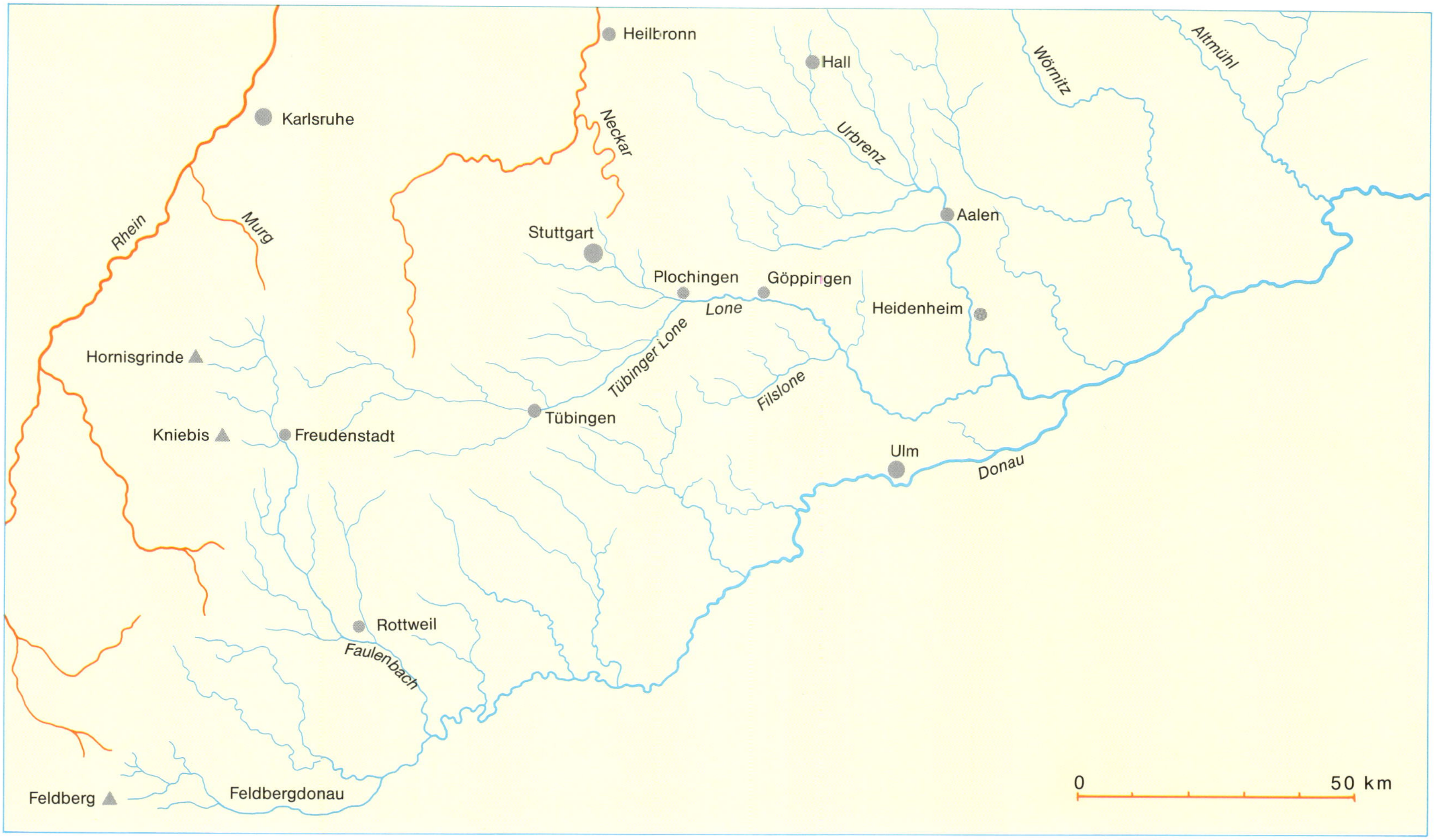

Das tertiäre Flußnetz der Donau. Besonders auffällig sind die weit ins heutige Albvorland ausgreifenden Flußsysteme von Faulenbach-Eschach, Lone-Neckar und Brenz-Rems-Kocher.

Auch an der Lauchert wird deutlich, daß die großen Schlingen des Tals von einem größeren Fluß geformt wurden.

bis heute haben, so wundert dies nicht. Bei Ulm fließt die Donau 220 Meter höher als der Neckar bei Plochingen. Die Neckarmündung in den Rhein liegt so tief wie der Lauf der Donau in Ungarn.

Zwischen Tübingen und Plochingen rückt der Neckar besonders nahe an die Alb heran. Entsprechend groß ist die Erosionskraft seiner Nebenflüsse. Echaz, Erms, Lenninger Lauter und Fils haben breite und tiefe Täler ausgeräumt, die sich erst merklich verengen, wo die wohlgeschichteten Kalke in der Talsohle anstehen. Mit scharf eingekerbten Talzinken greifen diese Flußsysteme die Alb auch weit hinter dem vorderen Albtrauf an. Teile der Alb, wie die Erkenbrechtsweiler Halbinsel oder die Berginseln zwischen Boßler und Kuchalb, wurden hinterschnitten und schließlich vom zusammenhängenden Gebirgskörper abgetrennt.

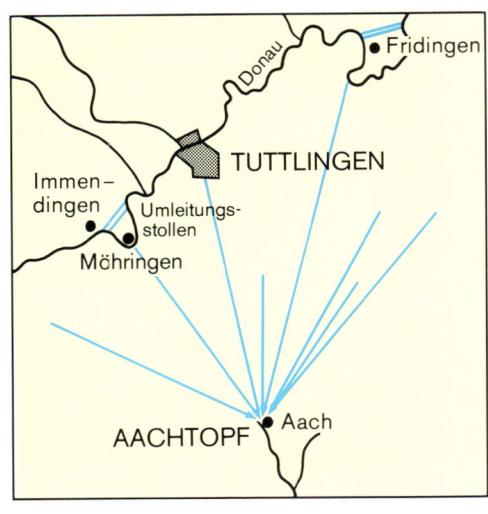

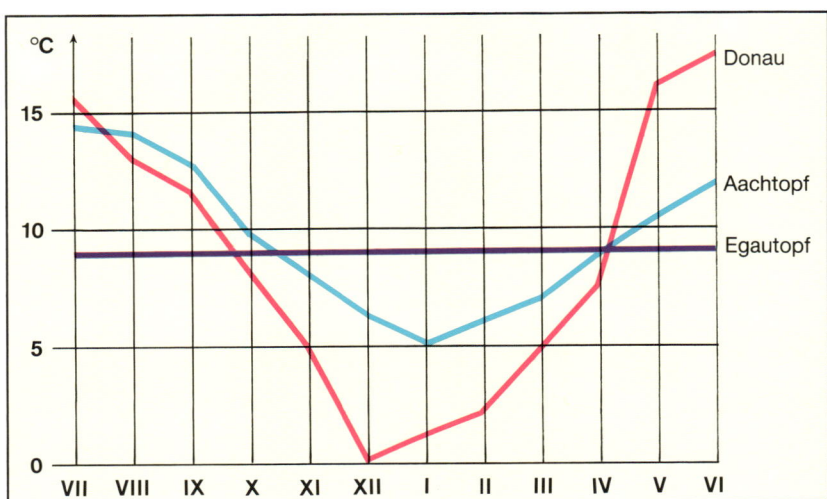

Auf der *Ostalb* sind die Übergänge zwischen dem Flußgebiet des Neckars und dem der Donau sanfter, kaum daß man die versumpfte Talwasserscheide zwischen Kocher und Brenz erkennt. Doch das Einzugsgebiet der Brenz reichte einst ebenfalls viel weiter nach Norden. Vor der Eintrittspforte in den Albtrauf wurden damals große Mengen der mitgeführten Sedimente als »Goldshöfer Sande« abgelagert.

Kampf im Untergrund. Die Quellbäche, die aus den Quellen und Höhlen der Neckarseite der Schwäbischen Alb kommen, zapfen das Wasser im Albkörper tiefer in das Donaugebiet hinein an, als dies aus den Gefällverhältnissen der Hochfläche hervorgeht. Auch hier wirkt sich

der Gefällvorteil zum Flußsystem des Rheins hin aus.

Besonders eindrucksvoll ist die Arbeit im Untergrund an der *oberen Donau* zwischen Möhringen und Fridingen. Dort versickert in den klüftigen Kalken von Weißjura Beta ein großer Teil des Donauwassers. Bis zu 300 Tage im Jahr könnte die Donau die Strecke zwischen Immendingen und Beuron gar nicht überwinden, würde nicht ein Teil des Donauwassers umgeleitet.

Auf 650 Meter Meereshöhe versinkt das Wasser der Donau. Rund zwölf Kilometer entfernt davon tritt es im Aachtopf auf 481 Meter Meereshöhe in den Kalken des Weißen Jura Zeta wieder aus. Nicht umsonst ist der Aachtopf die stärkste

Quelle Deutschlands. Er kann bei Hochwasser bis zu 24800 Liter je Sekunde schütten. Im Durchschnitt sind es 8800 und selbst bei niedrigstem Pegel immer noch 1310 Liter je Sekunde. Nur der Blautopf übertrifft den Spitzenwert des Aachtopfs mit einem Maximalwert von 25750 Liter je Sekunde. Der langjährige Mittelwert des Blautopfs liegt aber bei 2000 Liter je Sekunde, das Minimum bei 350 Liter je Sekunde. Die außerordentliche Schwankungsbreite der großen Quellen der Alb ist im übrigen typisch für ein verkarstetes Kalkgebirge.

Steter Tropfen höhlt den Stein

Verkarstung nennt man alle geologischen Erscheinungen, die mit der Auflösung von Kalkgestein zusammenhängen. Als Musterbeispiel dafür darf das Karstgebirge auf der Halbinsel Istrien in Jugoslawien gelten.

In reinem Wasser löst sich kohlensaurer Kalk so gut wie gar nicht. Ganz anders verhält er sich gegenüber Säuren; selbst eine schwache *Kohlensäure*, wie sie entsteht, wenn Regenwasser in der Atmosphäre und auf seinem Weg durch den Boden CO_2 aufnimmt, löst Kalk. Wurzelsäuren und Humussäuren verstärken die lösende Wirkung, ebenso die Säuren, die sich aus dem Schwefeldioxid und den Stickstoffoxiden, die heutzutage die Luft belasten, bilden können.

Lösung. Die Kohlensäure, so schwach sie auch sein mag, bewirkt, daß der im Wasser so gut wie unlösliche kohlensaure Kalk in Lösung geht. Auf diese Weise entstehen auf blanken, Wind und Wetter ausgesetzten Kalkflächen tiefe Rinnen, die man *Karren* nennt. Man kann sie auf der Alb meist an der Westseite stark ausgesetzter Felsen finden, aber noch ausgeprägter an den ständig von Sickerwasser überrieselten Kalksteinflächen der Höhlen.

Im Laufe der Zeit vermag das Sickerwasser auch haarfeine *Klüfte* auszuweiten. Je wegsamer eine Kluft für das Wasser aber wird, um so mehr Wasser folgt dem Weg des geringsten Widerstands. Die bevorzugten Klüfte werden zunächst vor allem durch die auflösenden, man sagt auch *korrodierenden* Kräfte erweitert. In wachsendem Maße kommt die *erodierende*, also nagende Kraft des mitgeführten Gesteinmaterials zur Wirkung, vor allem nach stärkeren Niederschlägen. Schächte und Röhren bilden sich und schließlich ausgedehnte *Höhlensysteme*, die das Kalkgebirge unterirdisch zum nächsten Vorfluter hin entwässern.

Zwei Karststockwerke sind in der Schwäbischen Alb entwickelt. Das untere, jüngere entwickelte sich in den wohlgeschichteten Kalken von Weißjura Beta. Das obere, ältere und umfangreichere liegt in den Felskalken von Weißjura Delta und Epsilon sowie in den Bankkalken von Weißjura Zeta.

Die *Quellaustritte aus dem unteren Stockwerk* liegen vor allem im Bereich des Albtraufs zum Neckar hin. Die Quelle des Schwarzen Kochers, das Mordloch, die Rohrachquelle, die Filsquelle, die Quelle der Lenninger Lauter, das Goldloch, das Bauerloch bei Neuffen, der Einsiedel bei Glems und die Echazquelle entwässern diesen Karsthorizont. Auch die Wulfbachquelle bei Mühl-

Karren nennt man die tiefen Rillen und Rinnen, die das kohlensäurebeladene Regenwasser aus dem Felsenkalk löst, wie hier am Wiesfels.

Die Filsquelle entspringt im unteren Karststockwerk des Weißen Jura Beta.

Am Brenzursprung

Auf einer Tafel sind die wichtigsten Daten zusammengefaßt. Im Durchschnitt schüttet die Quelle 1200 l/s. Ihre Temperatur ist im Sommer und im Winter 7°C. Der Topf selbst ist 42,5 m lang, 19,5 m breit, hat eine Tiefe von bis zu 4,3 m und eine Oberfläche von 590 m². Kurzum ein Quelltopf, wie er für ein Karstgebirge typisch ist. Aus einer Felswand im Massenkalk des Oberen Weißen Jura quillt, dem Aussehen nach, klares Wasser. Wasserstern, Fluthahnenfuß und Hornblatt wiegen sich in der Flut, alle umsponnen von Algenwatte. Der blaue Schimmer des Quellwassers erinnert an den Blautopf. Deutlicher als im Blautopf ist die Einbindung dieser naturgegebenen Wasserkraft in die historische Entwicklung von Königsbronn. Wie in Urspring, in Zwiefalten, in Blaubeuren, zog es auch hier die Mönche in die Nähe der Quelle. Später war sie die Triebfeder für die industrielle Entwicklung. Wo heute das Wasser ungenutzt über das Wehr fällt, war der »eiserne Wasserbau« einst das Glanzstück der industriellen Entwicklung.

heim an der Donau liegt im Weißen Jura Beta. Diese Quellen zeichnen sich durch besonders große Schwankungen aus. In trockenen Sommern fallen sie oft völlig trocken.

Ganz anders die *Quellen des oberen Stockwerks*, die vor allem zur Donauseite hin liegen. Die Egauquelle, der Nautopf, der Blautopf, die Quelle der Wimsener Höhle und der Brenztopf gehören hierher. Bei diesen Quellen liegt die wasserstau-

ende Schicht unterhalb des Vorfluters. Nur das »Übereich« des Karstwassers tritt im Quelltopf aus. In diesem Falle spricht der Geologe vom *tiefen Karst*; wo die Täler unter die wasserstauende Schicht hinabreichen, von *seichtem Karst*. So gesehen gehört die Falkensteiner Höhle zwar dem oberen Stockwerk, aber dem seichten Karst an. Die Blauhöhle liegt im oberen Stockwerk und gehört zum tiefen Karst.

Vom *überdeckten Karst* spricht man, wenn die karstwasserführenden Gesteine von einigermaßen wasserundurchlässigen Sedimenten überdeckt sind. Dieses Karstwasser ist besonders gut gegen Verschmutzung geschützt. In jüngster Zeit werden die Karstwasserspeicher in der

Die Quelle des Blautopfs hängt mit einer gewaltigen Unterwasserhöhle, der Blauhöhle, zusammen, die

im Herbst 1985 vom Höhlenforscher Jochen Hasenmayer bis zum Mörike-Dom durchtaucht wurde.

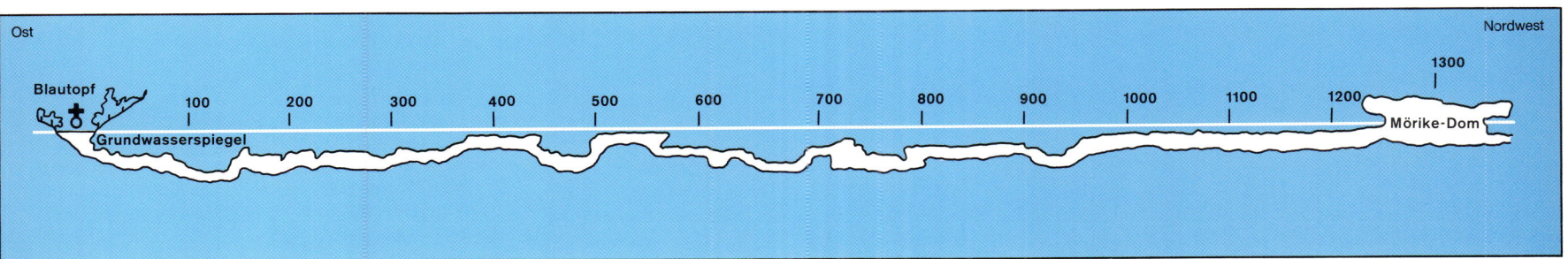

Oben links: Das Blockbild zeigt den Zusammenhang zwischen Blautopf und Blauhöhle.
Die Höhle selbst verläuft über den Kalkmergelbänken von Weißjura Gamma im Weißen Jura Delta.

Unten links: Die blaue Farbe des Wassers im Blautopf hängt damit zusammen, daß feinste Trübungen im Wasser das kurzwellige Blaulicht streuen und damit einen Teil zurückwerfen.

Oben: Nach der Schneeschmelze oder starken Regenfällen tritt der Höhlenbach der Falkensteiner Höhle aus und wird dann zur Quelle der Elsach.

Das Einzugsgebiet des Blautopfs umfaßt mindestens 160 Quadratkilometer, die mittlere Schüttung 2000 l/s. Maximal schüttet er 25 750 l/s.

Im Winter an der Falkensteiner Höhle

Nach einem grimmig kalten Januar hat Tauwetter eingesetzt. Der Wald steht dunkel drohend am steilen Hang. Im warmen Föhnwind schlagen die Bäume mit den Ästen aneinander. »Dr Wald daused«, sagen die Leute. Das tosende Rauschen des Bergwalds ist damit gemeint. Im scharf eingeschnittenen Tälchen an der Höhle mischt sich das Tosen des Waldes mit dem Rauschen des Wildbachs. Noch läuft im steilen Bachabschnitt zwischen Höhlentor und Talgrund kein Wasser. Aber es wird nur noch wenige Stunden dauern, bis der Höhlenbach so weit gestiegen ist, daß er als »Bröller« aus der Höhle austritt und über die Kalksteinschichten des unteren Weißjura Delta in Kaskaden zu Tal stürzt. Die Sohle des Höhleneingangs liegt auf der Höhe der Glaukonitbank in 572 m Meereshöhe. Über dieser auffälligen Schicht hat sich auch die Höhle, die man auf der anderen Seite des Elsachtals, der Falkensteiner Höhle gegenüber, entdeckt hat, der Elsachbröller, gebildet. Vieles spricht dafür, daß Falkensteiner Höhle und Elsachbröller einst einen gemeinsamen Urhöhlenzug bildeten, der wahrscheinlich erst während der letzten Kaltzeit durch die sich rückwärts einschneidende Elsach in zwei Teile zerlegt wurde. Aus der heutigen Talgestalt läßt sich erkennen, daß das Wasser des Höhlenbachs aus der Falkensteiner Höhle die rückschreitend erodierende Arbeit der Elsach verstärkte; das Höhlentor im Weißjura Delta wurde ausgeräumt und seine Sohle tiefer gelegt. Dabei spielten Frostsprengung und anschließende Ausräumung der abgesplitterten Stücke eine wesentliche Rolle. Die temperaturbedingte Verwitterung im Eingangsbereich der Falkensteiner Höhle ist bis heute nicht beendet. Das wird gerade bei Tauwetter deutlich, wenn Eiszapfen an der Decke und die Eislagen, die sich an einer wasserführenden Schichtfuge an der Ostwand des Eingangs bildeten, abschmelzen und Steinsplitter ausbrechen.

Inzwischen hat der Höhlenbach 88 m höhleneinwärts eine wegsame Kluft gefunden. Dort verschwindet er in einem »Schluckloch« bei 569 m Meereshöhe, um nach etwas mehr als einer Stunde im Schutt am rechten Talhang auf 552 m wieder auszutreten. Das Schluckloch ist derzeit der tiefste Punkt im Höhlenzug der Falkensteiner Höhle. Auf ihn hat sich die Tiefenerosion in der Höhle selbst eingestellt. Der klammartige und gelegentlich schlüssellochförmige Querschnitt des Höhlengangs läßt darauf schließen, daß sich nach der Anzapfung der Urhöhle durch die Elsach die Tiefenerosion in der Höhle beträchtlich verstärkte. Obwohl es schwierig ist, genaue Zahlen einzusetzen, kann man doch davon ausgehen, daß der Urhöhlengang auf einer Höhe von knapp 600 m von der Elsach angeschnitten wurde. Seither wurde er um bis zu 20 m eingetieft.

Der Höhleneingang des Elsachbröllers ist durch eine abgerutschte Felsscholle verschüttet und nur auf engen Schlufen am Rande der Blockhalde zugänglich. Wasser tritt aus diesem Bröller nur nach sehr ergiebigen Niederschlägen oder nach der Schneeschmelze aus.

Für das gewaltige Tor der Falkensteiner Höhle fand Gustav Schwab, der 1823 in seinem Reiseführer »Die Neckarseite der Schwäbischen Alb« auch das Elsachtal und die Falkensteiner Höhle beschreibt, wenig schmeichelhafte Worte: »Auch der Zugang hat nichts Reizendes; durch struppigte Hügel muß man sich über spitzige, den Boden bedeckende Steine durchschlagen, bis man an den Felsquell der Elsach kommt, der aus dem kolossalen Steinloche herausgerieselt kommt, das ein weites, aber übel geformtes Portal hat.«

Tiefe der südöstlichen Alb zunehmend wichtiger für die *Trinkwasserversorgung*. Dies ist nicht zuletzt so, weil es sich um besonders reines Wasser handelt, das aufgrund seiner langen Verweilzeit im Untergrund auch völlig keimfrei ist. Aufgrund der Isotopenbestimmungen ließ sich nachweisen, daß bei starken Niederschlägen und nach der Schneeschmelze das Wasser, das seinen Weg rasch durch große Klüfte und Höhlen im oberen Bereich des jeweiligen Karstwasserkörpers nimmt, mit durchschnittlichen *Fließ-geschwindigkeiten* zwischen 50 und 100 Meter in der Stunde wandert. Im Vergleich dazu ist das tiefer liegende Karstwasser in den enger werdenden Klüften und Spalten wesentlich langsamer. Dieser Anteil des Karstwassers hat, je weiter im Süden der Alb er liegt, um so längere Verweildauer. Sind es bei der Brenz 35 Jahre, so kommt man beim Brunnen Burgberg der Landeswasserversorgung bereits auf 90 bis 100 Jahre. Am Albsüdrand haben die tiefliegenden Karstwässer bei Sontheim ein Alter von rund 2000 Jahren.

Für die Versorgung der Menschen auf der wasserarmen Alb, aber auch im Neckarland hat dieses hervorragende Wasser größte Bedeutung. **Altes Karstland.** In einem Gebirge aus reinem, klüftigem Kalk, bei starken Niederschlägen, hoher Lufttemperatur und üppigem Pflanzenwuchs schreitet die Verkarstung am raschesten voran. Im Tertiär herrschten bei uns über lange Zeit solche Bedingungen. Damals kam es zu einer tiefgreifenden Verkarstung der Albhochfläche. Das weiß man von den bis zwölf

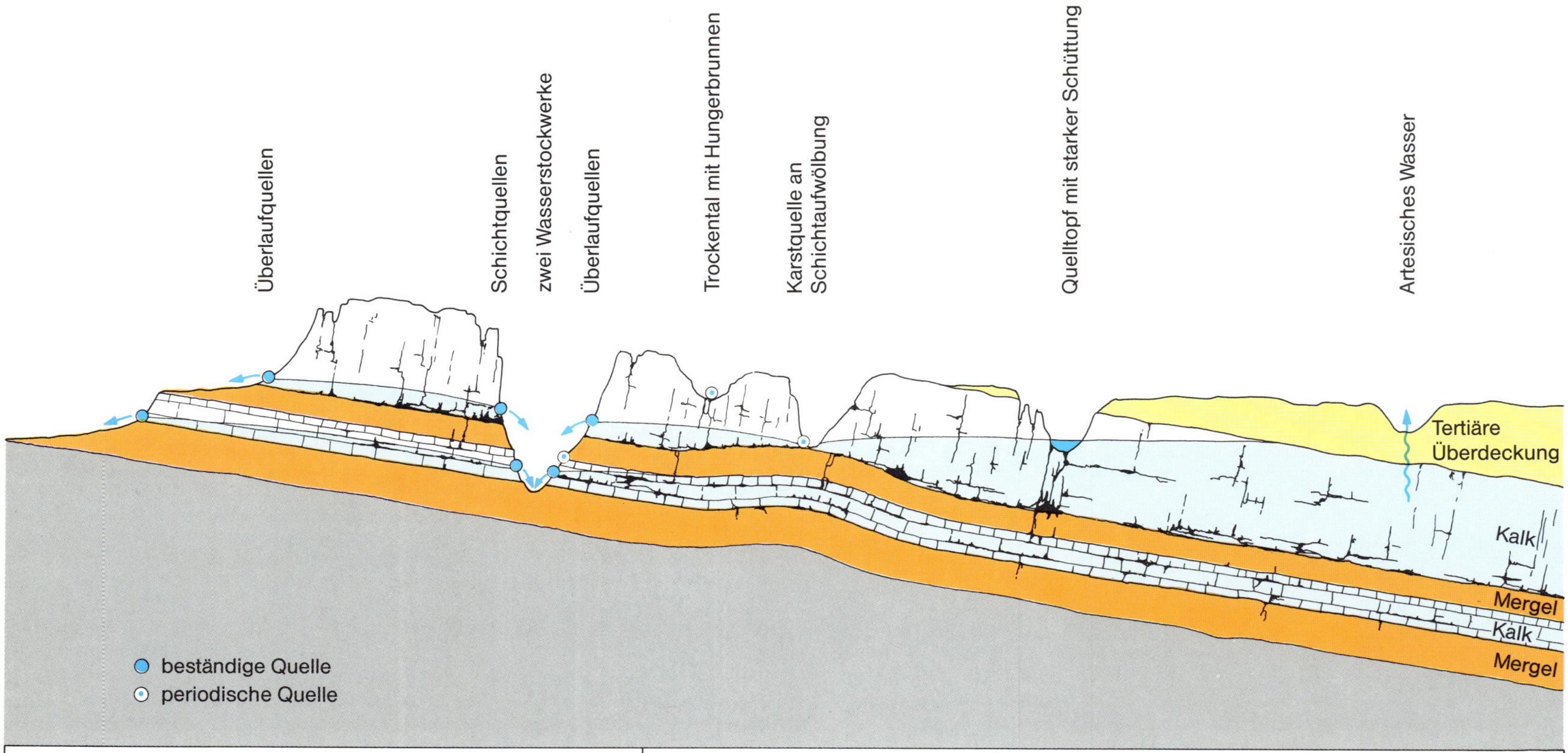

Schichtquellen

zwei Wasserstockwerke

Überlaufquellen

Trockental mit Hungerbrunnen

Karstquelle an Schichtaufwölbung

Quelltopf mit starker Schüttung

Artesisches Wasser

Tertiäre Überdeckung

Kalk

Mergel

Kalk

Mergel

● beständige Quelle
○ periodische Quelle

Seichter Karst	Tiefer Karst	
	Offene Zone	Überdeckte Zone
Wasser häufig verunreinigt	Wasser periodisch verunreinigt	Wasser meist rein

Meter tiefen *Karstschloten* und *-taschen*, die von roten Verwitterungstonen und Lehm zusammen mit Schneckenschalen, Knochenresten und Zähnen von meist kleineren Säugetieren und Bohnerz erfüllt sind. Die Zähne von urtümlichen Verwandten des Pferds und des Nashorns, die man ebenfalls fand, sind wohl 50 Millionen Jahre alt. In *Bohnerzspalten* bei Salmendingen, Melchingen und Trochtelfingen waren sogar Zähne affenartiger Lebewesen aus der Gruppe der Dryopithecinen dabei. Sie lebten vor 14 Millionen Jahren und standen den Vorfahren des Menschen nahe.

Der *Eisengehalt* des Weißjurakalks liegt bei etwa zwei Prozent unlöslicher Bestandteile zwischen 0,1 und 0,2 Prozent. Im Lehm reichert er sich auf fünf bis zehn Prozent an. Schließlich entstehen im feuchten Lehm kleine Kugeln und Bohnen, um die sich schalenartige Lagen absetzen. Diese

Oben: Ein Schnitt durch den Albkörper von Nordwesten nach Südosten zeigt die Karstwasserstockwerke und die typischen Quellen. Die hier als beständig eingetragenen Quellen am Albtrauf

können in besonders trockenen Jahren ebenfalls versiegen.

Links: Eine Karsttasche in einem Massenkalkbruch bei Genkingen.

Unten: Bohnerz.

Bohnerze haben einen Eisengehalt von rund 40–42 Prozent. Bis in das letzte Jahrhundert hinein hat man dieses Erz aus den tertiären Spalten gewonnen. Interessanterweise fand man in Erdölbohrungen im Alpenvorland unter den mächtigen tertiären Sedimenten die verkarstete Weißjurafläche mit lehmerfüllten Schlotten und Taschen. Im Alttertiär reichte offenbar das *»Bohnerzfestland«* der Uralb bis in die Ravensburger Gegend.

Die Höhlenbildung erfaßte die hochgelegenen Kuppen zuerst. So ist zweifellos die *Bärenhöhle* bei Erpfingen eine der ältesten erhaltenen Höhlen der Alb. Sie ist der Rest einer ehemals viel längeren Flußhöhle, die in einer Bergkuppe von der Abtragung verschont blieb. Aus den Skelettresten ausgestorbener Säugetiere, die aus einer Warmzeit vor dem Eiszeitalter stammen, schließt man, daß die Bärenhöhle ungefähr zwei Millionen Jahre alt ist. Die *Höhlenbären*, deren Skelette man im Sinterkalk fand, suchten die Höhle erst während der Kaltzeiten des Eiszeitalters auf. Lange zuvor hatte sich das Wasser schon einen Weg in größerer Tiefe gesucht.

Diese Entwicklung erfaßte schließlich den ganzen Albkörper, so daß die Hochfläche heute viele *Trockentäler* aufweist, aber so gut wie keinen Bach. Nur bei gefrorenem Boden kommt es vor, daß gefährliche *Wildwasser* durch die Albtrockentäler brausen, wie einst der Wedel durch das Stubental. So war es auch in den *Kaltzeiten* des Eiszeitalters, als Dauerfrostboden das Einsickern des Wassers in den tieferen Untergrund verhinderte. Damals gab es Bäche und Flüsse auch auf den Höhen der Alb. Viel Boden und Schutt wurde abtransportiert. Auch die großen *Karstsenken*, die sich während des subtropisch warmen Tertiärs gebildet hatten, wurden mit Fließerden zugeschwemmt. In den abflußlosen Wannen blieb das Wasser stehen und bildete *kalte Seen*. Ganz selten werden wir auch in unseren Tagen noch an jene Zeit erinnert. Wenn der Schnee rasch bei gefrorenem Boden schmilzt, bildet das Schmelzwasser nicht nur über den wasserundurchlässigen Vulkanschloten kleine Teiche, sondern mitunter quadratkilometergroße Wasserflächen, wie *in der Senke nördlich von Grabenstetten*. Dort kann sich Wasser so lange hal-

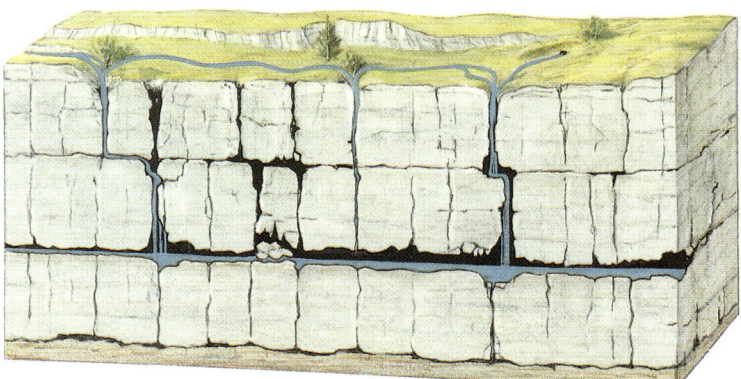

Die Klüfte und Schichtfugen des Gesteins werden durch das kohlensäurehaltige Sickerwasser ausgeweitet. Es entstehen Gerinne, auf denen das Karstwasser zum nächsten Vorfluter strömt. In zunehmendem Maße versickert das Oberflächenwasser auf den immer wegsamer werdenden Klüften und Spalten. Die Hohlräume werden größer, Gestein bricht nach und wird aufgelöst. Schließlich entstehen Tropfsteine. Ein tiefer gelegenes Höhlenstockwerk beginnt sich zu bilden.

ten, bis der Boden aufgetaut ist, und schließlich ein Schacht im Einzugsbereich der Falkensteiner Höhle durchbricht.

Nach der Schneeschmelze und in nassen Jahren fließen auch die *Hungerbrunnen* und *Bröller*, wie man die periodischen Quellen auf der Alb nennt. In früheren Zeiten galt dies nicht zu Unrecht als böses Vorzeichen für eine schlechte Ernte, auf Hunger und Krieg.

Auffällig ist, daß die Höhlen im Umfeld des Uracher Vulkangebiets besonders großräumig sind. Man kann sich durchaus vorstellen, daß in der Zeit der Albvulkane, aber auch lange danach, sehr viel Kohlendioxid ins Karstwasser

Das Wental ist eines der typischen Trockentäler der Alb. Die Felsen des Felsenmeers bestehen aus Dolomit des Oberen Weißen Jura Delta.

In nassen Jahren läuft der Hungerbrunnen im Hungerbrunnental, so am Palmsonntag 1955.

gelangte. Damit verstärkt sich dessen auflösende Wirkung.

Auch die zahlreichen und großen Dolinen der Mittleren Alb können im Zusammenhang mit dem Albvulkanismus gesehen werden.

Oben: Das Mauertal ist ein typisches Trockental auf der Heidenheimer Alb. Nur wenn der Boden gefroren ist, fließt hier noch Wasser.

Rechts: In der weiten abflußlosen Senke nördlich von Grabenstetten kann sich bei gefrorenem Boden nach der Schneeschmelze ein Quadratkilometer großer See bilden wie im Winter 1964. Schließlich brachen mehrere Schächte ein, durch die das Wasser zum größten Teil zur Falkensteiner Höhle hin abfloß.

Sinterkalk. Das Wasser, das aus den Quellen der Alb austritt, enthält durchschnittlich 250 mg Kalk/Liter. In einem Kubikmeter Wasser sind das 250 Gramm. Diese Menge summiert sich. In einem Jahr gehen der Alb rund 100 000 Kubikmeter Kalk verloren. Kein Wunder, daß sich aus haarfeinen Klüften schließlich geräumige Höhlen bilden.

Nicht der ganze Kalk wird allerdings vom Wasser fortgetragen. Ein Teil des Gelösten setzt sich schon in der Höhle ab. Schimmernde Sinterüberzüge und *Tropfsteine* bilden sich. Dies hängt damit zusammen, daß in der Höhlenluft weniger Kohlendioxid enthalten ist als in der Bodenluft. Während aus der Bodenluft Koh-

lendioxid in das Sickerwasser überging und damit dessen lösende Kraft verstärkte, tritt es in der Höhle in die Höhlenluft über. Deshalb wird aus dem Sickerwasser Kalk abgesetzt. Sehr wenig zwar, aber im Laufe langer Zeit summiert sich auch das wenige.

Jeder Tropfen, der von der Höhlendecke fällt, läßt einen winzigen Kalkring zurück. Auf diese Weise bilden sich lange, zerbrechliche Tropfsteinröhrchen. Wo Wasser von der Seite hinzufließt, verdicken sich solche Röhrchen und bilden schließlich schlanke Deckentropfsteine, die man *Stalaktiten* nennt. Wo das herabfallende Wasser auf den Boden aufschlägt, zerspritzt es. Auch dabei geht Kohlendioxid in die Höhlenluft

Die ganze Pracht der Tropfsteine blieb in dieser neuentdeckten aber nicht zugänglich gemachten Höhle erhalten.

Verschiedene Arten der Entstehung von Tropfstein: dünne Stalaktiten und kräftige Stalagmiten, durch Eisen braunrot gefärbte Lamellen, Sinterkrusten.

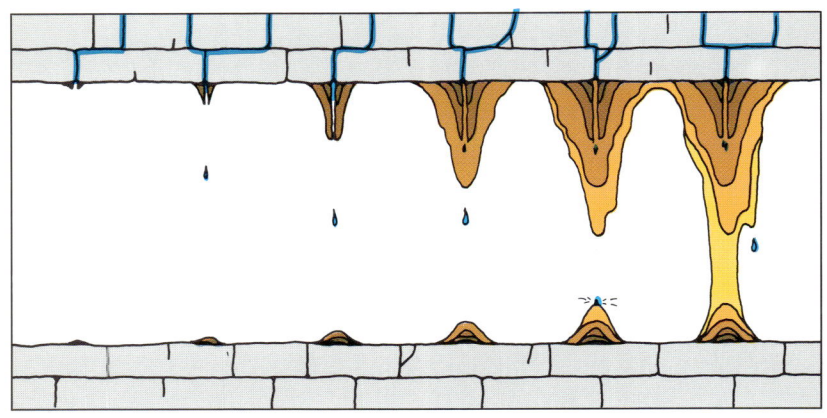

Oben: Schema der Tropf-steinbildung.

Unten links: Vom Ruß der Fackeln waren die Tropf-steine der Nebelhöhle ge-schwärzt. Da sich inzwi-schen an vielen Stellen ein neuer, weißer Überzug gebildet hat zeigt, daß das Tropfsteinwachstum weitergeht.

Unten rechts: Skelett ei-nes Höhlenbären in der Bärenhöhle.

über. Wieder fällt Kalk aus. Massige Boden-tropfsteine, die man *Stalagmiten* nennt, entste-hen. Sie wachsen den Deckentropfsteinen entge-gen, bis sich schließlich eine Tropfsteinsäule bildet.

Ob viel oder wenig Tropfsteinkalk abgelagert wird, hängt sehr davon ab, wie viel Kalk das Sickerwasser aufzulösen vermag. In warmen Zeiten mit üppigem Pflanzenwuchs ist das be-trächtlich mehr als in kühlen Zeiten. Wer die »Orgelpfeifen« oder »Baumkuchen«, wie sie in unseren Schauhöhlen zu sehen sind, vor Augen hat, erkennt die *Wachstumsrhythmen*, die mit der

Temperatur und der Wasserführung in der Ver-gangenheit zusammenhängen.

Mehr als 2000 Höhlen sind derzeit im Höhlenka-taster für die Schwäbische Alb aufgeführt. Jahrzehntelang sorgte der unvergessene Helmut Frank in Laichingen dafür, daß der Kataster auf dem laufenden blieb. Die *Schauhöhlen der Alb* zie-hen viele Besucher an. Die mannigfaltigen Tropfsteine, aber auch die versinterten Knochen des Höhlenbären in der Bärenhöhle bei Erpfin-gen, die geheimnisvollen Hallen der Nebelhöhle bei Genkingen, die Charlottenhöhle bei Hür-ben, die Schertelshöhle bei Westerheim und die

Kolbinger Höhle hoch über dem Donautal loh-nen einen Besuch. Gewaltige Schächte führen in der Laichinger Tiefenhöhle bis 80 Meter in den Massenkalk des Oberen Weißen Jura hinab und vermitteln ein Bild vom Aufbau des Albkör-pers, von Klüften und Schichtfugen, von der Ar-beit des stürzenden, kreisenden Wassers und vom Wachstum der Tropfsteine. Die Sonthei-mer Höhle wurde schon 1488 beschrieben. *Fle-dermäuse* halten dort ihren Winterschlaf. Des-halb ist die Höhle in der kalten Jahreszeit nicht zugänglich. Der Hohle Fels bei Schelklingen war einer von vielen Rastplätzen der *eiszeitlichen Jä-ger*. Aus der Wimsener Höhle, der Friedrichs-höhle, kommt die Zwiefalter Aach. Ein Stück weit kann man dem Höhlenfluß mit dem Boot folgen.

Die Begehung *unerschlossener Höhlen* erfordert kör-perliche Leistungsfähigkeit und eine angemes-sene Ausrüstung. Fackeln und Karbidlampen, deren stinkenden Inhalt man irgendwo in der Höhle auskippte, gehören der Vergangenheit an. *Die Höhlen haben unseren Schutz verdient*. Sie sind kein Tummelplatz für wildgewordene Abenteu-rer. Nicht nur den Tropfsteinschmuck in den Höhlen gilt es zu bewahren, sondern auch die

Für viele Fledermausarten sind unsere Höhlen das Winterquartier. Leider ist der Bestand der fliegenden Säugetiere stark gefährdet.
Oben: Die kleine Hufeisennase, die ihre Flughaut wie einen Mantel über den Körper zieht, ist so gut wie ausgestorben.
Mitte: Auch die häufigste einheimische Fledermaus, das Mausohr, ist in ihrem Bestand nicht gesichert.
Unten: Die Großohrfledermaus, früher gar nicht selten, ist fast verschwunden.
Fledermäuse sind vom Aussterben bedroht. Sie stehen alle unter strengem Schutz!

Rechts: Das saure Sickerwasser weitet die Klüfte im Kalkgestein und bildet Höhlen. Ein Teil des mitgeführten Kalks setzt sich als Tropfstein ab. Die Hohlräume in größerer Tiefe sind ständig wassererfüllt. Die Wurzelsäuren der Pflanzen und das Atmungs-CO_2 aller Organismen im Boden verstärken die lösende Wirkung des Sickerwassers.

Abtragungsformen und Höhlensedimente, in denen sich nicht selten die Reste vorzeitlicher Tiere und früher Menschen erhalten haben. Auch die Tierwelt, die im Schutz der Höhlen lebt, ist ein Teil der Natur, den es zu bewahren gilt. Fledermäuse sind vom Aussterben bedroht!

Dolinen. Wo das Höhlendach nahe unter der Erdoberfläche verläuft, kann es einbrechen.

Ein Erdfall bildet sich, ein Schacht, der, wie das Kuhloch der Schertelshöhle, in die Höhle hinabführt. Einst, und das sagt der Name deutlich genug, warf man in solche Löcher die Kadaver verendeter Tiere und verseuchte damit das Wasser der Quellen in den Tälern.

Häufig senkt sich die Erdoberfläche über dem verkarsteten Untergrund nur trichterförmig ein. Auch die Trichter nennt man auf der Alb Erdfälle, mit dem Fachausdruck Dolinen. In manchen Dolinen versickert ein Bach, so beispielsweise im zwölf Meter tiefen Stauchloch am Rande des Schopflocher Torfmoors. Das Wasser, das dort auf 700 Meter Meereshöhe verschwindet, erscheint ein bis zwei Tage später rund 150 Meter tiefer am Ostrand des Lenninger Tals in der Höllsternquelle. Das zeigt mehr als deutlich, daß sich Abfälle, die man oben hineinwirft, auf das Trinkwasser im Tal auswirken. Aber ganz abgesehen davon sind Dolinen kennzeichnende Kleinformen der verkarsteten Alb. Seit eh und je haben die Bauern diese »Löcher« aufgefüllt, um möglichst ebenen Boden für ihre Felder und Wiesen zu haben. Zahllose Dolinen sind auf diese Weise verschwunden. Immerhin blieben in früheren Zeiten wenigstens die großen Erdfälle übrig. Es blieb unserer Zeit vorbehalten, mit großen Räumgeräten und Planier-

Oben: Erdfälle auf den Feldern bei Böhmenkirch.

Links: Das Wollenloch, ein Naturschacht in einem Erdfall bei Königsbronn.

Unten: Das Stauchloch ist ein 12 Meter tiefer Erdfall bei der Torfgrube. In dieser Doline versinkt ein Teil des Wassers aus dem Schopflocher Torfmoor.

fahrzeugen auch zehn Meter tiefe Erdfälle aufzufüllen – und die Alb langweiliger zu machen. **Kalktuff.** Auch außerhalb der Höhlen setzt das kalkbeladene Quellwasser seinen Kalküberschuß ab. Kalktuff bildet sich. Kalktuff, der sich in wärmeren Zeiten bildete, erfüllt den Talgrund vieler Albtäler. Kalktuffpolster stauten einst den »Bodenlosen See« bei Seeburg. Über ein Kalktuffpolster stürzen der Uracher Wasserfall,

die Gütersteiner Wasserfälle und der Neidlinger Wasserfall zu Tal.

Der Quellbach des *Uracher Wasserfalls* rieselt aus einer mächtigen Blockhalde zu Füßen einer Felswand im Weißen Jura Delta. Die Höhle, aus der sein Wasser kommt, kennt man nicht; ihr Eingang liegt unter den Felstrümmern. Der Bach fließt über die 150 Meter breite Hochwiese und fällt dann über eine senkrechte Felswand

37 Meter tief hinab. Darunter sammelt sich das zerstäubte Wasser und rinnt in verzweigten Kaskaden über einen, von Moos und Algen überzogenen Tuffblock hinab zum Brühlbach. Die Wassermenge des Falls schwankt. In einem trockenen Sommer kann er ganz versiegen. Nach einem Wolkenbruch schwillt er auf 1000 l/s an und stürzt als Wildbach ins Tal.

Der poröse Kalktuff enthält neben *Holzstück-*

Eppenzillfels und Uracher Wasserfall

Vom Eppenzillfels aus blickt man in eine wahrhaft dramatische Runde mit tiefen Tälern und scharfgeschnittenen Bergkanten. Beherrschend ist der *Hohenurach* mit seiner immer noch mächtigen Burgruine. Jenseits der Erms zeigen sich die abschüssigen Wände des *Nägelefels* über der wuchernden Neubauregion der Badestadt Urach. Der lange Höhenrücken reicht nach Westen bis zum Dettinger Hörnle und zum vulkanischen Eckpfeiler des Jusi.

Das natürliche Gegenüber des Hohenurach ist der *Runde Berg*. Berühmt geworden ist dieser Ausliegerberg in den letzten Jahren durch großartige Funde aus alamannischer Zeit.

Die Hochfläche des Bergs reichte sicher nicht aus, um eine ganze Sippe zu ernähren. Schon immer führte ein schmaler Weg über den Grat hinüber auf die Hochfläche hinter dem Rutschenfelsen. Schließlich gibt es dort auch Wasser. Der Rutschenbrunnen fließt bis heute aus dem Übereich eines Vulkanschlots. Nach wenigen Metern verschwindet er in einer Doline. Die zerklüfteten Wände des Rutschenfelsens lassen ahnen, weshalb das Regenwasser in den Felsenkalken des oberen Weißen Jura rasch versinkt. Die Quellen des Uracher Wasserfalls und der Gütersteiner Wasserfälle liegen unterhalb der Felsenkalke über den wasserstauenden Mergeln von Weißjura Gamma.

Die *Rutschenfelsen* schließen ein schattiges Talrund ab, das nicht umsonst Hölle heißt. Mit der Hölle haben es die Schwaben ohnehin auf diesem Teil der Alb. Höllenlöcher gibt es über Urach an der Eichhalde, aber auch nicht weit weg vom Eppenzillfels auf der Hochfläche. Am besten bekannt sind die Dettinger Höllenlöcher und das Höllenloch über Glems. Mittlerweile haben sich auch die Geologen dieses Begriffs bemächtigt. Sie nennen die meist hangparallelen Klüfte und Bergscheite Höllenlöcher. Diese

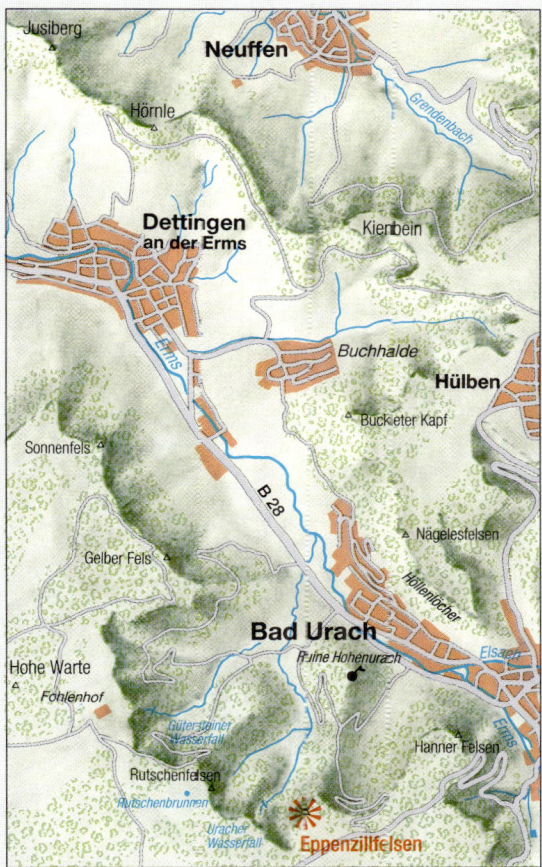

Klüfte entstehen, wenn sich Felsmassen am Albrand aus dem Verband zu lösen beginnen und langsam talab wandern. Höllenlöcher sind so gesehen das Vorstadium eines Bergsturzes. Der Name Rutschenfelsen hat damit allerdings nichts zu tun; vielmehr stammt er aus der Zeit der Ermsflößerei, als man das Holz von der Alb in einer eisernen Rutsche zu Tal fahren ließ. Damals zapfte man auch den Bodenlosen See bei Seeburg von Zeit zu Zeit an, um der Erms genügend Schwellwasser zuzuführen; sonst hätten

die Flöße auf dem kleinen Fluß den Neckar kaum erreicht. Leider wurde schließlich der für die Alb einmalige See um einiger saurer Wiesen willen trockengelegt und ist wohl für lange Zeit verloren, zumal man inzwischen in den Seebereich hinein gebaut hat, und eine offenbar unverzichtbare Landstraße durch das Fischburgtal führt.

Auf der Neckarseite der Alb haben sich unterhalb der Karstquellen am Hang oft mächtige Kalktuffpolster entwickelt, über die Wasserfälle herabstürzen können. Bekannt und von unzähligen Menschen besucht ist der 37 m hohe *Uracher Wasserfall*. Sein Rauschen dringt bis heraus zum Eppenzillfels. Man sieht das stürzende Wasser; die Hochfläche der Hochwiese ist im Sommer allerdings vom Laubdach der Buchen, Linden und Ahornbäume verhüllt. Im Winter, wenn der Wald durchsichtig ist, erschließt sich der ganze Zusammenhang wie im Modell: Am Fuß einer Felswand im Weißen Jura Delta tritt das Wasser aus einer mächtigen Blockhalde heraus. Bevor der Mensch die vielen Rinnsale zu einem Bach zusammenfaßte, rieselte es über die Hochwiese, bildete da und dort einen größeren Wasserlauf und einen Wasserfall. Auf seinem Weg ins Tal setzte es an der Oberfläche von Algen und Moosen, an Schneckenschalen und Blättern einen Teil des mitgeführten Kalks ab. Dieser poröse, von Hohlräumen durchsetzte Kalk bildet den Kalktuffklotz mit der Hochwiese und damit auch der Fallkante.

Wandert man um den Wasserfall herum, so sieht man, daß die senkrechte Wand im wesentlichen eine Steinbruchwand ist. Schließlich war bis in die jüngste Zeit hinein Kalktuff ein begehrter Baustein. Er ist in feuchtem Zustand gut zu bearbeiten, kann in passende Blöcke gesägt werden und härtet beim Austrocknen. Durch seine Hohlräume wirkt er wie ein wärme- und schalldämmender Hohlblockstein. Nicht umsonst ist er der maßgebliche Baustein auf dem Hohenurach und in der alten Stadt Urach.

Links: Der Uracher Was-
serfall fällt über ein mächtiges Kalktuffpolster.

Rechts: Die Tuffschnauze,
die sich als Folge der
Kalkausscheidung am
Steilabfall bildet, bricht
ab, sobald sie zu schwer
wird, um immer wieder
nachzuwachsen.

Unten: Das Kalktuffpolster
des Gütersteiner Wasser-
falls.

chen, Blättern und Schneckenschalen kalküberkrustete Moose und Algen, in deren Zellen sich Kalknädelchen bilden. Man kann ausrechnen, daß sich am Uracher Wasserfall im Jahr rund fünf Kubikmeter Tuff bilden. 100 000 Jahre wären nach dieser Rechnung nötig gewesen, um die 500 000 Kubikmeter Kalktuff aufzubauen. Das ist eine runde Zahl, die nicht berücksichtigt, daß in kalten Zeiten viel weniger, in warmen Zeiten aber mehr Kalktuff gebildet wurde als heute. Immerhin, als Leitzahl kann sie gelten.

Das Wasser des Wasserfalls, das haben Färbeversuche ergeben, versickert in der Nähe von Würtingen im Marienloch und an der nördlichen Grenze des Würtinger Vulkanschlots im Saraisenbrunnen. Rund 26 Stunden braucht es für seinen vier Kilometer langen Weg. Nimmt man an, daß der wahre Weg, der den Klüften in der Tiefe folgt, ungefähr doppelt so lang ist, kommt man zu einer Fließgeschwindigkeit von rund acht Millimeter in der Sekunde. Das ist ungefähr ein Fünftel der Geschwindigkeit eines entsprechenden Bachs. Bei Hochwasser fließt es wesentlich schneller.

Im Kalktuff bleiben Hohlräume als *Höhlen* übrig. Die *Olgahöhle* in Honau ist so entstanden und die Tropfsteinhöhle in Zwiefaltendorf. Der porenreiche Tuff war über Jahrhunderte hinweg ein begehrter Baustein. Er läßt sich, solange er feucht ist, gut bearbeiten. Beim Trocknen wird er hart und widerstandsfähig. Seine Poren dienen der Wärme- und Schalldämmung. Wohnhäuser, Kirchen, Burgen und Schlösser, Brükken und Kanäle wurden aus Kalktuff gebaut.

Die Hüle. Noch vor 100 Jahren holten die Bauern das *Quellwasser* aus den Tälern in Wasserfässern auf die wasserarme Alb hinauf. Das Regenwasser wurde in Dachbrunnen geleitet. In der Dorfmitte schmierte man eine Senke, nicht selten eine große Doline, mit Lehm aus, um das Straßenwasser zu sammeln. Solche Hülben, Hülen oder Wetten sind in einigen Albdörfern heute noch zu sehen. Mancherorts, so in Zainingen, hat man die Hüle zu einem schönen Dorfteich umgestaltet. Fragt man die Kinder dort, warum es mitten im Dorf diesen Teich gäbe, kriegt man die Antwort: »Zainenga leit doch uff am a Vulkan. Do goht koi Wasser durch!«

Der poröse, gut bearbeitbare Kalktuff ist ein wichtiger Baustein in den Albtälern, hier an der Amanduskirche in Bad Urach.

Rechts: Ganz ähnlich wie heute an den Plitvicer Seen, die hinter Kalktuffbarrieren im Tal der Korana in Kroatien aufgestaut werden, mag es auch im Seeburger Tal, rechte Seite, einmal ausgesehen haben. An acht Stellen bilden Kalktuffelsen Barrieren im Tal. Über sie rauschte, ähnlich wie in Plitvice, das Wasser in Katarakten hinab. Am stärksten war die Kalktuffbildung in der Warmzeit nach der letzten Eiszeit zwischen 7000 bis 5000 Jahren vor heute.

Die Sonne scheint wärmer

Vom Zurückweichen des Eises des Rheintalgletschers vor etwa 17000 Jahren bis zur heutigen Kulturlandschaft war es ein weiter Weg. Zwar war die Schwäbische Alb während der größten Ausdehnung des Gletschers nicht von Eis bedeckt, aber man kann davon ausgehen, daß mit dem Höhepunkt der letzten Eiszeit alle wärmeliebenden Pflanzen aus unserem Raum verschwunden waren, und zwar in weit höherem Maße als es nach Lage der Schneegrenze und Entfernung zum Eisrand zu vermuten wäre. Insbesondere findet sich nach Ausweis der Pollenforschung keine Spur mehr von unseren Waldbäumen.

Der Wald kommt wieder. Auf der Alb entstand zunächst mit dem etwas wärmeren Klima eine Tundrenvegetation, wie wir sie aus Nordeuropa kennen, erst allmählich kamen Birke, Hasel und Weide, die Kiefer wanderte ein und nach ihr Ahorn und Ulme, in den tieferen Lagen die Eiche.

Der Charakterbaum der Schwäbischen Alb, die *Buche*, kam wahrscheinlich erst vor ungefähr 4000 Jahren auf die Alb, vor 2500 Jahren, als es feuchter und kühler wurde, setzte sie sich als beherrscher der Baum durch.

Die *Fichte* war von Natur aus nirgends auf der Alb vorhanden. Sie wurde vom Menschen, der mit ihr schon früher, besonders im nördlichen Oberschwaben, gute Erfahrungen gemacht hatte, im Zuge planmäßiger Forstwirtschaft im 19. Jahrhundert auf jene Flächen eingebracht, die vorher gerodet worden waren. Die Umgebung von Trochtelfingen mit aufgeforsteten ehemaligen Schafweiden bietet hier ein gutes Beispiel für die Veränderungen auch in der Bodenvegetation nach dem Anbau der Fichte.

Überhaupt muß man feststellen, daß, abgesehen von den sogenannten Steppenheidestandorten

Sie sind leider selten geworden, die bunten Magerwiesen auf der Alb mit Wiesensalbei, Storchschnabel, Klappertopf und Taubenkropf.

im Sinne des Altmeisters der Erforschung des Pflanzenlebens auf der Alb, Robert Gradmann, fast überall Wälder vorherrschten. Die Wiesen und Schafweiden verdanken ihre Entstehung der Rodung durch den Menschen. Wir erkennen die Tatsache, daß Mitteleuropa ein Waldland ist, schon daran, daß Gebüsche und Bäume sehr rasch Fuß fassen, wenn der Mensch sie nicht laufend zurückdrängt; die Trümmer-grundstücke, nach den Zerstörungen durch den letzten Krieg entstanden, oder die Wiederbewaldung der Schafweiden zeigen dies sehr deutlich. Die *Tanne* kam, wie wir aus der heutigen natürlichen Verbreitung auf der Südwestalb, ungefähr bis zum Dreifürstenstein einerseits und auf der Ostalb andererseits erkennen können, auf zwei Wegen nach der Eiszeit in das Gebiet der Schwäbischen Alb: durch die Burgundische Pforte über den Jura, den Randen und den Baarrand besonders auf die schattigen Nordwest- und Nordhänge. Der andere Einwanderungsweg führte über das Wiener Becken und den Böhmerwald in jene Bereiche, die wir noch heute als typische Gebiete des Buchen-Tannenwaldes kennen: den Schwäbisch-Fränkischen Wald und die Ostalb.

Zahlreiche Pflanzen, die wir heute als Kostbar-

Eingewanderte Hochgebirgspflanzen

Trauben-Steinbrech
(Saxifraga paniculata)

Grauer Löwenzahn
(Leontodon incanus)

Immergrünes Felsenblümchen
(Draba aizoides)

Berg-Steinkraut
(Alyssum montanum)

keiten schätzen und schützen, sind erst im Laufe der Umgestaltung der Landschaft durch den Menschen zu uns gekommen, das betrifft beispielsweise alle Arten, die ihre Heimat in den Steppengebieten Südosteuropas haben. Zu ihnen gehören zahlreiche *Orchideen*; ferner *Getreidebegleitpflanzen*, die man so gerne als Unkraut bezeichnet. Aber die Schwäbische Alb zeigt auch Vertreter des Hochgebirges, die hier eingewandert sind oder dank ihrer Anpassung an kaltes Klima die Eiszeit überdauert haben. Wie Eberhard Wagner in seinem Buch »Eiszeitjäger im Blaubeurener Tal« berichtet, gibt es im Tiefental bei Blaubeuren einen kleinen Standort des Mattensteinbrechs als eiszeitliches Relikt einer Pflanzengesellschaft, die einst eine mehr oder weniger zusammenhängende Verbreitung hatte. Wir können solche Pflanzen zum Beispiel heute noch an Gletscherrändern des Berner Oberlandes gut beobachten, wo sich zunächst Flechten auf den Felsblöcken ansiedeln, dann Moosen Platz machen, mit zunehmender Bodenanhäufung höhere Pflanzen ihren Wuchsort finden und über Zwergsträucher sich Pflanzengesellschaften bis hin zu lichten Gebüsch- und Waldformen entwickeln.

Das Klima nach dem Ende der Eiszeit verlief, wie wir aus zahlreichen Untersuchungen wissen, nicht im Sinne einer gleichmäßigen Erwärmung. Kältere Perioden wechselten mit wärmeren ab, mindestens zwei bis drei wärmere Zeiten, gleichzeitig auch niederschlagsärmer, waren im Vergleich zu heute zu beobachten. Die Untersuchung von großen Pflanzenresten etwa im Federseegebiet, auch in den Bodenseerandbereichen ergibt Hinweise darauf, daß damals als Vertreter wärmeren Klimas Wildrebe, Walnuß, Wassernuß und Pflaume hier gediehen, dieses zeigen auch die Funde von Wildpferd, Feldhase und Hamster aus jenen Perioden.

Der Urzustand der Schwäbischen Alb war gewiß nicht einheitlich, besonders die Felsköpfe, Schutthalden und Steillagen trugen höchstens lückige Gebüschbestände, waren aber meist baumfrei. Außerdem spielte die Gründigkeit des Bodens neben der Wasserversorgung eine entscheidende Rolle. Daß überall im Oberboden Kalk vorhanden gewesen wäre, ist ebenfalls nicht richtig, es darf hier zum Beispiel nur an die

Böden der Ostalb mit dem reichen Vorkommen an Feuersteinen erinnert werden. Allgemein aber kann man davon ausgehen, daß die Kalkverwitterungsböden eine gute Grundlage für eine reiche Pflanzen- und natürlich auch Tierwelt boten. Diese flachgründigen und steinigen Kalkböden erwärmen sich unter der Sonne sehr rasch, so daß vom Frühjahr bis Herbst an vielen Stellen ein wärmebegünstigtes Kleinklima herrscht, das den Pflanzen sehr zusagt, nicht zuletzt der Orchideenflora der Alb.

Die Alb gehört, wie wir vorher erfahren konnten, zu den frühbesiedelten Landschaften. Zwischen den Wäldern entstanden freie Landstriche, es wurde Ackerbau betrieben; damit veränderte sich natürlich auch die Pflanzenwelt. Es wäre sehr reizvoll, diese Entwicklung nachzuzeichnen und bis zur heutigen, vom Menschen fast überall stark umgeformten Kulturlandschaft zu verfolgen. Erleichtert wurde die Rodearbeit gewiß in den lichteren Bereichen der Steppenheidewälder, die auch günstige Bedingungen für licht- und wärmeliebende Pflanzen boten.

Heute zeigt die Pflanzendecke der Schwäbischen Alb, besonders im Bereich der Wälder – abgesehen von den Fichtenforsten der neueren Zeit und der Beimischung dieser Holzart sowie der Kiefer – etwas vereinfachend folgenden Aufbau.

Am Albtrauf sind es besonders die typischen Buchenwälder. Die *Buche* wird an Schatthängen begleitet von *Esche, Bergahorn, Linde*. Kennzeichnend ist die reiche Bodenflora, auffällig im Frühjahr die stinkende *Nieswurz*. Charakteristisch sind auch die *Schluchtwälder* mit *Bergulme* neben Esche und Bergahorn. Auffallend ist bei ihnen das Vorkommen des *Silberblattes* mit seinen zartvioletten, stark duftenden Blüten an steinschutterfüllten, feuchten Hängen sowie im Talgrund das *Springkraut* neben *Milzkraut, Geißfuß*; an der Donauseite aber besonders der *Märzenbecher*, auch in etwas breiteren Tälern.

Der *Bärlauch* mit seinem starken Geruch im zeitigen Frühjahr an Hängen mit feuchtem Boden, *Lerchensporn*, zum Beispiel unterhalb der Kapfenburg, und *Seidelbast* sind weitere charakteristische Pflanzen, die uns am Ende des Winters erfreuen. Aber das sind gewiß nicht alle Pflanzen, die uns begegnen in den Hangbuchenwäl-

dern und Schluchtwäldern. *Frühlingsplatterbse, Buschwindröschen, Schlüsselblumen, Leberblümchen, Lungenkraut, Waldmeister* gehören ebenso dazu wie später der auffallende *Türkenbund, weißes und rotes Waldvögelein, Eisenhut* und manch andere.

Typischer Hangbuchenwald

Stinkende Nieswurz (*Helleborus foetidus*)

Pflanzen der Albwälder

Wildes Silberblatt
(Lunaria rediviva)

Hohler Lerchensporn
(Corydalis cava)

Große Schlüsselblume
(Primula elatior)

Seidelbast
(Daphne mezereum)

Türkenbund-Lilie
(Lilium martagon)

Rotes Waldvögelein
(Cephalanthera rubra)

Die Trockenheit der Süd- und Südwesthänge, häufig verbunden mit flachgründigen oder Steinschuttböden, gibt einer anderen Waldgesellschaft Lebensmöglichkeiten, dem sogenannten *Steppenheidewald*, dem Übergang zur Steppenheide im Gradmannschen Sinne. Ich möchte hier nicht auf die gewiß berechtigten Diskussionen über deren buntes Mosaik aus verschiedenen Pflanzengesellschaften eingehen, sondern diese alte Bezeichnung beibehalten, weil sie den Versuch unternimmt, die Erscheinungsform zu beschreiben. Niedrige Wuchshöhen der Bäume, häufig auch abgelöst von Gebüschen, Ablösung der Buche durch *Eiche* samt *Flaumeiche* an bestimmten Stellen, nebst *Elsbeere, Linde, Esche, Mehlbeere, Feldahorn* machen den Reiz dieser Wälder aus.

Die Bodenflora ist sehr reich, als typisch sollen *Blauroter Steinsame, Immenblatt, Hasenohr, Gelber Fingerhut, Maiglöckchen, Ebensträußige Wucherblume, Pfirsichblättrige Glockenblume* oder *Süsse Wolfsmilch* genannt werden. Einige *Knabenkräuter* sind hier anzutreffen, die sich auch sonst in lichteren Wäldern und im Bereich der wärmeliebenden Gebüschzonen am Übergang von der Feldflur zum Wald finden.

Es gibt neben dem sogenannten *Eichen-Steppenheidewald* besonders am Nordrand der Alb auch jenen mit der Buche, wie wir ihn etwa zwischen Öschingen und dem Filsenberg oder oberhalb Bad Urach am rechtsseitigen Talhang unter den Höllenlöchern antreffen. Im Seeburger Tal findet sich die Buche im Bereich des Steppenheidewaldes, aber natürlich auch an vielen anderen Stellen, dies gilt für große Teile der Alb.

Die Wälder der Hochfläche wurden in den letzten 150 Jahren vielfach durch das Einbringen der Fichte stark verändert. Früher überwog hier die Buche. Charakteristisch, und das können wir noch in den erhaltenen Wäldern erkennen, sind in der Bodenflora besonders die *Haargerste* und das *Perlgras* neben *Bingelkraut*, das geschlossene Teppiche bilden kann, und im Frühjahr das *Buschwindröschen*.

Die Fichtenbestände, etwa im Bereich der Aufforstungen ehemaliger Schafweiden um Trochtelfingen, zeigen eine Anzahl typischer Begleiter natürlicher Fichtenwälder, zum Beispiel *Korallenwurz, Herzförmiges Zweiblatt*, aber auch Win-

tergrünarten, die sonst auf der Alb kaum vorkommen. Daß die Fichte durch Sturmwürfe, Rauhreif, Rotfäule u. a. auf der Alb keine idealen Wachstumsbedingungen hat, ist jedem klar. Es ist auch sehr bedauerlich, daß in den fünfziger Jahren eine ganze Reihe von schönen Tälchen aufgeforstet wurde.

Die *Forche* oder *Kiefer* kam möglicherweise vereinzelt auf Felsköpfen am Rand der Schwäbischen Alb, besonders der Donauseite vor. Sie wurde vor allem zur Aufforstung von Schafwei-

den benutzt und ist heute sehr vital in ihrer weiteren Ausbreitung.

Das Waldsterben hat sich besonders in den Traufzonen und Staulagen der Wolken und des Nebels in den letzten Jahren unangenehm bemerkbar gemacht. Dabei zeigte es sich, daß die frühere Annahme, Kalkreichtum im Boden ver-

Pflanzen des Steppenheidewaldes

Immenblatt
(Melittis melissophyllum)

Gelber Fingerhut
(Digitalis grandiflora)

Pfirsichblättrige Glockenblume
(Camanula persicifolia)

Stattliches Knabenkraut
(Orchis mascula)

Blasses Knabenkraut
(Orchis pallens)

Brand-Knabenkraut
(Orchis ustulata)

hindere oder verzögere zumindest diese Erkrankung, nicht zutrifft. Es bleibt abzuwarten, ob die Maßnahmen zur Verringerung der Luftbelastung dauerhafte Besserung bringen.

Typisch für die Albhochfläche und für zahlreiche Hänge sind die *Wacholderheiden*, früher mehr, heute bedauerlicherweise weniger mit Schafen beweidet. Es ist sehr reizvoll, über eine solche Heide zu gehen und die bunte Vielfalt an Pflanzen zu betrachten, den Duft etwa an einem sonnendurchglühten Tag zu genießen, oder auch bei nebligem Herbstwetter diese eigenartige Landschaft zu erleben. Wacholder sind die prägenden Elemente dieser Kulturlandschaft, unterschiedlich ausgebildet, von reinem Säulenwuchs bis hin zu breit ausladenden Büschen, in deren Schutz andere Gehölze aufkommen können.

Interessante Formen der Sukzession können wir beobachten, Pflegemaßnahmen sollen die wichtigsten, landschaftsprägenden Heiden erhalten. Naturschutz, amtlicher und privater, Forstverwaltung und Schäfer bemühen sich um diese Aufgabe, die freilich, wenn die Schafzucht nicht einen ganz entscheidenden Auftrieb erlangen sollte, ein sehr mühsames Unterfangen ist. Dennoch sollte alles unternommen werden, um dieses »Markenzeichen« der Schwäbischen Alb zu sichern.

Es war eben schon vom Steppenheidewald die Rede. Robert Gradmanns besondere Liebe gehörte der *Steppenheide*, also dem baumfreien Bereich der Felsköpfe mit ihren extremen Klimabedingungen, von starker Kälte im Winter bis zu großer Hitze in den Sommermonaten. Es drängt sich uns der Vergleich mit dem Mittelmeergebiet, mit Südosteuropa oder gar den südrussischen Steppengebieten auf. Dieser Vergleich trifft auch zu, denn manche Vertreter dieser Pflanzengemeinschaft kommen aus diesen Bereichen, so etwa das *Federgras* oder die *Flaumeiche*.

Vielfältig sind die Blütenpflanzen der Steppenheide, nur wenige können genannt werden, die besonders auffällig sind: *Küchenschelle, Ästige Graslilie, Kalkaster, Weidenblättriges Ochsenauge, Schwalbenwurz, Zypressenwolfsmilch, Blutroter Storchschnabel, Hufeisenklee, Laserkraut, Edelgamander, Bergleinkraut, Ebensträußige Wucherblume,*

Steppenheidestandort am Ostfelsen des Rosensteins mit Breitblättrigem Laserkraut

Hasenohr, aber auch einige Orchideen, wie *Rotes Waldvögelein, Helmknabenkraut, Fliegen-Ragwurz, Bienen-Ragwurz,* sowie Enziane, beginnend mit dem *Frühlingsenzian* und endend beim *Gelben* und *Deutschen Enzian.* Felspflanzen sind besonders: *Berglauch, Scheidige Kronwicke, Hasenohr-Habichtskraut, Traubensteinbrech.* Es lohnt sich, natürlich unter Schonung der seltenen Bestände, auf einer Wanderung ob dem Donautal einen Blick auf solche Felsköpfe zu werfen und die bunte Farbenpracht dieser kleinsten Lebensgemeinschaft zu bewundern.

Bienen-Ragwurz
(Ophrys apifera)
Helm-Knabenkraut
(Orchis militaris)
Fliegen-Ragwurz
(Ophrys insectifera)

Pflanzen der Steppenheide und Kalk-Magerrasen

Gewöhnliche Küchenschelle
(Pulsatilla vulgaris)

Ästige Graslilie
(Anthericum ramosum)

Kalk-Aster
(Aster amellus)

Blut-Storchschnabel
(Geranium sanguineum)

Edel-Gamander
(Teucrium chamaedrys)

Berg-Lauch
(Allium montanum)

Frühlings-Enzian
(Gentiana verna)

Kreuz-Enzian
(Gentiana cruciata)

Deutscher Enzian
(Gentiana germanica)

Im Bannwald »Untereck« bei Laufen an der Eyach.

Einen absoluten Gegensatz zu diesen trockenen Standorten bilden jene frischen bis feuchten *Buchen-Tannenwälder* auf der Südwestalb, wie wir sie beispielsweise im Naturschutzgebiet Untereck oberhalb Albstadt-Laufen beobachten können. Hier empfiehlt sich eine Wanderung durch diese urwaldähnlichen Bereiche, die neben Buche, Tanne auch mächtige Eschen, Ahorne und Ulmen zeigen, und in denen *Bergreitgrashalden*, *Riegelwälder* auf angehäuftem Steinschutt, *Mergelrutschen*, *Felsbandgesellschaften* und *Blaugrashalden* sich abwechseln. Auf der Hochfläche sehen wir dann teilweise noch *einschürige Wiesen* mit einer Fülle von krautigen Blütenpflanzen.

Ähnliche Bilder floristischen Reichtums sind auch in den Naturschutzgebieten »Irrenberg« und »Zellerhornwiese« auf der Balinger Alb anzutreffen. Hier lohnt es sich wirklich, einmal »farbige« Wiesen zu betrachten, die auch zahlreichen Tieren, besonders Insekten, gute Lebensbedingungen bieten.

Einen Eindruck von einstigen Wirtschaftsformen vermitteln die *Holzwiesen* oder *Hutewälder*, wie sie auf verhältnismäßig großer Fläche im Naturschutzgebiet »Irrendorfer Hardt« nahe Irndorf ob Beuron anzutreffen sind. Hier wirken sich besonders die unterschiedlichen Bodenverhältnisse, unter anderem die teilweise starke Entkalkung des Oberbodens, auf die Ausbildung der verschiedensten Wiesengesellschaften aus. Ein schöner Wanderweg führt durch dieses interessante Naturschutzgebiet, das durch seine Baumgruppen fast parkartig wirkt.

Dieser Überblick des Pflanzenlebens ist freilich nur skizzenhaft, deshalb sei vor allem auf die Wanderführer der Reihe »Natur–Heimat–Wandern« verwiesen, die in verschiedenen Bänden die gesamte Schwäbische Alb von der Ost- bis zur Südwestalb schildern und selbstverständlich auch die Tierwelt, die Geschichte der Landschaft und zahlreiche Vorschläge zu Wanderungen bieten.

Wanderung durch das Bannwaldgebiet »Untereck« bei Laufen an der Eyach

Von Laufen an der Eyach, einem Ortsteil von Albstadt, von Balingen aus über die Bundesstraße 463 zu erreichen, zweigt rechts steil ansteigend die Straße nach Tieringen ab. Nach etwa einem Kilometer erreicht man rechts den Sportplatz, der auch Parkmöglichkeiten bietet. Der Weg ist mit einem roten Dreieck gekennzeichnet, es handelt sich um ein Teilstück der Hauptwanderwege 1 (Nordrandweg der Schwäbischen Alb) und 3 (Main-Neckar-Rhein-Weg). Zunächst geht es durch ältere Waldbestände, in denen die Fichte überwiegt, ganz allmählich ansteigend von 746 bis 800 Meter über dem Meer. Dann wechselt die Vegetation, Weißtannen und verschiedene Laubhölzer treten vermehrt auf, abgestorbene und absterbende Stämme, wahre Baumriesen sind zu sehen, der Wanderweg verläßt den bisherigen Holzabfuhrweg und wir betreten den Bannwald »Untereck«, eines der interessantesten Naturschutzgebiete der Schwäbischen Alb. Am Steilabfall gelegen, oben gekrönt von weit im Land sichtbaren zerklüfteten Felsen, umschließt es einen Höhenunterschied von etwa 150 Metern.

Am geologischen Aufbau dieses interessanten Gebiets sind die Schichten des Braunen und Weißen Jura beteiligt. Dabei kommt dem Ornatenton eine besondere Rolle zu, der bei Niederschlägen aufweicht, zu einem dickflüssigen Brei wird, abbricht und in Bewegung gerät. Typische Rutschhänge sind schon am Weg zum Naturschutzgebiet zu sehen. Charakteristisch ist dabei der Säbelwuchs der Bäume, ein Zeichen für die Bewegung der Böden am Hang.

Steigen wir den Wanderweg hinauf zur Höhe, so lohnt sich zunächst ein Abstecher nach Süden in Richtung des Grates. Hier stehen die höchsten Weißtannen oder deren Reste, oberhalb schließt sich eine ganze Reihe von Pflanzengesellschaften an: am Fuß der Felswände die Bergreitgrasflur mit Überwiegen von Sträuchern. Die Fichte hat neuerdings zugenommen, rechts vom Weg findet sich im sogenannten Wasserloch eine sehr schön ausgebildete Gesellschaft des Albschluchtwaldes mit charakteristischem Silberblatt, Farnen, Ulme und Ahorn, fast geschlossener Krautschicht, also üppigem Grün. Im zeitigen Frühjahr blüht hier der Bärlauch, erkennbar an seinem intensiven Geruch. Am Weg sind alle Stadien des Absterbens von Bäumen, Pilzbefall, Löcher von Spechten und Käfern zu beobachten. Alte Spechthöhlen dienen anderen Bewohnern als Lebensraum, auf den umgestürzten Stämmen keimen Jungpflanzen, Modergeruch erfüllt die Luft.

Allmählich führt der Weg höher, vorbei an jüngeren Rutschen, die Pestwurz besiedelt frische Rohböden, die selten gewordene Eibe findet sich in einigen, zum Teil recht stattlichen Exemplaren. Fast treibhausartig ist die feuchtigkeitsgesättigte Luft, das Streben nach Licht läßt die Bäume recht hoch wachsen.

Felsbänke werden sichtbar am Weg, der langsam der Schluchtoberkante zustrebt. Ein schmaler Weg führt rechts weiter zur Hochfläche, vorbei an prachtvoll blühenden Türkenbundbeständen. Der Wanderer sei darauf hingewiesen, daß in solchem Gebiet alle Pflanzen, auch nichtgeschützte, nicht gepflückt oder beschädigt werden dürfen.

Auf der Hochfläche, wir sind jetzt 150 Meter gestiegen, führt der Weg als Traufweg in nordwestlicher Richtung immer am Waldrand oder knapp innerhalb des Waldes, quert einige Wasserrinnen und erlaubt nach wenigen hundert Metern einen herrlichen Ausblick auf die nördlichen Teile des Schutzgebietes, hinunter zu den Schuttwäldern, den Riegelwäldern, die sich zwischen den einzelnen Schuttströmen ansiedeln konnten und dem Steinschlag trotzen, aus lockerem Gehölz bestehend mit Fichte, Buche, Kiefer, Tanne und Mehlbeere. Mit etwas Glück kann man in diesem Bereich auch Gemsen sehen, die – vor einigen Jahren am Plettenberg ausgesetzt – sich hier recht wohl fühlen.

Der Weg führt weiter vor zum Hörnle, vorbei am Hakenfels, der, wie sein Name sagt, in besonders schöner Ausprägung den gebogenen Schichtverlauf im Weißen Jura zeigt. Noch vor etwa 50 Jahren war der Uhu im Untereck vertreten, heute können wir mehrere Paare Turmfalken sowie regelmäßig Bussarde beobachten. Fast jedes Jahr brütet hier die Waldohreule, der Waldkauz ist zu sehen, Grünspecht, Großer Buntspecht und Schwarzspecht haben hier einen idealen Lebensraum.

Bis vor einigen Jahren waren die Wiesen auf der Hochfläche, auch in Richtung Tieringen, berühmt ob ihres Artenreichtums, ihrer Vielfalt an Farben. Leider sind ziemlich große Flächen heute verarmt, seit bei einem Aussiedlerhof eine Jungviehweide eingerichtet wurde und die Tiere großen Schaden besonders auch an den früher zahlreichen schönen Gebüschgruppen anrichten. Aber einige Flächen sind, nicht zuletzt dank des Heimatvereins »Kohlraisle« aus Tieringen, als Mäder – einschürige Wiesen – erhalten geblieben, spät im Jahr wird einmal Heu gewonnen und verkauft.

Großartig ist der Ausblick vom Hörnle selbst, zunächst auf das Gebiet, das wir durchwanderten mit dem Grat vor dem Gräbelesberg, den Hängen zum Eyachtal, auf Laufen, Weilstetten, Frommern und Balingen sowie ins Vorland der Alb, hinüber zum Hundsrücken und Irrenberg, zwei anderen Naturschutzgebieten der Balinger Alb. Im Westen liegen Lochenstein, Schafberg und Plettenberg, und an klaren Tagen zeigt sich im Nordwesten der Schwarzwald. Zum Weiterwandern bietet sich der Randweg an, vorbei am Denkmal für die Gefallenen der 4. Gebirgsdivision, die seinerzeit auf dem Heuberg aufgestellt worden war, zum Hotel Lochen, heute Jugendherberge, oder in südlicher Richtung vorbei an einem großen Parkplatz zum Torbühl und durchs Untereck zurück nach Laufen oder weiter in einer kleinen Schlucht hinunter nach Tieringen.

Der Steinzeitmensch auf der Alb

Um uns selbst besser zu verstehen, müssen wir unseren Platz in der Geschichte kennen. Hierzu gehört selbstverständlich auch der dunkelste Abschnitt, nämlich die Urgeschichte. Sie reicht vom ersten Menschen, sobald er in seinen Knochenresten und Werkzeugen faßbar wird, bis zum Ende seiner Zeit als Jäger und Sammler. Die Steinzeit selbst dauerte noch länger. Die ersten Bauern und Viehzüchter benutzten immer noch Steine für ihre Werkzeuge. Erst mit der Verwendung von Metall beginnt die eigentliche Vorgeschichte.

Wann der früheste Mensch genau auftrat, ist weitgehend unklar. Es dürfte vor einigen Millionen Jahren gewesen sein. Die ältesten Reste sind bisher aus Afrika bekannt. Dieser Beginn fällt ziemlich genau mit der ersten spürbaren Klimaverschlechterung zusammen, die als Eiszeitalter bezeichnet wird. Die ältere Steinzeit dauerte bis zum Ende des Eiszeitalters vor etwa 10 000 Jahren, die bereits in das warme Klima der Nacheiszeit fallende Mittelsteinzeit nur 4000 Jahre, bis in Mitteleuropa die ersten Bauern und Viehzüchter auftauchten.

Auf dem Wege zum Menschen – der Dryopithecus. Eine heute immer wieder gestellte Frage ist die, ob sich der Mensch aus dem Affen entwickelt hat und wenn ja, wo das stattgefunden hat. Wegen der spärlichen Überreste von Knochenresten aus diesem in Frage kommenden Zeitraum ist man für die Entwicklungsgeschichte auf Vermutungen angewiesen. Immerhin scheint weitgehend Übereinkunft darüber zu herrschen, daß der Mensch und der heutige Affe aus einem gemeinsamen Vorfahren hervorgegangen sind, der am Ende des Tertiärs, vor etwa 14 Millionen Jahren, in Afrika, Europa und Asien zum erstenmal weltweit faßbar wird. Selbst auf der Schwäbischen Alb, wo tertiäre

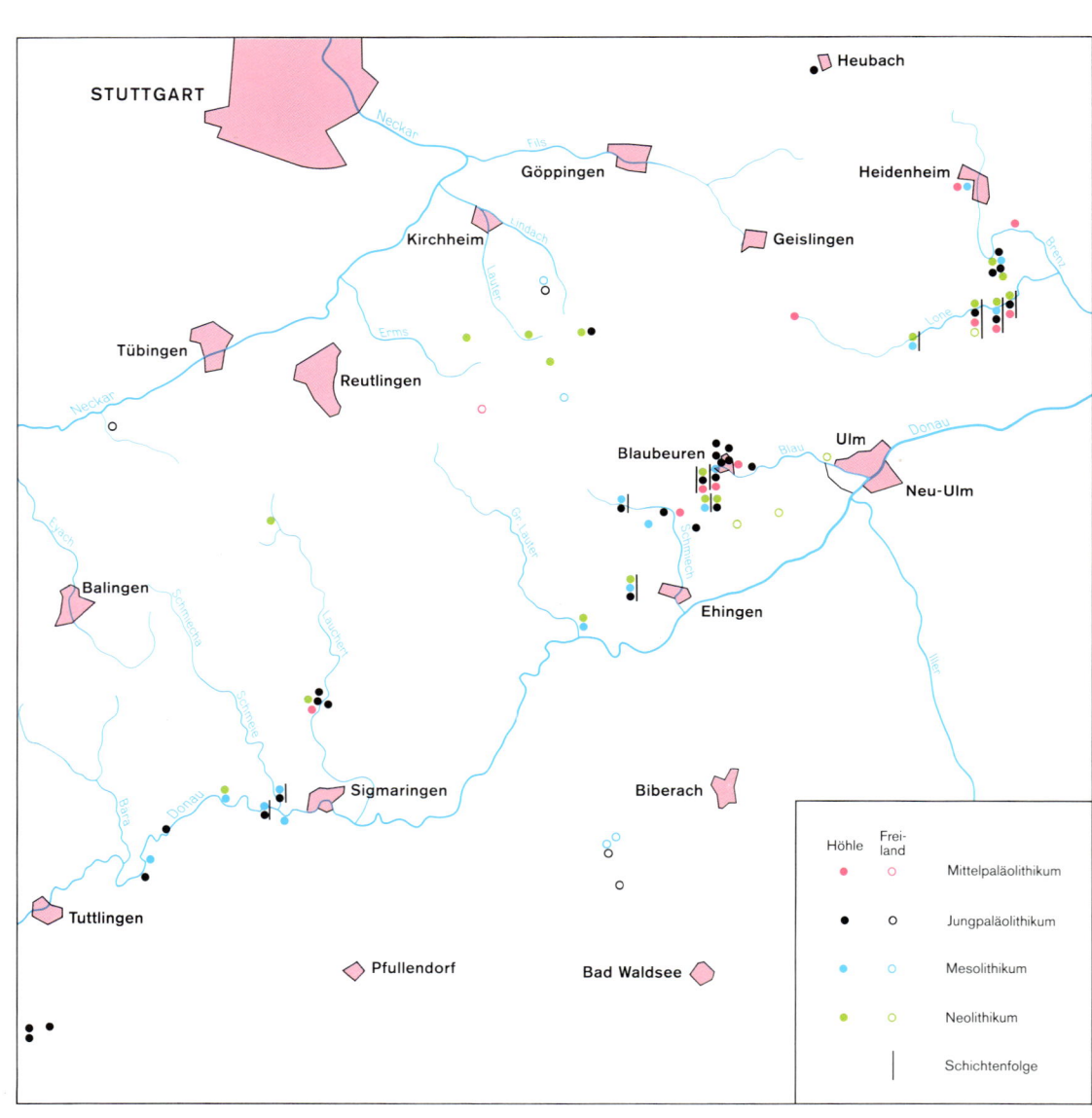

Steinzeitliche Fundstellen auf der Schwäbischen Alb. Auch in der Steinzeit lebten die Menschen nicht nur in Höhlen, sondern suchten diese nur von Zeit zu Zeit auf. Während aber die meisten »Frei-landstationen« längst verweht oder abgetragen sind, haben sich die Hinterlassenschaften von Mensch und Tier in den Höhlen durch die Gunst der Lage besser erhalten. Die Archäologen beziehen daher ihr Wissen über die Steinzeit, insbesondere die Alt- und Mittelsteinzeit, meist aus Ausgrabungen in Höhlen. Hier ein Blick in die Bocksteinhöhle.

So stellt man sich den Dryopithecus vor, ein Tier, das im Tertiär vor etwa 14 Mio. Jahren auch auf der Alb lebte. Er gehört zur Gruppe der Hominoiden, aus denen sich die heute lebenden Menschenaffen ebenso wie der Mensch entwickelt haben.

Heidelberg. Wie der etwa 200 000 Jahre jüngere Schädel von Steinheim a. d. Murr stammt er aus Flußschottern und gehört in eine warme Klimaphase.

Die ersten Jäger auf der Alb, unsere Vorfahren? Spuren des Menschen haben die Höhlen der Schwäbischen Alb erst seit der letzten Warmzeit vor etwa 100 000 Jahren überliefert, vermutete ältere sind wohl immer wieder ausgeräumt worden. Dieser älteste Rest eines Menschen der Alb ist ein Oberschenkelknochen aus dem Hohlenstein-Stadel im Lonetal und gehört wohl zu einem Neandertaler. Besondere Merkmale dieser Urmenschen sind Spitzgesicht, von hinten ovaler Schädelumriß, deutliche

Schichten auf seltene Kluftfüllungen beschränkt sind, fanden sich in den Bohnerzen von Salmendingen und Melchingen Zähne des sog. Dryopithecus. Die Zähne dieses Frühaffen sind kaum von menschlichen zu unterscheiden. Die ersten echten Übergangsformen zwischen Menschenaffen und Menschen tauchen in Afrika erst gute zehn Millionen Jahre später mit den Australopithezinen, den Südaffen, auf. Sie haben menschliche und äffische Merkmale. Äffische sind der kleine Gehirninhalt, große Backenzähne und das vorspringende Gesicht, die spitzen Eckzähne der echten Affen haben sie nicht. Menschliche Merkmale sind ihr aufrechter Gang, die Vorderzähne und die horizontale Hinterhauptöffnung. Außerdem finden sich bei den Knochenresten der Australopithezinen einfache, aus Geröllen hergestellte Werkzeuge, vielleicht ein Hinweis auf eine erste Kultur, das gezielte Herstellen von Werkzeugen.

Der aufrecht gehende Mensch. Die ersten wirklichen Menschen treten hingegen erst vor etwa 1,3 Millionen Jahren in Afrika auf, der Pithecanthropus oder Homo erectus, der aufrecht gehende Mensch. Nach Europa kamen diese Urmenschen vermutlich erst vor einer Million Jahre. Der wohl älteste Fund (Alter etwa 600 000 Jahre) ist der Unterkiefer von Mauer bei

Holozän

Zeittabelle

Pleistozän

Jahre vor heute		Klimaphase	Perioden	Kulturbezeichnung	Fundstellen
5000	Holozän	Wärmezeit	Jungsteinzeit	Schussenried	Ehrenstein
6000				Bandkeramik	Ringingen Ulm-Eggingen
7000			Mittelsteinzeit	Spätmesolithikum Beuronien C	Jägerhaus Helga-Abri
8000		Vorwärmezeit		Beuronien B	Jägerhaus
9000				Beuronien A	Malerfels
10 000	Pleistozän	Späteiszeit		Spätpaläolithikum	Zigeunerfels
12 000			jüngere	Magdalénien	Petersfels
16 000		Hochglazial (Würm)	Altsteinzeit	Magdalénien	Hohlefels
20 000					
23 000				Gravettien	Brillenhöhle
30 000		Frühglazial (Würm)		Aurignacien	Vogelherd Geißenklösterle
45 000			mittlere Altsteinzeit	Blattspitzen	Haldenstein
				Alb-Moustérien	Große Grotte Sirgenstein
70 000				Micoquien	Bockstein Heidenschmiede
100 000		Riß/Würm-warmzeit		?	Hohlenstein Große Grotte
120 000					

98

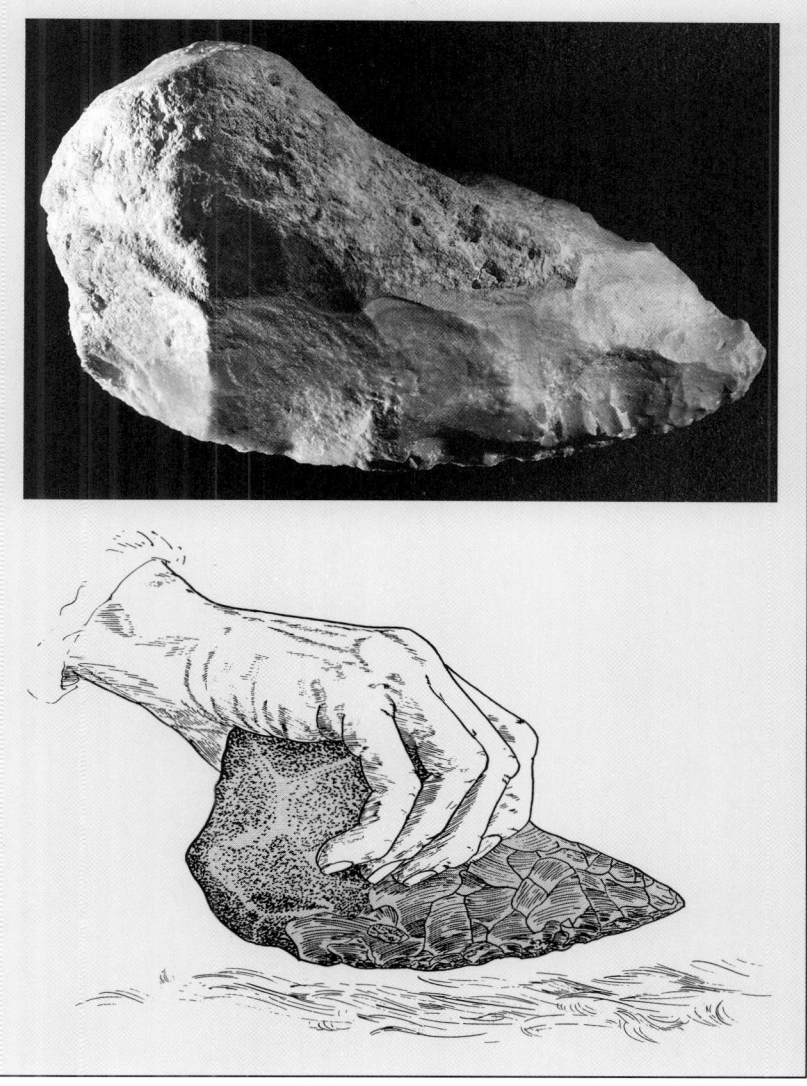

Überaugenwülste, vorspringendes Gebiß und ein fliehendes oder schwaches Kinn. Die Neandertaler waren klein und ausgesprochen muskulös. Da auch die Frauen eine starke Muskulatur hatten, ist anzunehmen, daß die Arbeitsteilung noch nicht ausgeprägt war.

Von den Neandertalern kennen wir vor allem die Steinwerkzeuge. Sie stellten mit einer ausgefeilten Technik gezielt große Abschläge her, zunächst noch Faustkeile, dann Schaber und Messer. Nach einem Felsüberhang in Südwestfrankreich bezeichnet man diese Zeit auch als Mousterien.

Die beiden frühesten Fundstellen auf der Alb sind der Hohlenstein-Stadel im Lonetal, mit

Mit einem steinernen Schaber aus der Großen Grotte könnte der Neandertaler einen Holzspeer geschnitzt haben. Mit der scharfen Kante des Faustkeils (gefunden im Vogelherd) kann man Fell zuschneiden.

dem sog. Schwarzen Mousterien, und die Schicht XI der Großen Grotte bei Blaubeuren. Möglicherweise gehört auch der unterste Fundhorizont in der Vogelherdhöhle in diesen Zeitraum. Fast alle großen Höhlen der Alb haben Reste von Funden aus der kalten ersten Hälfte der Würmzeit geliefert. Ob auch Felsüber-

hänge hierbei sind, ist unklar. Denn die Heidenschmiede in Heidenheim kann ursprünglich eine richtige Höhle gewesen sein, was für den Kogelstein bei Schmiechen aufgrund der Fauna anzunehmen ist. Da es aber auch Freilandfundstellen – bei Wittlingen in der Nähe von Urach und an mehreren Stellen der Ostalb – gibt, waren die Neandertaler vermutlich ebenso wenig wie die ihm folgenden »modernen« Menschen echte »Höhlenmenschen«, sondern suchten unter anderem auch Höhlen auf. Einen großen Teil ihres Lebens verbrachten sie im Freien. In vielen Höhlen scheinen die Schichten mit Funden aus der Zeit des Neandertalers durch Bodenbewegung umgelagert zu sein. Deshalb können wir über ihr Leben in diesen Höhlen und die Organisation ihrer Lagerplätze keine Aussagen machen. Im Sirgenstein befanden sich zu allen Zeiten, auch in der mittleren und jüngeren Altsteinzeit – wie heute – die Feuerstellen direkt unter dem Traufbereich. Im Innern der Großen Grotte hatten die Neandertaler bereits eine Mauer aus Steinen errichtet, wie die Grabungen von Gustav Riek zeigten, wobei wir über Sinn und Zweck dieser Mauer nichts aussagen können.

Bisher sind aus der Zeit des Neandertalers weder Fundschichten noch Hinterlassenschaften des Menschen, wie Tierknochen und geschlagene Steine, mit modernen Methoden untersucht worden. Wir können daher nur vermuten, daß die Neandertaler einen Teil ihrer Jagdbeute in die Höhlen brachten – Mammut, Wollnashorn, Bison, Wildpferd, Rentier, Steinbock und Gemse, also Tiere, die auch der spätere Mensch, der Homo sapiens sapiens, jagte. Ob auch der Höhlenbär zur Jagdbeute zählte, ist ungewiß, da bisher keine eindeutige Zerlegung durch den Menschen an seinen überaus zahlreichen Knochen beschrieben wurde. Wahrscheinlich fischte der Neandertaler auch und erlegte Vögel sowie Niederwild, Hasen und Füchse, jedoch können auch hier nur deutliche Zerlegungsspuren an den Knochen eine solche Jagd beweisen. Das Murmeltier ist auf der Alb zum letztenmal in diesem Zeitabschnitt belegt (in der Bocksteinschmiede). Vielleicht hat der Neandertaler dieses leicht zu erlegende Tier auf der Alb ausgerottet. Nach den Tierknochen in den

Fundstellen hat man den Eindruck, daß seine Jagdfähigkeit der des späteren Menschen entsprach. Vermutlich nutzte er auch die Höhlen ähnlich. Zu bestimmten Jahreszeiten, vor allem im Sommer, dürfte der Neandertaler die Albhöhlen aufgesucht haben. Darauf deutet ein schädelechtes Geweihfragment von einem jungen Rothirsch aus der Bocksteinschmiede. Geweihe ohne Bast werden von September bis März getragen, d. h. das Tier wurde vielleicht im Herbst, Winter oder Frühjahr erlegt.

Der späte Eiszeitmensch. Nach den heute vorliegenden Datierungen dürfte sich der Homo sapiens sapiens in Afrika entwickelt haben. Von dort aus breitete er sich vor etwa 50 000 Jahren über den Vorderen Orient bis nach Europa aus. In Mitteleuropa weisen seine frühesten Vertreter noch schwache Neandertalerzüge, wie die hervortretenden Überaugenwülste, auf. Ein Beispiel hierfür ist der Schädel aus dem Vogelherd V. Insgesamt wird der Knochenbau graziler, es finden sich weniger starke Muskelansätze. Der Gebrauch des Mundes als Hilfsmittel bei der Arbeit scheint stark zurückgegangen zu sein. Zudem kann man eine verbesserte Ernährung voraussetzen. So zeigen unter anderem hitzegerötete Kochsteine, daß die Menschen Nahrung in gekochtem Zustand zu sich nahmen. All das führte zu einer markanten Veränderung im Körperbau. Auch der Unterschied in Größe und

Muskulatur zwischen Mann und Frau ist jetzt deutlich, d. h. die Arbeitsteilung zwischen den Geschlechtern war nun stärker ausgeprägt.

Vor etwa 36 000 Jahren kam der moderne Eiszeitmensch auf die Alb. Nach der französischen Fundstelle Aurignac werden auch bei uns seine Hinterlassenschaften als »Aurignacien« bezeichnet. Der früheste datierte Wohnhorizont wurde bisher in der Geißenklösterle-Höhle entdeckt. In der Schicht III läßt sich das Leben dieses Menschen aufgrund der modernen Ausgrabung rekonstruieren. Demnach verbrachte eine kleine Menschengruppe eine kürzere Zeit in der Höhle, legte eine Feuerstelle an, um die herum Elfenbein geschnitzt wurde. Anscheinend fertigte man neue Speerspitzen an. Hierzu wurde eine Vielzahl von Hornsteinen zerschlagen, von denen die meisten aus der Umgebung der Höhle stammen. Aber eine Hornsteinknolle deutet an, daß die Gruppe vielleicht aus Bayern, aus einer Entfernung von etwa 100 km, längs der Donau in das Achtal zog.

Drehbares Diorama im Museum Blaubeuren. Ausgrabung des Geißenklösterle und ein Lebensbild der Höhle vor 30 000 Jahren nach den Ergebnissen dieser Ausgrabungen.

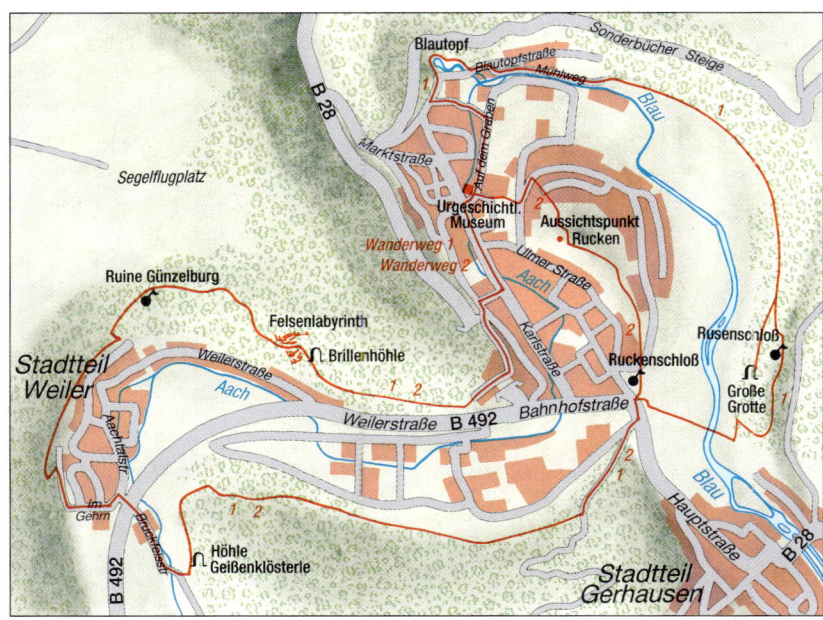

Die Löwe-Mensch-Figur (Höhe 28,1 cm), gefunden im Hohlenstein-Stadel, ist die bisher größte aus zahlreichen Fragmenten noch nicht endgültig rekonstruierte Statuette aus dem Aurignacien. In die gleiche Kultur (35 000–28 000 v. h.) gehört die Vollplastik eines Mammut (Länge 6,7 cm, Höhe 3,8 cm) aus dem Geißenklösterle.

Erste Kunstwerke. 2000 bis 3000 Jahre später suchte der frühe Eiszeitmensch diese Höhle wieder auf. Diesmal brachte er fertige Klingenmesser und Werkzeuge mit, die er bei verschiedenen Arbeiten verbrauchte. Er zündete mächtige Feuer an, die mit Tierknochen befeuert wurden, da Holz zu selten geworden war. Als Nahrung diente neben Wildpferdfleisch auch Mammut, von dem man den Schädel eines sehr jungen Tieres in die Höhle schleppte. Dazu kamen Hase und Fisch. Das deutet an, daß man eine gewisse Zeit im Schutz der Höhle zubrachte. Man schnitzte Elfenbein, anscheinend aber vor allem Schmuckstücke, warf aber wohl verbrauchte Gegenstände auch weg, vor allem die aus Hornstein. Nach Gebrauchsspuren an Stein- und Knochenwerkzeugen wurde auch Leder bearbeitet, kaum gewalkt, sondern mehr geschnitten und weich gemacht. Daraus läßt sich der Schluß ziehen, daß Kleidung aus bereits gegerbten Häuten hergestellt wurde. Die Funde lagen an zwei verschiedenen Stellen, d. h. entweder waren zwei Menschengruppen hier, oder der Platz wurde zweimal aufgesucht. Unter den Funden kamen auch Kunstwerke zutage, die mit zu den ältesten bekannten überhaupt gehören: In der nördlichen Konzentration lagen ein winziger Bison und eine Menschenfigur mit erhobenen Armen, beide aus Mammutelfenbein in Halbrelieftechnik geschnitzt. In der südlichen ergrub man hingegen ein vollplastisches Mammut und einen Bären aus Mammutelfenbein. Wegen ihrer geringen Größe blieben die beiden Halbreliefs vollständig, die beiden vollplastischen Figuren sind jedoch nur noch Bruchstücke, vor allem der Bär. Ergänzt muß es sich dabei um ein aufrechtstehendes, kampfbereites Tier gehandelt haben, das den Kopf zum Brüllen hochreckt. Die Beschädigung ist erst im Boden entstanden, was bedeutet, daß man die Figuren nicht weggeworfen oder absichtlich zerbrochen hat. Auch andere Gegenstände aus Elfenbein, wie ein Lochstab, oder aus Geweih, wie Speerspitzen, waren ursprünglich vollständig. Sie wurden also kaum vergessen oder verloren, sondern absichtlich zurückgelassen. Da die Menschen wohl im Frühjahr hier waren, haben sie vielleicht Winterkleidung und andere, im

Im Vogelherd fanden sich die schönsten Kunstwerke aus dem Aurignacien. Hier das Wildpferd (Länge 4,8 cm, Höhe 2,5 cm) und ein Höhlenlöwe (Länge 8,8 cm, Höhe 3,4 cm), beide aus Mammutelfenbein geschnitzt. Die Figur mit erhobenen Armen (Höhe 3,8 cm, Breite 1,4 cm) und gespreizten Beinen aus dem Geißenklösterle ist in Halbrelieftechnik geschnitzt. Ob diese Figur eine religiöse Haltung ausdrücken soll?

Sommer nicht benötigte Gegenstände in der Höhle deponiert. Warum aber holte man sie nicht wieder ab? Ein Deckeneinsturz, der diesen Wohnhorizont begrub, ist vielleicht der Grund hierfür gewesen.

Die wenigen Funde in der Geißenklösterle-Höhle, im Hohlenstein und im Sirgenstein weisen alle darauf hin, daß die Menschen relativ kurz in der Höhle wohnten, meist in den warmen Jahreszeiten. Ausnahme hiervon war wohl der Vogelherd. Dort fanden sich Tausende von Fundstücken: neben vielen Steinwerkzeugen zahlreiche Tierknochen aus der Jagdbeute und Reste von Menschen, zusammen mit Zähnen aus dem Sirgenstein und dem Hohlenstein-Stadel die ältesten dieser speziellen Menschenform

Lonetal

Das Lonetal gehört zu den kaum berührten Landschaften in Baden-Württemberg. Zwischen Bockstein und Vogelherd, aber auch loneaufwärts bis zum Fohlenhaus kann man ein langes Tal erwandern, ohne größere Straßen begehen oder Dörfer durchqueren zu müssen. Von einem Wanderparkplatz am Vogelherd kann man die Lone entlang in Richtung Bockstein gehen oder in umgekehrter Richtung vom Bockstein aus. Will man nur eine Strecke gehen, sollte man über zwei Fahrzeuge verfügen und eines am Zielpunkt abstellen.

Vogelherd

Hohlenstein-Stadel

Bocksteinschmiede

auf der Alb. Da im Vogelherd gefundene Rentiere vermutlich im Herbst erbeutet wurden, war die Höhle vielleicht im Herbst und Winter bewohnt. Das ist besonders einleuchtend, wenn man die zahlreichen Mammutreste berücksichtigt. Ein ausgewachsenes Tier liefert mehr als eine Tonne an Fleisch und Fett. Dieses riesige Nahrungspotential erzwingt geradezu eine Konservierung. Das Winterlager kann nicht allzu weit von der Stelle entfernt gewesen sein, wo man die Jagdbeute erlegte. Denn Transportmittel waren in der Eiszeit unbekannt. Mitgenommen konnte nur das werden, was man auf dem Rücken oder auf Rutschen schleppen konnte.

Daher ist anzunehmen, daß man beim Vogelherd mehrmals Mammute erbeutete und dort in der trockenen, gut gegen Witterungseinflüsse zu schützenden und leicht heizbaren Höhle ein Winterlager errichtete.

Das Klima wird wieder kälter. Wie der Mensch des sog. Gravettien auf der Alb lebte, ist noch zu klären. Seine frühesten Hinterlassenschaften sind auf etwa 25 000 Jahre vor heute datiert; die Höhlen der Alb scheinen also mehrere tausend Jahre nicht aufgesucht worden zu sein. Die Umwelt hatte sich nur wenig verändert, wahrscheinlich war es etwas feuchter und kälter, Klimabedingungen, die letztlich zum An-

wachsen der Eismassen in den Alpen führten. Nur in wenigen Höhlen – vor allem Brillenhöhle und Geißenklösterle – kamen Funde aus dieser Zeit zutage. In der Brillenhöhle bei Blaubeuren grub Gustav Riek in einer Nische eine Trockenmauer aus, vermutlich das Fundament einer Behausung. Sonst wurden wie vorher Feuerstellen angelegt, ohne besondere Bauten oder Füllungen.

Die Stein-, Knochen-, Geweih- und Elfenbeinwerkzeuge im Gravettien unterscheiden sich von denen des Aurignacien sehr stark. Kleine, zugerichtete Messer dienten als Einsätze für Speere oder Messer; sie ließen sich mit Harz einfach auf

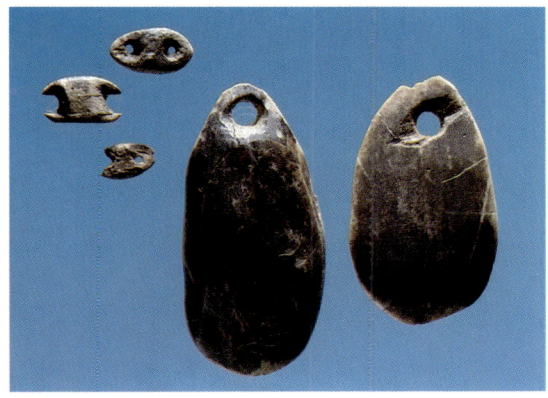

*Fundplätze für das Gra-
vettien (25 000–20 000)
sind vor allem die Brillenhöhle und das Geißenklö-
sterle. Aus dem letzteren
stammen die Steinwerk-
zeuge (oben rechts) und
die Knochenwerkzeuge
(unten rechts): Pfriem, Nadeln, Teil einer Geschoß-
spitze (von links nach
rechts). Die Elfenbeinan-
hänger links wurden ent-
weder an Ketten oder auf
der Kleidung aufgenäht
getragen. Oben links: die
Brillenhöhle während der
Ausgrabung 1957.*

hölzerne oder beinerne Schäfte aufkleben. Da
sie öfters ausgewechselt werden mußten bzw.
beim Gebrauch abbrachen, finden sie sich in
größerer Zahl in den Fundstellen. Speerspitzen
fertigte man nun vor allem aus Knochen größerer Tiere oder aus Geweih. Tropfenförmige
Elfenbeinanhänger stellte man jetzt in Serien-
produktion her; mit ihnen verzierten die Menschen wahrscheinlich ihre Kleidung. Nach Bestattungen in Rußland und Frankreich kann
man davon ausgehen, daß die Perlen Muster,
Reihen oder Bögen, bildeten. Diese dienten wohl
der Erkennung innerhalb der Gruppen und
stärkten so den inneren Zusammenhalt.

Soweit bislang nach den Rohstoffen, den Hornsteinen und Schmuckschnecken zu interpretieren, versorgte man sich in dieser Zeit aus einem größeren Gebiet als bisher. Vielleicht hing dies mit der klimatischen Verschlechterung zusammen. Das bedeutete aber auch, daß die Jäger

und Sammler beweglicher sein mußten. Außerdem war es wohl notwendig, stärkere Kontakte mit benachbarten Gruppen aufrechtzuerhalten.

Das Eis breitet sich aus. Während der größten Ausbreitung der Alpengletscher zwischen 20 000 und 18 000 bis 17 000 Jahren vor heute kennen wir keine Belege für eine Besiedlung der Alb. Wahrscheinlich war das Klima zu rauh, zu kalt, mit zu wenigen Niederschlägen zur Erhaltung der Pflanzenwelt als Lebensgrundlage für größere Tierherden und damit für Menschen. Früher wurde angenommen, daß die Alb erst vor 13 000 Jahren wieder besiedelt wurde; neuere Ausgrabungen haben aber ergeben, daß die Menschen recht früh nach dem Abschmelzen des alpinen Gletschereises, vor 16 000 Jahren, die Höhlen wieder aufsuchten. Die Hauptbesiedlung allerdings setzte erst vor 13 000 Jahren ein. Nach dem schnellen Abschmelzen des Eises hatte die Pflanzendecke wieder zugenommen, und bald tauchten die ersten Bäume auf. Zunächst bildeten Weiden, dann Kiefern an günstigen Stellen Gehölze. In dieser Zeit waren die typischen Eiszeittiere, wie Mammut, Wollnashorn und Höhlenbär, bereits selten geworden. Wahrscheinlich sind die extremen Klimabedingungen, während das Eis sich ausbreitete, aber

auch die Konkurrenz der beweglicheren Pferde und Rentiere, für diese Verschiebung in den Tiergesellschaften verantwortlich.

Vielleicht kamen die ersten Besiedler aus dem Westen, denn ihre Werkzeuge aus Stein, Knochen und Geweih lassen sich dem Magdalénien zurechnen. Sie jagten vor allem Wildpferde und Rentiere, die die späteiszeitlichen Steppen bevölkerten.

Die Zahl der Fundstellen hat sich verzehnfacht. Viele Forscher schließen daraus, daß sich die Bevölkerung vergrößert hat. Dabei darf allerdings nicht übersehen werden, daß die Anzahl von Fundstellen auch von der Bildung von Schichten und von ihrem »Überleben« abhängt.

Viele der Fundschichten finden sich jetzt nicht nur in den Höhlen, sondern auch unter Felsüberhängen. Hierzu zählen von den neu gegrabenen Fundstellen vor allem der Zigeunerfels im Schmeietal bei Sigmaringen, das Felsställe bei Ehingen und das Helga-Abri bei Schelklingen. Echte Höhlenfundstellen für diese Zeit sind dagegen der Vogelherd im Lonetal, die Brillenhöhle und der Hohlefels bei Schelklingen, beide im Achtal.

Wie lebte Rulaman? Dank der zahlreichen Lagerplätze können wir uns über das Leben dieser späten Eiszeitmenschen ein wissenschaftlich fundiertes Bild machen. Allgemein läßt sich sagen, daß die Alb in der späten Eiszeit hauptsächlich in der warmen Jahreszeit aufgesucht wurde. Die ökologische Tragfähigkeit reichte nicht aus, größere Bevölkerungsgruppen das ganze Jahr hindurch zu ernähren. Im Frühjahr, Sommer und Herbst hingegen konnten kleinere Menschengruppen durchaus in den

Tälern ihr Auskommen finden. Den Geweihresten zufolge scheinen die weiblichen Rentiere im Sommer auf die Alb gezogen zu sein. Wahrscheinlich war hier das Setzgebiet, wo die Jungen geboren und die Rentiere in kleinen Gruppen den Sommer verbrachten. Im Herbst/Anfang Winter versammelten sie sich zur Brunftzeit in den Ebenen Oberschwabens am Federsee und im Hegau. Dort lauerten ihnen die Magdalénienjäger auf und erbeuteten sie zu Tausenden, wie am Petersfels im Hegau. Das heißt aber auch, daß die Winterlager nicht allzu weit entfernt sein durften, falls der Petersfels nicht selbst ein solcher war. Anscheinend überwinterte man selten auf der Alb, wie am Felsställe, vermutlich nur dann, wenn in der Gegend ausreichend Wintervorrat angelegt worden war. Nach dem geschätzten hohen Fundreichtum war auch der Hohlefels bei Schelklingen eine Wintersiedlung. Die Werkzeuge basieren jetzt stark auf Rengeweih, weniger auf Knochen; Elfenbein war wohl wegen der seltenen Mammute nicht mehr von Bedeutung. Aus dem Rengeweih schnitzte man Speerspitzen, Lochstäbe, Nähnadeln und Schmuckstücke, aus Knochen vor allem Pfriemen, Glätter und Nähnadeln. Fossiles Holz, Gagat, diente zur Herstellung von Schmuck und Kunstobjekten. Hierzu zählen Anhänger, aber auch Figuren, wie ein Käfer aus der Kleinen Scheuer im Rosenstein oder Frauenfiguren und eine Pferdegravierung vom Petersfels im Hegau. Allgemein fällt aber die Seltenheit von Kunstobjekten in den immerhin recht zahlreichen Magdalénien-Stationen der Alb auf. Das liegt daran, daß sie nur kurzfristige Jagdlager waren. Nur in länger und intensiv besuchten Lagerplätzen, wie dem Petersfels, wurden Kunstgegenstände in größerer Zahl hinterlassen.

Eine weitere Besonderheit ist im Magdalénien zu verzeichnen: Dank der zahlreichen Fundstellen sind nun die Reste von Menschen häufiger. Darunter sind auch Milchzähne von Kindern oder Knochen von Jugendlichen. Das deutet an, daß nicht etwa reine Männergruppen die Jagd in der bergigen Landschaft ausübten, sondern daß möglicherweise eine oder mehrere Familien zusammenarbeiteten. Einige dieser Skelettreste, so die aus der Brillenhöhle, weisen Schlag-,

Schnitt- und Feuerspuren auf. Daraus aber auf Kannibalismus schließen zu wollen, ist zu einfach. Denn aus der Völkerkunde kennen wir unzählige Möglichkeiten, die Toten zu bestatten.

Das Eis verschwindet. Das Ende der Eiszeit wird nach einer internationalen Vereinbarung vor 10 000 Jahren angesetzt. Die einschneidenden klimatischen Änderungen fanden aber bereits knapp 2000 Jahre vorher statt. Mit der Wiederausbreitung der Wälder änderte sich auch

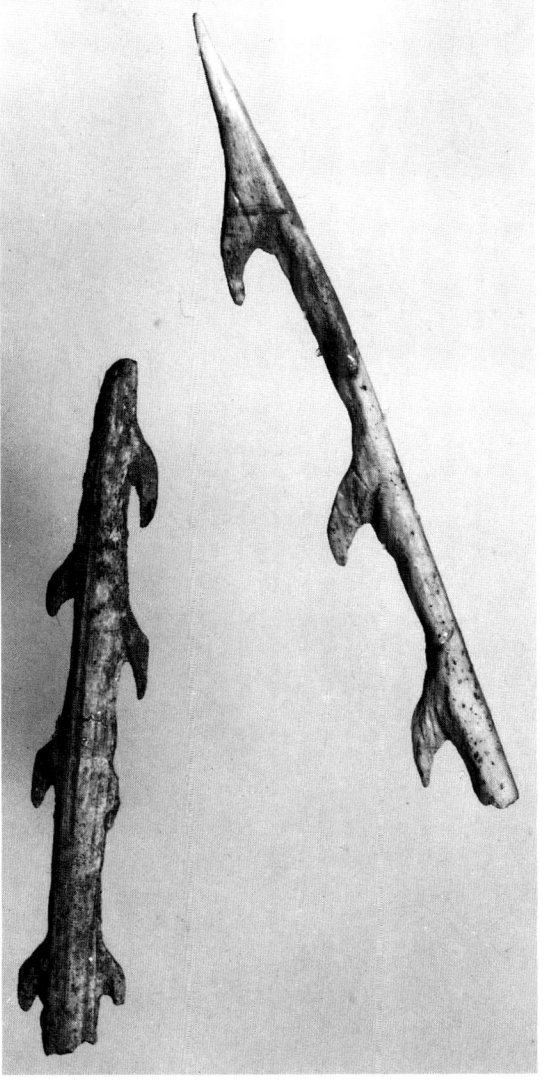

Diese Harpunen, Jagdwaffen des Magdalénien (16 000–10 000 v. h.), kamen in der Brillenhöhle zutage.

die Tierwelt. Die großen Herden von gras- und kräuterfressenden Rentieren und Wildpferden mußten kleineren Gruppen von standortfesten Hirschen, Rehen und Wildschweinen weichen. Es ist denkbar, daß der Mensch Mammut, Höhlenbär und andere, ausgestorbene Tierarten zu stark bejagt und damit ihr Aussterben beschleunigt hatte. Die direkten Ursachen hierfür waren aber die einschneidenden klimatischen und ökologischen Veränderungen.

Jäger und Sammler im nacheiszeitlichen Urwald. Die klimatischen und ökologischen Veränderungen der frühen Nacheiszeit führten zu einer Waldbedeckung in weiten Teilen der Alb. Die Wälder bestanden zunächst noch überwiegend aus Kiefern, mit wenig Birken und Weiden, zu denen sich in zunehmendem Maße Hasel und Laubhölzer, wie Eiche, Ulme, Esche, Linde und Ahorn gesellten. Diese veränderte Umwelt mit einer verminderten ökologischen Tragfähigkeit führte möglicherweise zu einer Aufspaltung der Menschengruppen in kleine Einheiten. Wegen des nacheiszeitlichen, günstigen Klimas standen nun aber neue Nahrungsquellen zur Verfügung: In den warmen Gewässern konnten zahlreiche neue Fischarten erbeutet werden, und die immer artenreichere Pflanzenwelt bot eine Vielzahl von Gräsern, Kräutern, Wurzeln, Beeren und Nüssen, die die mögliche Verminderung des tierischen Nahrungsanteils mehr als wettmachten. Diese Umweltveränderungen waren im Laufe von 2000 bis 3000 Jahren erfolgt. Der einzelne merkte daher den Wandel kaum, und die lange Zeit ließ genügend Spielraum für eine Anpassung. Was uns heute als katastrophenartiger Umschwung erscheint, war vermutlich ein allmählicher Wandel in der Pflanzen- und Tierwelt.

Die Menschen in der Mittelsteinzeit unterscheiden sich in ihrem Körperbau nicht wesentlich von den Eiszeitmenschen und können als direkte Nachfahren angesehen werden.

Ihre Hinterlassenschaften zeigen überwiegend neue Elemente. Die Steinwerkzeuge haben jetzt Miniaturgröße, aus länglichen Klingen werden nun mit einer raffinierten Technik kleine geometrische Werkzeugeinsätze, sog. Mikrolithen, hergestellt. Zugleich wird speziell in Südwestdeutschland Hitze eingesetzt, um das wegen der

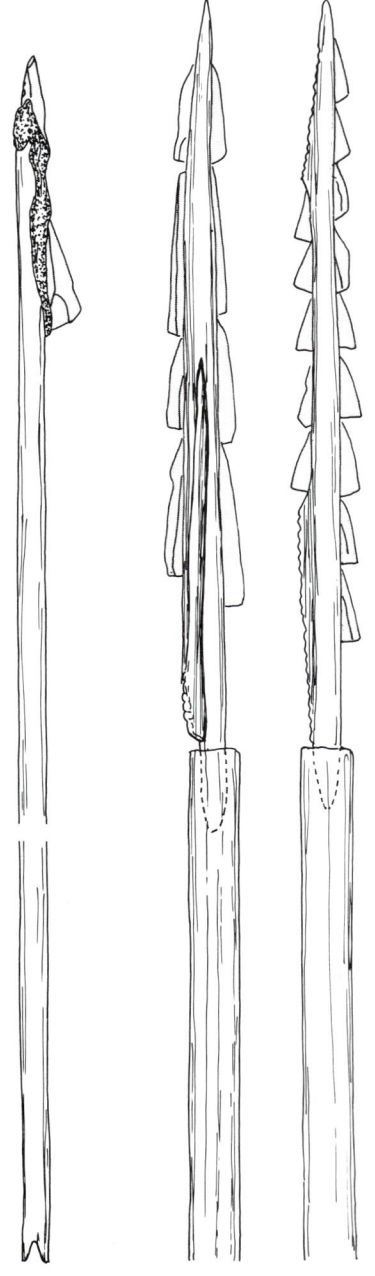

Pflanzenbedeckung selten gewordene Horn-stein-Rohmaterial in den Schlageigenschaften zu verbessern. Deswegen findet man oft rötlich verfärbte, glänzende Stücke. Während die Bearbeitung von Knochen und Geweih zurück-geht, wird zunehmend Holz, Rinde und Bast verarbeitet, die beiden letzteren vor allem in Nordeuropa.

Obwohl die Veränderungen in der Technik und in der Wirtschaftsweise fließend sind, hat man die Zeit der letzten Jäger und Sammler in der Nomenklatur von der vorangegangenen Alt-steinzeit abgetrennt und bezeichnet diesen Ab-schnitt als Mittelsteinzeit.

Die Funde in Höhlen, unter Felsüberhängen und vor allem im Freien werden jetzt zahlrei-cher. Vor allem auf den trockenen, sandigen Bö-den blieben die in den Boden geratenen Fund-stücke gut erhalten, wurden aber auf lehmigem oder lössigem Untergrund häufiger abge-

Ausgräber am Jägerhaus bei der Sichtung des Fundmaterials. Kennzeich-nend für die Mittelsteinzeit sind Steinwerkzeuge in Miniaturgröße, sog. Mikro-lithen. Ihre Verwendung zeigt die obenstehende Zeichnung.

schwemmt. Die Fundstellen unter freiem Himmel auf der Alb liegen meist im Pflughorizont oder Rasen, so daß sie stark gestört sind. Nur in den Höhlen und unter Felsen konnten sich manchmal die mittelsteinzeitlichen Siedlungsstellen so erhalten, wie sie von den Menschen vor mehr als 8000 Jahren verlassen wurden. Eine dieser Stellen ist das Helga-Abri bei Schelklingen. Die in einer Mulde eingetiefte Feuerstelle, mit Steinen umgrenzt, und eine flache Grube stellen möglicherweise eine solche mittelsteinzeitliche Behausung dar. Sie bot gerade einer Familie Raum, die in der Ach Biber und Fische fing, Vogeleier sammelte, aber auch Hasen und einen Rothirsch erbeutete. Zudem wurden Haselnüsse geröstet, von denen die gebrannten Schalen übrigblieben. Dieser Platz dürfte einige Tage bis wenige Wochen in der warmen Jahreszeit bewohnt worden sein.

Auch die anderen mittelsteinzeitlichen Fundplätze waren sicher keine Dauersiedlungen, sondern in der warmen Jahreszeit immer wieder aufgesuchte Plätze, von denen aus man jagen, fischen oder sammeln konnte. Eine eindeutige Wintersiedlung ist bisher unbekannt. Diese bestand vermutlich aus sorgfältig erbauten Holz- und Rindenhütten in der Nähe eines wärmenden Flusses oder Sees. Solche Hütten hat man in Dänemark gefunden. Auch in der Mittelsteinzeit zog die Alb aus ökologischen und klimatischen Gründen die Menschen am ehesten in der warmen Jahreszeit mit dem günstigsten Angebot an Nahrung an. Aus der Mittelsteinzeit kennen wir zahlreiche Fundstellen in Höhlen, unter Felsüberhängen und vor allem im Freien.

Knochen des Menschen dieser Zeit sind von der Schwäbischen Alb nicht allzu viele bekannt. Neben einer Bestattung im Blautal kam eine Kinderbestattung im Felsställe bei Ehingen zutage. Hier hatte man ein kleines Kind von zwei bis vier Jahren, das an Anämie litt, beigesetzt. Einen nicht sicher dieser Zeit zuzurechnenden, merkwürdigen Fund machte man 1937 im Hohlenstein-Stadel im Lonetal: Hier grub R. Wetzel die abgeschnittenen Köpfe eines Mannes, einer Frau und eines Kindes aus. Die beiden Erwachsenen waren anscheinend mit beilartigen Waffen getötet worden, bevor man die nach Westen gerichteten Köpfe in einer mit rotem Farbstoff aus-

gestreuten Grube zusammen mit dem Kinderkopf beisetzte. Dahinter stehen sicher spezielle religiöse Ideen über ein Weiterleben nach dem Tode.

Die ersten Bauern. Vor etwa 6000 Jahren erreichte das nacheiszeitliche Klima seinen Höhepunkt mit ausgedehnten Urwäldern, bestehend aus Eichen, Linden und Eschen. Es war einige Grad wärmer als heute, aber auch feuchter. Die Böden waren nun voll entwickelt. Man kann sagen, daß erst jetzt, ökologisch gesehen, die Zeit reif war für eine Umstellung der Wirtschaftsweise.

Überall dort, wo fruchtbare Lößböden vorkommen, errichteten die ersten steinzeitlichen Bauern und Viehzüchter ihre Dörfer. Man bezeichnet diese spezielle Kultur als Bandkeramik, da die Tongefäße mit Linienmustern verziert sind.

Verschiedene Steinarten werden nun zu Werkzeugen verarbeitet, aber auch zu Beilen und Dechseln geschliffen oder zu großen Reib- und Mahlsteinen verarbeitet.

Die Bandkeramiker sind graziler als die vorher hier lebenden Menschen, haben rundliche Schädel und weisen die auch bei uns vorhandene Verengung des Kieferbogens auf. Man hat angenommen, daß eine neue Menschenform, vom Balkan kommend, die Lößgebiete Mitteleuropas kolonisierte und mit den Mittelsteinzeitlern in Konkurrenz trat, vor allem bei der Jagd außerhalb der Felder. Es ist aber nicht völlig auszuschließen, daß diese anatomischen Veränderungen auch durch die andere, weichere und pflanzenreichere Nahrung entstanden ist, und zwar innerhalb weniger Generationen. Man kann von daher nicht unbedingt von Neuan-

Die Bandkeramiker benützten solche Vorratsgefäße. Nach der Anordnung der Ösen ist anzunehmen, daß sie aufgehängt wurden, um den Inhalt vor Mäusen zu schützen.

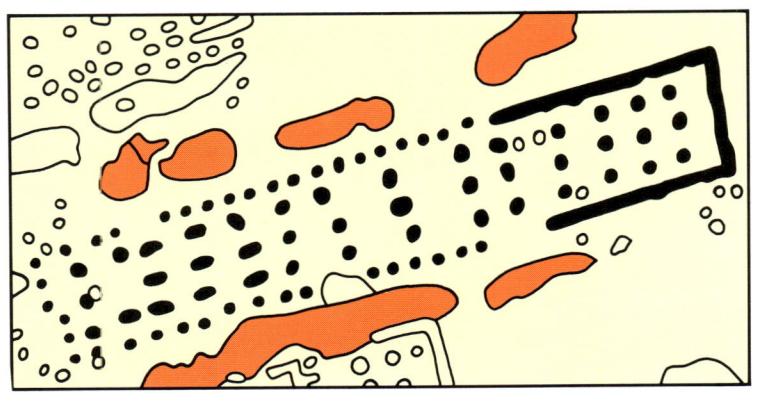

Bodenverfärbungen zeigen Fundamentspuren eines großen Holzhauses (schwarz), daneben sind Gruben zu sehen (rot), aus denen der Lehm für die Wände stammte (Ausgrabung in Ulm-Eggingen, 1982). Unten die Rekonstruktion eines solchen Hauses.

kömmlingen sprechen oder besser gesagt, sie archäologisch nicht nachweisen. Es bleibt aber die Frage, wie Jäger und Sammler die komplizierte Technologie der Bandkeramiker sich aneignen und ihre Wirtschaftsweise schnell und effektiv umstellen konnten. Was wir heute als massiertes Auftreten neuer Techniken sowohl in der Wirtschaftsweise als auch in der Keramik und Steinbearbeitung sehen, mag Zug um Zug allmählich vom Vorderen Orient ausgehend von den einheimischen Jägern und Sammlern übernommen worden sein. Heute hat es wegen der scheinbaren archäologisch bedingten Zeitverkürzung den Anschein, als ob alle Neuerungen auf einmal aufgetreten seien.

Die Dörfer. Die Bandkeramiker sind in der Zeit vor etwa 6500 Jahren vor heute auch im Bereich der Alb zu finden, wo sie auf dünnen, sandigen Lößschichten siedelten. Hier scheint ein Dorf mehrere Generationen hindurch benutzt worden zu sein, d. h. verfiel ein Haus, baute man ein neues in der Nähe des alten. Eggingen bei Ulm ist ein gutes Beispiel für eine solche Siedlungsweise. Die Häuser selbst waren zwischen 10 und 38 Meter lang, waren aus mehreren Reihen von massiven Eichenstämmen gebaut und von Südosten nach Nordwesten orientiert. Das Dach wurde von einer Dreier-Jochpfostengruppe getragen. Die langen Häuser, anscheinend Einhaus-Höfe, waren dreigeteilt, die kür-

zeren von zehn bis zwölf Meter Länge wiesen nur eine Trennwand auf. Die Wände bestanden aus Pfosten mit etwa 1,2 Meter Abstand, deren Zwischenräume mit Zweigen und Lehm gefüllt waren. Ferner gab es einen dritten, kleineren Haustyp. Während man früher annahm, daß eine Großfamilie ein Landhaus bewohnte, geht man heute wegen der Ansprache als Einhaus-Hof davon aus, daß es nur zwischen fünf und zehn Personen waren. Als Lebensdauer für ein solches Fachwerkhaus sind 30 bis 40 Jahre anzusehen. Nach einer Hochrechnung für Ulm-Eggingen ergibt sich, daß zu gleicher Zeit nur 15 bis 20 Häuser standen. Die Einwohnerzahl eines solchen bandkeramischen Dorfes auf der Alb betrug daher nicht mehr als 200 Personen. Die Siedlung selbst bestand einige hundert Jahre, wobei man mit etwa zehn Neubauphasen rechnen kann.

Die Bandkeramiker trieben Ackerbau und Viehzucht, jagten und sammelten aber auch noch. Sie bauten die Weizenarten Einkorn und Emmer sowie Gerste, Linsen, Erbsen und Flachs an, sammelten Wildpflanzen wie Roggentrespe und den Weißen Gänsefuß. An Vieh züchteten sie Schaf und Ziege, aber wohl auch Rind und Wildschwein, die in Eggingen allerdings nicht nachgewiesen sind. Gejagt wurden der Auerochse, Wildschwein, Reh und Hirsch.

Die Bandkeramiker suchten auch die Höhlen auf und ließen dort zerbrochene Gefäße, selten Steinwerkzeuge, zurück. Im Vogelherd konnte G. Riek mehrere Bestattungen ausgraben, üblich sind aber große Friedhöfe.

Mit der Bandkeramik scheint das nacheiszeitliche Klimaoptimum überschritten zu sein. Das Klima wird wieder kühler, bleibt aber feucht. Auch die folgenden jungsteinzeitlichen Abschnitte sind im Bereich der Alb vertreten. Dazu zählt die sog. Rössener Kultur, deren Gefäße ein flächendeckendes eingestochenes Muster aufweisen. Im Stadel des Hohlensteins fand sich in einer Nische des linken Eingangsbereichs eine Stelle, an der die zerschlagenen Knochen von mehr als 40 Menschen, meist Frauen und Kinder, angehäuft waren. Man hat diese Reste oft Kannibalenmahlzeiten zugeschrieben. Es kann sich aber auch um eine besondere Art der Totenbestattung handeln. In diese Zeit gehört viel-

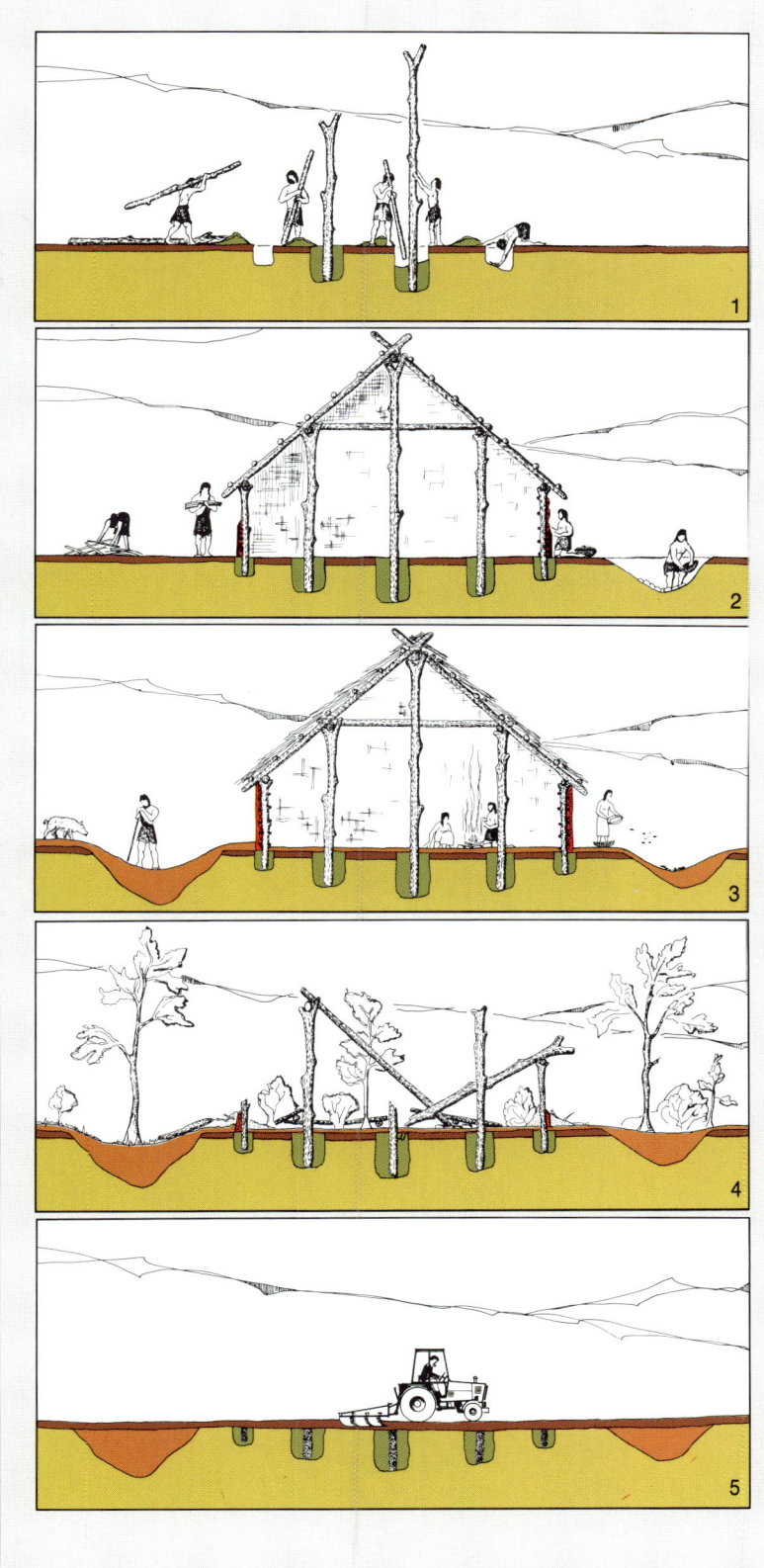

Aufbau, Verfall und archäologischer Befund eines Hauses der Jungsteinzeit.

1 In ausgehobenen Gruben wurden die Holzstämme eingesetzt und dann die Gruben wieder verfüllt.

2 Für den Wandverputz wurde oft Boden entlang den Häusern genommen. Dadurch entstanden größere Gruben.

3 In der Wohnphase bildete sich aus Abfällen eine Kulturschicht. Auch die Lehmgruben füllten sich mit hineingespültem und hineingeworfenem Abfall und wurden so zu »Fundgruben«.

4 Der Abfall verrottete zu schwarzem Humus. Über das zerfallene Dorf wuchs wieder der Wald.

5 Heute liegen die Fundstellen immer im Ackerland. Durch Regen und durch den Pflug ist die steinzeitliche Wohnfläche völlig zerstört. Erhalten geblieben sind nur noch die damals in die Erde gegrabenen Löcher mit ihrer Füllung (nach Huber).

leicht auch eine Palisade, die den Stadel talwärts, zur Lone hin, absicherte.

Die mittlere Jungsteinzeit – Michelsberg, Aichbühl, Schussenried – ist auf der Alb mit dem Dorf Ehrenstein im Blautal besonders gut belegt. In moorigen Schichten unterhalb des Grundwasserspiegels konnten sich Holz und andere organische Materialien halten, ja die Grabungen von H. Zürn 1960 legten ganze Hausfußböden frei. Hier stand vor etwa 5000 Jahren ein Dorf, das von einem Zaun umgeben war, wie teilweise auch die bandkeramischen Siedlungen. Die Häuser waren nun klein mit nur ein bis zwei Räumen, teils mit einem Backofen, aus Stämmen, Spaltbohlen und mit Lehm verstrichenem Zweigwerk gebaut. Als Baumaterial dienten Erlen, die in der unmittelbaren Umgebung, dem Auenbruchwald, stockten. Das Dorf wurde viermal nach Bränden wieder an derselben Stelle aufgebaut, im Gegensatz zur Bandkeramik, wo eine gewisse Verlegung der Häuser stattfand. Da die verwendeten Erlen nicht so haltbar wie Eichen sind, rechnet man mit einem maximalen Gesamtalter von 100 Jahren für das Dorf.

Die jungsteinzeitlichen Menschen aus Ehrenstein bauten die Weizenarten Einkorn und Emmer an, daneben Gerste und Äpfel. An Wildpflanzen sammelten sie Erd- und Himbeeren, Holunder, Pflaumen und Haselnüsse. Gezüchtete Tiere sind gut vertreten, darunter vor allem das Hausschwein, weniger Schaf und Ziege. Das Rind stellte wegen seiner Größe sicher die Hauptmenge an Fleisch. Der Rothirsch ist neben dem Hausschwein der zweithäufigste Fleischlieferant und weist auf die große Bedeutung der Jagd hin, bei der man daneben Rehe, Wildpferde und Biber erlegte. Auffällig ist die Vielfalt der Raubtiere wie Bär, Wolf, Wildkatze, Fuchs, Otter und Luchs. Die vorhandenen Skelettreste sprechen nicht für eine spezielle Pelztierjagd. Mittelgroße Hunde müssen recht häufig gewesen sein; sie haben viele Knochen verbissen. Sie wurden aber anscheinend auch verzehrt.

Rohmaterialien für die Steinwerkzeuge kamen aus Bayern, aus Holland und Belgien für große Dolchklingen. Waren sie unbrauchbar geworden, wurden sie zu anderen Werkzeugen umge-

Wohnhäuser von Ehrenstein. Sie standen eng beieinander, aufgereiht an »Dorfstraßen«. Feuersteingeräte wie Messer, Schaber, Pfeilspitzen u. a. wurden in Ehrenstein nur durch Zurechtschlagen geformt.

arbeitet. Die Holzbearbeitung, aber auch die von Stein, Geweih und anderen lassen einen hohen Stand der Technik erkennen. Die Menschen der Jungsteinzeit suchten weiterhin auch Höhlen und Felsüberhänge auf, siedelten aber nicht mehr dort. Sie dienten ihnen als Schutz oder, wie die zahlreichen Menschenknochen im Stadel zeigen, als Begräbnisstätte bzw. Kultort.

Die Endphase der Jungsteinzeit ist im Bereich der Alb nur mit vereinzelten Funden vertreten. Die Möglichkeiten zur Einlagerung von Funden in den Boden, denn nur so können sie erhalten bleiben, waren nicht mehr günstig.

Erster Raubbau am Wald. Die haltbaren Steinwerkzeuge belegen aber eine weitgehende Besiedlung der Schwäbischen Alb in der Jungsteinzeit, wobei die Dörfer anscheinend aber nicht über sehr lange Zeiträume, d. h. Jahrhunderte oder gar Jahrtausende genutzt, sondern meist nach einigen Generationen wieder verlassen wurden. Es ist denkbar, daß ein erster Raubbau an der Natur stattfand. Die Wälder müssen durch den hohen Holzbedarf stellenweise weitgehend gelichtet gewesen sein. Vor allem nach der Bandkeramik führten die klimatischen Veränderungen dazu, daß stellenweise

mehr als ein Meter der Erdschichten abgeschwemmt wurde, so daß wir von den bandkeramischen Häusern nur noch die untersten Pfostengrubenteile finden. Ob damit der Wechsel der Siedlungsplätze von hohen Lößspornen oder Kuppen zu fluß- oder seenahen, feuchten Arealen zusammenhängt, ist unklar. Selbst mit den einfachen technischen Möglichkeiten der Steinzeit verstand es der Mensch aber immer wieder, sich in und teilweise wohl auch gegen die Natur zu behaupten.

Die Alb – Plattform für Züchter und Künstler

Ein Edel-Stein kommt auf die Alb. Mit der Erfindung von Bronze haben die Menschen in der *Bronzezeit* (1800–1200 v. Chr.) einen kräftigen Schritt vorwärts getan. Von in der Natur vorkommenden Legierungen angeregt, hat Forschergeist nicht geruht, bis durch das Mischen von einem Teil Zinn mit neun Teilen Kupfer ein neuer Werkstoff gefunden war. Die Bronze war so hart wie Feuerstein, aber viel bruchfester als Silex und vor allem beliebig formbar. Das machte diesen Edel-Stein so wertvoll. Und wie die vertrauten Gerätschaften aus Stein, wurde auch die bronzenen anfangs gestaltet. Die Formen von Beilen und Dolchen können ihre geistige Herkunft von Steingeräten nicht verleugnen.

Das Kupfer war schon lange bekannt. In den österreichischen Alpen, im Salzach- und Saalachtal, und im schweizerischen Graubünden wurde dieses Erz abgebaut. Clevere Händler, Metallsucher und Schmiede durchstreiften die Lande und brachten das Metall zu den Kunden. Sie überquerten dabei auch die Schwäbische Alb. Bei Straßberg hatte ein Händler ein Barrendepot mit Ösenringen angelegt, die Ware später aber nicht mehr abgeholt.

Viel bessere Geräte und Waffen als aus Kupfer konnte man nun aus Bronze herstellen: Beile und Schwerter etwa, bei denen man nicht befürchten mußte, daß sie bei kräftigen Hieben gleich stumpf wurden oder sich verformten. Auch zur Schmuckherstellung eignete sich die goldglänzende Bronze. Die Palette reichte von einfachen Gewandnadeln und Gürtelschließen über Armringe und Wadenreifen mit dekorativ spiralförmig ausgezogenen Enden bis zu mehrreihigen Ziergehängen und prächtigen Halsketten mit Stachelscheiben und Spiralröllchen, mit denen sich begüterte Damen in der Bronze-

Auch der Lochenstein war in der Frühbronzezeit vermutlich befestigt.

zeit schmückten. Besonders schöne Stücke aus der Mittleren Bronzezeit sind auf der Haid bei Großengstingen und bei St. Johann-Würtingen gefunden worden.

Zuflucht auf Bergen und in Höhlen. Über die Bronzezeit weiß man wenig. Die Archäologen haben zwar Funde, aber kaum Befunde gemacht. Eine Erkenntnis gab es aber schon da-

mals: Besitz macht begehrlich, und Verteidigung tut not. Viehdiebstahl war gang und gäbe – und nicht nur, um den Hunger zu stillen. Und so werden Siedlungen auf Bergeshöhen, die gegen Ende der Jungsteinzeit aufgegeben worden waren, in der späteren Frühbronzezeit wieder neu angelegt. Künstliche Befestigungen sind selten mit Sicherheit nachzuweisen, doch läßt

Sechs Stachelscheiben und dazwischen fünf Spiralröllchen hat diese Halskette, mit der sich eine Dame der Hügelgräberbronzezeit in St. Johann-Würtingen geschmückt hat.

Mit Nadeln hielt der Mensch seit Jahrtausenden sein Gewand zusammen. Die bronzene Radnadel von Pfronstetten hatte auch Zierfunktion. Etwa halbe natürliche Größe.

die Lage dies in einigen Fällen vermuten. Lauterach (ein Bergsporn zwischen Lauter- und Wolfstal) gehört dazu, der Lochenstein, der Lehenbühl bei Fridingen, die Kocherburg, der Rosenstein und der Buigen bei Herbrechtingen. In der Mittleren Bronzezeit kommen die Heuneburg bei Upflamör, die Hundersinger Heuneburg, wo eine Holzkastenmauer ausgegraben wurde und den beachtlichen Stand der Festungsbaukunst erkennen läßt, der Plettenberg, der Runde Berg bei Urach und die Schalksburg über der Eyach dazu.

Die zahlreichen Höhlen auf der Alb scheinen nicht bewohnt gewesen zu sein. Die spärlichen Funde aus Höhlen, vor allem aus der Mittleren Bronzezeit, deuten darauf hin, daß sie nur gelegentlich aufgesucht worden sind. Hirten mögen hier Schutz vor dem Wetter gefunden, Siedler sich für kurze Zeit vor Feinden versteckt haben. Auch kultische Handlungen mag es in manchen Höhlen gegeben haben.

Wirtschaft auf höherem Niveau. Neben dem Schutzbedürfnis der Bevölkerung mögen die Höhensiedlungen auch wirtschaftlichen Belangen, dem Handel und Verkehr entsprochen haben. Sie liegen überwiegend am Rande der Alb oder über Tälern, durch die wichtige Verkehrswege über die Alb führten. Das Kupfer für die Bronzeherstellung kam in Barren aus den Alpen. Das Zinn bezog man als leicht zu transportierenden Kies oder als Perlen von Zinnstein aus Cornwall und der Bretagne. Um beide Rohstoffe im richtigen Verhältnis und ausreichenden Maß zusammenzuführen, bedurfte es einer Transportorganisation und eines Fernhandelsnetzes. Funde von Gußtiegeln belegen, daß in den Höhensiedlungen kleine regionale Zentren der Metallverarbeitung lagen. Feste Siedlungsplätze waren für die Logistik und für die Verarbeitung günstiger als das System des Wandergewerbes von ehedem. Anders als damals gab es in der

Frühbronzezeit (1800–1600 v. Chr.) keine »Bronzeherren«, die zu unglaublichem Reichtum gelangten. Politische Führer, die den gemeinschaftlichen Bau einer befestigten Höhensiedlung leiten, Schutz und ein florierendes Wirtschaftsleben, in dem Landwirtschaft, Handwerk und Handel sich ergänzten, organisieren konnten, muß es schon gegeben haben.

Hammel mit Bohnen. Im Übergang vom Neolithikum zur Bronzezeit werden Einflüsse aus dem Osten sichtbar. Wohl indogermanische Volksgruppen finden den Weg auch auf die Alb. Es sind Hirten, die für ihre Herden Weideland suchen und auf die von anderen beackerten, fruchtbaren Böden nicht angewiesen sind. Sie kennen zwar auch den Ackerbau, doch überwiegt die Zucht von Rindern und Schafen. Sie können in neue Gebiete ausweichen und weiten das bisher besiedelte Land aus. Mit der eingesessenen Bevölkerung entsteht ein zumeist friedliches Neben- und Miteinander. Die Verzahnung beider Landwirtschaftsarten bringt für beide Seiten Gewinn. Denn Hammel schmeckt halt mit Bohnen am besten. (Grüne Bohnen gab's damals freilich noch nicht auf der Alb.) Der Integration der Neuen ist der Weg gebahnt. Das neue Element trägt langfristig zum sozialen, kulturellen und wirtschaftlichen Wandel bei. War die Gesellschaft in der Frühbronzezeit noch weitgehend neolithisch-ackerbäuerlich geprägt, steht in der *Mittleren Bronzezeit* (1600–1300 v. Chr.) eine breitere Oberschicht von begüterten, aber nicht außergewöhnlich reichen Sippenführern an der Spitze, die ihren Wohlstand vor allem der Viehzucht verdanken, voran dem Schaf, das in der Mittleren Bronzezeit erstmals auf der Alb nachgewiesen ist und als Produzent von Wolle, aus der sehr feine Gewebe gesponnen werden, von Bedeutung gewesen ist. Für den späteren Reichtum der Alb, ihre Schafherden, wurde in den viehzuchtgeeigneten Gebieten schon vor dreieinhalbtausend Jahren der Grund gelegt.

Der »nährende Berg«. Der Name der Schwäbischen Alb »Weide, nährender Berg«, paßt gut zur Landschaftscharakteristik von »Alb« genannten Teilgebieten der Schwäbischen Alb, von denen aus der Name auf das ganze Gebirge

Die mit Erde gefüllte bronzezeitliche Holzkastenmauer der Heuneburg im Modell.

ausgedehnt worden sein dürfte. Viehzucht, wo dafür in der Karstlandschaft durch Bäche oder Hülen (Hülben) genügend Wasser vorhanden war, nicht der mühsame, auf wenig tiefgründigen, aber durch Kalk »gedüngten« Böden mögliche Ackerbau, war für die Alb prägend. Auch die Jagd trug nennenswert zur Ernährung bei. Getreide und Gemüse haben damals vor allem die ärmeren Bevölkerungsschichten angebaut. Zur kleinräumigen politischen Struktur in der Mittleren Bronzezeit paßt die Siedlungsform in Einzelhöfen und kleinen Weilern, die auf der Albhochfläche noch nicht nachgewiesen wurden, in den Flußtälern, etwa bei Hausen im Killertal, bei Heubach und Böbingen und Heidenheim-Schnaitheim durch Funde jedoch faßbar sind.

Hügelgräber auf der Weide. Unsere Kenntnisse über die Bronzezeit sind zumeist aus den Gräbern gewonnen. In den Gräbern spiegeln sich die sozialen und ökonomischen, aber auch die geistigen und religiösen Wandlungen, die durch das Aufkommen der Bronze und die Einflüsse aus dem Osten ausgelöst wurden und sich

allmählich auf der Alb vollziehen. Wie in der Jungsteinzeit werden die Toten in der Frühbronzezeit zunächst noch in der eigentümlichen Hockstellung bestattet – nun freilich mit Metallbeigaben statt der Keramikgefäße. Frühbronzezeitliche Hockergräber, mit Steinpackungen versehen, fand man in den Tälern der Großen Lauter, der Echaz, der Donau, der Bära, der Fils, der Lauchert und der Schmiecha. Dann wurde es üblich, die Toten in gestreckter Rückenlage im Flachgrab zu bestatten, eine Grabsitte, die in der Mittleren Bronzezeit vom Hügelgrab dominiert wird.

Gräber, die sich oberflächlich durch etwa einen Meter hohe, mit Erde und Steinen gebildete Hügel zu erkennen geben, sind charakteristisch für die Mittlere Bronzezeit und haben ihr den Namen »Hügelgräberbronzezeit« eingebracht. Mit einem Mal bildet die Schwäbische Alb, die bis dahin am Rande des Geschehens gelegen hatte, den Kernbereich der süddeutschen Hügelgräberkultur. Man findet Hügelgräber zwar auch in Tallagen, zum Beispiel bei Heiligkreuztal, doch besonders zahlreich und auffallend sind sie auf der Albhochfläche, wo sie meist auf leichten Anhöhen liegen, damit man sie gut sieht und damit man von ihnen aus einen guten Blick auf die Umgebung hat – so, als wollte der Hirte noch im Tode seine Tiere zählen. Berühmt geworden ist das große Hügelgräberfeld auf der Haid bei Engstingen.

Vom Dolch zum Schwert. Sicher gab es damals nicht nur Hügelgräber, sondern auch Flachgräber, die jedoch nur durch Zufall gefunden werden. Denn: Wenn auch die Bevölkerung auf der Alb damals nicht sehr zahlreich war, müssen es doch mehr Menschen gewesen sein, als in den Hügelgräbern Platz fanden. Die Erd- und Steinhaufen hat man nicht für die einfache Bevölkerung aufgeschüttet, sondern für jene wehrhaften Bauern beziehungsweise Viehzüchter, die an der Spitze einer Sippe, eines Weilers standen und in diesem Bereich, auf Macht und Reichtum gestützt, das Sagen hatten. Sippenangehörige ließen sich später im gleichen Hügel beerdigen.

Die Bestattungsform war das Körpergrab. Den Einzelkämpfern gab man Streitbeil (ein schlankes Randleistenbeil, das sich nun vom schweren, als Arbeitsgerät verwendeten Beil unterschied), Dolch und Stichschwert mit ins Grab. Das Schwert – Waffe und Rangabzeichen zugleich – war ein ganz neuer, erst mit dem Werkstoff Bronze möglich gewordener Waffentyp – eine Stichwaffe mit größerer Reichweite als der Dolch. Bis zur Erfindung der Schußwaffe, rund drei Jahrtausende später, bildete das Schwert nun die Hauptwaffe.

Neuer Glaube. Schon in der *Spätbronzezeit* (1300–1200 v. Chr.) kündigte sich eine stille Revolution an, die auf der Alb, wo manches etwas länger braucht, erst mit Verzögerung zum Tragen kam. Der Anstoß ging wieder vom Osten aus und ist von den ärmeren Schichten der Bevölkerung, von den Ackerbauern in den Tälern, zuerst aufgegriffen worden. Es war eine Art genossenschaftliches Denken, ein Wir-Gefühl, eine neue Gläubigkeit, die Kräfte freisetzte, Aktivitäten entfachte und bald große Teile Europas religiös einte. Neue Symbole tauchten auf – so die Mondsichel, ein bäuerliches Fruchtbarkeitssymbol – und neue Bräuche: Waffen und schwere Metallgeräte wurden als Weihegaben im Fluß deponiert. Aus der Fils und aus der Donau bei Ehingen und Ulm wurden solche Opfergaben geborgen. In Brandopfern fand die Religion einen anderen Ausdruck. Das kultische Feuer verzehrte, was der Gläubige auf Tellern und in Schalen der Gottheit darbrachte. Am Messelstein bei Donzdorf und am Hägelesberg bei Ursprung, beides markante Felsen, sind dicke

Brandschichten und Unmengen von Keramikscherben erhalten geblieben. Eine andere Art von Kultplatz, der wohl mit Bestattungsfeierlichkeiten in Zusammenhang steht, ist bei Berghülen-Treffensbuch entdeckt worden. Ein Kreisgraben mit einem Durchmesser von 18 Metern, in den einst Bretter senkrecht hineingestellt waren, und der im Inneren eine Feuerstelle und im Zentrum ein Loch für einen Pfahl aufwies, wurde in der Spätbronze- und in der Urnenfelderzeit immer wieder benutzt.

Konservative Älbler. Der augenfälligste Ausdruck der neuen Zeit sind aber die geänderten Bestattungsformen. Die Toten wurden nun auf einem Scheiterhaufen verbrannt und ihre Asche in eine Urne gefüllt. Die mit einer Schale, einem Teller oder einfach mit einem Stein abgedeckte Aschenurne wurde dann zusammen mit anderen Tongefäßen, seltener auch mit Bronzegegenständen, ins Grab gestellt. Urnengrab neben Urnengrab findet man auf den Friedhöfen, weshalb diese Kultur den Namen *Urnenfelderkultur* (1200–750 v. Chr.) erhielt. Die sozialen Unterschiede der Toten, wie sie sich in den Gräbern spiegeln, sind nun geringer. Doch die Oberschicht, die konservativen Älbler in den hochgelegenen Weidegebieten, sperrt sich gegen die Neuerungen lange Zeit, so daß es zu einem Nebeneinander beider Richtungen kommt: Hier das Hügelgrab, dort das Urnenflachgrab, das Skelettgrab neben dem Brandgrab. Kompromisse wurden geschlossen. In körperlangen

Flachgräbern (»Sarggrube«) wurde die Asche des Toten und des Scheiterhaufens ausgebreitet. Die Aschenurnen wurden mit einem Erdhügel überdeckt. Beispiele dafür fanden Archäologen in Burladingen in einem mehr als 30 Grabhügel umfassenden Friedhof aus dem 10. bis 8. Jahrhundert v. Chr.

Jetzt geht's rund. Doch der Fortschritt siegt. Die Agrarier bestimmen den Kurs. Der Schwerpunkt der Urnenfelderkultur liegt freilich nicht auf der Schwäbischen Alb, sondern in den alten Zentren der Bauernkultur, in den Lößgebieten. Mit der neuen Religion entsteht auch eine neue Gesellschaft in den Weilern. Handwerker spezialisieren sich. Eine Fülle von Neuerungen wird eingeführt, zum Beispiel auf dem Gebiet der Töpferei. Eine bessere Brenntechnik ermöglicht haltbarere Tonwaren. Vor allem aber wird ein drehbarer Untersatz erfunden (noch nicht die schnelldrehende Töpferscheibe), auf der der Töpfer die Gefäße schneller und perfekter runden kann. Neue Formen der Keramik und der Verzierung entstehen. Die Knicke und scharfen Kanten, die bei Bronzegefäßen möglich sind, ahmt man nun auch bei Tongefäßen nach. Der silbrig glänzende Graphitüberzug, mit dem man Tongefäße in der späten Urnenfelderzeit versieht, ist wohl eine Reaktion auf das aufkommende Eisen.

Auch das Bronzehandwerk erreicht in der Urnenfelderzeit einen Höhepunkt. Er ist die Antwort auf die keimende Konkurrenz des Eisens.

In Trichterhalsurnen (links, in Burladingen gefunden) oder in Zylinderhalsurnen (aus Dautmergen, mit kleineren Beigefäßen) ist in der Urnenfelderzeit die Asche der Toten beigesetzt worden.

Große Bronzegefäße bleiben freilich noch Raritäten, ebenso wie übrigens ein zweiachsiger Wagen für die (Einfluß-) Reichsten. Als Zugtiere hatte man Pferde, wie sie zum Beispiel auf dem Runden Berg bei Urach gehalten wurden.

Je länger, je lieber. Die Bauerngesellschaft, die ihren teuren Toten eine Sichel ins Grab legt, ist auch auf dem Sektor Bewaffnung Neuem aufgeschlossen. Messer und Lanze ersetzen Streitbeil und Dolch. Gekämpft wird nun auch vom Pferde herab. Der Reiter ist mit Sporen und Hiebschwert ausgerüstet. Die Schwerter werden immer länger und nicht mehr als Stich-, sondern nun als Hiebschwert geführt. Und was die feinen Damen betrifft – diese stachen sich mit der Länge ihrer Schmucknadeln aus. Die Gewandnadeln waren bis zu einem Meter lang. Bequem war dies sicher nicht. Doch Schönheit und Mode fragen bekanntlich nicht danach.

Kampfplatz für fremde Mächte. Auf ausreichende Wehr mochten die Menschen im Bereich der Schwäbischen Alb in der späten Urnenfelderzeit nicht verzichten, denn die Bedrohung nahm zu. Die Siedlungsplätze auf der Alb waren zahlreicher als während der Bronzezeit. Es waren nicht nur kleine, ungeschützte oder allenfalls versteckt gelegene Wohnplätze, wie auf dem Hackberg bei Gomadingen, die mit der Weidewirtschaft zusammenhängen, sondern auch größere, gut geschützte. Einige von ihnen waren ständig besiedelt, wie der Lochenstein oder der Runde Berg, der Jusi bei Kohlberg, der Buigen und der Rosenstein – wohl auch die Achalm, der Ebinger Schloßfelsen und der Hohenneuffen, an dessen Hang sich ein großartiges Bronzegehänge fand. Andere, wie die Schalksburg bei Laufen, aber auch kleinere Siedlungsplätze auf Felsen oder Kuppen, waren nur vorübergehend bewohnt. Daß die Bedrohung durchaus ernst zu nehmen war, läßt sich daran erkennen, daß die befestigte Höhensiedlung Buigen durch Brand zerstört worden ist.

Vom Siedlungsraum Alb gingen in der Urnen-

Als Hiebwaffe genutzt muß das spätbronzezeitliche Schwert länger sein als eine Stichwaffe. So sind das Schalenknaufschwert von Ehingen

(links, mit Eiseneinlage) und das Vollgriffschwert von Metzingen-Glems schon rund einen Meter lang.

felderzeit keine Impulse aus. Er war vielmehr Arena im Kräftespiel fremder Einflüsse. Mal blickte man nach Südbayern. Mal zählte man zur untermainisch-schwäbischen Kulturgruppe, mal zur oberrheinisch-schweizerischen, wie sich an Keramikfunden auf dem Lochenstein gut erkennen läßt. Dort übrigens und in den Seewiesen in Heidenheim-Schnaitheim sind die bisher einzigen Hausgrundrisse erkundet worden. Eine Pfostenhütte auf einem Kieshügel an der Brenz maß 6 x 4,4 Meter.

»Stuttgarter« zieht's auf die Alb. Das 9. Jahrhundert v. Chr. war eine unruhige Zeit. Vom Osten her drohten die »thrako-kimmerischen« Reitervölker. Versteckfunde von Bronzegegenständen, wie sie bei Burladingen zum Vorschein kamen, dokumentieren die Angst vor räuberischen Überfällen. Doch auch aus dem Umland kam »Besuch«, um sich hier festzusetzen. Eine Verschlechterung des Klimas war die Ursache. Die Natur rächte sich für den Raubbau am Wald, für die Rodungen, die der Ackerlandgewinnung für eine größer gewordene Bevölkerung dienten, oder um Bau- und Brennholz (auch für den Bronzeguß) zu erhalten. Es wurde kühler, und es regnete mehr – etwa so wie heute. Das war für die Ackerbauern auf den fruchtbaren und schweren Böden in den Tallagen schlecht. Die Bäche schwollen bedrohlich an, der Acker »ersoff«. Die Bauern im mittleren Neckarland sahen sich zur Aufgabe ihrer Siedlungsplätze veranlaßt. Wie heute an schönen Wochenenden, zog es schon damals die »Stuttgarter« auf die Alb. Für die verkarstete mittlere Alb und den Albuch war das Mehr an Regen günstig. Die Wasserversorgung wurde besser. Die Landwirtschaft konnte sich auf der Hochfläche ausdehnen. Eine verstärkte Besiedelung ist festzustellen.

Alte Traditionen. Konkurrenz und Rivalitäten nahmen zu. Das Schutzbedürfnis der Siedler wuchs. Man zog sich in Fluchtburgen und auf gut gesicherte große Plateaus von Tafelbergen zurück, auf deren mehrere Hektar großen Flächen nicht nur locker gestreute Siedlungen, sondern auch noch Vieh Platz fanden. Der Dreifaltigkeitsberg, der Plettenberg und der Schafberg, der Roßberg und der Farrenberg sowie der Rosenstein haben Siedlungsspuren geliefert. Auch

Höhlen wurden in allen Teilen der Schwäbischen Alb wieder zu vorübergehendem Schutz, als Versteck oder zu kultischen Zwecken aufgesucht.

In Notzeiten scharen sich die Menschen gern um einen Anführer, denn die Abwehr von Gefahren, der Bau von Befestigungen, setzt eine straffe Organisation und eine starke Hand voraus. So gelang es einzelnen, sich deutlich über andere zu erheben. Die soziale Differenzierung in arm und reich, an den Grabbeigaben ablesbar, wurde gegen Ende der Urnenfelderzeit wieder deutlicher. Die alten Traditionen lebten wieder auf. Bei Blaubeuren-Asch ließ sich ein Angehöriger aus dem »Schwertadel« unverbrannt und mit seiner Waffe bestatten.

Eiserne Zeiten brechen an. Im letzten vorchristlichen Jahrtausend begann der Siegeszug des Eisens. Allerdings war das neue, silbrig glänzende Metall anfangs noch selten und kost-

Nur noch die massivsten Fahrzeugteile, die dicken Radnaben, wie hier aus Winterlingen, haben sich von den vierrädrigen Wagen in den Gräbern erhalten.

Aus Ton sind die vier Pferdchen mit den langen Hälsen, die in Zainingen gefunden wurden. Etwa halbe natürliche Größe.

bar. Wie Edelmetall wurde es als Schmuckelement verwendet. Bronzeschwerter, wie jenes bei Ehingen gefundene Schalenknaufschwert, trugen eine Eiseneinlage als Verzierung. Es dauerte noch geraume Zeit, bis das neue Metall in großer Menge verfügbar war, verwendet wurde und richtig verarbeitet werden konnte. Erst in der *Älteren Hallstattzeit* (750–600 v. Chr.) nahm das Eisen allmählich überhand. Als Bohnerz konnte man es auf der Alb finden und obertägig abbauen. Die Älbler verfügten damit über einen wertvollen Rohstoff und waren nicht, wie in der Bronzezeit, auf Importe angewiesen. Alte Erzgruben auf der Alb lassen sich freilich kaum näher datieren. Doch belegen prähistorische Erz- und Schlackenfunde vom Albuch und Härtsfeld, von der Hohen Schwabenalb, aus dem Laucherttal und der Tuttlinger Gegend, die geraume Zeit freilich noch bescheidene Verhüttung von Eisen in der Hallstattzeit. In Großkuchen sind fünf Öfen zur Eisenverarbeitung aus-

der leicht überpuderten Winterlandschaft zu erkennen sind.

gegraben worden, die in die Ältere Hallstattzeit datiert werden. Die vorrömische Eisenzeit hatte begonnen.

Pferdekoppeln auf der Alb. In der Älteren Eisenzeit ist die Viehzucht auf der Alb intensiviert worden. Wo Bäume gefällt wurden, um Holz und Holzkohle für die Verhüttung von Eisen zu gewinnen, konnten neue Äcker und vor allem Weiden entstehen. Man kann annehmen, daß die Älbler begannen, sich auch der Pferdezucht zu widmen. Der Bedarf war da und das Weidegelände dafür geeignet, wie die – in späterer Zeit entstandenen – Berg- und Flurnamen erkennen lassen und heute das Württembergische Haupt- und Landgestüt in Marbach beweist. Was lag näher, als den gefürchteten Reitervölkern aus dem Osten ihre gefährlichste

»Waffe«, eben das Pferd, abzuschauen und es ihnen nachzutun? Um Pferde als etwas besonderem kreiste die Phantasie der Menschen auf der Albhochfläche. In Zaininger sind vier tönerne Pferdefigürchen gefunden worden, und aus Großengstingen stammt ein herrliches Gürtelblech, auf dem Pferdchen eingepunzt sind. Die Vierbeiner waren kostbare Tiere die sich nur die Reichen leisten konnten – als Reittier, aber vor allem als Zugtiere vor einem Prunkwagen, der zu kultischen oder Repräsentationszwecken gefahren wurde. Mit diesem Wagen haben sich dann der Kleinadel oder die Großbauern auch beerdigen lassen. In Gräbern, zum Beispiel in Winterlingen und am Burrenhof, hat man Zaumzeug für Pferde sowie Wagennaben (den massivsten und daher selbst nach 2600 Jahren noch übriggebliebenen Teilen eines Wagens) gefunden.

Mit Schwein ins Jenseits. Wer gefragte Güter produziert kann es leicht zu Reichtum bringen – mindestens aber zu solidem Wohlstand, wie ihn der »Bauern- und Viehzüchter-Adel« in seinen

Gräbern dokumentierte. Wer Eisen gewann, verhüttete und verarbeitete konnte da gewiß mithalten. So wird es nicht überraschen, auf der Ostalb bei Heidenheim, wo eines der Zentren der Eisengewinnung lag, Gräberfelder mit 100 (Großkuchen), 38 (Schnaitheim) oder 33 (Mergelstetten) Hügeln zu finden, von denen die meisten der Älteren Hallstattkultur angehören. Nicht alle sind untersucht, und so lassen sich nur pauschale Angaben machen. Die Grabhügelfelder sind insgesamt größer als in der Bronzezeit. In Zaininger zählte man 70 Hügel, in Blaubeuren-Asch 60; 34 waren es in Dottingen und nicht viel weniger auf der Haid, bei Göppingen-Bartenbach und auf dem Degenfeld bei Truchtelfingen, um nur die größten zu nennen. Dies erlaubt Schlüsse auf die Zunahme der Bevölkerung und des Wohlstandes. Nur Betuchtere ließen sich – eingedenk des Arbeitsaufwandes – unter einem Erdhügel bestatten. Häufig ist in dem Hügel eine Grabkammer aus Holz eingebaut, die nicht nur die Überreste des Toten, sondern auch Speis und Trank für ihn barg. Beliebt war ein ordent-

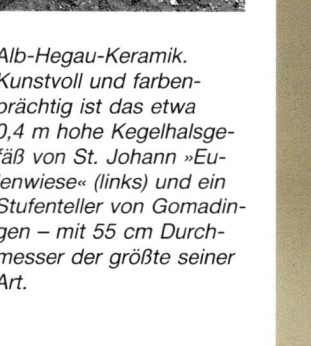

Ein ganzes Geschirrservice steht in der hölzernen Grabkammer, wo auch die Asche des Toten beigesetzt wurde.

Alb-Hegau-Keramik. Kunstvoll und farbenprächtig ist das etwa 0,4 m hohe Kegelhalsgefäß von St. Johann »Eulenwiese« (links) und ein Stufenteller von Gomadingen – mit 55 cm Durchmesser der größte seiner Art.

Der 0,75 m hohe, grob bearbeitete Stubensandsteinblock der Stele von Stockach (7. Jh. v. Chr.) zeigt einen deutlich vom Rumpf abgesetzten Kopf mit Mund, Nase und Augen.

liches Stück Jungschweinbraten. Andere Wegzehrung wurde in Urnen und Töpfen (mit kleinen Schöpfgefäßen für die Flüssigkeit) oder auf Schalen und Tellern angerichtet und ist heute nicht mehr definierbar.

Nur wenige Tote, meist solche, denen ein bronzenes, später ein eisernes Schwert beigegeben wurde, ließen sich unverbrannt beerdigen. Diese Begräbnisform erwies sich später als für die Spitzen der Gesellschaft charakteristisch. Die Mehrzahl der Beisetzungen waren aber Brandgräber, in denen die Asche des Toten in eine Urne gefüllt oder auf dem Boden ausgestreut wurde. Die ärmere Bevölkerung, das kann man erst seit wenigen Jahren nachweisen, ist ohne

viel Beigaben in Urnen- oder Flachbrandgräbern neben den Hügeln bestattet worden.

Kontinuität großgeschrieben. Nichts mehr als die Gräber, aus denen ja der weit überwiegende Teil unserer Kenntnisse über die Ältere Hallstattzeit auf der Alb stammt, zeigt, daß die Bevölkerung von der Bronzezeit an die gleiche geblieben ist. Die Grabhügelfelder liegen im alten bronzezeitlichen Siedlungsgebiet. Oft werden die alten Begräbnisplätze weiterbenützt. Die hallstattzeitlichen Grabhügel sind freilich im allgemeinen größer und höher. Neu ist wohl, daß sie mitunter von Kreisgräben und Steinkränzen oder einem Pfostenkreis umgeben sind, die entweder bei den Begräbnisfeierlichkeiten

Keramik einfach Spitze. In den Gräbern finden sich nur wenige Bronzegegenstände – eine Fibel oder Schmuckbrosche, welche die bronzezeitliche Nadel als Gewandschließe ablöste, Toilette-Besteck und Waffen. Ein Schwert konnten sich nur die Vornehmsten leisten. Die in wachsender Zahl benötigten Kampfgenossen waren meist mit den billigeren Lanzen und Hiebmessern bewaffnet. Vor allem aber wurde den Toten Keramik ins Grab mitgegeben. Ganze Geschirrsätze, bis zu 20teilig und in der Regel paarig bestückt, findet man in den Gräbern, wo sie offenbar nach genauen Vorschriften angeordnet sind. Neben Kegelhalsgefäßen mit Deckeln (besonders schöne Exemplare wurden in Zainingen,

benötigt wurden oder als magische Grenze die Welt der Lebenden von der des Toten scheiden sollten. Neu ist auch, dem Verstorbenen auf seinem Grabhügel ein Denkmal zu setzen, wie dies in Gomaringen-Stockach erstmals beobachtet wurde. Dort ist eine menschengestaltige Stele gefunden worden, die den Toten darstellen soll. Auch die Kultplätze, ein Beispiel ist wieder Berghülen-Treffensbuch, werden kontinuierlich weiterbenutzt.

Wilsingen, St. Johann, Ringingen und Gomadingen ausgegraben), Schüsseln und Schalen in verschiedenen Größen und merkwürdigen Zwillingsgefäßen (Ebingen) sind es vor allem große Teller, die bis zu 55 Zentimeter Durchmesser haben (Gomadingen). Diese Stufenteller (so genannt, weil sie bis zu sechsmal getreppt sind) waren natürlich Schaustücke, keine Gebrauchsware. Dafür wären sie viel zu zerbrechlich gewesen. Aber nicht nur Aufbau und Größe der Grabkeramik – die Urnen erreichen Durchmesser von 50 Zentimetern und Höhen von 75 Zentimetern – sind beeindruckende Meisterleistungen der Töpferkunst. Die Ritz- und Kerbschnittverzierungen und die Farben (Graphit

Für die Ostalb typisch ist die schwarze Bemalung der Keramik, hier von Heidenheim-Schnaitheim.

Der Gräbelesberg über Laufen an der Eyach hat in der Älteren Hallstattzeit eine Siedlung getragen. ▷

Einen goldplattierten Knauf und Griff hat das eiserne Langschwert aus einem Grab am Gomadinger Sternberg.

auf Rot, später Weiß auf Grau) machen die Tonwaren zum Dekorativsten, was die prähistorische Kunst hervorgebracht hat. Die Alb-Hegau-Keramik, wie man sie nach ihrem Verbreitungsgebiet nennt, ist die Spitzenleistung im alteuropäischen geometrischen Zierstil. Die polychrome reiche Ornamentik findet sich vor allem auf der Südwestalb. Auf der Ostalb ist die Keramik etwas schlichter und glatter, mit Riefenbündeln und charakteristisch schwarz auf Rot bemalt. Man spürt in diesen Prachtstücken das Bemühen der Töpfer, sich gegen die Konkurrenz der reich verzierten metallenen Gefäße zu behaupten.

Rivalitäten. Die Siedlungsform in der Älteren Hallstattzeit (Hallstatt ist ein namengebender Fundort im österreichischen Salzkammergut) ist, wie man aus den spärlichen Spuren und aus den Gräbern erschließen kann, der kleine Weiler. In Weidegebieten trifft man auch einzelne, oft versteckt und gegen Wind und Wetter geschützt liegende Hausplätze an. Hausgrundrisse hat man bisher noch nicht ermitteln können, trotz hoffnungsvoller Ansätze in den Seewiesen bei Heidenheim und bei Stetten im oberen Laucherttal. An der Spitze eines Weilers hat man sich einen Dorfältesten vorzustellen, einen reichen Bauern oder Viehzüchter. Das ergibt eine recht zahlreiche Oberschicht auf der Alb. Aus ihr beginnen sich einige besonders Reiche, wie zum Beispiel der Träger des Pilzknaufschwertes mit der Goldblechauflage am Griff, der am Gomadinger Sternberg bestattet worden war, herauszuheben. Hätte er hundert Jahre später gelebt – man würde ihn heute einen Fürsten nennen. Rivalitäten waren auf Dauer unvermeidbar. Für die Konkurrenten galt es, Besitz und Klientel, Schutzbefohlene sowie ihr Hab und Gut in befestigten Höhensiedlungen zu sichern, Macht und Vertrauen auszustrahlen und zu repräsentieren. Es sind meist mehrere Hektar große Flächen auf Tafelbergen, Bergspornen und -rücken, die in der Älteren Hallstattzeit wieder besiedelt werden. Der Roßberg bei Gönningen, der Lehenbühl bei Fridingen, die Heuneburgen bei Upflamör und Hundersingen, der Gräbelesberg bei Laufen und der Lochenstein gehören dazu. Es spielte für die Initiatoren dabei offenbar keine Rolle, ob die Lage unter den Gesichtspunkten der Wirtschaft und des Verkehrs günstig war.

Im Kernland der frühen Kelten

Handel bringt Vorteil. Aus der Vielzahl der kleinen Grundherren auf der Alb, welche die aristokratische Oberschicht bildeten, machte in der *Späthallstattzeit* (600–450 v. Chr.) einer das Rennen: der Herr der Heuneburg bei Hundersingen. Man kann nur vermuten, wie ihm das gelungen ist, und warum er die anderen überflügelte. Die etwa drei Hektar große Heuneburg liegt 60 Meter über der Donau, an der eine uralte Handelsstraße entlang führt. Gerade gegenüber der Burg befindet sich eine Furt, wo der Fluß überquert werden konnte. Eine versteckt gelegene Fliehburg, wie die Große Heuneburg bei Upflamör, war die Hundersinger Heuneburg sicher nicht. Der Herr der Heuneburg setzte im Gegenteil auf Verkehr und Handel, auch Fernhandel. Sein Reichtum und seine Macht nahmen auf diesem Wege rascher zu als bei den mehr auf landwirtschaftliche Einkünfte ausgerichteten Adeligen in der Nachbarschaft. Er erreichte schließlich das Format eines Fürsten.

Fibeln, das sind Schmuckbroschen und Sicherheitsnadeln zugleich, lösen in der Späthallstattzeit die bis dahin üblichen Nadeln als Gewandschließen ab. Einige der Fibeltypen von der Heuneburg, in chronologischer Abfolge vor. links: Bogenfibel, Schlangen-, Pauken- und Fußzierfibel.

Ein Name taucht auf: die Kelten. Der Fernhandel brachte den Fürsten von der Heuneburg und seine Nachfolger in Verbindung mit den Griechen, die vom Mutterland nach Westen aufgebrochen waren, um an den Küsten Spaniens und Italiens Kolonien zu gründen. Um 600 entstand eine solche Pflanzstadt an der Rhônemündung: Massalia, das heutige Marseille. Von den Griechen, genauer von Herodot, dem »Vater der Geschichtsschreibung«, ist uns der Name jenes Volkes überliefert, das an den Quellen der Donau und weit darum herum lebte. Damit können die Bewohner der Schwäbischen Alb erstmals namhaft gemacht werden. Es sind die Kelten. Für ein halbes Jahrtausend bestimmen sie nun das Schicksal zwischen Neckar, Rems und Donau.

Handelix expandiert. Ein Kelte war auch der Fürst auf der Heuneburg – nennen wir ihn Handelix –, der den Aufstieg seiner Burg über dem Donautal zum Wirtschafts-, Kultur- und Machtzentrum einleitete, das immer mehr Menschen in seinen Bann zog. Der Fürst und seine Nachfolger dehnten im 6. Jahrhundert ihren Machtbereich auf der mittleren Alb bis zum Albtrauf hin aus und erhoben sich über die anderen adeligen Kelten, die im Bemühen, von ihren Fürstensitzen aus zu Reichtum und regionaler Macht zu gelangen, weniger erfolgreich waren.

Im weiten Umkreis um die Heuneburg werden in jenem Jahrhundert zahlreiche befestigte und unbefestigte, große und kleine Höhensiedlungen aufgegeben. Die Besiedelung der Großen Heuneburg bei Upflamör, wo in der sogenannten Flankenburg der Burgherrensitz vermutet wird, bricht ebenso ab wie jene von Althayingen und vom Lehenbühl. Eine Ausnahme bildet nur die Alte Burg bei Langenenslingen, von der (vielleicht, weil in befreundeter Hand?) offenbar keine Gefahr für den Herrn der Heuneburg ausging, und der ganz peripher gelegene Lochenstein, wohin der Arm des Fürsten Handelix nicht mehr reichte. Auf dem Südhang entstand dort um 600 eine dorfähnliche Siedlung, in welcher der Grundriß eines 7 × 19 Meter großen Pfostenhauses ermittelt wurde. Vielleicht blieben auch der Dreifaltigkeitsberg, wo im 6. Jahrhundert eine bedeutende Siedlung lag, der Lemberg, der Gräbelesberg und die Schalksburg außerhalb des Machtbereichs des Heuneburgers.

Griechischer Wein. Womit Handelix sein Reich aufbaute, ist nicht bekannt. Handelte er mit Pelzen und Leder, mit Wolle und Geweben, vermittelte er Bernstein und Erz, erhob er Zölle, verkaufte er Keltensöhne als Söldner an kriegführende Staaten südlich der Alpen? An der Heuneburg zog der Handelsweg vorbei, der von Marseille das Rhônetal aufwärts, durch die Schweiz zum Bodensee und ins Donautal führte – später auch der, welcher von der gräco-etruskischen Handelsfaktorei Spina in Oberitalien über die Alpen an den Bodensee und ins Donautal gelangte, um dann weiter nach Osten und Norden zu führen. Auf diesen Wegen fanden Handelsgüter aus den fortschrittlichen Mittelmeerkulturen in den barbarischen Norden, wo sie Aufsehen und Bewunderung erregten. In Amphoren, den Containern der Antike, wurde griechischer Wein von Marseille herangekarrt (vor allem aber auf Schiffen transportiert) und mit ihnen gleich auch die feinen attischen Trinkschalen. Auch beim Speisen paßte man sich den südlichen Gebräuchen an: Bratspieße übernahmen die Kelten von den Etruskern. Und im 6. Jahrhundert gackerte erstmals ein Huhn auf der Alb. Der Südimport sicherte das Frühstücksei, wenn der Keltenfürst darauf Lust hatte.

Mode aus Italien. Nach Süden blickten die Kelten auch, wenn es um die Mode ging. Aus Italien kam eine neue Form der Gewandschließe: die Schlangenfibel. Und wie die Mode wechselte, änderten sich auch die Fibeltypen: Kahnfibel, Paukenfibel, Fußzierfibel – was die Archäologen freut, denn diese Fibeln dienen ihnen als Datierungshilfe. Auf der Heuneburg und in den Gräbern konnte ein ganzes Sortiment von späthallstattzeitlichen Fibeln geborgen werden – weit über 300 Stück. Die gestreifte Hose, die der feine Herr von der Heuneburg trug, der zusammen mit seiner Frau im Hohmichele begraben wurde, war dagegen nach östlichem Schnitt, aber aus heimischer Produktion. Denn aufs Spinnen und Weben verstand man sich im Keltenland. Immer feinere, immer raffinierter gewobene Stoffe entstanden auf der Heuneburg und in der dazugehörenden Außensiedlung. Spinnwirtel und 100 Webgewichte belegen die Textilherstellung, die auf der Alb schon damals ein wichtiger Wirtschaftsfaktor war. Man exportierte sogar.

Handwerk hat goldenen Boden. Das Handwerk spielte eine große Rolle – von Anfang an. Bronzegießer und -schmiede besaßen auf dem Burgareal ihr eigenes Viertel und waren auch in der Außensiedlung ansässig. Sie gossen und trieben Schmuck und Gefäße. Für die exakt runden Verzierungen bedienten sie sich des Zirkels und einer Art Drehbank. Vor allem Bronzegefäße scheinen ein Exportartikel gewesen zu sein. Arbeit und Brot fanden hier auch die Eisenschmiede, die sich spezialisierten. Und der Goldschmied fand am Fürstenhof potente Auftraggeber und das teure Edelmetall.

Mit der Herstellung von Schmuck beschäftigten sich auch andere Handwerker, die aus Gagat, einer bergmännisch auf der Alb gewonnenen Pechkohlenart, die charakteristischen Tonnenarmbänder für die edle Dame drechselten. Auch Bernstein und Koralle, die Händler an die Donau brachten, wurden zu Schmuck verarbeitet.

Mit dem Werkstoff Holz hatten es die Zimmerleute zu tun, die mit Meisterschaft Häuser erstellten, deren Spuren in der Außensiedlung der Heuneburg und auf dem Burgareal zutage kamen, und Grabkammern für die verstorbenen Burgherren in Blockbauweise zimmerten. Wagner und Stellmacher bauten die Prunk- und Kultwagen, und Drechsler schufen Möbel und Holzgefäße, wie die Schale aus Wurzelholz, die in einem Fürstengrab gefunden wurde.

Markenartikel von der Heuneburg. Trotz der griechischen Importe unentbehrlich blieben die Töpfer. Sie töpferten nun weniger Geschirr für die Gräber der Toten als für den Alltag der Le-

Die Südostecke der Heuneburg mit dem Handwerkerviertel zur Zeit der Lehmziegelmauer (1. Hälfte 6. Jh. v. Chr.) im Modell.

Goldenes Sieblöffelchen von der Heuneburg, 10 cm lang.

benden. Zuletzt bedienten sie sich auch der schnelldrehenden Töpferscheibe, die von einem Mann in Gang gehalten wurde, während der andere das Gefäß formte. Neu war die weiße Grundierung, die sie den Gefäßen gaben und darauf dunkle (rote oder graue) Muster malten. Zuerst war das Dekor noch streng geometrisch, dann lockerer mit Bögen und Wellen oder Figuren. Rotbemalte Hochhalsgefäße mit dem winzigen Fuß, wie eines am Burrenhof ausgegraben wurde, das aus Heuneburger Produktion stammt, wurden in Serien hergestellt. Mindestens ein Dutzend schöner Exemplare fand man auf der Burg selbst, wo dieser Typ wohl auch kreiert worden war.

Import von Know-how. Bedeutender noch als der Import von Waren, die auch als Gastgeschenke an die obere Donau gelangt sein können, war der Import von Know-how aus dem Süden. Da ist einmal die Idee von einer Stadt, wie sie am Mittelmeer in jener Zeit ihre Blüte er-

Rot-weiß gefärbte Hochhalsgefäße von der Heuneburg (oben) und ein besonders schönes, 22 cm hohes Stück, das beim Burrenhof ausgegraben wurde.

lebte und nun erstmals bis nördlich der Alpen vordrang. Stadtplanung, das Anlegen von Vierteln, etwa für bestimmte Handwerksarten, war etwas unerhört Neues für die Kelten, das auf der Heuneburg nachgeahmt wurde. In der ersten Besiedlungsphase der Späthallstattzeit war das 300 × 150 Meter große Bergplateau noch locker, in der gewohnten Weise mit Gehöften bebaut. Wohnhäuser, Speicher und Werkstätten bildeten, von einem Zaun umgeben, eine Einheit. Dann wurde unter südländischem Einfluß die Bebauung dichter. Haus reihte sich nun an Haus – nur von Gassen getrennt. Den Palast des Keltenfürsten auf der Heuneburg suchten die Archäologen bisher vergebens.

Das Unikum aus Lehm. Nirgendwo deutlicher wird der Südimport von Know-how als bei der 600 Meter langen Lehmziegelmauer auf der Heuneburg, die nördlich der Alpen einzigartig ist. Das Konstruktionsprinzip kann nur aus dem sonnigen Süden stammen. Die zum Schutz gegen die Bodenfeuchtigkeit mit einem Steinsockel fundamentierte, aus 40 × 40 Zentimeter messenden luftgetrockneten Lehmziegeln aufgeschichtete, rund vier Meter hohe Mauer mußte erst mit ständig erneuertem Kalkputz für das feuchte, nordische Klima wetterfest gemacht werden. Ein Wehrgang aus Holz krönte die drei Meter dicke Lehmziegelmauer. Zehn Türme, jeder fast 50 Quadratmeter groß, und aus dem gleichen Material erbaut, sprangen im Norden über die Mauerfront vor.

Eine Meisterleistung. Der Bau der Lehmziegelmauer war eine technische Meisterleistung, gleich, ob sie von einem gedungenen Gastarbeiter oder einem heimischen Baumeister vollbracht wurde, der sich sein Rüstzeug zuvor südlich der Alpen geholt hatte. Nicht geringer ist die Arbeit der Planer und Organisatoren einzustufen. Die bis zu drei Zentner schweren Steine für die Sockelmauer mußten aus sechs Kilometer Entfernung herangeschafft werden. Ein ganzes Heer von Arbeitern war damit beschäftigt, die

127

Die Lehmziegelmauer der Heuneburg. Wie Backsteine aufeinandergeschichtet sind die luftgetrockneten Lehmziegel auf einem steinernen Unterbau.

Pyramiden der Alb. Das gesteigerte Selbstbewußtsein der keltischen Aristokratie verdeutlichen ihre riesigen Grabhügel, von denen der Hohmichele (das -le ist hier keine schwäbische Verkleinerungsform, sondern steht für -leh = Hügel) im Lande um die Heuneburg mit 80 Meter Durchmesser und einer Höhe von annähernd 14 Metern der imposanteste ist. Wie den ägyptischen Pharaonen ihre Pyramiden, dienten die Erdhügel den Keltenfürsten als Ausdruck ihrer Größe und als Schutz vor Grabräubern. Unter den großen Erdmassen, hoffte man, sei das mit wertvollen Beigaben reich ausgestattete Zentralgrab sicher. Doch die Hoffnung trog. Nur an Resten, welche die Grabräuber übersehen oder unbeachtet gelassen hatten, kann man noch ermessen, was den Heuneburger Fürsten in die Grabkammern mitgegeben worden war: kaum Tongefäße, dafür solche aus Metall, ein Wagen und Pferdegeschirr, Toilettebesteck, Ringe, Fibeln, blechbeschlagene Gürtel, wertvolle Stoffe und, als Standeszeichen, ein goldener Halsreif und ein Kavaliersdolch.

Familiengrablegen. Die Grabausstattung – bei Frauen vor allem viel Schmuck, Ohrringe, Haarnadeln, Armringe und Armstulpen, Fußringe, Halsgeschmeide und Fibeln – kennt man von den unberaubt, weil unentdeckt gebliebenen Nachbestattungen in den großen Grabhügeln. Denn in der Späthallstattzeit kam der Brauch der Nachbestattungen auf, der gewiß eine besondere Verbundenheit mit dem im Zentralgrab Bestatteten ausdrücken und zudem Schutz vor Räubern bieten sollte. Auch die Nachbestattungen in diesen Familiengrablegen sind meist Körpergräber. Für die besser Situierten war dies in der Späthallstattzeit so üblich. Die einfachere Bevölkerung findet man in Flachgräbern zwischen den Erdhügeln oder, wie in Heidenheim-Schnaitheim, in einem 500 Meter abseits gelegenen, eigenen Friedhof bestattet. Es sind beigabenlose Brandgräber, bei denen die Asche des Toten in eine Urne oder ein Säckchen gefüllt oder auch ganz ohne Behältnis ins Grab getan wurde.

Straßen des Todes. Die bekannten und in der Späthallstattzeit benutzten Kultplätze scheinen mit Tod und Bestattung zusammenzuhängen. Das ergibt sich aus ihrer Lage zu Gräbern und Friedhöfen, wie in Berghülen-Treffensbuch und beim »Armenfriedhof« von Heidenheim-Schnaitheim. Eine Stele auf dem Grabhügel sollte an den Toten gemahnen. Und dem Totengedenken diente wohl auch der Brauch, die Grabhügel längs einer Straße aufzureihen, wie dies am Burrenhof und bei Dottingen gut zu beobachten ist. Die Passanten auf der Straße des Todes wurden so stets an die Ahnen erinnert.

Nieder mit dem Fürst! In der Späthallstattzeit waren die sozialen Unterschiede immer größer geworden. An der Spitze der Fürst, der in unglaublichem Luxus lebte und, um sich diesen leisten zu können, sein Volk bei schwindenden Ressourcen immer härter mit Frondiensten plagte. Er kapselte sich ab vom Alltagsgeschehen und von seinen Widersachern in der Aristokratie, wurde unflexibel und unsensibel für sich abzeichnende Entwicklungen. An der Basis das murrende Volk, das auf der Heuneburg fremdländischen Glanz erlebte, der für es selbst freilich unerreichbar blieb. Sicher drang auch die Kunde ins Keltenland, daß man in Athen den

Ziegel herzustellen, von denen man für den laufenden Meter Mauer rund 850 Stück benötigte.

Tausende durchgefüttert. Das Wirtschaftsleben muß schon recht komplex und arbeitsteilig gewesen sein. Die Arbeiter an der Mauer, die zu ihrem Lebensunterhalt selbst nichts beitragen konnten, mußten beherbergt und mit Nahrungsmitteln versorgt werden. Und desgleichen die vielen Handwerker, die sich ganz ihrer, zum Teil hochspezialisierten Arbeit widmeten. Das setzte voraus, daß auf der Alb und in den Flußtälern Bauern und Viehhalter Nahrungsmittel in einer Menge produzierten, die weit über den Eigenbedarf hinausging. Tatsächlich wurde damals der Ackerbau auf der Albhochfläche ausgeweitet. Für Transport, Lagerung und Verteilung der Lebensmittel war weiteres Personal vonnöten – ganz zu schweigen von den Sicherheitskräften. Auf der Heuneburg und in ihrer Außensiedlung lebten damals mehrere tausend Menschen, die durchgefüttert werden wollten, weil sie dem verarbeitenden Gewerbe und vor allem dem Dienstleistungssektor angehörten.

Im Hohmichele, einem der größten Grabhügel, liegt der Begründer der Heuneburger Fürstendynastie begraben.

In die aus Eichenholz gezimmerte niedere Grabkammer gab man dem toten Fürsten Waffen, Schmuck, Bronzegefäße und seinen Wagen mit. Unter dem vierrädrigen Kultwagen liegt eine Frau.

Tyrannen gestürzt habe und daß im selben Jahr, 510 v. Chr., auch die Römer ihren König abgesetzt hatten. Die Kelten, das ist aus späterer Zeit verbürgt, standen der allzu großen Macht eines einzelnen skeptisch gegenüber. Zwischen Volk und Fürst trat eine kleine Schar von Funktionären aus dem Adel, die im Dienst am Hofe Erfahrungen gesammelt und draußen im Land ihre Position beharrlich ausgebaut hatten, und von denen sich manch einer zu Höherem berufen fühlte. Die Zeit schien reif. Bald nach 500, so ermittelten die Archäologen, kam es zum Eklat (vielleicht zur Palastrevolution), der zu Kampf und Verderben führte. Die Außensiedlung und die Heuneburg mit der Lehmziegelmauer gingen in einem Brand gemeinsam unter. Die Für-

Späthallstattzeitlicher Prunkdolch von St. Johann-Bleichstetten, etwa 40 cm lang.

stendynastie, die bis dahin regiert hatte, wurde gestürzt.

Eine Nummer kleiner. Der Brand bildet eine Zäsur. Zwar gab's – bis um 400 – auch danach wieder Fürsten auf der Heuneburg, doch alles war nun eine Nummer kleiner. Die Lehmziegelmauer wurde durch eine Wehranlage in bodenständiger Technik ersetzt. Die Hauskonstruktionen und der Bebauungsplan auf der Heuneburg änderten sich frappant. Die Außensiedlung wurde gar nicht erst wieder aufgebaut. An deren Stelle errichteten die neuen Machthaber ihre Grabhügel, die durchweg kleiner sind als jene der ersten Fürstendynastie. Sie lagen auch nur noch 400 Meter von der Burg entfernt, damit man sie stets im Auge behalten konnte.

Keltischer Stil. Die Heuneburg hat den Anbruch der neuen Zeit, der *Latènezeit* (450 bis 1. Jh. n. Chr.) noch erlebt, doch nicht mehr mitgestaltet. Die Zentren der Fürstenmacht und der Dynamik lagen nun woanders. Nicht auf der Heuneburg war es, wo im 5. und 4. Jahrhundert ein neuer Kunststil aufblühte, der »Keltische

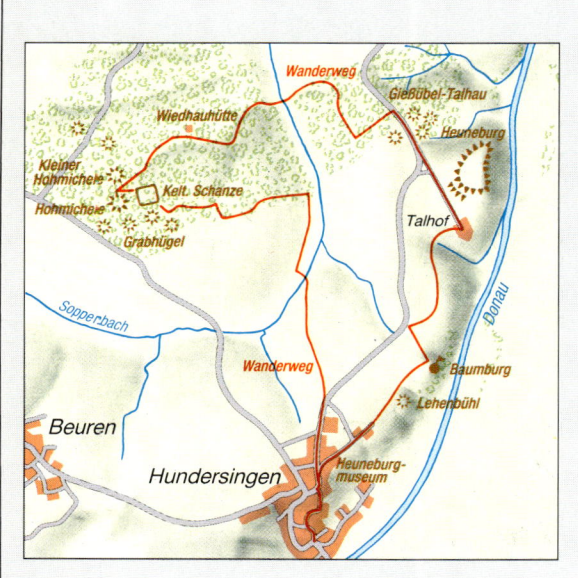

Spaziergang durch die Keltenzeit

Auf einem bequemen und abwechslungsreichen Rundweg kann der Wanderer vertiefende Einblicke in die Keltenzeit und besonders in die faszinierende Geschichte der *Heuneburg* gewinnen. Der Weg beginnt in Hundersingen an der Donau und führt zum in einer Waldlichtung gelegenen *Hohmichele*, der von einer ganzen Gruppe von Grabhügeln umgeben ist, unter denen der *Kleine Hohmichele* der größte ist. Der Hohmichele wurde 1938 ausgegraben und ist nach dem Kriege wieder in seiner Originalgröße von der Forstverwaltung aufgeschüttet worden. Wenig östlich davon liegt eine *Viereckschanze*, eine keltische Kultanlage. Der Rundweg führt dann zu den vier Grabhügeln der jüngeren Heuneburg-Fürsten im *Gießübel-Talhau*, von denen drei modern nachuntersucht und wieder aufgeschüttet worden sind. Die vier Hügel liegen auf dem Gelände der ehemaligen Außensiedlung.

Zur *Heuneburg* ist es dann nur noch ein Katzensprung. Der Aufgang zum Plateau ist erst mittelalterlich. Nach Süden geht's dann weiter zur *Baumburg*, einem Fürstengrabhügel, der wegen seiner das Donautal beherrschenden Lage im Mittelalter als Burghügel verwendet wurde und daher seinen Namen hat. Von der Baumburg aus ist der etwas flachere *Lehenbühl* im Süden zu sehen, der gleichfalls ein Fürstengrabhügel ist. Von da führt der Weg zurück nach *Hundersingen*, wo in der ehemaligen Zehntscheuer des Klosters Heiligkreuztal das Heuneburgmuseum eingerichtet wurde, das im Sommerhalbjahr nachmittags, an Sonn- und Feiertagen auch vormittags geöffnet ist. Weitere Fürstengrabhügel (Bettelbühl und Rauher Lehen) liegen östlich der Donau. Interessant sind auch die in Verbindung mit Viereckschanzen stehenden Grabhügelgruppen bei Heiligkreuztal.

Stil«. Er kam einer Revolution gleich und war zweifellos vom mittelmeerischen Süden her beeinflußt. Angefangen hatte es freilich an den Fürstenhöfen wie der Heuneburg, wo begabte Künstler im 6. Jahrhundert daran gingen, vorsichtig ihre Fesseln zu lockern: Noch eingebunden in den überkommenen geometrischen Rahmen wurde mit Elementen des Naturalismus experimentiert, mit Wellenbögen und Männlein, mit Pferdchen und Sonnen.

Nivellierung im Tode. Die späthallstattzeitliche Fürstenkultur hatte sich überlebt, doch erfolgte die Ablösung auf der Schwäbischen Alb – wie dort üblich – nur ganz allmählich. Auch in der Frühlatènezeit ließen sich die Wohlhabenderen und sozial besser Gestellten noch unverbrannt in Hügeln, meist in schon vorhandenen, – vermutlich für ihre Ahnen angelegten –, bestatten. Der Beerdigung im Familienverband blieb man auch dann treu, als – in einer zweiten Stufe – der Leichnam in einem Flachgrab beigesetzt wurde. In der mittleren Latènezeit ist schließlich der Schritt zum Brandgrab vollzogen worden. In einer runden oder ovalen, quadratisch bis mannslang rechteckigen Grabgrube deponierte man den Leichenbrand, legte die Beigaben oder das, was von ihnen übriggeblieben war, nachdem sie auf dem Scheiterhaufen mit-

Durch Verbiegen unbrauchbar gemacht sind diese mittellatènezeitlichen Eisenwaffen, die ei-

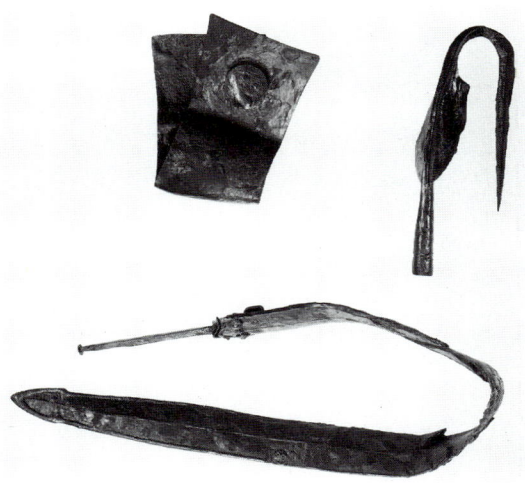

nem Krieger in Giengen/Brenz ins Grab gelegt wurden.

verbrannt worden waren, dazu und bedeckte das Ganze mit Erde – ohne einen Hügel aufzuschütten.

Die Nivellierung der Gräber kann als symbolischer Akt verstanden werden. Auch die sozialen Unterschiede wurden geringer. Es gab nicht mehr die Superreichen, nur noch Reiche und Wohlhabende. Der Adelige griff wieder selbst

zur Waffe. Und so findet man in den Kriegergräbern wieder das lange, eiserne Hiebschwert, dazu Lanze, Schild und Helm.

Quantität vor Qualität. Den Frauen der Dorfadeligen legte man noch im 3. Jahrhundert reichen Schmuck aus Gold, Glas und Bronze ins Flachgrab: den Halsring (Torques, den auch die Männer trugen), Fibeln, Ketten und Ringe, darunter die typischen, am Fußgelenk getragenen Buckelringe. Doch war der Schmuck nicht mehr von feiner höfischer Art. Quantität ging nun oftmals vor Qualität. Nicht weniger als 21 Fibeln zählten die Archäologen in einem Frauengrab in Giengen an der Brenz, eine zwei Meter lange Bronzehalskette und bis zu 20 Zentimeter lange Fibeln, die nur auf derben Stoffen zu tragen waren.

Kultarena und Heldengedenkstätte. Am zahlreichsten auf der Ostalb findet der Wanderer jene rechteckigen bis quadratischen Wallanlagen mit einer Seitenlänge um 100 Meter, deren abgerundete Ecken überhöht und die von einem Graben umgeben sind. Es sind Viereckschanzen, welche die Kelten der Spätlatènezeit angelegt hatten. Die Bedeutung der Viereckschanzen – auf der Alb sind 20 bekannt – war lange Zeit umstritten. Heute weiß man: Sie dienten dem Kult. Es waren keine gegen den Feind

Eine keltische Viereck-schanze. So sieht sie der Fotograf vom Flugzeug aus (bei Tomerdingen),

und so rekonstruiert sie der Zeichner nach archäo-logischen Grabungsbefunden.

errichteten Schanzen. Das Nemeton, so der keltische Name für die Kultstätte, hatte nur einen Eingang, der niemals im Norden lag. Über eine Brücke, die den Graben überspannte, und durch ein Torhaus hindurch betraten die Kelten den etwas erhöhten Innenraum des heiligen Gevierts. Wie die Kulthandlungen aussahen, die dort zelebriert wurden, weiß niemand. Bekannt ist nur, daß die Kelten ihre Götter unter freiem Himmel, auch in heiligen Hainen, verehrten. Tempel hatten sie keine. Vielleicht dienten die Erdwälle den Besuchern als Sitzränge, von denen aus sie den Wettspielen zu Ehren der Götter in der Arena zusahen. Wahrscheinlich sollten die Umfriedungen aber nur das Heilige vom Profanen trennen. Die Innenfläche der Viereckschanzen ist fundleer. Nur manchmal befindet sich in einer Ecke ein Holzgebäude, das den keltischen Priestern, den Druiden, als »Sakristei« diente, manchmal auch ein oder mehrere Opferschächte, mitunter gar ein Brunnen. Die Nemeta scheinen verschiedenen Kulten gedient zu haben. Auch an den Toten-, Ahnen- oder Heroenkult ist dabei zu denken.

Zug ins gelobte Land. Dezentralisierung und Auflösung in kleine Adelsherrschaften als Reaktion auf die Glanzzeiten großräumiger absolutistischer Fürstenherrlichkeit sind in der frühen und mittleren Latènezeit offenbar die Grundlinien der Entwicklung im ehemaligen Machtbereich der Heuneburg. Nur wenige Spuren von Siedlungen – man nimmt an, in Hof- oder Weilerform – sind aus jener Zeit bekannt. Hängt die verringerte Siedlungsdichte mit den Keltenzügen zusammen? Zog es die Heuneburger nach Süden, ins gelobte Land, wo es all die kostbaren Dinge angeblich in Hülle und Fülle gab, die man am Fürstenhof als wertvolle Raritäten kennengelernt hatte?

Am Rande oder außerhalb des einstigen Heuneburger »Fürstentums« entstanden in der frühen Latènezeit wieder befestigte Höhensiedlungen – auf der Kocherburg und vielleicht dem Buigen,

auf dem Lochenstein, wo bis um 300 die Südterrassen palisadenartig befestigt, aber nur die kleine Nordterrasse besiedelt war, und auf dem Dreifaltigkeitsberg, wo auf der großen Hochfläche bei Sondierungen mehrere in den Fels eingetiefte Grubenhäuser des 5./4. Jahrhunderts entdeckt wurden. Auch auf der Achalm und der Schalksburg sind latènezeitliche Siedlungen nachgewiesen. Die Höhensiedlungen enden aber alle in der späten Latènezeit mit dem Aufkommen der Oppida.

Eine Heidenarbeit. Auf ihren Streifzügen durch den Süden hatten die Kelten auch die Bekanntschaft mit befestigten Siedlungen, den Städten gemacht. Diese Idee übertrugen sie in der Spätlatènezeit auf ihre Heimat. Freilich nur zum Teil, was die Siedlungs- und Wirtschaftsform angeht sowie die Befestigung, nicht aber, was die politische Verfassung der Griechenstädte betraf. Bei den Kelten hatte die Stadt keine Bürger, nur Bewohner. Mit Caesar, der sie in Gallien kennenlernte, werden diese Keltenstädte Oppida genannt. Ein solches Oppidum, das größte sogar, liegt auf der Alb: der Heidengraben bei Grabenstetten. Es umschließt eine Fläche von 1662 Hektar. Das Oppidum ist teils von Natur aus durch die Steilheit der Berghänge, teils aber auch durch umfangreiche künstliche Befestigungen geschützt, die zu errichten, eine Heidenarbeit gewesen sein muß.

In die Zange genommen. Südländischen Einfluß verrät die lange und gerade Linienführung der Wälle und Mauern samt den vorgelagerten Gräben, die abknickenden Flanken und die Zangentore. Bei den Toren – es gibt beim Heidengraben insgesamt sieben – biegen die Frontmauern parallel oder leicht trichterförmig um bis zu 35 Meter nach innen um. Dadurch entsteht eine breite Torgasse, in der der eindringende Feinde von drei Seiten angegriffen, also ordentlich in die Zange genommen werden konnte.

Mauer mit Schlitzen. Anders als die Linienführung der Befestigung (soweit sie nicht durch die Topographie vorgegeben war), ist die Konstruktionsweise der Mauer keltisch: statt gemörtelter Steinmauern eine Kombination von Holz, Erde und Trockenmauerwerk. Die aufgeschichteten Steine sollten einen feindlichen Angriff mit Feuer hemmen, die Balken und die Erde einer Attacke mit dem Rammbock die verheerende Wirkung nehmen. Was sich heute als Erdwall darbietet, ist die Ruine einer Mauer mit rückwärtiger Erdrampe, die nach ihrem hervorstechenden Merkmal Pfostenschlitzmauer genannt wird: In wechselnden Abständen (zwischen 0,4 und 1,4 m) bleiben in der Mauer aus sorgfältig aufgeschichteten Kalksteinen senkrechte, 0,4 Meter breite Schlitze frei, in denen einst ein ebenso dicker Eichenpfosten gestanden war. Der in den Boden eingetiefte Pfosten wurde nach rückwärts durch hölzerne Queranker gestützt. Die Höhe der Mauer dürfte einst fünf Meter betragen haben. Ganze Wälder müssen damals für den Bau der Befestigung gerodet worden sein. Die Steine gewann man aus den bis sechs Meter breiten und zwei Meter tiefen, in den Fels hineingeschlagenen Sohlgräben.

Stammesvorort der Helvetier. Der Heidengraben war der Stammesvorort und Verwaltungsmittelpunkt der keltischen Helvetier (oder eines ihrer Teilstämme, der Tiguriner). Die beträchtliche Größe der Keltenstadt auf der Albhochfläche war dabei nicht nur durch die to-

pographische Lage bedingt. Das Oppidum sollte auch für große feindliche Heere nicht zu umzingeln und einzuschließen sein. Weite Flächen blieben auf dem Heidengraben unbesiedelt und bildeten in Krisenzeiten Schutzräume für die umliegende Bevölkerung samt ihrem Vieh. Um genügend Wasservorräte zu haben, ist die Hüle am Südrand von Grabenstetten durch den Bau einer ein Kilometer südlich Grabenstettens liegenden Ost-West-Sperre ins Oppidum hineingezogen worden. Erst vor einigen Jahren ist die von der Uracher Steige durch den Ort zur mittelalterlichen Burgruine Hofen verlaufende (vielleicht ältere) Verteidigungslinie entdeckt worden, die Grabenstetten seinen Namen gegeben hatte. Sie sperrte die heute ausgetrocknete Hüle aus.

Großstadt auf der Alb. Dauernd besiedelt war nur ein engerer Bereich des Oppidums, die 153 Hektar große, nach einem Bach so benannte Elsachstadt. Dieser Kernbereich des Keltenoppidums, dessen antiker Name unbekannt ist, war gegen Norden und Osten durch einen 1,4 Kilometer langen, heute noch drei Meter hohen Wall mit einer Mauer und zwei vorgelagerten Gräben geschützt. Mehrere tausend Menschen wohnten und arbeiteten hier. Es war, für damalige Verhältnisse, eine echte Großstadt. War

schon für den Bau der rund sechs Kilometer langen Befestigungsanlage neben einer straffen und erfahrenen, wohl aristokratischen Führung ein ganzes Heer von Arbeitern nötig, so mußten die natürlichen und künstlichen Verteidigungslinien auch überwacht und im Kriegsfall mit Kämpfern besetzt werden. Dazu kamen noch Bauern, Lagerarbeiter und Handwerker aller

Riemenführer eines spätlatènezeitlichen Wagens, bei Grabenstetten gefunden. Signet für den Wanderweg durchs Oppidum Heidengraben.

Durchs Tor G gelangte man vom Lautertal die Sulzburger Steig herauf in den Heidengraben. Die Pfostenschlitzmauer biegt trichterförmig nach innen, zum Tor hin, um.

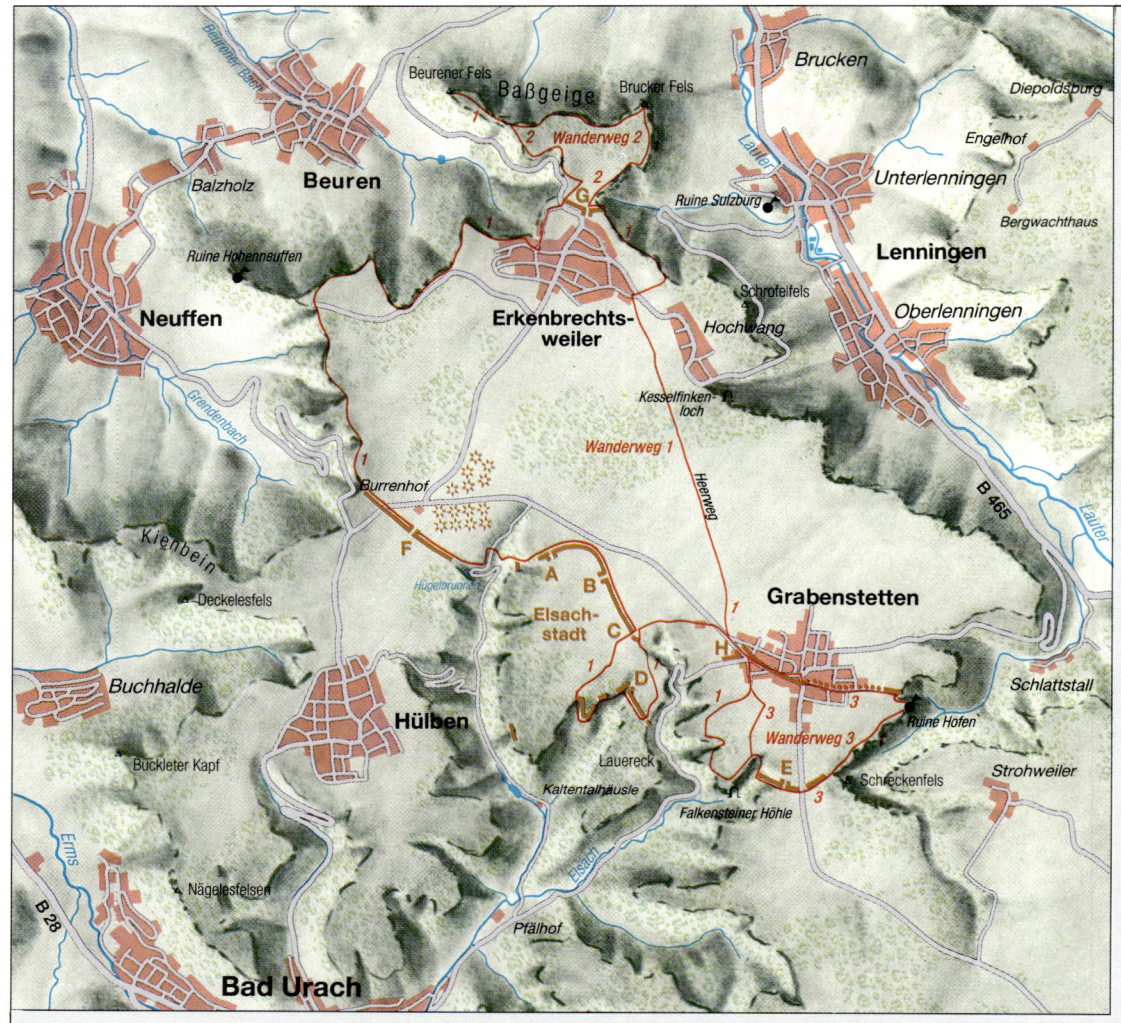

Kernstadt von Norden her bildet. Zurück geht's im Viertelkreis zum schlecht erhaltenen *Tor B* und zum *Tor C*, das gar kein Tor ist, sondern ein Wasserdurchlaß. *Tor D* sichert den alten Aufweg von Urach her durchs Lenninger Täle und bildet wohl den wichtigsten Zugang zur Elsachstadt. Die östliche Flanke über die Hochfläche des Lauerecks schützt ein 350 Meter *langer Wall* und die westliche, bis über den Lauereckfels hinaus, streckenweise ebenfalls ein Mauerwall.

Als »Vorwerke« sperren die wallartigen Mauerruinien und die Gräben immer dort den Zugang zur unbesiedelten Fläche des Oppidum, wo offenbar alte Fahrwege waren und wo die Natur nicht genügend Schutz bot. Südlich Grabenstettens liegt ein 635 Meter langes Sperrwerk, das durch Schanzarbeiten im 17. Jahrhundert zwar verändert wurde, aber dadurch in imposanter Höhe erhalten blieb. Durch *Tor E* führt der Weg vom Elsachtal an der Falkensteiner Höhle vorbei auf das, westlich Grabenstettens einst vorhandene *Tor H* zu. Dieses lag dort, wo die Uracher Steige die Straße nach Grabenstetten erreicht. Von ihm aus erstreckt sich, 1500 Meter lang und nur noch gelegentlich an einer Geländekante zu erkennen, eine Befestigung am Südrand des Orts bis zur Kläranlage und zur Ruine Hofen.

Den Zugang von der Berghalbinsel Hülben aus sperrte ein 1025 Meter langer *Heidengraben* mit dem *Tor F,* dem größten und am besten erhaltenen *Zangentor*. Es ist auf das Gräberfeld am *Burrenhof* ausgerichtet, wo nach neuesten Forschungen ein kleiner Teil der Oppidum-Bewohner bestattet wurde. Rekonstruiert worden ist ein Stück des Heidengrabens beim trichterförmigen *Tor G*, nördlich von Erkenbrechtsweiler, das eine alte Auffahrt vom Lenninger Tal herauf aufnimmt. Der Wall nördlich davon, der im Süden, also dem Oppidum zu, einen Graben hat, gehört nicht zur Befestigung der Keltenstadt. Er ist wohl mittelalterlichen Ursprungs.

Stadtrundgang mit Wanderstiefeln

Die Helvetierstadt auf der Albhochfläche ist mit ausgeschilderten Wanderwegen, Hinweistafeln und sechs Parkplätzen für Spaziergänger und Wanderer erschlossen. Es gibt drei unterschiedlich lange Rundwanderwege und viele Einstiegsmöglichkeiten. Wer den heute noch drei Meter hohen Mauerwall an der *Elsachstadt* besichtigen will, stellt den Wagen auf dem Parkplatz an der Straße Burrenhof – Grabenstetten ab und geht nach rechts zum *Tor A,* das den Zugang zur

Art. Nicht zu vergessen, die vielen Händler, die Handelsbeziehungen nach Südgallien, Italien und Böhmen unterhielten. Eisenschlackenfunde legen den Schluß nahe, die Keltenstadt sei ein Zentrum der Verhüttung und Eisenverarbeitung gewesen.

Einöde auf der Alb? Im 2. Jahrhundert v. Chr. drangen die germanischen Kimbern von Norden nach Süden vor und trafen um 111 mit den Kelten zusammen. Etwa um dieselbe Zeit sind die Oppida entstanden – vielleicht zum Schutz ge-

gen die vordringenden Germanenscharen? Möglicherweise wurde zu der Zeit auch das wesentlich kleinere und weniger bedeutende Oppidum auf dem Rosenstein erbaut. Es soll »Riusiava« geheißen haben, ein Ortsname, den der griechische Geograph Klaudios Ptolemaios überliefert hat und der auch auf den Heidengraben und das Ries bezogen wird, deren Lage aber nicht mit den Angaben übereinstimmt.

Funde und Befunde im Heidengraben belegen jedenfalls, daß von einer »Helvetier-Einöde«,

von der Ptolemaios 250 Jahre danach gesprochen hatte, nicht die Rede sein kann. Damals hatten die Helvetier ihre Heimat noch nicht in Richtung Schweiz verlassen. Der Abzug kann erst in der zweiten Hälfte des letzten vorchristlichen Jahrhunderts gewesen sein. Nicht alle Kelten haben freilich damals das Land verlassen, sonst hätten die Römer, als sie mehr als ein Jahrhundert später auf die Alb kamen, nicht die keltischen Orts- und Flußnamen übernehmen können.

Kultur im Marschgepäck – Die Römer kommen

Im Zeichen des Mars. Kurz vor der Zeitenwende drangen die Römer über die Alpen und den Hochrhein vor. Machtstreben und Ruhmsucht von Politikern und Feldherren, die Gewinnung neuen Siedlungslandes für die wachsende Bevölkerung in Italien, vor allem aber die Bedrohung, die für das Römerreich von den Landstrichen ausging, in denen einst die Kelten, nun aber, folgt man der Einschätzung Caesars, die Germanen wohnten, mögen die Römer dazu veranlaßt haben. Der Germanenschreck saß ihnen in den Gliedern. Selbst die Erinnerung an die verheerenden Keltenzüge mochte noch wach geblieben sein. So steht die *Römerzeit* (1. Jh.–260 n. Chr.) hierzulande zunächst und lange Zeit im Zeichen des Mars. Fast alles hat Bezug auf die Soldaten: Kastelle und Straßenbau, Lagerdörfer und Gutshöfe als Proviantproduzenten, selbst Bäder. Das zivile Leben ist ein bloßes Anhängsel. Im Gefolge der Besatzungsmacht kommen auch ihre kulturellen und zivilisatorischen Errungenschaften auf die Schwäbische Alb. Der Steinbau und der gebrannte Ziegel, um nur zwei, die Zeiten überdauernde Römerzeugnisse zu nennen, waren bis dahin hier unbekannt gewesen. Der Marschtritt der Kolonnen führte in die neue Zeit, die schon Geschichte ist.

Und doch ist aus den rund 200 Jahren Römerherrschaft von der römischen Kultur auf der Alb eigentlich nicht viel übriggeblieben. Das dünn besiedelte Land hat seinen bäuerlichen Grundcharakter nicht verloren. Größere, gar stadtähnliche Siedlungen (wenn man vielleicht einmal von Heidenheim absieht) florierten, wenn überhaupt, nur für kurze Zeit. Und die villae rusticae (Gutshöfe) als Keimzellen der Romanisierung waren zu schwach und zu wenig zahlreich. Auch der Wald, an dem die Römer Raub-

bau trieben, weil sie ungeheuere Mengen an Holz für ihre Bauten und vor allem für Heizungszwecke benötigten, hat sich wieder erholt. **Nagelschuhe im Marschtritt.** Neben den Germanenscharen der Sueben, welche die Gegend unsicher machten, und den Raubzügen der keltischen Räter hatten sich die Römer vor allem von den Markomannen bedroht gefühlt. Der Marschtritt römischer Legionäre mit ihren genagelten Schuhen war deshalb bald nach der

Die Römer besetzen die Schwäbische Alb.

Zeitenwende in Hüfingen auf der Baar zu hören, in Oberschwaben, wo die Soldaten nach der Unterwerfung der Räter und Vindeliker das Land bis zur Donau friedlich besetzten, und sogar in Nordbayern und Thüringen, wo sie die Markomannen nach Böhmen vertrieben.

Zur Sicherung der zunächst unter Militärverwaltung stehenden, dann zur zivil verwalteten Provinz Rätien gewordenen Landstriche südlich der Donau (in Bayern und Oberschwaben) wurden in der Zeit des Kaisers Claudius (41–54 n. Chr.) am Südufer des Flusses eine Reihe von Kastellen angelegt. Nicht Legionäre, sondern Hilfstruppen (Auxilia) bezogen diese befestigten Kasernen.

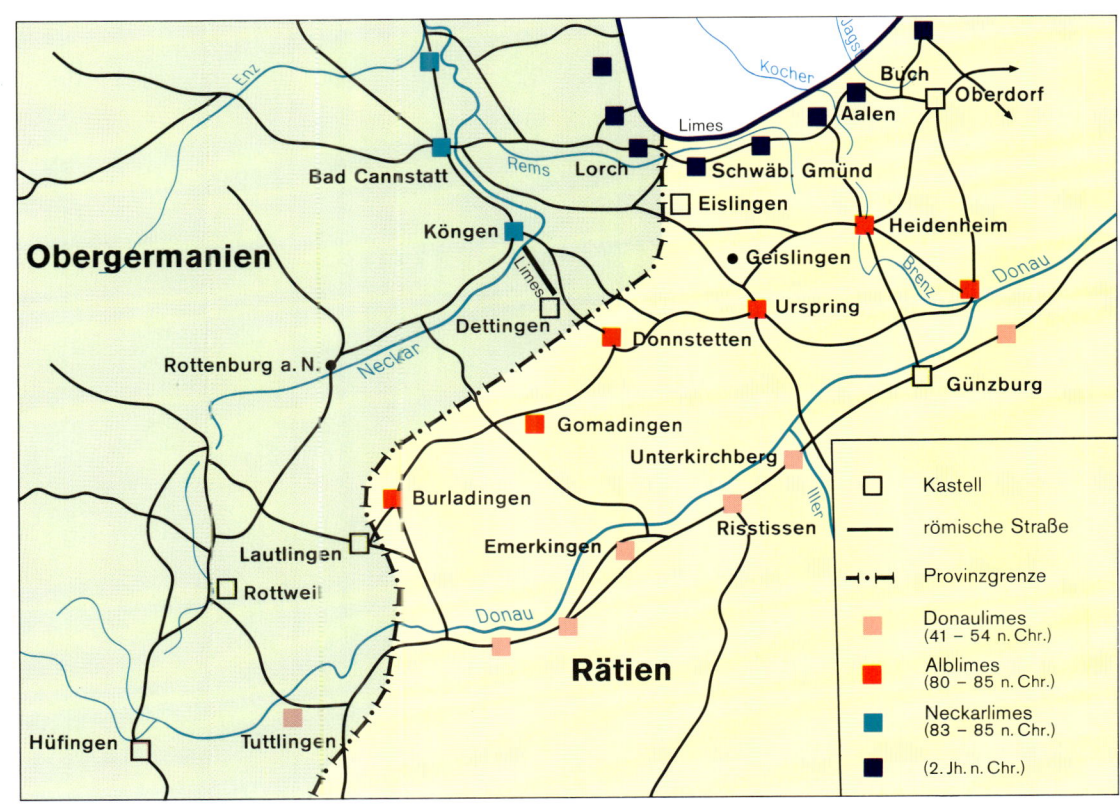

Legend:
- □ Kastell
- — römische Straße
- ⊢•⊣ Provinzgrenze
- ▪ Donaulimes (41 – 54 n. Chr.)
- ▪ Alblimes (80 – 85 n. Chr.)
- ▪ Neckarlimes (83 – 85 n. Chr.)
- ▪ (2. Jh. n. Chr.)

Das erste Kastell, das man, von Hüfingen aus ostwärts marschierend, erreichte, war Tuttlingen. Vom Römerlager, das wohl im Stadtgebiet liegt, hat man bis heute noch keine sicheren Spuren. Funde lassen aber abschätzen, wo die Kohorte, das ist eine 500 Mann starke Infanterieeinheit, einst in Garnison gelegen hatte.

Strategie der kurzen Wege. Rom, das in seinem ganzen Weltreich nur eine beschränkte Zahl von Truppen unterhielt, war darauf angewiesen, sie jeweils dort einsetzen zu können, wo sie gerade benötigt wurden. Dazu baute das Militär ein leistungsfähiges Netz gerader und allwettertauglicher Fahrstraßen, auf denen die Soldaten samt Troß in Tages- und Eilmärschen von Pannonien nach Gallien und von Italien an den Rhein gelangen konnten. Der Bataveraufstand des Jahres 69 am Niederrhein hatte den Römern gezeigt, wie zeitraubend für die rätischen Hilfstruppen, die zur Niederschlagung des Aufstands nach Trier beordert worden waren, der Umweg über das Rheinknie bei Basel war. Kaiser Vespasian (69–79) beauftragte daher den Legaten der Heeresgruppe Obergermanien, Cneius Pinarius Cornelius Clemens, 73/74 eine Abkürzungsstraße vom Rhein an die Donau zu bauen, die Straßburg durchs Kinzigtal und via Tuttlingen mit der Provinzhauptstadt Rätiens, Augusta Vindelicum (Augsburg) verband. Damals entstand auch Rottweil als neuer Verkehrsknoten- und militärischer Stützpunkt.

Je weiter nördlich man die Straßenverbindung zwischen Rhein und Donau anlegte, desto vorteilhafter mußte es sein; das war den cleveren Römern klar. Seit grauer Vorzeit waren schon die Pässe vom Eyach- ins Schmiechatal und vom Killer- ins Vehlatal benutzt worden. Also zogen sich die Soldaten warm an und bauten jeweils an der Wasserscheide ein Kastell. Das 6,7 Hektar große Lager in Albstadt-Lautlingen scheint nur kurze Zeit bestanden zu haben. Es diente wohl nur der Sicherung des Straßenbaus ins Donautal. Die Lagerumwehrung bestand aus Holz und Erde.

Vorsichtig voran. Das angeblich so siedlungsleere Land (»Helvetier-Einöde«) hat die Römer bei ihrem Vorrücken nach Norden offenbar zu besonderen Vorsichtsmaßnahmen bewogen. Zum Schutz des mit Truppen gut belegten Rott-

weil und der Straßenverbindung ist auch das Kastell Burladingen an der Paßhöhe gebaut worden. Es kontrollierte nicht nur den Verkehr, der durchs Vehla- und Laucherttal nach Sigmaringen und Inzigkofen führte, sondern sicherte als vorgeschobener Posten auch die südlicher gelegene Straße. Eine Kohorte tat in diesem (wie jenes in Lautlingen) ums Jahr 80 erbauten Kastell Dienst. Das Lager war zwei Hektar groß und zunächst von einer aus Holz und Erde bestehenden, fünf Meter hohen Mauer umgeben. Ums Jahr 90 wurde die Wehrmauer aus Stein hochgezogen; die Garnison war nun für die Dauer eingerichtet.

Der Alblimes entsteht. Nach dem Sieg Kaiser Domitians (81–96) gegen die (hessischen) Chatten, die er durch die Anlage von limites, breite, in die dichten Wälder hineingehauene Schneisen, von ihren Fluchtburgen im Taunus abschnitt und dadurch noch im gleichen Jahr 83 bezwang, wurde der vom Rhein bis zum Main reichende Limes durch die Anlage von Kastellen am Neckarufer nach Süden verlängert. Um dieselbe Zeit, also ums Jahr 85, erhielten auch die Truppen an der Donau Befehl, auf die mitt-

lere und östliche Alb vorzurücken und dort Kastelle in Heidenheim, Lonsee-Ursprung und Römerstein-Donnstetten sowie Gomadingen anzulegen. So entstand nun eine Reihe von durch eine Straße miteinander verbundenen Kastellen. Der Mitbegründer des Schwäbischen Albvereins, Eugen Nägele, hat dafür 1909 den Namen Alblimes gefunden.

Kavallerie in Heidenheim. Die genannten Alblimes-Kastelle, von denen kein einziges vollständig archäologisch untersucht ist, waren unterschiedlich. In Heidenheim wurde zunächst ein provisorisches Lager für 500 Mann gebaut, dem, um 90, dann das solide, aus Stein gemauerte Reiterkastell folgte. Mit seinen weiß getünchten und mit Fugenritzung versehenen Mauern, die – von Wehrgang und Zinnen bekrönt – rund 4,5 Meter hoch waren, hat es schon von Ferne einen respektheischenden Eindruck gemacht. Zwei Gräben schützten die 5,3 Hektar große Anlage, in der 1000 Reiter der Ala II

Kastell Ursprung aus der Luft. Hecken begrenzen das Rechteck des Römerlagers.

Flavia stationiert waren. Das Kastell Aquileia, so hieß Heidenheim zur Römerzeit, sperrte das Brenztal. Vom Kastell in der Heidenheimer Innenstadt ist heute nichts mehr zu sehen. Bescheidener war das Kohortenkastell in Urspring im Lonetal (»Ad Lunam«), das – an einem günstigen Albübergang gelegen – den Verkehr auf der Straße von Cannstatt durchs Filstal nach Faimingen an der Donau und den des Alblimes, von Burladingen nach Heidenheim, überwachte. 500 Mann einer Hilfstruppe zu Fuß bauten sich ein rund anderthalb Hektar großes Standlager mit einer Umwehrung, die zunächst nur aus Holz und Erde bestand. Dieser, von einem Graben geschützten 4,2 Meter breiten Kastenmauer wurde später eine Steinmauer einfach vorgeblendet.

Aus der Luft entdeckt. Weiter nach Südwesten folgt das Kastell bei Donnstetten, das erst 1975 entdeckt wurde. Es war nur ein 0,3 Hektar großes Lager, das für eine etwa 130 Mann starke, »Numerus« genannte Abteilung gebaut worden war. Auf drei Seiten, die vierte bildet der Steilabfall des Maars, umgab es ein doppelter Graben. Es ist wohl mit dem römischen Clarenna identisch und im Gelände nicht zu erkennen. Seine Aufgabe war es, die vom Lenninger Tal heraufkommende Römerstraße zu kontrollieren.

Kastell Gomadingen schließlich – ebenfalls ein Numerus-Kastell – liegt nicht an einem Paß und ist wohl nur als Bindeglied zum Kastell Burladingen (und deutlich später als dieses) gebaut worden. Vor zehn Jahren wurde es aus der Luft entdeckt. Von einem vier bis fünf Meter breiten Graben umgeben, ist das Lager stets ein Holz-Erde-Kastell geblieben, in dem Infanteristen untergebracht waren, die von einer Reiterabteilung unterstützt wurden. Vom Kastell, dessen exakte Größe noch nicht feststeht, ist nichts zu sehen. Nur aus der Vogelperspektive sind Teile des Umfassungsgrabens zeitweise zu erkennen.

Die Sibylle und die Römer. Die Sibylle von der Teck, die unterhalb der Burg in einer Höhle wohnte, soll – so geht die Sage – aus Gram über ihre drei mißratenen Söhne ihre Wohnung für immer verlassen haben. Mit einem großen, von feurigen Katzen gezogenen Wagen fuhr sie übers Land und hob ab gen Himmel. Der Wa-

gen hinterließ im Dettinger Tal eine deutlich sichtbare Räderspur, die den Beobachtern immer Rätsel aufgegeben hatte. Nun ist aber geklärt, wie die 600 Meter langen, kerzengeraden, parallelen Spuren wirklich entstanden sind. Die

Die Sibyllenspur zieht schräg durchs Lautertal in Richtung Teck (links oben).

Spur ist nicht sagenhaft, sondern römisch. Es ist der erste ausgebaute Limes in Süddeutschland – so, wie man sich einen römischen Limes vorstellt: Zwei parallele Spitzgräben, anderthalb Meter tief und 3,6 beziehungsweise 2,8 Meter breit, und dahinter eine in ein schmales Gräbchen gesetzte Palisade aus Holzpfosten mit hinterschüttetem Erdwall, der als Wehrgang diente.

Einen Riegel vorgeschoben. Der Sibyllenspur-Limes zieht von der Teck quer durchs Lautertal genau in Richtung auf das Kastell Köngen. Er sollte das Tal abriegeln. Eine kleine Infanterieeinheit, vielleicht 100 Mann stark, überwachte ihn von einem direkt dahinter liegenden, Drittelshektar großen Kleinkastell aus. Limes und Kastell schlossen die Lücke zwischen dem Neckarlimes bei Köngen und dem Alblimes bei Donnstetten. Offenbar befürchteten die Römer ernsthaft Überfälle »leichtfertiger, durch die Not waghalsig Gewordener«, wie es bei Tacitus heißt, die das Dekumatland nördlich des Albtraufs nach dem Abzug der Helvetier in Besitz genommen hatten und unsicher machten. Sollte die in ihrer Zeit ungewöhnliche Grenzsicherung gar Kelten den Weg in ihr altes Oppidum Heidengraben versperren? Oder sollte sie nur die besonders wichtige Fernstraße vom Rhein an die Donau, die nun über Köngen–Dettingen–Donnstetten–Ursprung verlief, schützen? Der Lautertal-Limes ist noch vor der Jahrhundertwende gebaut worden und hat etwa eine Generation lang bestanden.

Kurzes Gastspiel. Schließlich haben die Besatzer von südlich der Alpen eine noch weiter nördliche, noch kürzere Verbindung zur Donau geschaffen. Sie führte vom Neckar das Filstal hinauf und weiter nach Heidenheim. Diese Straße sicherte das 1966 vom Flugzeug aus entdeckte 2,2 Hektar große Kohortenkastell bei Eislingen. Das Lager ist sicher nie in Stein ausgebaut worden. Ausgrabungen fanden noch nicht statt. Der Lautertal-Limes konnte nun aufgegeben werden. Doch auch das Kastell Eislingen wurde bald überflüssig.

Die knapp 2500 römischen Soldaten der Hilfstruppen, die in den Kastellen im Bereich der Schwäbischen Alb in Garnison lagen, hatten dort nur ein kurzes Gastspiel gegeben. Schon um

Rätische Mauer (rechts), hölzerner Wachturm (links) und sein Nachfolger aus Stein (Mitte) im Mahdholz bei Rainau-Schwabsberg.

110 waren die beiden Militärlager in Burladingen und Gomadingen aufgelöst worden. Ein Viertel der Besatzer auf der Alb rückte damals ab. Rund 40 Jahre später erhielten auch die Infanteristen und Kavalleristen in den anderen Lagern ihre Marschbefehle. Die neue Grenzlinie wurde nun auf den Nordhang des Remstales vorverlegt. Kaiser Antoninus Pius (138–161) hatte das angeordnet.

Wacht an der Teufelsmauer. Zwischen 155 und 165 herrschte am rätischen Limes rege Bautätigkeit. Dieser Limes wurde zuerst mit einer Holzpalisade, im Endausbau dann mit einer drei Meter hohen Mauer, der rätischen Mauer, versehen. In Abständen standen anfangs hölzerne, später steinerne Wachtürme, von denen

herab die Besatzung die Grenze überblicken und bewachen konnte. Das westlichste der Kastelle am rätischen Limes, der im Mittelalter den Namen Teufelsmauer erhielt, weil die Gläubigen sich ihn nur als das Werk des Leibhaftigen vorzustellen vermochten, lag beim Schirenhof in Schwäbisch Gmünd. Im Osten folgte das Kohortenkastell in Böbingen, wo 500 Infanteristen wohnten, die vermutlich zuvor im Kastell Ursprung in Garnison gelegen hatten.

Residenz am Limes. Dann folgte im Osten das Reiterkastell Aalen. Hierhin, das ist durch Inschriften bezeugt, war die Ala II Flavia mit ihren 1000 Reitern aus Heidenheim umgezogen. Das sechs Hektar große Aalener Lager war das größte Kastell am rätischen Limes und Sitz des Abschnittskommandanten. Er residierte in dem etwa 65 x 60 Meter großen Stabsgebäude im Lager, das in den vergangenen Jahren ausgegra-

Das zentrale Stabsgebäude (Principia) des Reiterkastells in Aalen hat gewaltige Ausmaße. Hinten das neue Limesmuseum.

ben und nun restauriert worden ist. Wegen der besonderen Stellung des Reiterpräfekten hatte sein Stabsgebäude nicht nur die Dimensionen großer öffentlicher Verwaltungsgebäude; es besaß zum Teil auch deren Funktionen. Kapitol, das geht aus einer jüngst gefundenen Inschrift hervor, nannten die Römer nicht nur den höchsten Staatstempel in Rom, sondern auch das fast 70 Quadratmeter große Fahnenheiligtum der Aalener Kavallerieeinheit. Im Keller darunter befand sich die Truppenkasse. Die Principia, so der römische Name für das Zentralgebäude im Kastell, vereinigte nicht nur Schreibstuben, Waffenkammern und Versammlungsräume samt Exerzierhalle in einem breitangelegten Bauwerk, hier wurde auch Recht gesprochen, wurden Ansprachen gehalten, Proklamationen verlesen.

Das Kastell Aalen war um 160 zunächst aus Holz und Erde gebaut worden. Anfang des 3. Jahrhunderts ist es dann in Stein errichtet worden.

Der nächste Stützpunkt der Römer an der Limesmauer war das Kohortenkastell in Rainau-Buch, welches das Jagsttal überwachen sollte. Dann bei Rainau-Dalkingen, nordöstlich von Buch, wo der alte Verkehrsweg durchs Jagsttal die Grenze des Römischen Reiches querte, folgte die Feldwache, wo Soldaten ein Tor im Limes bewachten. Nach seinem Sieg über die Alamannen 213 ließ Kaiser Caracalla aus der einfachen Feldwache ein triumphbogenartiges Torgebäude machen.

Kreistag in Heidenheim. Im 2. Jahrhundert sind die Gebiete, die durch die Eroberung in kaiserlichen Besitz gelangt waren, zum Teil und allmählich aus der kaiserlichen Verwaltung in

Mit vorgeblendeten gesägten Tuffsteinen war die Fassade des Prunktors von Dalkingen zum Reichsinnern hin dekoriert. Vor dem Limestor stand eine überlebensgroße Statue des Kaisers Caracalla.

eine Art kommunaler Selbstverwaltung überge- gangen. Dies natürlich nicht im grenznahen Be- reich, der unter Militärverwaltung stand. Die nun gebildeten Gebietskörperschaften von der Größe mehrerer Landkreise heute hatten einen stadtähnlichen Vorort als Verwaltungs-, Wirt- schafts-, religiösen und kulturellen Mittelpunkt. Für die Mittlere Alb ist – soweit sie zur Provinz Obergermanien gehörte – dieser Sitz in Rotten- burg gewesen.

Für Rätien sind die Verhältnisse weniger klar. Möglicherweise war auch Aquileia (Heiden- heim) solch ein Civitas-Vorort, so daß hier der Kreistag für den gesamten Bereich der Ostalb zusammentrat. Von einem Forum mit Marktba- silika, wo Recht gesprochen, Versammlungen mit Vertretern der Kreisgemeinden abgehalten, Kommunalpolitisches debattiert und beschlos- sen wurde, ist in Heidenheim aber noch nichts entdeckt worden. Nur die außergewöhnlich gro- ßen Thermen – es sind die größten in Südwest- deutschland –, die unter und neben der neuen Fernsprech-Knotenvermittlungsstelle der Bun- despost ausgegraben wurden und nun im »Mu- seum im Römerbad« besichtigt werden können,

deuten auf eine überregionale Bedeutung Hei- denheims hin. Die symmetrisch angeordnete, um einen Innenhof angelegte Badeanstalt mißt wohl rund 70 x 70 Meter. Die Bau-, Betriebs- und Unterhaltungskosten der Riesenanlage müssen so gewaltig gewesen sein, daß sie die fi- nanziellen Möglichkeiten eines kleinen Lager- dorfes weit überstiegen hätten.

Erlebnisbad und Freizeitcenter. Zu den wich- tigsten zivilisatorischen Errungenschaften, wel- che die Römer ins Land gebracht hatten, gehört das Badewesen. Früh schon hatten die Südlän- der den Zusammenhang zwischen Hygiene und Gesundheit erkannt. So hatte jede Stadt ihre Thermen, jedes Kastell und Lagerdorf sein Ba- dehaus, und auch die Gutshöfe besaßen separate Bäder oder wenigstens Badezimmer im Haus. Das Bad diente aber nicht nur der Sauberkeit und Hygiene. Es war Freizeitcenter und Gesell- schaftstreff. Erlebnisbad heißt das heute. In gro- ßen Übungshallen, wie im Heidenheimer Bad, konnte man sich dem Spiel und Sport hingeben. Vielleicht hat eine zehn Meter breite und mit 27 Metern Länge noch längst nicht vollständig ausgegrabene beheizbare Halle als winterlicher

Sportsaal gedient. Andere Badebesucher hielten sich lange im Warmbad auf, wo man Bekannte zum Plausch treffen konnte, tranken und unter- hielten sich mit Spielen.

Bäder waren auch wichtiger Bestandteil der Truppenbetreuung. Denn was sollte ein Soldat, beim Jupiter!, in einem gottverlassenen Ort auf der rauhen Alb an seinem dienstfreien Nachmit- tag sonst auch anfangen? Bei einer Sauftour durch die Kneipen des Lagerorts oder für Da- menbekanntschaften war der Sold rasch aufge- braucht. Und kalt war's im Winter auch. So bot sich ein mehrstündiger Besuch im geheizten Mi- litärbad an.

Heimat unter fremden Sternen. Wo immer die Hilfstruppen ein Standlager aufschlugen, ein ziviler Troß folgte ihnen und ließ sich daneben

Ein Teil der großen Ther- men von Heidenheim kann im »Museum im Rö- merbad« unter dem neuen Postgebäude besichtigt werden.

Glanz und Gloria im Ostalbkreis

Roms Glanz und Gloria, seine kulturellen Lei- stungen, mehr aber noch seine militärischen Ta- ten hierzulande, sind in Auswahl im Ostalbkreis zu besichtigen. Unter Dach und Fach gebracht sind sie m neuen *Limes-Museum* in Aalen, ei- nem Zweigmuseum des Württembergischen Landesmuseum. Wichtige und anschauliche Funde lassen dort das zivile wie das militärische Leben zur Römerzeit für den Betrachter wieder lebendig werden. Am Eingang zum Museum passiert er das linke Seitentor des *Alenkastells*. Ein Blick aus dem Fenster fällt auf die ein- drucksvollen konservierten Mauerreste des *Kommandanturgebäudes*. Im benachbarten *Parkmuseum* bei der Stadthalle sind 16 Kunst-

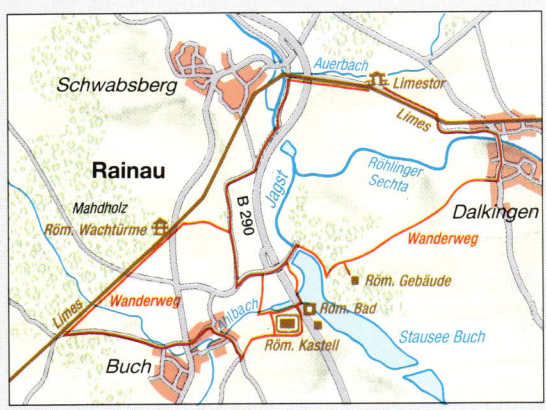

steinabgüsse römischer Steindenkmäler des 2. und 3. Jahrhunderts zu sehen.

Zu erwandern oder von Parkplätzen aus be- quem erreichbar sind im *Freilichtmuseum am rä- tischen Limes* weitere Römerspuren. Im Wald Mahdholz von Rainau-Schwabsberg an der

L 1074 ist ein Stück der *rätischen Mauer* wieder aufgebaut und das Fundament eines *steinernen Wachturms* restauriert worden. Unweit davon steht ein hölzerner, palisadenumwehrter *Limes- wachturm,* der ein Vorgänger des steinernen war. Seine Bauweise entspricht allerdings nicht der römischen. Nicht mehr zu sehen ist die Pali- sade aus halbmeterstarken gespaltenen Eichen- stämmen, die am Südrand von Schwabsberg 1976 aufgedeckt worden war. Die Hölzer sind exakt im Jahr 165 verbaut worden.

Der mit dem Prunktor von Dalkingen im Kreis als Wanderzeichen markierte Weg führt weiter zum *Limestor* und über Dalkingen zurück zum Jagststausee. Dort sind die restaurierten Mauer- reste des Südtors von *Kastell Buch, das Kastell- bad* sowie ein als repräsentatives *Wohnhaus* des Kommandanten von Buch oder als »Hotel Reichsgrenze« bezeichnetes Rasthaus samt se- paratem Badegebäude zu besichtigen. Im La- gerdorf, das vor dem Neubau der B 290 in Tei- len untersucht worden war, sind reiche Funde gemacht worden, die im Aalener Museum ge- zeigt werden.

Reihenhäuschen mit Fachwerk. Zivile Lagerdörfer sind bei fast jedem Kastell auf der Alb bekannt, oft freilich nur durch Zufallsfunde. Näheres weiß man durch Grabungen aber nur vom Lagerdorf Buch und von dem bei Burladingen. Die Häuser der Handwerker und Händler, meist handtuchartig-schmale, in Reihenbauweise errichtete Langhäuser, säumten mit der Schmalseite die Straße, die das Kastell mit dem nächsten verband. Von einem überdachten Gang parallel zur Straße, der häufig unterkellert war, gelangte man in die Werkstatt oder ins Kontor des Händlers. Die Privaträume lagen hinten hinaus.

Die Lagerdörfer, die zentrale Marktorte waren, dienten nicht nur Handwerk, Handel und Gewerbe, sondern bildeten auch gesellschaftliche, kulturelle und vor allem kultische Mittelpunkte der Gegend. Sie existierten weiter als die Soldaten um 110 beziehungsweise 150 wegzogen. Längerfristig wurde aber deutlich, wie sehr sie

Zwei 20 cm hohe Kannen und eine Parfümflasche aus Messing gehören zu den vielen Funden aus Brunnen des Lagerdorfs in Buch.

nieder. Alle Arten von Truppenbetreuern, Unterhaltungskünstler, Wirte und Dirnen, vor allem aber auch Händler und Handwerker waren darunter und auch die illegalen Ehefrauen der Auxiliarsoldaten samt der Kinderschar. Denn die Troupiers, die nicht aus Italien stammten, erhielten, jedenfalls bis zur Constitutio Antoniniana 212, erst mit ihrem Ausscheiden aus dem Militärdienst die bürgerlichen Ehrenrechte und damit das Recht, eine legale Ehe eingehen zu können.

Von persönlichen Bindungen einmal abgesehen, lockte die Aussicht auf Verdienst und Gewinn die Menschen ins fremde Land. Und dort, im Lagerdorf (vicus), lebte man dann eng zusammen, nach vertrautem Lebensstil, und schuf sich ein Stück »Heimat« unter fremden Sternen. Angezogen durch die römische Kultur oder auch nur durch die Möglichkeit, Geld zu verdienen, gesellten sich bald Einheimische, wohl Kelten, unter die Lagerdorfbewohner und wurden assimiliert.

Das Herrenhaus von Inzigkofen gehört zum gängigsten Bautyp eines Gutshofs. Einen halboffenen Säulengang (Porticus) flankieren auf der Schauseite zwei turmartige Eckrisaliten, in denen beheizbare Räume lagen. Die Frontseite war zum Teil unterkellert. Die Seitenflügel mit weiteren Gemächern und die Rückfront umschließen den Innenhof (Atrium).

eben doch vom Militär gelebt hatten. Der Kaufkraftverlust machte sich bemerkbar. Die zivile Bevölkerung im Einzugsbereich des Vicus war wohl doch nicht sehr zahlreich und nicht sehr konsumfreudig. Die Lage auf der Alb war eben nicht so günstig.

Die Siedlungsstruktur in Gomadingen wandelte sich vom Vicus zum Gutshof. Auch in den verkehrsgünstiger gelegenen Burladingen und Donnstetten ist im 2. Jahrhundert ein Siedlungsrückgang festzustellen. Die Wirtschaftskrise im Reich in der ersten Hälfte des 3. Jahrhunderts ließ die Lagerdörfer auf der Alb weiter verkümmern. Schließlich bereiteten ihnen die Alamannenüberfälle, jener von 233 hatte offensichtlich die Südwestalb erreicht und in Unterdigisheim einen Gutsbesitzer veranlaßt, sein Geld zu vergraben, ein Ende.

Nach Gutsherrenart. Die wichtigste, jedenfalls bei weitem häufigste Siedlungsart war der Gutshof (villa rustica). Auf der an sich dünn besiedelten Alb zählt man rund 150 Gutshöfe, knapp die Hälfte davon auf der Ostalb. Sie liegen meist an leichten Hängen in den Tälern. Die Gutsanlagen auf der Alb waren entsprechend Boden und Klima eher von kleiner bis mittlerer Größe. Auf weidewirtschaftliche Niederlassungen deuten Römerfunde vom Lochenstein und der Schalksburg, vom Farrenberg bei Talheim, vom Staufen bei Tailfingen und vom Rosenstein hin.

Einheimische, aber auch römische Kolonisten und vor allem Veteranen, die mit einer beträchtlichen Abfindung nach 25 Jahren den Dienst in der Armee quittiert hatten, pachteten oder kauften kaiserliches Domänenland, um einen Gutshof zu errichten oder zu übernehmen. Im Hauptwohnhaus lebte dann der Pächter oder Besitzer samt Familie nach Gutsherrenart – zumindest, wenn er genügend Personal hatte und nicht mehr selbst kräftig zulangen mußte.

Das Gutsherrenhaus war anfangs aus Holz, später aus Stein gebaut und mit Ziegeln gedeckt. Darum herum gruppierten sich noch, je nach Größe der Anlage und Reichtum des Gutsherrn, ein oder mehrere Wirtschaftsgebäude wie Scheuern, Stallungen, Darren, Remisen, Werkstätten, Unterkunftshäuser für das Gesinde, Tempel und Badehaus. Die ganze Anlage war von einer Hofmauer umgeben.

Zulieferer fürs Militär. Die römischen Gutshöfe waren Selbstversorger nicht nur bei Lebensmitteln, sondern auch bei den gängigen Handwerksarbeiten. Die zentrale Lage mit den kurzen Wegen und die großflächige Bewirtschaftung, ähnlich Farmen, ermöglichten es dem Gutsherrn, darüber hinaus erhebliche Überschüsse zu produzieren, mit denen die Bevölkerung in den umliegenden Städten und Dörfern versorgt wurde – vor allem aber das Militär. Die römischen Truppen waren Großabnehmer und sichere Kunden zugleich. Um die großen Mengen von Getreide, Gemüse, Milchprodukten und Fleisch leicht transportieren zu können, lagen die villae rusticae in der Nähe von größeren Straßen. Namentlich auf der Ostalb liegen sie, mit kurzen Stichstraßen angeschlossen, oft dicht hintereinander.

Tempelhof an der Brenz. Einen einmaligen, bisher unbekannten Siedlungstyp, den sie selbst noch nicht sicher deuten können, haben Archäologen in Sontheim/Brenz entdeckt und

freizulegen begonnen. Auf einer fast vier Hektar großen, trapezförmigen Fläche, von einer Mauer mit Toren umgeben, lagen seit der Mitte des 2. Jahrhunderts mindestens 18 Gebäude. Darunter befanden sich eine ganze Reihe von Tempelgebäuden und Kultstätten, kapellenförmige Sanktuarien, Umgangstempel, Antentempel und Tempelhallen – mit und ohne umgebendes Mauergeviert. Die Kultbauten standen aber nicht alle zur gleichen Zeit. Es ist nicht bekannt, welcher Gott oder welche Gottheiten hier verehrt wurden. Sicher ist nur, daß die Ursprünge bis in die Okkupationszeit zurückreichen.

Im Herzen der Anlage, die man als Tempelhof bezeichnen kann, lag ein gallo-römischer Umgangstempel, der, mehrfach verändert, die Entwicklungsgeschichte eines solchen Heiligtums exemplarisch erkennen läßt. Man sieht in den Umgangstempeln die gemauerten Nachfahren der keltischen Viereckschanzen. Sie, wie auch »unrömische« Hausgrundrisse sprechen für einen starken Einfluß der einheimischen Bevölkerung, der keltischen Vindeliker, in Sontheim.

Kult und Kommerz. War die völlig einmalige Anlage in Sontheim möglicherweise ein religiöses Zentrum für die von vielen Gutshöfen geprägte Umgebung, so war sie doch wohl auch eine Art Staatsdomäne mit Finanzamtsfunktion. Der erhebliche Bauaufwand, eine 135 x 8 Meter große Lagerhalle und das stattliche

Wohnhaus des Platzverwalters verraten die Hand des Staates. Die sehr verkehrsgünstige Lage in einer Straßengabelung und die großzügigen Straßen und Plätze im Inneren der Siedlung deuten auf die Funktionen einer Straßenstation und eines überregionalen Marktes hin. Kult und Kommerz sind in Sontheim eine glückliche Ehe eingegangen. Hierher wallfahrteten die einen, um die Götter zu verehren und mit ihnen ein Geschäft zu machen (»Hilfst Du mir, stifte oder opfere ich Dir!«), und die anderen, um mit den Gläubigen dabei ins Geschäft zu kommen. Und der Staat kam auch nicht zu kurz. Es dürfte bei den Geschäften sicher nicht nur um Devotionalien gegangen sein.

Von der kerzengeraden Römerstraße bei Geislingen, die von Heidenheim (links) nach Donnstetten führt, biegt die Verbindung nach Urspring ab. Römerstraßen sind meist 5 Meter breit und verlaufen auf einem Damm aus mehreren Schichten (Straten) von Stein, Kies und Sand. Der Straßendamm ist leicht gewölbt, damit das Regenwasser in die Straßengräben abfließen kann.

Schnellstraßen über die Alb. Die Römer hatten die Bedeutung guter Straßen erkannt und als erste hierzulande mit dem Bau von Kunststraßen im großen Umfang begonnen. Lange Zeit fanden sie keinen Nachfolger. Direkte und gute Straßen, Schnellstraßen, waren nicht nur für Truppenbewegungen und für die Reisen von Staatsbediensteten, sondern auch für den Warenverkehr sehr wichtig. Straßenbau war eine strategische, aber auch eine Infrastrukturmaßnahme. Kurze Stücke der Alblimes-Straße sind noch zu sehen südlich von Bitz, nördlich Burladingen, bei Geislingen und nördlich von Nattheim. Von einer Straßenbrücke stammt ein Inschriftenstein, der in der Kirche von Herbrechtingen-Hausen ob Lontal vermauert ist. Es ist die – unvollendet gebliebene – späteste römische Inschrift in Württemberg und datiert aus dem Jahr 256. Damals hatte der auf dem Stein genannte Kaiser P. Licinius Gallienus (253–268) nach einem Sieg über die Germanen den Titel Germanicus angenommen. Des Sieges konnte er sich nicht lange erfreuen.

Adel und Christentum

Alles rennet, rettet, flüchtet. Von 233 an haben die Alamannen immer wieder das Land hinterm Limes überfallen: 242, 244, 254. Und mindestens zweimal galt ihr Vorstoß dem westlichen Rätien. Eilig vergruben die Vermögenden Münzen, Schmuck und Bronzegeschirr. In Wilsingen, Hettingen und Sigmaringen kamen Schatzfunde aus jener Zeit zutage. Nach seinem Sieg 255 hat Kaiser Gallienus laut Münzinschriften in den Jahren bis 260 mindestens fünf weitere Siege über die Alamannen erfochten. Machtkämpfe in Rom, für die die Truppen am Limes abgezogen und nach Pannonien geschickt wurden, boten dann den Alamannen 259/60 die Gelegenheit, die schwachen Grenzsicherungen der Römer hinwegzufegen und das Land hinterm Limes zu überrennen. Entsetzt floh vor den Barbaren, wer von der gallo-römischen Bevölkerung etwas zu verlieren hatte, und sei es »nur« das Leben. Vor allem waren es die Wohlhabenden, römischer wie keltischer Abstammung, Gutsbesitzer und Beamte, reiche Kaufleute, betuchte Handwerker und Künstler – Menschen, die den römischen Lebensstil fortan nicht missen wollten. Sie benützten für die Hals über Kopf angetretene Flucht die guten Römerstraßen, in deren Nähe allemal auch die Hortfunde gemacht wurden. Die Straßen dienten natürlich auch dem raschen Vorankommen der alamannischen Kriegertrupps, die plündernd und raubend, mordend und sengend, und alles Römische blindwütig zerstörend durch die Gegend streiften. Sie stießen nicht mehr auf viele Einheimische, denn schon in der ersten Hälfte des 3. Jahrhunderts war, durch die Wirtschaftskrise ausgelöst, auf der Alb eine Bevölkerungsabnahme festzustellen. Nach 233, als manch einer nicht mehr darauf vertrauen wollte, daß es den römischen Soldaten auf Dauer gelingen

werde, die Alamannen vom Reichsgebiet fernzuhalten, war die Wegzugswelle noch angeschwollen.

Das Leben geht weiter. Freilich war auch in der *frühen Alamannenzeit* (260–5. Jh.) die Alb nicht menschenleer. Manchem hatte es zur Flucht nicht mehr gereicht. Manche Soldatenfrau wollte im Lagerdorf in der Nähe ihres Mannes bleiben, und andere glaubten, sich mit den Alamannen schon arrangieren, mit ihnen Geschäfte machen zu können. Viele, sicher, hatten auch an Materiellem nicht viel zu verlieren – Knechte und Mägde auf den Gutshöfen etwa, Tagelöhner und Sklaven. Ihnen mochte der neue Herr so lieb sein wie der alte Patron. In den Lagerdörfern von Heidenheim und Aalen überdauerten regelrechte römische Siedlungsinseln, deren Ende erst in der zweiten Hälfte des 4. Jahrhunderts kam, wie ein um 350 vergrabener römischer Münzschatz in Heidenheim erahnen läßt.

Das Leben ging unter den Alamannen irgendwie weiter. Die germanischen Kriegerscharen waren vielfach zusammengewürfelte Haufen der viele Teilstämme umfassenden elbgermanischen Sueben – darauf deutet der Name Alle Mannen hin – ein lockerer Zusammenschluß von kampflustigen Abenteurern, die durchs Land streiften. Die meisten von ihnen wollten Beute machen, sich den Lebensunterhalt statt mit kontinuierlicher Arbeit mit dem Schwert in der Hand erstreiten. Da konnte es vernünftig sein, die verbliebene Bevölkerung, wenn sie nur kuschte, weiter arbeiten zu lassen, um dann bei ihr abkassieren zu können.

Wohnen in Ruinen. Andere, vor allem von den aus dem Nordosten nachrückenden Alamannen, werden sich in Höfen und Weilern niedergelassen haben. Sie konnten sich dabei der von

den Römern im Stich gelassenen freien Flächen mit guten Ackerböden oder fetten Weiden bemächtigen. Gelegentlich siedelten sie auch in den römischen Gutshöfen, haben aber, da sie die Steinbaukunst nicht beherrschten (und Steinhäuser ohne Heizung im Winter auch reichlich kalt sind) Holzbauten darin errichtet.

Es sind ein- oder zweischiffige Pfostenbauten mit Fachwerkwänden unterschiedlicher Größe und Funktion.

Holzhäuser nach Römersitte. In Sontheim im Stubental ist ein 0,5 Hektar großer Teil eines befestigten, im Süden und Osten von einer doppelten Palisade umgebenen frühalamannischen Weilers ausgegraben worden. Ein Tor mit Torturm regelte den Zugang. Ein auf besonders massiven Pfosten ruhendes, 6 x 6 Meter großes Haus, das sich von den leichter gebauten Wirtschaftsgebäuden abhebt, scheint zum Herrenhof zu gehören, der die höchste Stelle des Areals einnahm. Der Adelssitz ist in der 2. Hälfte des 4. Jahrhunderts wieder aufgegeben worden. Auch nördlich, außerhalb der Palisade, kamen mehrere Gebäude, darunter Stallungen und Speicherbauten, zum Vorschein, die sich zu einem Gehöft zusammenschließen lassen. Das 9 x 13 Meter große Wohnhaus des Gehöfts, der massive Pfostenbau mit seiner portikusartigen Vorhalle im Süden sowie andere Details der ganzen Anlage erinnern an einen römischen Gutshof und bestätigen damit, was Ammianus Marcellinus geschrieben hat: Die Germanen bauten ihre Häuser zwar aus Holz, aber teils nach römischer Sitte.

Rar und nur in guter Lage. Die Zahl germanischer Weiler und Gehöfte – sie lagen allesamt in den Tälern, nicht auf der Hochfläche der Alb – dürfte in frühalamannischer Zeit nicht groß gewesen sein. Das Land war mehr beherrscht als

Rekonstruktionszeichnung vom Wohnhaus und den Ökonomiegebäuden eines frühalamannischen Gehöfts in Sontheim im Stubental.

besetzt. Doch die Lage der Siedlungen war gut gewählt. Bekannt und spätestens im 4. Jahrhundert angelegt, sind Urspring und Sontheim im Stubental an der Römerstraße vom Rhein zur Donau, Gammertingen an der Straße über die Alb, die von Rottenburg über Burladingen nach Laiz führte, Kirchheim/Teck und (um 400) Reutlingen an weiteren Albquerstraßen. Für Ulm im Donautal gilt ähnliches. In Großkuchen schließlich, wo die Siedlung schon im späten 3. Jahrhundert beginnt, war wohl die dort mögliche Eisenverhüttung ausschlaggebend.

Der kleine König vom Ermstal. Im 3. und 4. Jahrhundert starteten die Römer immer wieder Gegenangriffe, die sie entlang der Straßen auch auf die Alb führten. Vergrabene Münzschätze aus jener Zeit sind bei Tuttlingen und Immendingen gefunden worden. Um 300 datieren Funde aus Höhlen am Rosenstein, im Lonetal,

bei Indelhausen und Veringenstadt. Und in der Sontheimer Höhle bei Blaubeuren wurden sogar mehrere Menschen bestattet. Das Schutzsuchen in befestigten Höhensiedlungen auf dem Rosenstein, wo eine Wallanlage wieder ausgebaut wurde, auf dem Lochenstein und vor allem auf dem Runden Berg bei Urach wird aber nicht nur Ausdruck des Willens gewesen sein, sich von den Römern nicht mehr aus dem Lande vertreiben zu lassen, sondern auch der Sicherung von Hab und Gut vor vagabundierenden alamannischen Kriegerscharen und dann der Festigung der eigenen Machtposition gedient haben. Des Umherziehens leid, waren einige dieser Alamannenscharen seßhaft geworden. Aus den militärischen Anführern wurden Regenten mit politischer und wirtschaftlicher Macht – Kleinkönige, Reguli, wie die Römer sie nannten. Ein solcher Regulus hat sich den Runden Berg als Königssitz und Machtmittelpunkt erkoren. Von dem 250 Meter über dem Ermstal gelegenen 120 x 40 Meter großen ovalen Plateau hat er die östlichen

zwei Drittel mit einem 1,5 Meter starken Faschinenwerk umgeben lassen. Auf dem Bergplateau wohnten neben dem Burgherrn und seinen Gefolgsleuten auch Handwerker und Händler, und zwar innerhalb wie außerhalb der Umwehrung. Juweliere und Schmiede, Gürtler und Bronzegießer sind nachzuweisen und viele sehr wohlhabende Bewohner.

Ein alamannisches Herrschaftszentrum. Nach einem Brand zu Ende des 4. Jahrhunderts ist das Burgareal planiert und neu bebaut worden, diesmal von einer drei Meter starken, zweischaligen Steinmauer mit vorgesetzten Holzpfosten umgeben. Sie trennt ganz deutlich den Adels- oder Gaukönigssitz von den nun ausschließlich außerhalb, und je nach ihrer Wertschätzung näher oder ferner angesiedelten Handwerkern. Im Burgareal, das eines der Herrschaftszentren des alamannischen Siedlungslandes war, wohnte auch das adelige Gefolge des Kleinkönigs, wie Funde von kostbaren Gläsern und andere, nur den Bessergestellten vorbehaltene Luxusgegenstände zeigen. Die Adeligen konnten sich den gewohnten anspruchsvollen Lebensstil weiter leisten. Zu einem standesgemäßen Leben gehörten nicht nur kostbare Waffen und Pferde, sondern auch allerlei Importwaren aus dem Römerreich. Die Bewohner des Runden Bergs lebten vom Handwerk und Handel sowie vom Schutz, den der Burgherr auch den Bauern in der Umgebung und in seinem Machtbereich gewährte.

Zur Ruhe gesetzt. Im Jahre 454 wurde der Feldherr des Römischen Reiches, Aegidius, ermordet. Nun brach die römische Grenzverteidigung nördlich der Alpen zusammen. Die ständigen Kämpfe zwischen Alamannenscharen und römischen Truppen hatten ein Ende. Man konnte nun keine Kriegsgefangenen mehr machen, die ins Germanenland verschleppt wurden, um dort den Arbeitskräftemangel zu lindern. Und auch mit dem Beutemachen war es schon lange nicht mehr weit her. Auch die letzten noch unstet umherstreifenden Trupps – Heimatlose, Entwurzelte, »Aussteiger« – setzten sich zur Ruhe, wurden seßhaft. Land für Bauerngehöfte und ganze Sippendörfer war vorerst genügend da. Man siedelte gerne an einem Wasserlauf – nicht nur der Viehzucht wegen. Und die

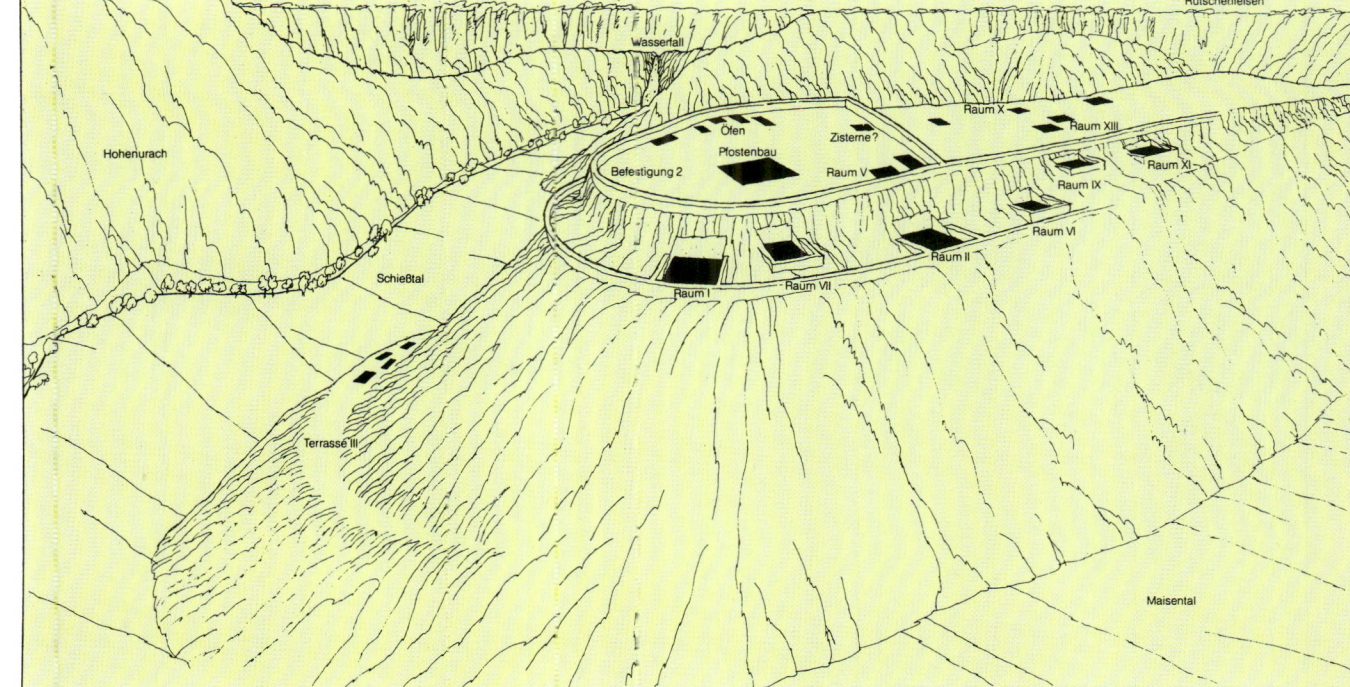

Der Runde Berg bei Urach während der Ausgrabung.

Die Zeichnung gibt den Zustand des Runden Berges nach 400 wieder (»Befestigung 2«), als im nördlichen Teil des Gipfelplateaus das Burgareal für den König und sein Gefolge mit einer Mauer abgetrennt war. Die Räume I, II, VI und VII sind Bastionen an der Umfassungsmauer, die übrigen numerierten Räume Grubenhäuser. In späterer Zeit war auch die Terrasse III von einer Mauer geschützt.

Ackerbauern achteten auf gute Bodenqualität. Der Landausbau hatte um die Mitte des 5. Jahrhunderts begonnen. Damals sind Siedlungen zum Beispiel in Pfullingen, Burladingen und Truchtelfingen, in Heidenheim, Schnaitheim und Fleinheim entstanden. Und der Runde Berg erlebte seine Blütezeit.

Reihenweise Tote. Mangels eigentlicher Siedlungsfunde und -befunde gründet unser Bild von Art und Umfang der alamannischen Niederlassungen vor allem in der Kenntnis von Gräbern. Noch im 3. und 4. Jahrhundert pflegten die Sueben – ein Name, der als Synonym nun wieder aufkommt – ihre Toten nach elbgermanischem

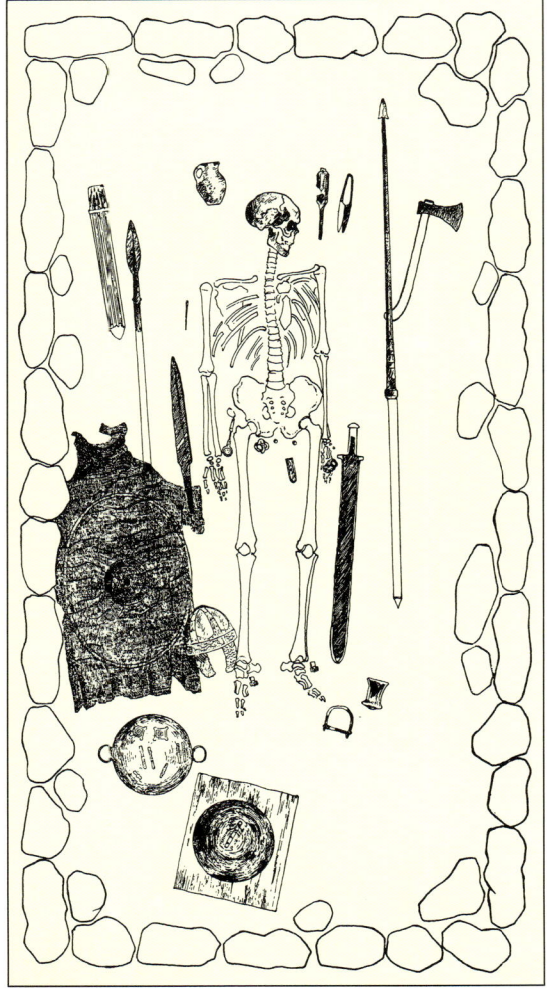

Alle seine Waffen, Schmuck und Gefäße hat der um 570 gestorbene »Fürst« von Gammertin-gen ins Grab mitbekommen. Es ist eines der reichsten Reihengräber Süddeutschlands.

Brauch zu verbrennen. Solche Brandgräber kamen in Ulm und Aufhausen zutage. Sicher trägt die Unauffälligkeit der Brandgräber dazu bei, daß die Spuren der Alamannen zur Landnahmezeit noch spärlicher bleiben, als sie es ohnehin sind.

Um 300 wandelt sich unter dem Einfluß römischer Bestattungsformen die Beisetzungsart. Vornehme Tote wurden nun unverbrannt beerdigt; die Männer allerdings mit ihren Waffen, die Frauen mit dem Festtagsschmuck, was nicht den römischen Gepflogenheiten entsprach. Die Körperbestattung setzte sich erst allmählich allgemein durch. Noch vor der Merowingerzeit, aber unter fränkischem Einfluß, beginnen die Alamannen um 500, die Toten eines Weilers, eines Sippendorfes, wie sie nacheinander gestorben sind, in Reih und Glied auf dem Ortsfriedhof zu beerdigen. Zu Ende des 5. Jahrhunderts, also vor Einführung des Christentums, tritt auch bei der Orientierung der Gräber ein Wandel ein. Die Toten im Reihengräberfriedhof blicken nun nach Osten statt nach Norden.

Die Franken sind stärker. Bei ihren Expansionsbestrebungen stießen die Alamannen allenthalben an Grenzen. Der Frankenkönig Chlodwig besiegte seinen alamannischen Gegenspieler 496 bei Zülpich (Tolbiacum) am Rhein, drängte das germanische Brudervolk nach Süden zurück und nahm ihm große Teile seines Siedlungsgebiets ab. Die siegreichen Franken drangen auch auf die Alb vor. Um 500 wurde der Burgsitz des Gaufürsten auf dem Runden Berg erobert und zerstört. Brandschichten, Versteckfunde und viele zerbrochene Waffen, welche die Archäologen ausgruben, sprechen eine deutliche Sprache. Auf der Alb war die *Merowingerzeit* (bis ins 8. Jh.) angebrochen. Erst 150 Jahre später hat ein reicher, in den Diensten des fränkischen Königs stehender alamannischer Adeliger seinen Sitz wieder auf dem Runden Berg genommen. Es muß ein kräftiger Zecher gewesen sein, denn man fand Scherben von Dutzenden wertvoller Trinkgläser. Auch auf dem Gräbelesberg ließ sich ein alamannischer Adeliger nieder.

Und wieder 100 Jahre später spielen die Franken für den Runden Berg erneut eine schicksalhafte Rolle. Der Burgherr, mit der Absetzung

des Alamannenherzogs offenbar nicht einverstanden, wird von den Franken in eine Falle gelockt und verliert beim »Blutbad von Cannstatt« 746, wenn nicht sein Leben, so doch Amt und Besitz. Die Burgsiedlung auf dem Runden Berg endet abrupt.

Namen sind Nachrichten. Im nach der neuen Grenzziehung zwischen dem alamannischen und dem fränkischen Stamm verkleinerten Siedlungsland war die zahlreicher gewordene Bevölkerung auf die Binnenkolonisation, auf den Landausbau, verwiesen. Da die besten Lagen im Altsiedelland schon im 5. Jahrhundert besetzt worden waren, werden in den folgenden Jahrhunderten die minder günstigen, aber immer noch ertragreichen Böden bewirtschaftet. Im 6. und 7. Jahrhundert entstehen auch auf der Alb in zunehmendem Ausmaß neue Hofstätten, Weiler und Dörfer. Die wasserarme Münsinger und die Geislinger Alb werden dabei eher gemieden, die wasserreichen Tuffmaare der Uracher Alb bevorzugt. Als Standort auf der Hochfläche wählt man gerne windgeschützte Mulden mit Hülen. Zuallermeist aber liegen die Siedlungen in den Tälern – etwa auf der Balinger und der Reutlinger Alb. Siedlungsschwerpunkte bilden sich im Brenz- und im Filstal sowie auf der Südwestalb bei Tuttlingen. Nachrichten über die fortschreitende Besiedelung der Alb geben uns die Ortsnamen.

Die größte Siedlungseinheit bilden die Sippendörfer. Ihre Namen enden meist auf -ingen, wobei das Stammwort ein Personenname ist – der des Sippenältesten oder Dorfgründers. Tuttlingen ist so der Ort »bei den Leuten des Tutilo«, wo die Tutilinge leben. Gelten die -ingen-Orte als die ältesten alamannischen Siedlungsgründungen im 5. Jahrhundert, so die auf -heim als die ältesten fränkischen. Das ist jedoch nur meistens richtig. Denn es gibt in viel jüngerer Zeit gegründete -ingen-Orte und es gibt alamannische Gründungen auf -heim. Zudem haben Siedlungen mitunter ihren Namen gewechselt. Kirchheim unter Teck hat im 4. Jahrhundert, als es noch keine Kirche besaß, gewiß anders geheißen.

Im 7. bis 10. Jahrhundert bildete man Ortsnamen im ältesten Ausbauland gerne mit den Endungen -hausen, -hofen, -stetten, -weiler und

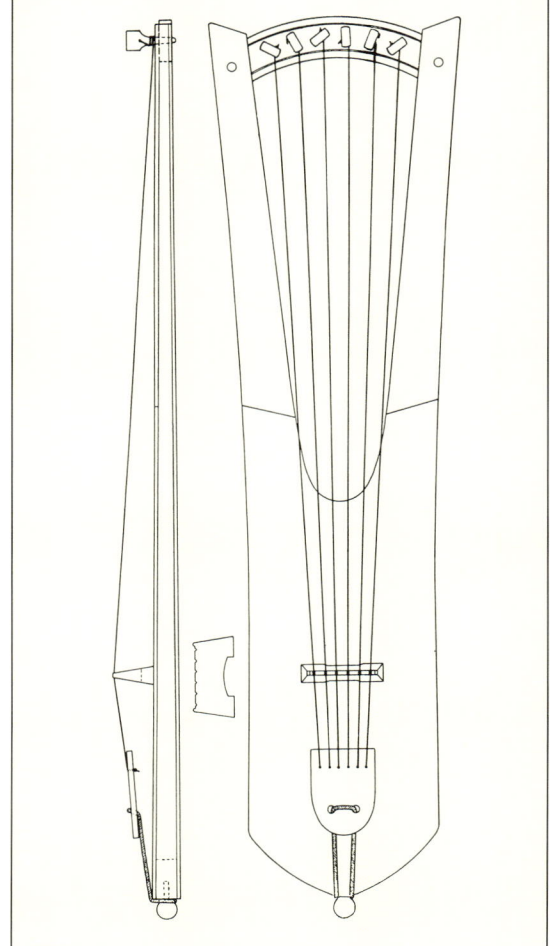

ner bildeten, wie im Leben, so auch im Tode, eine Gemeinschaft. Sie ruhten, einer neben dem anderen, im Gräberfeld. Diese Gleichbehandlung im Tode hat aber nicht lange gewährt. Die sozialen Unterschiede in der Gesellschaft, die sich im 6. und 7. Jahrhundert immer stärker herausbildeten, sollten auch unter den Toten gewahrt bleiben. Einige überdurchschnittlich Wohlhabende und solche, die im Dorf das Sagen hatten, wollten sich durch die Größe und die

Mit goldenen Almandinscheibenfibeln schmückte sich im 6. Jahrhundert die vornehme Dame in (von oben): Pfullingen; Donzdorf, Oberstotzingen; Pfullingen und Heidenheim. Natürliche Größe.

Sechssaitige Leier aus dem Grab des adeligen »Sängers von Oberflacht«, Anfang 7. Jahrhundert.

-dorf. Auf der Alb sind die -stetten-Namen besonders häufig, aber auch die -hausen-Orte zahlreich. Wie ein Gürtel ziehen sich -hofen-Orte von Ehingen bis Nürtingen quer über die Alb.

Aus kleinen Anfängen. Die Alamannen siedelten vielfach in Einzelhöfen oder in wenige Hofstellen umfassenden Weilern. Nahe beieinanderliegende Hofstätten sind im Laufe der Zeit zu einer Siedlung zusammengewachsen. So sind die Städte und Dörfer auf der Alb aus kleinen Anfängen entstanden. Acht bis zehn Höfe mögen ein Dorf gebildet haben, in dem dann rund 100 Menschen wohnten. Schätzungen

über die Bevölkerungszahl lassen sich auch aus den Befunden der allerdings fast stets nur in Teilen ausgegrabenen Reihengräberfriedhöfe ableiten. Die Zahlen reichen von zehn bis zu mehr als 1000 Gräbern – so in Sontheim/Brenz und Kirchheim/Teck. Um oder mehr als 300 Gräber im 6. und 7. Jahrhundert, wie sie in Lauchheim, Oberkochen, Fridingen, Nusplingen, Gammertingen und Oberflacht gezählt wurden, weisen schon auf große Ansiedlungen hin.

Gleich und ungleich. Ein Großteil der Kenntnisse über die Merowingerzeit stammt aus den Reihengräberfriedhöfen, die bis ins beginnende 8. Jahrhundert belegt wurden. Die Dorfbewoh-

Tiefe ihrer Grabgruben von den anderen abheben. Und vor allem natürlich durch die reichere Ausstattung mit Beigaben. Der Tote hatte Anspruch auf einen Teil seiner fahrbaren Habe – auf Waffen, Schmuck, Geräte, auf Pferd und Hund und Speis und Trank. Er lag in einem Holzsarg oder einem Totenbaum. In besseren Kreisen wurde der Sarg nicht einfach in die Grube gestellt, sondern in eine gezimmerte Holzkammer, die in das Grab eingebaut worden war. Im 7. Jahrhundert lösten Steinkammergräber, wie in Fridingen, oder etwas später in Pfullingen, die Holzkammergräber ab. Hügel wurden im 7. Jahrhundert über den Gräbern bedeutender Toter aufgeschüttet.

Aufwertung der Familie. An die Stelle der Dorfgemeinschaft trat seit der Mitte des 7. Jahrhunderts nun wieder die kleinere Familien- oder Sippengemeinschaft – allen voran beim Adel. Die mit Trockenmauern oder Steinplatten gebildeten Steinkammergräber waren Familiengrüfte, in denen mehrere, nacheinander Verstorbene Platz fanden, indem man die Überreste des zuvor Verblichenen einfach auf die Seite schob. Dieses freilich nur bei den vornehmen Familien beobachtete Verfahren bedeutet eine Absage an das strikte Nach- und Nebeneinander im Reihengräberfriedhof. So ist der Schritt nicht weit, daß eine adelige Familie ihre Gräber am

Rande des Ortsfriedhofs konzentriert (z. B. in Fridingen) und schließlich ihre Toten überhaupt nicht mehr auf dem Ortsfriedhof, sondern auf einem Separatfriedhof, einer Adelsgrablege (wie in Niederstotzingen), bestattet, die schon räumlich die Distanz zum gemeinen Volk ausdrückt. Die Bestattungen auf eigenem Grund beim Herrenhof und später, unter christlichem Einfluß, in oder bei der Kirche, bilden das Ende der Reihengräberfriedhöfe.

Das Handwerk blüht auf. Im späten 6. und 7. Jahrhundert wächst, an den Grabfunden ablesbar, die Zahl der überdurchschnittlich reichen und wirtschaftlich potenten Familien auf der Alb. Sie verschaffen durch ihre Aufträge allerlei Handwerkern Arbeit und Brot: Kammachern und Drechslern, Töpfern und Waffenschmieden, die Spatha und Schild fertigten, selbst Silberschmieden. Der niedere und mittlere Adel versorgt mit den Erzeugnissen eigener Ateliers sein ganzes Gebiet. Die Herstellung von Feinkeramik und raffinierten Silber- und Goldschmiedearbeiten blieb dagegen den großen Adelshöfen und zentralen Orten wie Kirchheim/Teck vorbehalten. Hier blühte auch die Kunst, wurden Schmuck, Trachtbestandteile und Waffen im »germanischen Tierstil« verziert. Die führende Adelsschicht war darüber hinaus auch für Fremdländisches, aus der römischen

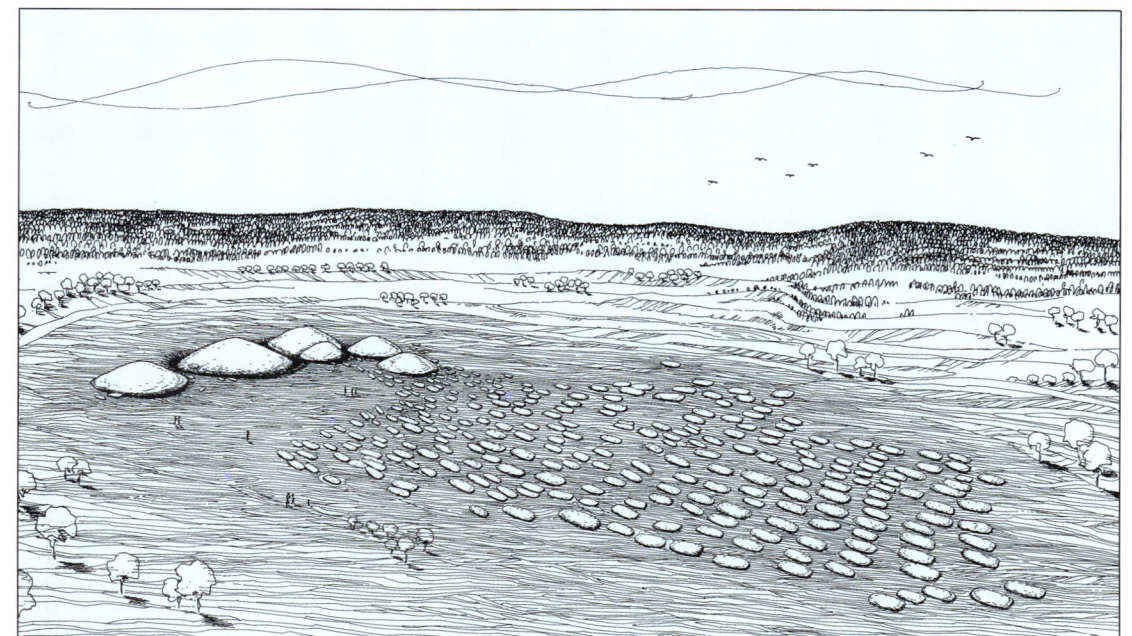

Das große Reihengräberfeld von Fridingen. Links, etwas abgesetzt und durch Erdhügel hervorgehoben, die Gräber der führenden Adelsfamilie, um 700.

Ein Beispiel für den frühen »germanischen Tierstil« gibt die Bügelfibel mit skandinavischer Tierornamentik aus Donzdorf, 14 cm lang.

Kultur Stammendes, aufgeschlossen, wie zahlreiche Importstücke zeigen. Die Eisenverhüttung ist im 7. und 8. Jahrhundert durch einen Schmelzofen in Heidenheim-Schnaitheim und Schlackenfunde bei Metzingen und Weilheim/Teck und Linsenhofen belegt.

Bei weitem die Mehrzahl der Älbler verdiente aber ihren Lebensunterhalt in der Land- und Weidewirtschaft. Denn die alamannische Gesellschaft war eine ländlich-bäuerliche, keine städtische. Der Großteil des Landes gehörte dem Adel, der an seinen Herrenhöfen Knechte und Hörige sowie Halb- und Unfreie beschäftigte, die Abgaben und Frondienste leisten mußten. Außerdem gab es noch freie Bauern.

Christianisierung von oben herab. Mit dem christlichen Glauben ist das Alamannenland nicht erst durch die Franken bekannt gemacht worden. Doch haben die Merowingerkönige die Ausbreitung des Christentums mit politischen Mitteln gefördert. Nicht aus religiöser Überzeugung, sondern aus politischer Vernunft, um ei-

Die Totenschlange mit gezacktem Leib – Symbol für das Totenreich – ziert den Deckel von zwei Baumsärgen des 6. Jahrhunderts aus Oberflacht.

nes profanen Vorteils willen, erfolgte oft die Annahme des Christentums. Die Idee der Gefolgschaft hat dabei eine Rolle gespielt. Der Adel, vielfach in fränkischem Königsdienst, ging dem Alamannenvolke bei der Annahme des christlichen Glaubens voran. Eines der ältesten Zeugnisse des Christentums in Süddeutschland stammt aus dem Grab einer Adeligen in Fridingen, um 525. Es war ein langsamer Prozeß der Christianisierung. Auch getaufte adelige Alamannen sind im 6. und 7. Jahrhundert noch stark heidnisch geprägt. Selbst im 8. Jahrhundert hatte sich das Christentum noch nicht überall ganz durchgesetzt.

Bekenntnis in Gold. Die Ausrichtung des Grabes nach Osten, die schon im 5. Jahrhundert begonnen hatte, ist kein verläßliches Indiz für den christlichen Glauben des Toten. Seit 600 finden sich in Gräbern von Männern, Frauen und Kindern vermehrt erste eindeutige Belege für das Christentum bei Alamannen. Es sind die sogenannten Goldblattkreuze, Kreuze aus hauchdünnem Goldblech, die auf ein schleierartiges Tuch aufgenäht und dem Toten auf Gesicht oder Mund gelegt wurden.

Diese Sitte haben die Alamannen von den Langobarden übernommen. Deutlich ein Importstück aus Italien ist das Goldblattkreuz von Lautlingen. Zumeist aber sind die Goldblattkreuze beim Ableben eines getauften Christen an Ort und Stelle aus dünnem Goldblech aus einem Stück – oder zweien, die dann überkreuz befestigt wurden – angefertigt. Die Goldblattkreuze sind häufig verziert. Man schlug die Goldfolie über ein Model, etwa eine Riemenzunge oder eine Münze. Daß dann eindeutig heidnische Motive das christliche Symbol schmückten, störte offenbar niemanden. 15 Stück, rund ein Drittel aller im alamannischen Siedlungsgebiet gefundenen Goldblattkreuze, kamen aus Gräbern auf der Alb zum Vorschein – in Andelfingen, Balingen und Burgfelden, in Gammertingen, Giengen/Brenz und Kirchheim/Teck, in Lautlingen, Lauchheim und Sontheim/Brenz, wo ein Bub derart seinen Glauben bekannte, sowie in Ulm und Wurmlingen bei Tuttlingen. Alb und Albvorland bilden also den Schwerpunkt der Goldblattkreuzfunde. Man kann annehmen, daß weniger begüterten

Das zweiflügelige Goldblattkreuz von Lauchheim stammt aus der 2. Hälfte des 7. Jahrhunderts und zeigt einen bärtigen (Christus- ?) Kopf und heidnische Tierstil-Elemente. Natürliche Größe.

Christen ein Kreuz aus vergänglichem Material ins Grab gelegt wurde. In einem vornehmen Grab in Oberflacht fand man durch besonders günstige Erhaltungsbedingungen ein seidenes Kreuz.

Adeliger Glaubensmix. Waren die Goldblattkreuze reines Totenbrauchtum – zu Lebzeiten hatten die Bestatteten die Kreuze nie getragen – so ist es mit dem Kreuzsymbol auf Scheibenfibeln, wie sie in Gräbern in Oberflacht, Eislingen und Sontheim/Brenz gefunden wurden, anders. Das mag auch für das mit einem Kreuz verzierte Gürtelgehänge einer Alamannin aus

Auf dem eisernen, mit Silber tauschierten Gürtelbeschlag von Donzdorf (Mitte 7. Jh.) ist die Schutzverheißung Gottes für den Träger des Waffengürtels in Latein geschrieben: »Es möge sich freuen, der mich erwirbt und mit mir gegürtet sein wird.« Länge 10,5 cm.

Ötlingen bei Kirchheim/Teck und für das silbertauschierte Kreuz aus dem 7. Jahrhundert, das in Wittlingen bei Münsingen ausgegraben wurde, gelten. In den Kreuzträgern stets glaubensfeste Christen sehen zu wollen, geht dennoch kaum an. Es ist vielmehr eine Art Glaubensmix, der da zum Ausdruck kommt – alte Vorstellungen im neuen Gewande. Mancher Alamanne ließ christliche Heilszeichen auf seinen Waffen und seinem Schmuck anbringen, um sich gegen dämonische Unholde zu schützen, um sich der Kraft des Christengottes im Kampf zu versichern, wie er dies bis dahin mit Symbolen des heidnischen Glaubens seiner Väter getan hatte. Christus war der neue Wotan. Auf einer in Weilstetten bei Balingen gefundenen Riemenzunge eines Gürtels ist in schlechtem Latein ein Psalmvers eingraviert: »Er hat seinen Engeln über dir befohlen, daß sie dich behüten auf allen deinen Wegen.«

Rückversicherer mit Amulett. Auch auf den Bronzezierscheiben der Frauen begegnen sich heidnische und christliche Zeichen in der Absicht, Unheil von ihrer Trägerin abzuwenden. Am Gürtel baumelte nun ein Kreuz neben den vielen heidnischen Amuletten – der Muschel und dem Bleikristall, dem Donarskeil, dem Schneckenhaus und dem durchbohrten Eckzahn. Es ist die Zeit des Übergangs von einem Glauben zum anderen, eine Zeit der geistig-religiösen Unsicherheit. Als eine Art Rückversicherung will man, was den Altvorderen heilig gewesen war, doch noch nicht ganz aufgeben. Ausdruck des Festhaltens am Alten, bis ins 8. Jahrhundert hinein, ist die Beigabensitte. Die Kirche hat den heidnischen Brauch, den Toten Waffen, Schmuck und Gerät ins Grab mitzugeben, bekämpft.

Ein Gotteshaus für den Herrn. Noch im 6. Jahrhundert beginnt auf der Alb der Kirchenbau. Bauherren sind die Adeligen, die nur für sich und ihren Hof eine Eigenkirche stiften. Die Stifter lassen sich dann auch in oder bei der Kirche beerdigen, so in Brenz und Burgfelden, Ebingen, Kirchheim/Teck, Nusplingen und Pfullingen. Diese Gräber in der Kirche sind nach kanonischem Recht nicht zulässig. Die Beerdigung an prominenter Stelle in der Kirche wird im 8. Jahrhundert verboten. Auf dem Hof der »Hofkirche«, eben dem Kirchhof, ruhen die Toten dann in geweihter Erde, dem Herrn nahe. Der Friedhof wird schließlich für alle christlichen Dorfbewohner an die Kirche verlegt, der Reihengräberfriedhof am Ortsrand aufgegeben.

Der Bau von Gotteshäusern für den adeligen Herrn und seinen Hof besaß in der Merowingerzeit, was Inneralamannien angeht, einen deutlichen Schwerpunkt im Bereich der Alb. Die frühen Kirchen liegen in aller Regel unter den Pfarrkirchen der Gegenwart.

Kirchen aus Holz und Stein. Die bisher älteste nachgewiesene Kirche der Alb stand in Brenz an der Brenz. Noch im 6. Jahrhundert war dort ein dreischiffiges, 10 x 8 Meter messendes Kirchlein mit abgeteiltem Raum im Osten und einer Vorhalle im Westen entstanden. Es war aus Holz erbaut – ein Fachwerkkirchlein. Anfangs ebenfalls aus Holz errichtet, war das Gotteshaus in Langenau, das noch vor 700 gebaut worden war; aus Holz auch die Kirche von Dürbheim, um 700.

Zu Beginn des 7. Jahrhunderts gab es schon Kirchen mit gemauerten Wänden, wie etwa in Gruibingen. Dieses Gotteshaus war schon etwas größer, maß 14 x 9 Meter und besaß eine eingezogene halbkreisförmige Chor-Apsis. Auch

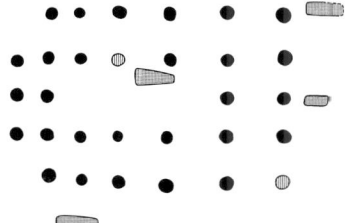

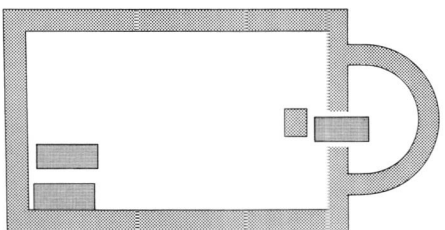

Die Standspuren der Holzpfosten, die das Dach trugen, lassen den Grundriß der vor 600 erbauten Kirche in Brenz an der Brenz (oben) erkennen.

Schon steinerne Mauern hatte die etwas jüngere Martinskirche in Gruibingen. Die eingezeichneten Gräber ergaben die Datierung.

Kirchheim/Teck besaß schon sehr früh eine Kirche. Doch muß das in der ersten Hälfte des 7. Jahrhunderts noch etwas Besonderes gewesen sein, so daß man einen Ort danach benannte. Frühe Kirchenbauten hat es auch in Burgfelden, Ebingen, Nusplingen, Pfullingen und Ennabeuren, in Denkingen, Tuttlingen und Kirchen bei Immendingen gegeben.

Das Mauern haben die Alamannen wohl nach dem Aufkommen der Steinkammergräber im 7. Jahrhundert gelernt. In Stetten an der Donau hatte ein Steinmetz sein eisernes Werkzeug versehentlich in einem Grab liegen lassen.

Eine Hochburg des Adels. Für die adeligen Grundherren der Alamannen bildete die Alb eine wichtige Ausgangsbasis. Nicht weniger als ein Drittel aller Adelsgräber in Baden-Württemberg liegt in ihrem Bereich. Dementsprechend zahlreich muß der alamannische Adel hier gewesen sein. Schwerpunkte zeichnen sich dabei an der oberen Donau, im Lautertal, im mittleren Filstal und im Brenztal und auf der Ostalb (besonders im Dreieck Ulm–Heidenheim–Dillingen) ab. Von hier nahmen Geschlechter ihren Ausgang, welche die Geschichte des Landes in späterer Zeit mitbestimmt haben. Die bemerkenswerte Häufung und Verteilung der Adelshöfe spricht dafür, daß nicht nur Grundbesitz, Erlöse aus Land- und Viehwirtschaft sowie handwerklicher Produktion als ökonomische Basis dienten, sondern auch Handel und Bergbau, vor allem die Eisenverhüttung. Bergsiedlungen und Stützpunkte adeliger Macht ziehen sich am Albrand entlang vom Dreifaltigkeitsberg über Plettenberg, Lochenstein und Gräbelesberg, über die Achalm und den Runden Berg bis zum Wäldenbühl bei Donzdorf und möglicherweise der Kapfenburg.

An der Schwelle zum Mittelalter. Nach dem Gerichtstag von Cannstatt 746, der das endgültige Aus für alamannische Unabhängigkeitsbestrebungen bildete, wurden zahlreiche Güter alamannischer Adeliger, vor allem des Herzogshauses, konfisziert und zu Königsgut erklärt. Grafen verwalteten im Rahmen der neu eingeführten Grafschaftsverfassung das nun auch in Inneralamannien umfangreicher gewordene Fiskalgut. Fränkische Reichsaristokratie von Mosel und Maas wurde ins Land gerufen, um die neuen Posten mit verläßlichen Leuten zu besetzen. Die neuen Amtsträger versippten sich mit den bedeutenden alamannischen Grundherrengeschlechtern. Und aus dieser Adelsschicht wuchsen dann die großen und kleinen Herren heraus, die das Leben der Schwäbischen Alb im Mittelalter prägten.

Die Burgen der Schwäbischen Alb

Die Schwäbische Alb – eine Burgenland-schaft. Den Einband des im Jahre 1878 in 2. Auflage erschienenen berühmten Buches von G. Schwab über »Die Schwäbische Alb« schmückt die fein ziselierte Silhouette einer gleichsam idealen Alblandschaft: Aus einer weiten, von nur wenigen Dörfern belebten Ebene steigen vier ruinengekrönte Bergkegel empor, majestätisch und geheimnisvoll . . . Burgen und Burgruinen als Signatur dieser Landschaft! Burgen prägen auch heute noch das Gesicht der Alb und bereichern die Vielfalt der landschaftlichen und geologischen Reize durch die Spuren einer nahezu 1000jährigen Geschichte politischer Herrschaft, sie bilden die historischen »Merkzeichen« dieses Raumes und dienen als Orientierungspunkte auch dem Wanderer und Touristen unserer Zeit. Viele dieser Burgen sind mit dem Wirken staufischer Herrscher in unserem Land verbunden, wie es z. B. aus einer Aufzeichnung aus dem 12. Jahrhundert hervorgeht: » . . . der Vater Herzog Friedrichs, der die Burg Hohenstaufen erbaute« (»stophen condidit«). Die Buckelquader als monumentale Gestaltungselemente zahlreicher, in staufischer Zeit erbauter Albburgen erheben diese zu Sinnbildern staufischer Herrschaft.

Die Schwäbische Alb konnte gewiß im Mittelalter mit höherem Recht als heute als ein Burgenland bezeichnet werden. Allein zwischen Neckar und Alb gab es damals an die 280 Burgen. Aber nur ein kleiner Teil, weniger als 30, ist im Gelände heute noch erkennbar, alle anderen sind »vergangen« und – zum großen Teil – auch vergessen. So kann eine Burgenkarte nur eine Vorstellung der heute noch sichtbaren Burgen und Burgenreste aus staufischer Zeit vermitteln. Der Burgenbau konzentrierte sich offensichtlich am Albtrauf, im Raum Göppingen und Kirchheim,

er verdichtete sich in den Tälern der Lauter, der Lauchert und der oberen Donau, er hinterließ kräftige Spuren auf der Ostalb und tritt deutlich zurück auf der Westalb und im Bereich der Donau zwischen Ulm und Ehingen. Der Begriff »Burg« zielt auf typische, mit Mauern, Toren und auch Türmen befestigte Adelssitze aus dem 11. bis 13. Jahrhundert. Allerdings konkretisiert sich dieser Typus Burg in einer Vielzahl von Burgen unverwechselbarer Identität je nach Lage, Erbauer, Erhaltungszustand; trotz ähnlichen Grundgefüges gleicht keine der anderen.

Burg Hohenrechberg (13. Jh.), Sitz staufischer Ministerialen und mehrerer Marschälle von Schwaben. Die Lage auf steilem Bergsporn, der polygonale Grundriß und die aus sorgfältig behauenen Bukkelquadern hochgebauten Mauern bestimmen das »unvergeßliche« Bild dieser Burg; ihre machtpolitische und künstlerische Ausstrahlung ist bis heute ungebrochen.

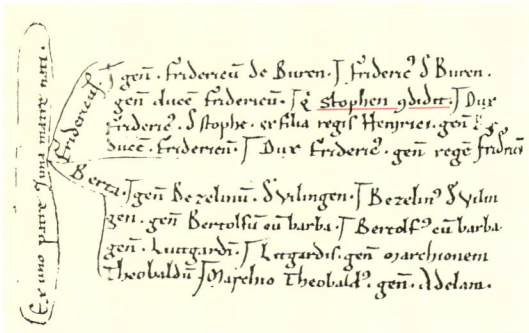

Erste Erwähnung der Burg Hohenstaufen in den Aufzeichnungen des Abtes Wibald von Strabo um 1153.

Räumliche Verteilung der bestehenden 90 Burgen und Burgruinen im Bereich der Alb.

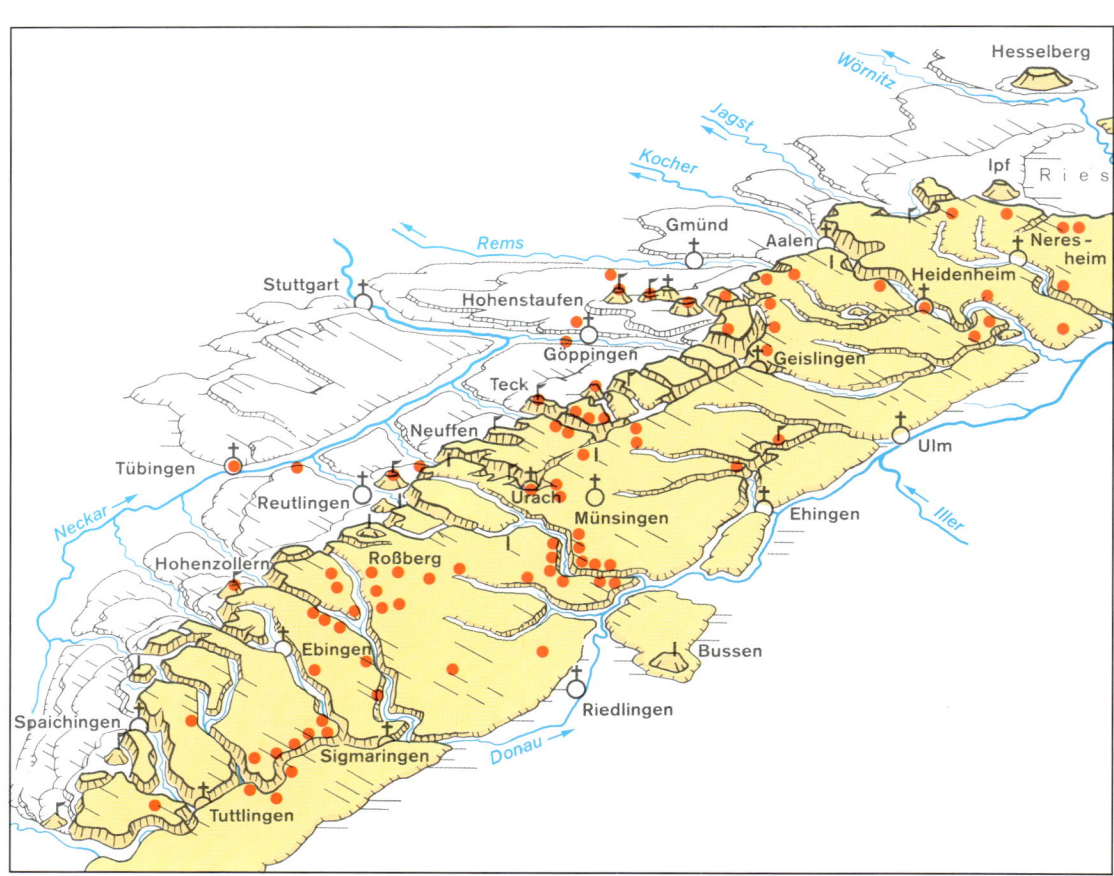

»Schildmauer-Burg« Hohenwittlingen bei Urach. Die auf schroffem Felsen über dem Ermstal sitzende Burg ist zur Feldseite geschützt durch einen Bauteil, der sich durch Höhe und Stärke von der übrigen Ummauerung unterscheidet und dem Angreifer seinen gewaltigen Schild entgegenstellt – die Schildmauer.

Die Aufgaben der Burg.

Die Aufgaben der Burg, die Motive also zu ihrer Erbauung, können ungeachtet lokaler Besonderheiten auf ein allgemeines Muster der vitalen Interessen einer herrschenden Schicht zurückgeführt werden. Allerdings sind diese nur zum Teil vom erhaltenen Mauerwerk abzulesen. Sie ergeben sich vielmehr aus der Gesamtschau der erhaltenen Burgen und deren schriftlicher Überlieferung. Die gewaltige Schildmauer von Hohenwittlingen bei Urach vermittelt noch heute einen Eindruck von der Bedeutung von Schutz und Sicherheit in einer Zeit religiöser Auseinandersetzungen, Thronstreitigkeiten und Adelsfehden. Wuchtige Mauern, ausgeklügelte Toranlagen und hochaufragende Türme verdanken ihre Entstehung adeligen Sicherheitsinteressen. Der Burgherr bewohnt anfangs mit seiner Familie und einem eher bescheidenen Gefolge die Burg. Das in der epischen Literatur verklärte Leben und Wohnen auf der Burg kannte in Wirklichkeit die Kälte, den Schmutz, die Unbequemlichkeit und die Einsamkeit viel mehr als den Glanz höfischer Feste. Der Ritter Ulrich von Hutten hört im Jahr 1520 auf seiner Burg »die Wölfe heulen«. Aber man nahm dies in Kauf. Die steinerne Sitzbank auf Burg Reußenstein gehört zu der uns weithin entschwundenen Alltags- und Wohnwelt der Burg. Sahen von hier aus die Damen der ritterlichen Familie derer vom »Stain« hinaus in Erwartung der Gäste, wie es in einem mittelalterlichen Gedicht geschildert wird: »diu venster sâzen vrouwen vol«? Die Burg war ferner Mittelpunkt eines Versorgungssystems, das mit Naturalabgaben und Frondiensten abhängiger Bauern Leben auf der Burg erst möglich machte. Manche Mühlen, Höfe und Dörfer in der Nähe von Burgen sind Reste dieses Wirtschaftsbetriebes.

Die adeligen Herren der Burg verstanden sich in einer Zeit unbefragter Religiosität als Träger einer christlich legitimierten Herrschaftsordnung. Der in keiner Burg fehlende sakrale Raum, die Kapelle, in manchen Burgen an der bei einem Angriff gefährdetsten Stelle errichtet, verleiht der Burg einen gleichsam magischen Schutz und ermöglicht die kirchliche Betreuung der Bewohner. Die Kapelle der Burg Katzenstein stellt mit ihrem erlesenen Freskenschmuck ein für die Alb herausragendes Beispiel sakraler Architektur dar.

Der Kern der Burganlage, in vielen Fällen bestimmend für deren äußeres Erscheinungsbild, ist der Turm, der Bergfried; auf der Burg Achalm ist er ein sinnfälliges Zeichen für den räumlichen, aber auch gesellschaftlichen und machtpolitischen Aufstieg eines Hochadelsgeschlechtes aus dem befestigten Herrenhof in der Tallage Dettingens (Erms) auf den Burgberg oberhalb Reutlingens. Gleich anderen Adelsgeschlechtern dieser Zeit bemächtigten sich auch die Herren von Achalm des ursprünglich königlichen Vorrechtes, Burgen zu bauen, und setzten damit der geschwächten königlichen Zentralgewalt ihr eigenes Herrschaftsrecht und Selbstverständnis entgegen. Die Türme, von denen der Dichter Hartmann von Aue im 13. Jahrhundert sagt: »... und jeder von ihnen glänzte weit über das Land«, sind Symbole der Macht der Burgherren, die – hervorgegangen aus unfreien Dienstleuten und adeligen Herren – von der Höhe ihrer Burgen über die von harter Feldarbeit gebeugten, abhängigen Bauern herrschen. Manche dieser Hochadelsgeschlechter krönen ihren Aufstieg zuletzt mit dem Erreichen der Königswürde oder einer königähnlichen Stellung (Staufer, Welfen, Zähringer), die sich dann aber auch in der Nutzung von Burgen manifestiert. Diese dienen dann als Orte der Rechtssprechung und der Ausstellung von Urkunden, so z. B. die Burg Hohenstaufen, in der

Burgkapelle Katzenstein. Das Jüngste Gericht – Christus in der Mandorla (Fresko in der Apsis, 1250/1280).

Achalm und Reutlingen. Der Stich (19. Jh.) zeigt die erneuerte Turmburg der Grafen von Achalm, deren Güter an der Echazfurt für die Anfänge der Reichsstadt Reutlingen von Bedeutung waren.

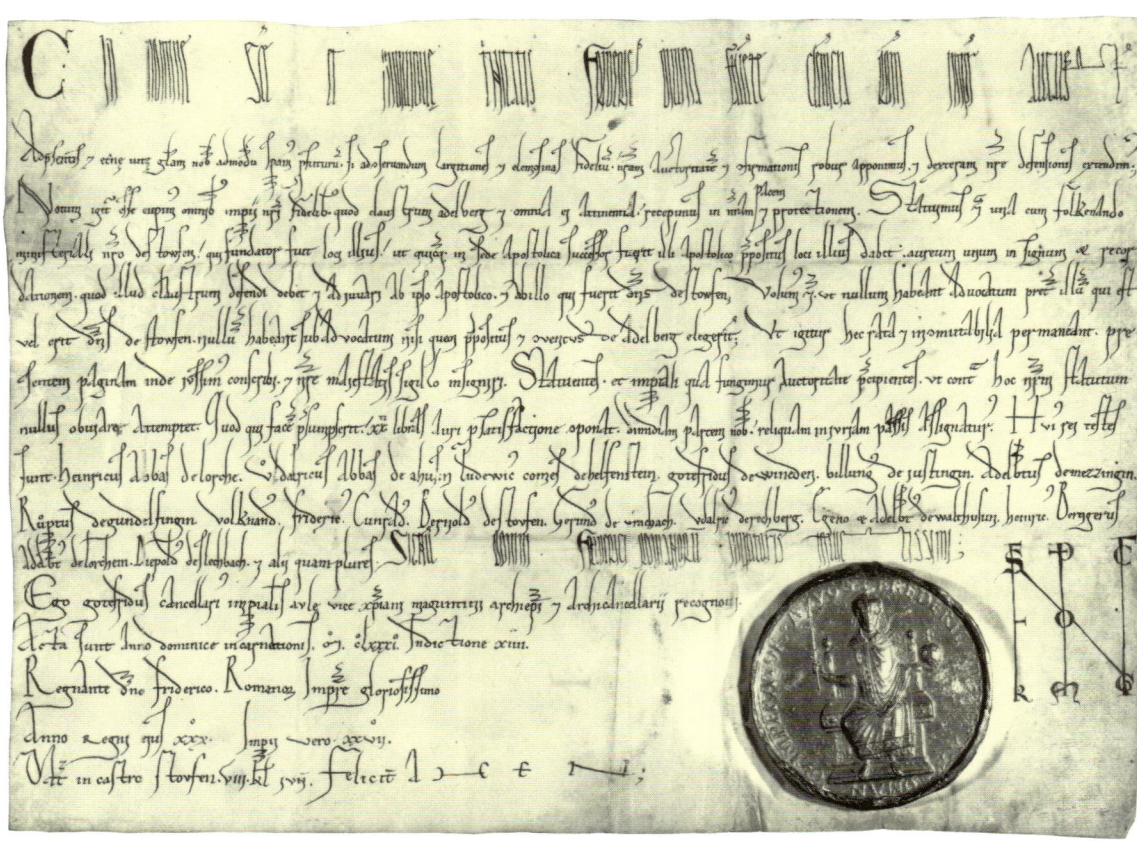

Typen und Regionen.

Typen und Regionen. Fast alle Albregionen tragen bei zum vielfältigen Erscheinungsbild der Albburg. Der »Kaiserberg« Hohenstaufen, eine Gipfelburg aus früher Zeit (ca. 1070), bietet neben kümmerlichen Mauerresten einen überwältigenden Ausblick über staufisches Burgen-, Städte- und Klosterland. Unter seinen zahlreichen Trabanten zeichnet sich die turmlose Ministerialenburg auf dem Hohenrechberg durch herrliche Buckelquader und einen Fensterfries aus, der die Hand eines Meisters verrät. Auf der mittleren Alb setzt der Hohenneuffen einen unübersehbaren Akzent als einstige Hochadelsburg und – vom 15. Jahrhundert an – als württembergische Landesfestung. Der Besucher des dem Albtrauf zu auf waldig-steilem Sporn gelegenen, vor Jahren umfassend konservierten »Rauber« atmet nach dem Überschreiten des Holzsteges erleichtert auf, wenn dem unheilvollen Gemäuer kein hier eigentlich milieugerecht zu erwartender »Raubritter« entstiegen ist. In der Nähe Urachs zeigt Burg Hohenwittlingen mit ihrer gewaltigen, 3,5 Meter dicken und 21,5 Meter hohen Schildmauer, wie der gefährdete Zugang zur Burg im Falle eines Angriffes sich in ein unüberwindliches Hindernis verwandeln kann. Hoch über dem Fehlatal, versteckt im Walddickicht, liegt die erst kürzlich archäologisch untersuchte Grafenburg Baldenstein; die Ausgrabungsfunde dieser »Alten Burg«, u. a. Brettspielsteine und Schachfiguren, haben ein Stück Alltagsleben einer Albburg im Mittelalter der Vergessenheit entrissen. Die Burg Veringenstadt hat wenig gemeinsam mit dem romantischen Klischee: Die imposante, später verstärkte und vor einigen Jahren konservierte Wohnturmanlage der Grafen von Veringen schließt eine alte Kapelle ein und überragt die weit unter ihr in der Lauchertschlinge zusammengedrängte Stadt. Der Dreiklang: Burg, Kirche und Stadt – verweist auf eine typische Siedlungsstruktur aus der Zeit des Übergangs

Kaiser Friedrich Barbarossa am 25. Mai 1181 den Schutz des Klosters Adelberg beurkundet. Solche Ereignisse, wie der Besuch eines Kaisers, dürften auf den Burgen der Alb äußerst selten stattgefunden haben. Auch höfische Feste und Turniere mit Spielleuten und Sängern wird man nur auf größeren Burgen und auch dort nur als spektakuläre Unterbrechungen eines mühseligen Alltagslebens annehmen dürfen. Vielleicht hat der Minnesänger Gotfried von Neifen aus dem Gefolge des Staufers König Heinrichs (VII.) auch einmal seiner väterlichen Burg Hohenneuffen zu festlichem Glanz verholfen – wir wissen es nicht.

Auch die Burgen der Schwäbischen Alb sind – wenn auch in unterschiedlicher Ausformung – Orte höheren gesellschaftlichen Lebens. Dies meint ein Autor des 13. Jahrhunderts, wenn er – polemisch übertreibend – feststellt: »Ihr, denen der allmächtige Gott Gewalt verliehen hat, man muß vor euch niederknien und muß euch fürchten, und ihr reitet prächtig und habt hohe Burgen und schöne Damen . . . «

Rauber. Erneuerter Eingang.

Baldenstein. Spielsteine. ▷

Unten: Gebrochen Gutenstein. Quader, Felsen, Abgründe!

von der herrschaftlichen Burg zur genossenschaftlichen Stadt. Eine architektonische Rarität bietet Jungnau im unteren Lauchertal – einen regelrechten Bergfried mitten in einem Bauerngärtchen. Auf der Ruine Schatzberg, einem von Ahorn, Buchen und Eichen überwachsenen, romantischen Felsennest zwischen Donau und Lauchert, verliert sich der Blick in einer weltentrückt scheinenden Waldlandschaft. Was trieb den Ritter Konrad von Schatzberg ausgerechnet hierher – »Einsamkeit bietet Sicherheit«? Singulär auch die auf unzugänglichem, schwindelerregend hohem Felsensporn thronende Burgruine »Gebrochen Gutenstein« hoch über dem oberen Donautal; ihr frappierendes Motto: »Felsen bieten Sicherheit!« Die vergleichsweise burgenarme Zollernalb trägt den Namen jener Burg Hohenzollern, in der sich der von der Musik Richard Wagners inspirierte Traum mittelalterlicher Ritterherrlichkeit erfüllte, die Traumburg, die Bilderbuchburg – die in die hohenzollersche Reichsgründung 1871 eingeflossenen Sehnsüchte und Ideologien ha-

ben das Bild und den legendären Ruf dieser Burg mitgestaltet. Burg Katzenstein dagegen, verloren in der Einsamkeit des Härtsfeldes, zeigt in der geballten Kraft ihres originalen Baubestandes das authentische Bild der staufischen Burg.

Die Geschichte von fast tausend Jahren mit zahllosen Kriegen, tiefgreifenden gesellschaftlichen Umbrüchen, Unwettern und jahreszeitlichem Wechsel ist an den Burgen der Alb nicht spurlos vorübergegangen, aber der Zugriff der modernen Industrie- und Wohlstandsgesellschaft hat das »Burgensterben« dramatisch beschleunigt. Drei Bilder der Ministerialenburg im Umkreis des Hohenstaufen, der Burg Staufeneck, führt dies bedrängend vor Augen: die Burg um 1810 → die Abtragung der nicht mehr zeitgemäßen, aber wertvolles Baumaterial bergenden Anlage im 19. Jahrhundert → Wiederbelebung und Nutzung durch das Fernsehen (Relaisstation), durch Gastronomie und Tourismus im 20. Jahrhundert, aber: Der Stein zerbröselt weiter, unaufhaltsam!

159

Burg Staufeneck – Vollendung, Veränderung, Zerstörung.

Links: Aquarell (um 1810) der – trotz späterer Zutaten – im Kern staufischen Burg, blockartig, mit – seltenem – Rundturm.

Mitte: Federzeichnung (1834) der funktionslos gewordenen und deshalb fast abgetragenen Burg.

Rechts: Neue Funktionen im 20. Jahrhundert: Fernsehen (Relais im Bergfried) und Tourismus (Gaststätte) – aber auch neue Gefahren: Luftverschmutzung.

Albburgen – »Wiege« bedeutender Herrschergeschlechter.

Die Bedeutung der Albburgen.

Von den heute als Wanderziele aufgesuchten oder im Massentourismus erstickenden Albburgen (Hohenzollern jährlich 300 000 Besucher) gingen im hohen Mittelalter entscheidende Impulse aus zur Erschließung und herrschaftlichen Durchdringung der Alb. Politische Macht stellt sich fortan im Besitz namengebender Burgen und der mit diesen verbundenen politischen und sozialen Privilegien dar. Burgen gelten außerdem als besondere, der öffentlich-königlichen Gewalt entzogene, mit Betretungsverbot (Immunität) und Burgfrieden ausgestattete Rechtsbezirke, sie ziehen als Vermögensobjekte in späterer Zeit die Blicke der Begehrlichen auf sich und geraten auch deswegen in den Strudel kriegerischer Auseinandersetzungen und Rechtsstreitigkeiten, wie sie aus der Geschichte vieler Albburgen im späten Mittelalter bekannt sind. Auch die religiös-kulturelle Ausstrahlung der ca. 90 noch sichtbaren und all der anderen Burgen mit ihren Kapellen und Kaplänen darf nicht unterschätzt werden. Die Bautätigkeit auf all diesen Burgstellen mit ihren jeweils Dutzenden von Steinmetzen und der Vielzahl benötigter Trag-

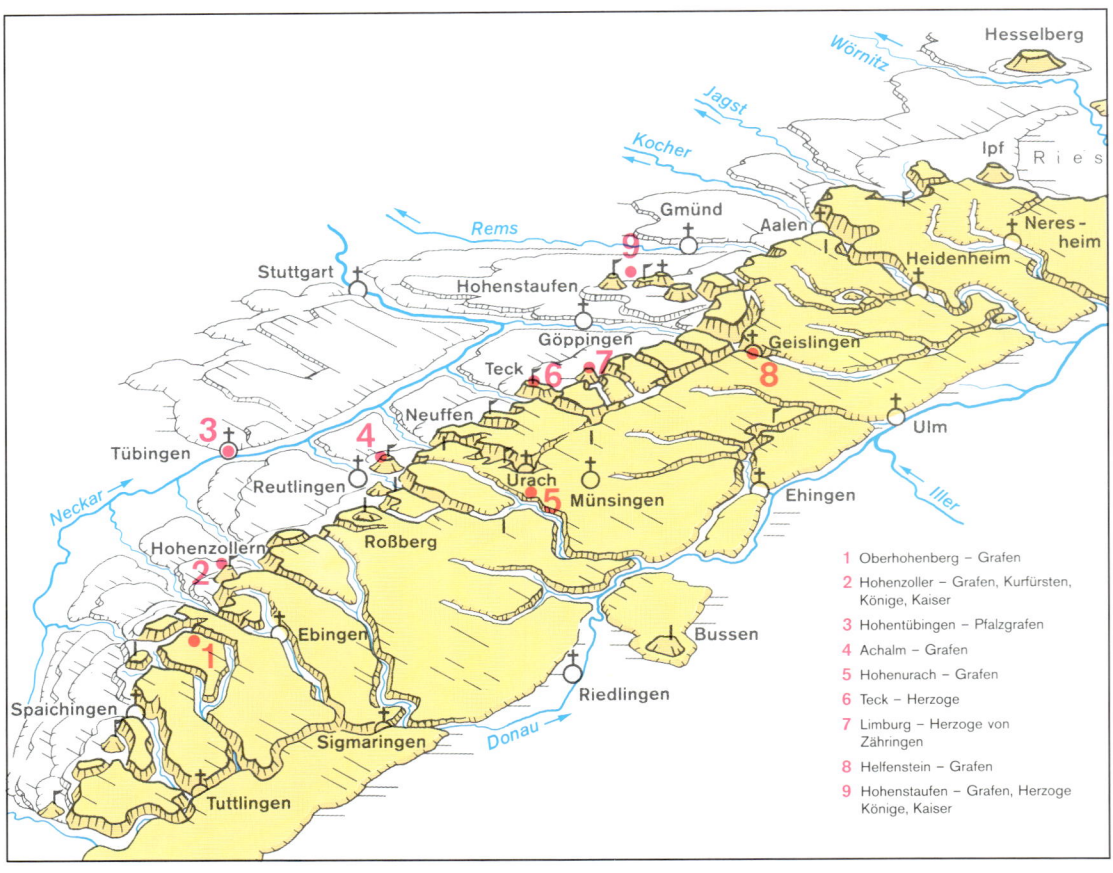

1 Oberhohenberg – Grafen
2 Hohenzoller – Grafen, Kurfürsten, Könige, Kaiser
3 Hohentübingen – Pfalzgrafen
4 Achalm – Grafen
5 Hohenurach – Grafen
6 Teck – Herzoge
7 Limburg – Herzoge von Zähringen
8 Helfenstein – Grafen
9 Hohenstaufen – Grafen, Herzoge Könige, Kaiser

und Fuhrleistungen dürfte zu einem wahren Boom, einer ersten wirtschaftlichen Konjunktur dieser Zeit im Bereich der Schwäbischen Alb geführt haben. Viele Burgen der Alb, merkwürdigerweise nur die am nördlichen Albtrauf, waren die »Wiege« bedeutender Herrscherfamilien, deren Namen in die Geschichtsbücher nicht nur Württembergs und Badens, sondern auch in die des deutschen Reiches, ja sogar anderer europäischer Staaten eingegangen sind. Das immer wieder liebevoll erneuerte Sträußchen am Sarkophag des Staufers Konradin in der Karmeliterkirche in Neapel bezeugt dies ebenso wie der Besuch der englischen Königin Elizabeth II., einer Nachfahrin aus dem Geschlecht von Zähringen-Teck, im Jahre 1965 in Württemberg.

Eine Burgenwanderung durch das Große Lautertal

Vom Charakter der Wanderstrecke. Der verhaltene Glanz der Alblandschaft erhält im Großen Lautertal gewiß eine Leuchtkraft eigener Art. Der Wechsel der Eindrücke vom ländlich-stillen Oberlauf über die von waldigen, z. T. felsigen Anhöhen umschlossene Wiesenlandschaft im mittleren Abschnitt bis zur schluchtartigen Verengung des unteren Tales zur Donau hin sucht seinesgleichen. In dieser großartigen Naturlandschaft ziehen 14 Burgen, Ruinen und ehemalige Burgstellen das Interesse des geschichtsbewußten Wanderers auf sich – Burgen, die freilich nicht die berühmten Namen der Albtraufburgen tragen, die aber doch durch ihre exponierte Lage, ihre Vielzahl auf engem Raum (durchschnittlicher Abstand von Burg zu Burg 1,4 km) und den teilweise guten Erhaltungszustand einen Besuch lohnen.

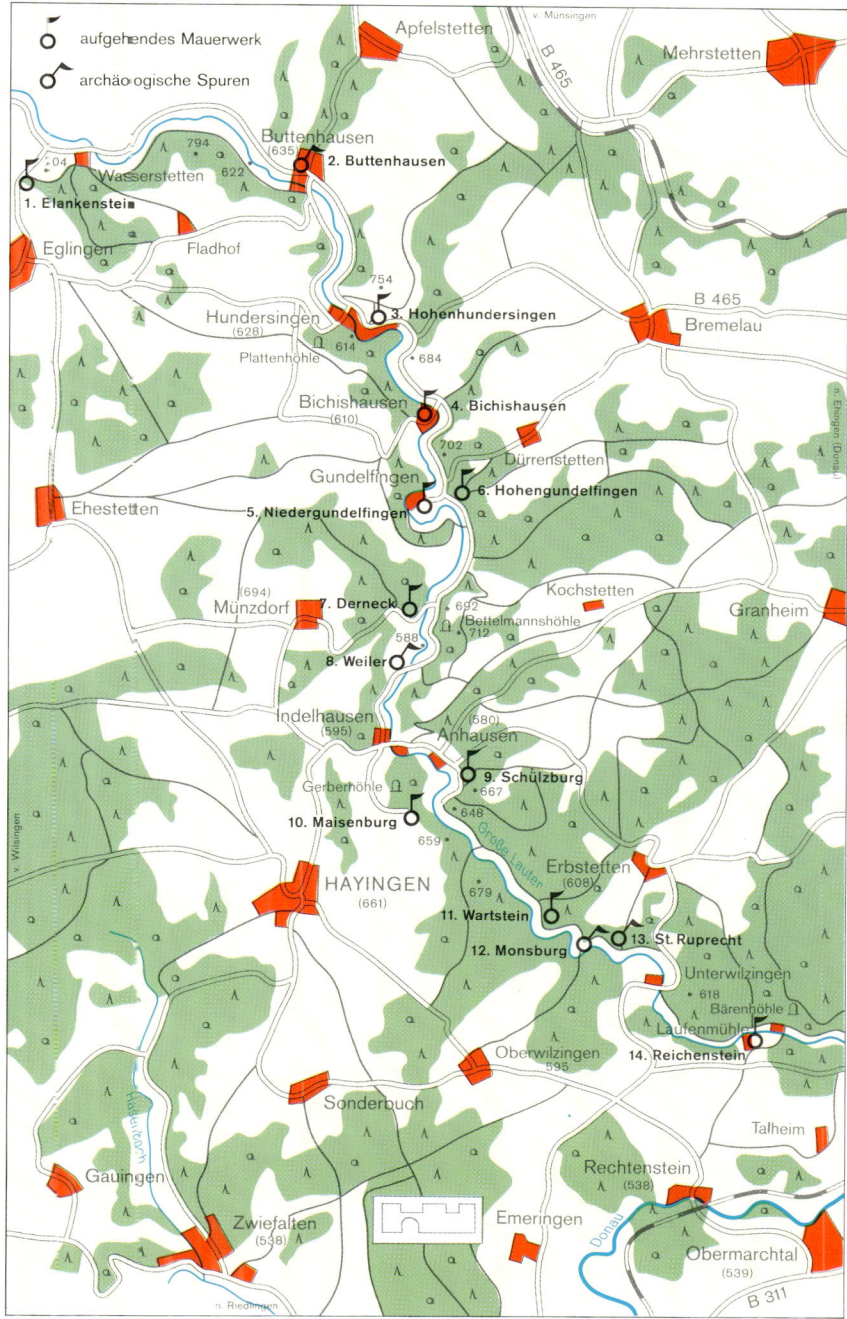

Unten:
Das obere Lautertal. Silbernes Band zwischen Feld und Wald.

Burgenwanderung: »Vom Blankenstein zum Reichenstein«, vorbei an zwölf weiteren Burgstellen.

161

Hohenhundersingen. Kraft und Anmut »staufischer« Burgenbaukunst.

Hohengundelfingen. Wer türmte die zyklopischen Quader auf?

Burg Derneck. Hochragende Schildmauer und häusliche Behaglichkeit. ▷

Die 14 Lautertalburgen. Der diskrete Auftakt – *Burg Blankenstein,* 3 km südlich von Marbach a. d. Lauter unweit der Straße Wasserstetten – Eglingen gelegen! Tief im Wald versteckt ragt der durch ungewöhnliche Buckelquader überraschende Turm auf einem Felssockel empor, wohl ein »Wohnturm«, bewohnt vor 1182 von dem Edelfreien Berthold von Blankenstein. 4 km östlich – *Buttenhausen,* das in seiner Friedhofsmauer Reste der ehemaligen Ortsburg enthält. Nach weiteren 4 km, zuletzt auf schmalem Felspfad oberhalb des Dorfes Hundersingen, taucht die Silhouette des unterhalb einer zweiten Burg im Fels verwurzelten Turmes der *Ruine Hohenhundersingen* auf, durch ihre ausgesetzte Lage zwischen Haupt- und Seitental ein weithin sichtbares Wahrzeichen der mittleren Lauter, nach dem sich die Edelfreien von Hundersingen im 14. Jahrhundert nannten. Im Gegensatz zur monumentalen Kraft von Hohenhundersingen bringt sich die 2 km südlich an den westlichen Steilhang gepreßte *Burg Bichishausen* mehr durch ihre komplexe Anlage zur Geltung: Turmreste aus

früher Zeit, kunstvoll abgerundete Mauern, Palas, Brunnen, vor allem die im nördlichen Teil verstärkte Schildmauer. Die Edelfreien von Bichishausen, Verwandte der Gundelfinger, treten seit 1250 auf. Zu den Besitzern der Burg gehört anfangs das Kloster Reichenau, später Treisch von Buttlar, im 17. Jahrhundert das Haus Fürstenberg, deren Wappen in der Galluskirche unterhalb der Burg die enge Verbindung zwischen politischer und geistlicher Gewalt sichtbar machen (Epitaph von Treisch von 1541 mit dem Wappen der Butte, das fürstenbergische Allianzwappen im Chorbogen). *Nieder- und Hohengundelfingen,* 3 bzw. 4 km südlich, markieren eine Zäsur im mittelalterlichen Burgenbau. Die mehrfach umgebaute, frei im Tal stehende *Hügelburg Niedergundelfingen,* vermutlicher Stammsitz der edlen, hochadeligen Herren von Gundelfingen, behauptet sich nur mühsam gegenüber den Gesteinsmassen der steil über die Lauter gesetzten Felsenburg Hohengundelfingen, einem späteren, am Prinzip extremer Sicherheit orientierten Burgentyp. Von hier oben aus, wo rie-

sige, bis zu 2000 Kilogramm schwere Quader den Turm unbezwingbar machten und der Blick die grenzenlose Weite der Landschaft mit dem tief unten sich dahinschlängelnden Fluß, den waldbedeckten Talwänden und der gestreiften Feldflur der Albhochfläche kaum zu umfassen vermag, verwalteten die Gundelfinger ihr weitverzweigtes Territorium, zu dem auch das am südlichen Horizont sichtbare Städtchen Hayingen gehörte. Hohengundelfingen, sicher ein erster Höhepunkt unserer Burgenwanderung. Stimmengewirr und fröhliches Treiben kündigen die 3 km entfernte, vom Albverein als Wanderheim genutzte *Burg Derneck* an, deren Schildmauer und innerer Rundturm im 14. Jahrhundert zum Wohnsitz des Geschlechtes des Edelfreien Degenhart von Gundelfingen, genannt Degeneck (= Derneck), gehörten. Nach 6 km, vorbei am »Käpfle«, der Burgstelle der verschwundenen *Burg Weiler,* präsentiert sich an der linken Talseite die *Schülzburg* als Wächter des hier beginnenden, enger werdenden, felsenbestückten unteren Flußlaufes. Die seit langem

Burg Wartstein. Zwar ohne den schlanken Adel von Hohenhundersingen, aber nicht weniger dominierend in bizarrer Felsenlandschaft.

Reichenstein. Bezwingend in der hochschießenden Kraft seiner schön gefügten Mauern.

im Verfall begriffene, zur Zeit aber restaurierte Anlage ist im frühen 14. Jahrhundert von Walter von Stadion erbaut und im 15. Jahrhundert durch ein »neues Schloß« erweitert worden – ein Beispiel für die Anpassung hochmittelalterlicher Burgen an neue gesellschaftliche Ansprüche. Das Wappen der Familie von Speth am Amtshaus zu Füßen der Burg verweist auf die neuen und heutigen Besitzer ab 1452. Schräg gegenüber dämmert in 1 km Entfernung die zerfallende Schildmauer der Freiadligen von *Maisenburg* innerhalb eines bäuerlichen Anwesens vor sich hin. Ein aus steilem, felsenübersätem Bergwald aufsteigender und sich am Horizont scharf abzeichnender grau-weißer Klotz ist *Burg Wartstein*, deren Turm bzw. Schildmauer das Bild dieser faszinierenden, einen überwältigenden Rundblick bietenden Felsenburg, Wahrzeichen des unteren Lautertales, bestimmt. Die seit 1185 genannten Grafen von Wartstein gelten als Erbauer der Burg. Der Weg zur Burg Reichenstein (6 km) führt vorbei an den vergessenen und verschwundenen *Burgen*

Monsberg und *St. Ruprecht* und endet als steiler Pfad vor dem kaum über die benachbarten Baumwipfel hinausragenden Turm des 1276 genannten Wartsteinschen Dienstmannen Anselm von *Reichenstein*. Mit seiner sorgfältig behauenen Mauerschale, vor allem aber durch seine gespenstisch anmutende Erscheinung inmitten eines düsteren und dichten Waldes, erinnert er an Burg Blankenstein – Auftakt und Ausklang einer gewiß eindrücklichen und nachdenklich stimmenden, aber auch recht vergnüglichen Wanderung zu den 14 Burgen des Lautertales. **Vom Vergnügen und dem Gewinn einer Burgenwanderung.** Sie bietet das Erlebnis einer beglückenden Natur und der mit ihr verwachsenen Überreste mittelalterlicher Geschichte. Die große Zahl von Burgen, deren Entstehung vielleicht auch mit einer alten, von Ravensburger Kaufleuten befahrenen Handelsstraße zu erklären ist, führt das gesamte Spektrum mittelalterlicher Burgenarchitektur vor Augen; die Entwicklung von der frühen Form der Hügelburg über die vielen Felsenburgen in

steiler Spornlage bis zur »Schloßburg« des 16. Jahrhunderts. Unter den 14 genannten Burgen zeichnen sich sechs durch Türme, vier durch Schildmauern und acht durch staufische Buckelquader aus und bieten so ein reiches Vergleichsmaterial für den burgenkundlich Interessierten. Die Namen der burgenbauenden und burgenbesitzenden Geschlechter veranschaulichen die Bedeutung von Wehrhaftigkeit, von Besitz und sozialem Rang unter den Bedingungen des Mittelalters. Die beiden Grundfunktionen der Burg, wie sie im Symbol des Burgenweges – stilisiert – gezeigt werden: die Einladung zum Wohnen durch das geöffnete Tor und die Abschreckung durch die wehrhaften Zinnen – mag der Wanderer an vielen Stellen nachvollziehen können. Die Einladung zu einer Burgenwanderung verspricht Vergnügen und vielfältigen Gewinn, diesen gegenüber verlieren die Steilheit der Felsen und die Finsternis des Waldes gewiß ihre Schrecken.

Der Bauernkrieg auf der Schwäbischen Alb

Das Fanal – der Sturm auf den Hohenstaufen. Noch unter dem Schock des Geschehens berichtet der Göppinger Obervogt in wenigen, eilig hingekritzelten Sätzen seinem Schwager vom Sturm der Bauern auf die berühmte Feste: » . . . ettliche von dem Haufen zu Lorch vor den Staufen gekommen, gestürmt . . , sein die Bauern vor sie gekommen über die Mauern . . . « Unter der Führung ihres Hauptmanns Jörg Bader war es den Bauern am 29. April 1525 gelun-

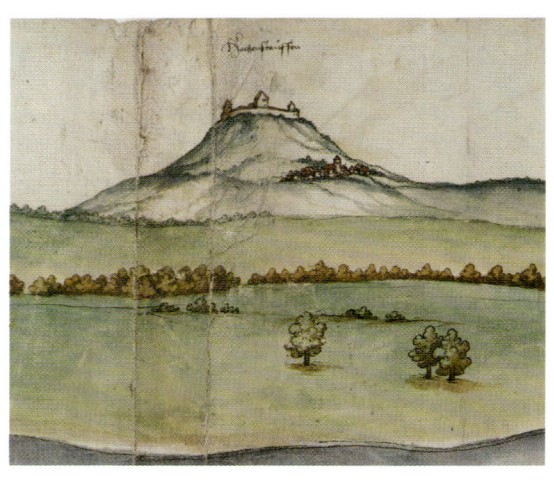

Hohenstaufen (1534). Wie die neun Jahre nach dem Sturm der Bauern entstandene Ansicht zeigt, blieben Ringmauern und Türme damals einigermaßen unversehrt. Dennoch: die Bauern hatten ein Zeichen gesetzt!

Der Brand der Burg am 29. 4. 1525 mag den abendlichen Himmel in ein ähnliches Rot getaucht haben wie hier die untergehende Sonne.

gen, die mit Mannschaft, Geschütz und Mauern ausreichend gesicherte Burg nach kurzem Kampf zu erobern und durch Brandschatzung – die brennende Burg ein weithin sichtbares grandioses und symbolträchtiges Schauspiel! – zu zerstören.

»Die Revolution des gemeinen Mannes«. Was sich auf dem Hohenstaufen abgespielt hatte, war nicht nur ein aufsehenerregendes Ereignis des sogenannten Bauernkrieges, sondern vielmehr eine »Revolution des gemeinen Mannes«, der sich mit den miserablen wirtschaft-

lichen Verhältnissen, dem verstärkten Druck durch Abgaben und Frondienste und den wachsenden Ansprüchen des neuzeitlichen Territorialstaates nicht mehr abfinden und das Wort Luthers von der »Freiheit eines Christenmenschen« nicht auf den religiösen Bereich eingeschränkt sehen wollte. Mit den »Zwölf Artikeln«, einem Programm konservativer, am Alten Recht orientierter Erneuerung, identifizierten sich auch große Teile der bäuerlichen Albbevölkerung.

Der Krieg auf der Alb. Als nach einer langen

Zeit vorbereitender Ereignisse – so mußte der Geislinger Bäcker Lienhart Schötlin sein Eintreten für das »gute, alte Recht« im Jahre 1514 mit dem Leben bezahlen – der Krieg im Juni 1524 mit Drohungen, Unruhen, Demonstrationen und Gewaltakten, z. B. der Besetzung von Klöstern, begann, organisierten sich die Bauern rasch in halbmilitärischen Formen mit einer »Feldordnung«, in »Haufen« und »Fähnlein«. Während die Territorialherren Süddeutschlands zunächst überrascht und eher hilflos kostbare Zeit mit der Beratung geeigneter Ge-

Rechts unten:
Hohengundelfingen – im
Frühjahr 1525 Hauptquar-
tier der von den Bauern
bedrohten Mächtigen des
Lautertals und Refugium
der Zwiefaltener Mönche;
die Idylle der Landschaft
dürfte durch die blutigen
Ereignisse kräftig gestört
worden sein.

»Bauernkrieg« (HAP Gries-
haber): solidarisch mit
dem »Engel der Ge-
schichte« auf der Seite
der den Aufstand mit Äx-
ten und Spießen wagen-
den, zuletzt aber geschla-
genen Bauern!

genmaßnahmen verstreichen ließen – zu diesem
Zweck trafen sich die Mächtigen des Lautertales, der Abt von Zwiefalten, die Herren von Gundelfingen, von Schülzburg und Reichenstein u.
a. auf der Burg Hohengundelfingen – formierte
sich dann aber bald in dem Bund schwäbischer
Reichsstädte, Fürsten und Ritter, dem
Schwäbischen Bund unter seinem Feldhaupt-
mann Truchseß zu Waldburg, der politisch-mi-
litärische Gegenstoß.
Die Schwäbische Alb steht nicht im Zentrum
des kriegerischen Geschehens, dieses liegt eher

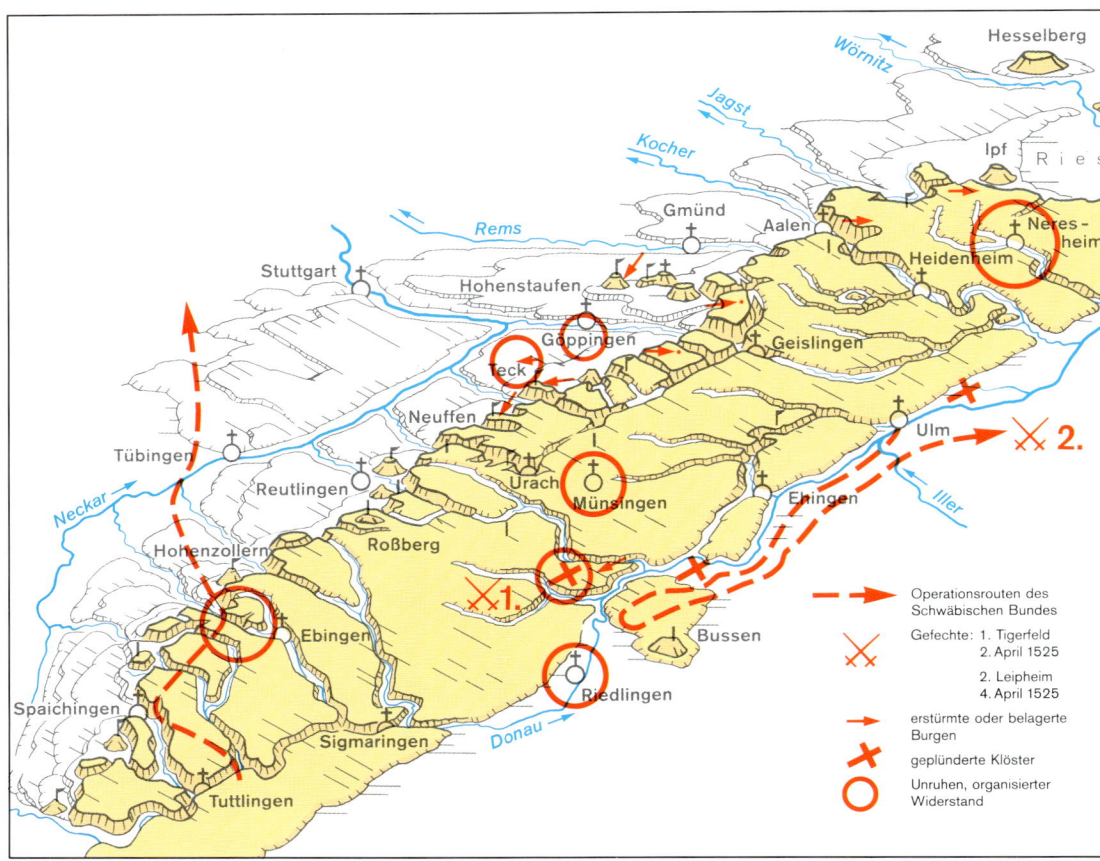

Der Bauernkrieg auf der Schwäbischen Alb. Das Fresko an der Laufenmühle (unteres Lautertal) verweist auf den Anführer der aufständischen Bauern Ignaz Reiser und den für die Erneuerung der Abtei Zwiefalten bedeutsamen Abt Fischer (+ 1519), Wappen unten rechts.

Gedenktafel Tigerfeld: »Sie suchten die Freiheit und fanden den Tod. Am 2. April 1525 schlug der Feldherr des schwäbischen Bundes Truchseß ... von Waldburg die ... Bauern bei Tigerfeld ...«

in Oberschwaben, in Franken, Mitteldeutschland, zuletzt im Gäu westlich Stuttgarts. Die Unruhen breiten sich aber auch im Gebiet der Alb zum Teil in Form organisierten Widerstandes aus, so im Raum Balingen, Riedlingen, Münsingen, Kirchheim, Göppingen und Neresheim. In Randgebieten, so auf dem Hohenstaufen, der Teck, dem Hohenneuffen und im Kloster Zwiefalten, kommt es darüber hinaus zu militärischen Operationen der Bauern. Der von Ulm am 29. März 1525 heranziehende Schwäbische Bund bereitet den Bauern am 2. April bei Tigerfeld (Zwiefalten) und am 4. April bei Leipheim (Ulm) blutige Niederlagen und vernichtet nach der Überquerung der Alb auf der Linie Tuttlingen, Balingen, Tübingen das Hauptheer der Bauern in der Schlacht bei Böblingen am 12. Mai 1525. War der Bauernführer Jörg Bader die treibende Kraft des nördlichen Brennpunktes, beim Hohenstaufen, so scheint diese Rolle im Süden der Alb der Laufenmüller Ignaz Reiser übernommen zu haben, der als ehemaliger Klosterschüler und Mühlenbesitzer im unteren Lautertal zur bäuerlichen Oberschicht gehörte. Offenbar unter seiner Führung haben die bäuerlichen Untertanen das Kloster Zwiefalten geplündert, die Mönche vertrieben und das wertvolle Archiv zerstört (» . . . indem sie Schriftstücke zerrissen und mit den Schwertern Lagerbücher zerschlugen«), zuletzt die Burg Reichenstein erstürmt. Reiser selbst kam bei einem Gefecht mit Truppen des Bundes ums Leben.

Der Bauer fortan »jedermanns Fußhader«. Das Strafgericht war blutig und gnadenlos, vor allem im fränkischen und mitteldeutschen Gebiet. Aber auch in den Dörfern der Alb wurden jetzt Bauern gefoltert, des Landes verwiesen, mußten Bauern Urfehde schwören (Absage an künftige Gewalttaten), so in Dörfern der Göppinger und Kirchheimer Alb. Von der Freiheit und Gerechtigkeit für die Bauern war keine Rede mehr, diese waren erst Ergebnis einer langen, bis ins 19. Jahrhundert dauernden geschichtlichen Entwicklung. Zunächst galt der Bauer wie zuvor als »jedermanns Fußhader« (= Fußlappen).

Die Alblandschaft und ihre Kirchen

Zwei Meisterwerke – Zwiefalten und Blaubeuren. Nicht nur Burgen, Dörfer und Städte, auch Kirchen erzählen von der Geschichte einer Landschaft; als bloße »Orientierungszeichen« oder auch als festliche Glanzpunkte prägen sie unübersehbar das Bild der Schwäbischen Alb. In triumphierendem Pathos ragen die barocken Doppeltürme der Klosterkirche in Zwiefalten gen Himmel; schon vom Lämmerfelsen aus werden sie, knapp über die Baumspitzen des Glastales emporstrebend, in der Ferne wahrgenommen. Ganz anders wirkt von der Höhe des Rusenschlosses aus die gotische Klosterkirche von Blaubeuren, deren schlichter

Turm die um sie versammelten Klostergebäude gemäß der Ordensregel zu einem geheiligten Bezirk zusammenfügt, vor dem auch das aus südlicher Richtung anbrandende Häusergewimmel der Altstadt gleichsam zur Ruhe kommt.

Zwiefalten und Blaubeuren – zwei Klosterkirchen mit manchen Gemeinsamkeiten! Beide liegen an quellnahen Flüssen, der jungen, aus zwei

Zwei Mal – »civitas Dei«: das spätgotische Blaubeuren (links) demütig, in sich gekehrt; das barocke

Zwiefalten (rechts) – glanzvoll, stolz, über sich hinausweisend.

Zuflüssen gespeisten Ach und der gerade an die Oberfläche getretenen Blau – das Wasser als Voraussetzung für die Errichtung einer Klostergemeinschaft! Die Gründer Zwiefaltens sind im Jahre 1089 die Grafen von Achalm, diejenigen Blaubeurens die nicht weniger berühmten Grafen von Tübingen vier Jahre vorher. Die Gründungskonvente beider, benediktinischer Ordenstradition verpflichteter Klöster kommen aus dem bedeutenden Reformkloster Hirsau. Beide bauen sich in zielbewußter Territorialpolitik eine ausgedehnte Grundherrschaft auf, die in Form von Abgaben, Leistungen und Verpflichtungen aller Art die Versorgung der geistlichen

Gemeinschaft gewährleistet. Beide glänzen durch wissenschaftliche Gelehrtheit (Zwiefaltner Klosterchroniken, Blaubeurer Handschriften zur Klostergeschichte) und künstlerische Schöpferkraft der Skriptorien (Schreibstuben). Die von der Heiterkeit des süddeutschen Rokoko erfüllte Klosterkirche in Zwiefalten und der um den Hochaltar »herumgebaute« spätgotische Chor von Blaubeuren – ein wahres mittelalterliches »Gesamtkunstwerk« – sind Meisterwerke ihrer Zeit. Die geschichtlichen Parallelen enden schon mit der Reformation. Blaubeuren wird württembergische, evangelische Klosterschule und bewahrt sich damit seine gotische Architektur. Zwiefalten dagegen behauptet sich gegen die Einverleibungs- und Reformationsabsichten der württembergischen Herzöge und errichtet, nach einer erneuten wissenschaftlichen und künstlerischen Blütezeit, im Besitz der Reichsunmittelbarkeit seit 1750, die neue Klosterkirche in den Jahren 1739–1765, ein Fest berauschender Farbigkeit und hinreißenden, fast tänzerischen Schwunges.

Die Vielfalt der Kirchen der Schwäbischen Alb. Nicht alle Kirchen erreichen jenen Grad künstlerischer Vollendung, der Zwiefalten und Blaubeuren auszeichnet. Alle aber tradieren als geweihte, d. h. auch vor Abbruch und Zerstö-

Blaubeuren. Der Flügelaltar (1493/94) – tragende Mitte des Raumes.

Zwiefalten. Unendlichkeit im Farbenspiel des dahinfließenden Raumes (1739–1765).

Pfarrkirche Burgfelden. Das Jüngste Gericht (11. Jh.).

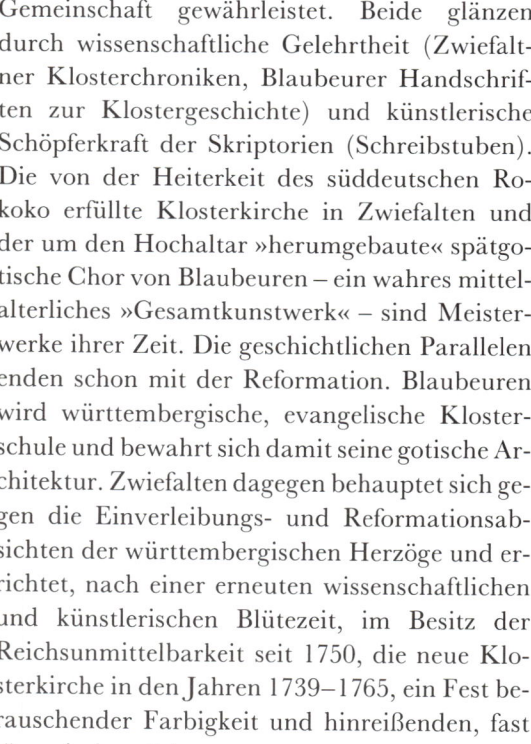

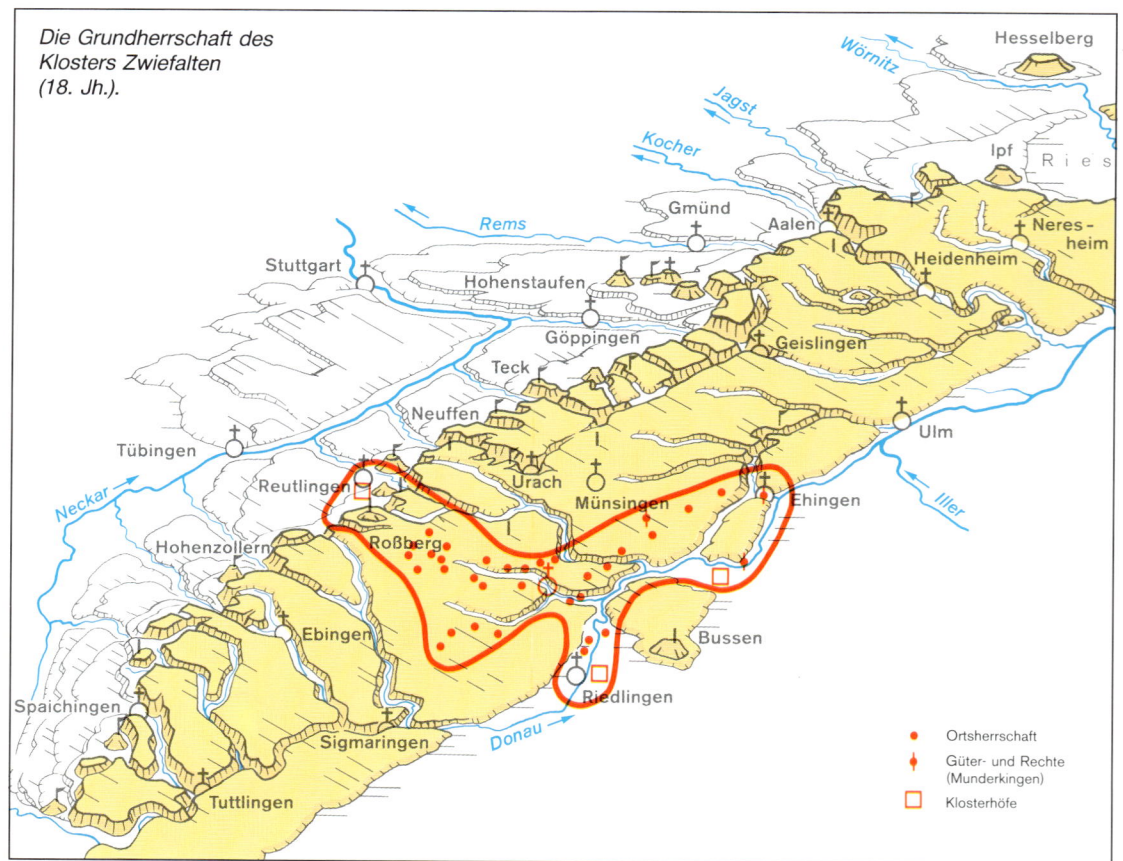

Die Grundherrschaft des Klosters Zwiefalten (18. Jh.).

• Ortsherrschaft

Güter- und Rechte (Munderkingen)

□ Klosterhöfe

rung weithin geschützte Räume – Geschichte, politische Geschichte, aber auch Kunst- und Frömmigkeitsgeschichte.

Kapellen. Sie sind meist unscheinbar, von volkstümlicher Gläubigkeit durchwärmt und liebevoll geschmückt. Man findet sie vor allem auf der katholisch gebliebenen Alb, so Mariazell unweit des Hohenzollern, das sich in der verträumten Stille eines kleinen Friedhofes erschreckt vom Touristengewühl der Zollernburg abzuwenden scheint.

Wallfahrtskirchen. In ausgesetzter Lage prägen sie die sie umgebende Landschaft oft in unvergleichlicher Weise, so die Kirche »zur schönen Maria« auf dem Rechberg, die – auf dem Gipfel des Berges stehend – der tiefer liegenden Burgruine gegenüber den Vorrang des Geistlichen vor dem Weltlichen zu bezeugen sucht.

Pfarrkirchen. Nur wenige erreichen das Alter der romanischen, mit kostbaren Fresken ausgemalten Michaelskirche im zollerschen Burgfelden, dem alten, geistlich-kulturellen Zentrum der Zollernalb oder der anderen Michaelskirche in Veringendorf im Lauchertal.

Klosterkirchen. Als bescheidene und ein wenig ärmliche Schwester der berühmteren Kirchen in Zwiefalten und Blaubeuren macht die inmitten späterer Gestütsgebäude liegende, von wenigen spätgotischen Spitzbogenfenstern erhellte Klosterkirche der Dominikanerinnen in Offenhausen auf der Albhochfläche wenig Aufhebens von sich und ihrer Vergangenheit.

Links: Wallfahrtskirche Rechberg (17. Jh.).

Mitte:
Klosterkirche Offenhausen. Die schlichte frühgotische Kirche (13. Jh.) zeugt von der einstigen mönchischen Cella auf der Albhochfläche.

Rechts:
Turm der Reutlinger Marienkirche (14. Jh.). »Zeichen« über der betriebsamen Stadt!

Unten:
Oberhofenkirche Göppingen. »Stiftskirche« (15./19. Jh.).

Stiftskirchen. Der Wunsch, in klosterähnlicher, aber doch weniger gebundenen geistlichen Gemeinschaft zu leben, führt im späten Mittelalter zur Entstehung von Kollegiat- bzw. vom Landesherrn geförderten und von ihm gestifteten »Stiftskirchen«. Zu ihnen gehört die Oberhofenkirche in Göppingen, eine in fränkische Zeit zurückgehende Martinskirche.

Stadtkirchen. Reichtum und bürgerliches Selbstbewußtsein stehen am Anfang der Errichtung riesiger Gotteshäuser in den Reichsstädten. Im Turm der Reutlinger Marienkirche erhält die Altstadt ihre bestimmende, sinnerfüllte Mitte.

In der Vielfalt ihrer Erscheinungsformen bestimmen so auch die Kirchen das kulturgeschichtliche Profil der Schwäbischen Alb – sinnstiftende Zeichen in einer Welt ununterbrochenen geschichtlichen Wandels.

Die Albkirchen in der Gegenwart. Die Albgemeinden sind trotz allen, auch hier wirksamen Säkularisierungstendenzen ihren Kirchen meist treu geblieben. Mehr und mehr drängen sich nach dem Gottesdienst in den geschichtlich und kunstgeschichtlich bedeutenderen Kirchen neben Wanderern auch Autotouristen und Teilnehmer wissenschaftlicher Exkursionen. Die wachsende Gefährdung durch Fluglärm und Abgase führt zunehmend in manche Kirchen eine dritte Gruppe, sorgenvoll und knapp bei Kasse – die Denkmalpfleger!

Die Alte Kirche und die Reformation

Eine Sternstunde im Leben der Burg Hohenwittlingen. Wer im Jahre 1548 auf der Burg Hohenwittlingen lebte oder als Reisender im Ermstal unterhalb der Burg seines Weges zog, ahnte wohl nicht, daß der nach einer dramatischen Flucht im Sommer dieses Jahres den Schutz der gewaltigen Mauern aufsuchende Unbekannte der von den kaiserlichen Truppen im ganzen Land fieberhaft gesuchte Reformator der Reichsstadt Hall war – Johannes Brenz, der unbeugsame Gegner der von Kaiser Karl V. gewaltsam durchgesetzten Rekatholisierung Württembergs in Form des sogenannten »Interim«. Unter Johannes Brenz wird die Reformation eines Tages mit der Großen Kirchenordnung Herzog Christophs im Jahre 1559 endgültig in einer Art Staatsgrundgesetz verankert. So war die Zukunft der Reformation im Sommer 1548 während einiger Wochen der Stärke und Abgelegenheit der Burg über dem Ermstal anvertraut.

Von der spätmittelalterlichen Volksfrömmigkeit in einer Albkirche. Mit der Wiedereinnahme des Landes durch Herzog Ulrich nach seinem Sieg über den kaiserlichen Statthalter im Jahre 1534 und dem letzten Meßgottesdienst in der Stuttgarter Stiftskirche am 2. Februar 1535 (bei dem, nach einem zeitgenössischen Bericht, »das Volk sehr geweint«) ging im protestantisch gewordenen Land und auch auf der Alb eine Zeit kirchlicher Auflösungserscheinungen, aber auch vielgestaltiger und überschwenglicher Volksfrömmigkeit zu Ende. Die Petruskirche auf dem Lotenberg, einer dem Albtrauf vorgelagerten Anhöhe zwischen Süßen und Weilheim/Teck, gibt mit ihrem kürzlich in einer Ausstellung in Göppingen gezeigten Altar einen nachhaltigen Eindruck von der Marienverehrung und dem Heiligenkult am Vorabend der Reformation. Die durch Ablässe belohnte Wallfahrt zu der »gar schönen« Marienstatue auf dem Lotenberg zog im 15. Jahrhundert viele Gläubige an, deren reiche Opfergaben auch zum Ausbau der auf der Alb seltenen doppeltürmigen Petruskirche verwendet wurden. Sie war so stark in den Herzen der Menschen der Umgebung verwurzelt, daß sie auch nach der Einführung der Reformation durch die landesherrliche Regierung nicht unterbunden werden konnte. Die Muttergottesdarstellung aus der Schule Hans Multschers wird getragen von der inbrünstigen, ja ekstatischen Marienverehrung des späten Mittelalters. Petrus hält den Schlüssel als Symbol der Kirche, der Evangelist Johannes den Kelch als Zeichen seiner mystischen Christusverbundenheit; die Märtyrer auf den Altarflügeln verweisen mit ihren Attributen auf ihr Todesleiden und ihre spezielle Hilfeleistung in der Not der Gläubigen, so die hl. Katharina, als »Nothelferin«, auf die den Menschen stets bedrohende Krankheit und Todesnot. Bilder stärken die Hoffnung und Leidensfähigkeit – dies ist die Botschaft der im 19. Jahrhundert abgebrochenen Wallfahrtskirche auf dem Lotenberg!

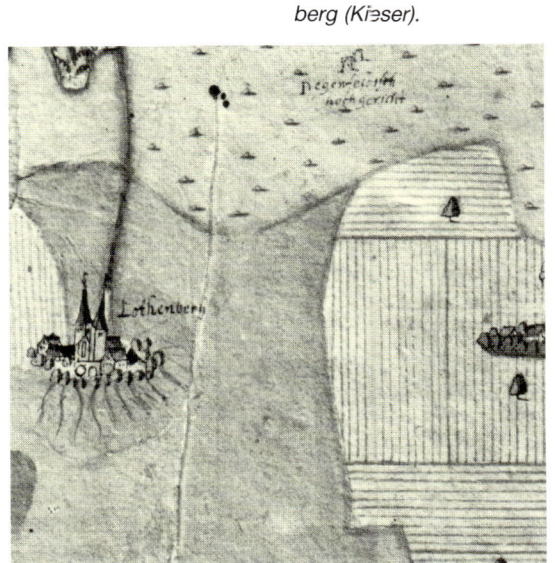

Wallfahrtskirche Lotenberg (Kieser).

Lotenberger Marienaltar (um 1500).

Die Reformation und der alte Glaube auf der Alb. Die Einführung der Reformation hat in jedem Orte der Alb ihre eigene Geschichte, und doch stellt sie sich in zwei Grundtypen dar. Zunächst die Reformation »von oben«; im württembergischen Teil der Alb wurde sie in Ausführung eines Dekretes Herzog Ulrichs vollzogen: »An Obervogt und Keller ist ein Befehl ergangen, sie sollten diesen (evangelischen) Prädikanten in unserer Statt Göppingen das Wort Gottes verkündigen lassen« (zeitgenössischer Bericht). Herzogliche Anordnungen regeln vom Jahre 1534 an »von oben«, freilich im Einklang mit den Wünschen eines großen Teiles der Bevölkerung, die neue gottesdienstliche Form, die Versorgung des evangelischen Pfarrers und die Ablösung des altkirchlich gebliebenen Priesters. Sodann – die Reformation »von unten« in den Reichsstädten; in der berühmten Abstimmung der 17 Zünfte in Ulm am 3. November 1530 über die Frage: Unterwerfung unter das kaiserliche Verbot protestantischer Neuerungen oder Festhalten an der evangelischen Wahrheit? – entschied sich die große Mehrheit für die evangelische Gewissensfreiheit und legte damit den Grund für eine reformatorische Kirchenord-

Leere Nischen am Portal der Oberhofenkirche Göppingen.

Die katholische Galluskirche Bichishausen.

nung in der schwäbischen Reichsstadt – Reformation »von unten«, obwohl bei einer Einwohnerzahl von ca. 18 000 nur etwa 2300 stimmberechtigt waren! In vielen Territorien, dem Gebiet des Deutschen Ordens, in Vorderösterreich, auch in den gräflichen und ritterschaftlichen Gebieten, nicht zuletzt auch in den Reichsstädten Gmünd und Rottweil entschieden sich Landesherren und Magistrate trotz starker reformatorischer Strömungen in der Bevölkerung für die Beibehaltung des alten Glaubens.

Das Ende der spätmittelalterlichen Bilderwelt. Die Beratungen führender herzoglicher Theologen über die Entfernung der katholischen Bilder und Altäre, der sogenannten »Götzen«, auf dem Uracher »Götzentag« am 12. September 1537 besiegeln das Schicksal der mittelalterlichen Bilder und Heiligenfiguren. Herzog Ulrich ordnet unter dem Eindruck dieses »Götzentages« die Beseitigung aller Heiligenbilder in den Kirchen an. Bilderfeindliche Einflüsse zwinglischer Herkunft führten allerdings in Ulm im Jahre 1537 zu einem Bildersturm auf das Münster, dessen 52 Altäre zum Teil zerstört, zum Teil nur entfernt wurden. Im württembergischen Blaubeuren blieben dagegen Chor und Hochaltar im wesentlichen unangetastet. In Göppingen und wohl auch anderes Ortes erin-

Die evangelische Kirche Hundersingen.

nern nur noch leere, zum Teil im 19. Jahrhundert mit mittelalterlich nachempfundenen Figuren gefüllte Nischen an die entschwundene reiche Welt mittelalterlicher Bildwerke.

Konfessionen prägen Landschaften. Die konfessionellen Gegensätze haben im Laufe der Jahrhunderte und vor allem durch die Umbrüche des 20. Jahrhunderts an Schärfe und an Bedeutung verloren. Konfessionelle, mit der Kulturlandschaft der Alb untrennbar verbundene »Zeichen« begegnen dem aufmerksamen Wanderer jedoch noch auf vielen Wegen. Die Konfessionsgrenze im Großen Lautertal trennt das altwürttembergische Hundersingen vom katholisch gebliebenen, im 16. Jahrhundert helfensteinischen, im 17. und 18. Jahrhundert fürstenbergischen Bichishausen, trennt auch zwei unterschiedliche Bau- und Frömmigkeitsstile: hier die werktags verschlossene protestantische Gemeinde- und Predigtkirche, dort die von einem Zwiebelturm beherrschte, in runden barocken Formen erbaute, mit Bildern und Statuen geschmückte katholische St.-Gallus-Kirche, die, stets zugänglich, auch unter der Woche häufig zu stillem Gebet vor den in flackerndem Kerzenlicht Trost spendenden Heiligen aufgesucht wird. Stattliche, zuweilen wappengeschmückte Pfarrhöfe, Lourdes-Grotten, Wegkreuze und Bildstöcke bereichern die Landschaft südlich der Konfessionsgrenze mit einem spürbaren katholischen Fluidum.

Die Alb im Zeitalter der Vielstaaterei

Die Schwäbische Alb – ein Fleckenteppich. Die politische Landkarte der Schwäbischen Alb stellt auch schon vor der Reformation eine Art Fleckenteppich dar. Die Territorien des Adels und der Kirche sowie die Staatsgebiete Vorderösterreichs und des Herzogtums Württemberg sind vielfach räumlich ineinander verzahnt und überlappt und überziehen das Albland mit einem Gewirr von Grenzen, die mit der Reformation vielfach zu konfessionellen Trennungslinien werden.

Eine »grenzüberschreitende« Wanderung im September 1790. Der Theologiestudent Friedrich August Köhler wanderte damals über die Alb von Tübingen nach Ulm und überschritt dabei auf einer Länge von ca. 86 Kilometern neun politische Grenzen. Sein Weg führte ihn an den ersten beiden Tagen von der landesherrlichen Universitätsstadt Tübingen in die evangelische freie Reichsstadt Reutlingen, von dort in vier Tagen über die im Herzogtum Württemberg liegende Albhochfläche nach Urach und Blaubeuren. Am letzten Wandertag durchquerte Köhler im Blautal drei katholische Territorien: das Deutsch-Ordens-Gebiet in Arnegg, reichsritterschaftliches Gebiet in Herrlingen, das Köhler so beschreibt: » . . . ein Wohnschlößchen, das jedoch der Edelmann nicht immer bewohnt . . . mitten im eilenden Bache ein wirtembergischer Geleitstok mit der Jahreszahl 1686 und mit dem wirtembergischen Wappen auf der einen und dem freyherrlichen oder ulmischen auf der anderen Seite . . . «, zuletzt das reichsunmittelbare Klarissen-Frauenkloster in Söflingen und erreichte spät am Abend dieses letzten Tages die evangelische freie Reichsstadt Ulm. Köhler hat auf seiner reisegeschichtlich bedeutsamen Wanderung aufmerksam die Härte der Landarbeit in den Albdörfern und die in ihrer Armut erschreckenden Wohnver-hältnisse und Lebensgewohnheiten registriert und die erst durch die Napoleonsche »Flurbereinigung« beseitigte politische Zersplitterung im Bereich der Schwäbischen Alb am eigenen Leib »erfahren«.

Politische Zersplitterung und schöpferische Vielfalt. Die politische und konfessionelle Vielgestaltigkeit der Alblandschaft hat aber doch auch ein kaum zu überschätzendes geistig-kulturelles Leben möglich gemacht, das in drei schöpferischen Persönlichkeiten beispielhaft Gestalt gewonnen hat. *Joseph Christian* (1707–1777): der im vorderösterreichischen Riedlingen geborene Bildhauer, Steinmetz und Stukkateur, der Schöpfer der bewundernswerten Skulpturen und Chorgestühle im Zwiefaltener Münster. *Friedrich List* (1789–1846): geboren in und lange Zeit dort wohnender Bürger der freien Reichsstadt Reutlingen, Staatsrechtler und Nationalökonom, Rebell gegen den Obrigkeitsstaat und Visionär des Eisenbahnzeitalters und des nationalen Wirtschaftsraumes. *Philipp Matthäus Hahn* (1739–1796): Pfarrer in Onstmettingen im Herzogtum Württemberg, Tüftler und Erfinder von Uhren und Waagen als Grundlage der industriellen Entwicklung im Raum Balingen.

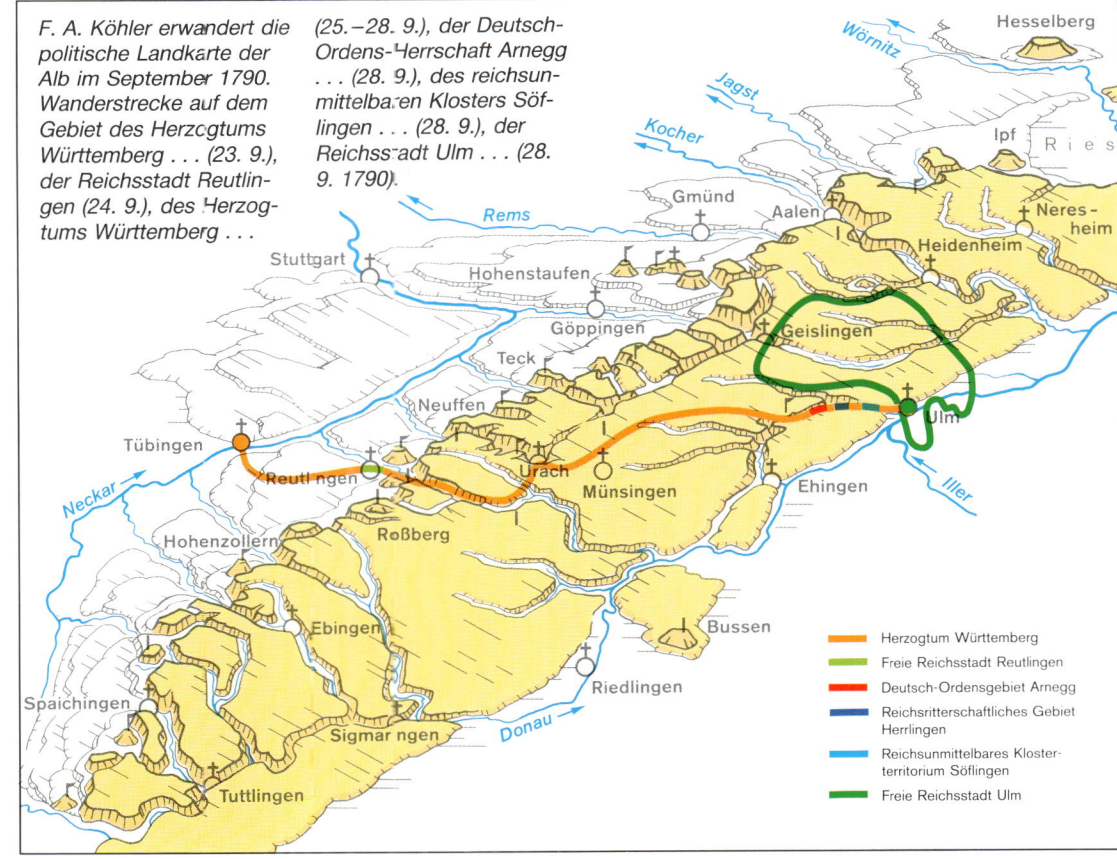

F. A. Köhler erwandert die politische Landkarte der Alb im September 1790. Wanderstrecke auf dem Gebiet des Herzogtums Württemberg . . . (23. 9.), der Reichsstadt Reutlingen (24. 9.), des Herzogtums Württemberg . . . (25.–28. 9.), der Deutsch-Ordens-Herrschaft Arnegg . . . (28. 9.), des reichsunmittelbaren Klosters Söflingen . . . (28. 9.), der Reichsstadt Ulm . . . (28. 9. 1790).

Herzogtum Württemberg
Freie Reichsstadt Reutlingen
Deutsch-Ordensgebiet Arnegg
Reichsritterschaftliches Gebiet Herrlingen
Reichsunmittelbares Klosterterritorium Söflingen
Freie Reichsstadt Ulm

Der Älbler und sein Dorf

Wo die Landschaft am schönsten ist, da hat es der Bauer am schwersten. Dies gilt auch auf der Schwäbischen Alb für weite Gebiete, sind doch die Äcker dort häufig steinig und schwierig zu bearbeiten. »Wenn oiner a steinigs Äckerle hot und hot en stumpfe Pflug und hot drzu a räudigs Weib dahoim, no hat er z kratzed gnug.« Zudem engten die Erbgänge mit ihren Realteilungen in den altwürttembergischen Gegenden die Nahrungsgrundlage noch mehr ein, so daß bis in dieses Jahrhundert fast überall bitterste Armut herrschte – was nicht ausschließt, daß dort, wo die Bodenkrume mächtiger ist, z. B. in

gen. Es gab aber auch Felder, die diesem Flurzwang nicht unterlagen, auf ihnen wurde zum Beispiel Kraut angebaut. Die Erträge dürften allerdings wesentlich niedriger gelegen haben als heute, fehlte doch beispielsweise der Mineraldünger, auch der Stalldünger war knapp und reichte nur für wenige Äcker. Aber trotz allem, die Ackerwirtschaft, die Wälder allein haben nie ausgereicht, die Bevölkerung zu erhalten. Und so zogen in vorindustrieller Zeit aus manchen Dörfern die Männer als wandernde Handwerker aus, als Maurer, Gipser oder Zimmermann. Auch den Hausierhandel gab es.

Auswanderung. Im 19. Jahrhundert trieb die nackte Not Tausende zur Auswanderung. Zielländer waren neben Rußland besonders Ungarn, Rumänien und die Vereinigten Staaten. Aber bei den meisten wollte das Heimweh nicht nachlassen, wie wir aus vielen Briefen und persönlichen Zeugnissen wissen. Die Alb hat sie nie ganz losgelassen, trotz der Enge und Armut der Heimat. So schrieb ein Metzinger Bürger: »Das Schwabenland ist ein Lustgarten. Ein schöner Land findet man nicht in der Welt.«

Flachsanbau. Früh schon begann man deshalb, sich aufgrund der Not andere Erwerbsmöglichkeiten zu suchen, etwa besonders im Bereich der mittleren Alb, wo Flachsanbau und Handweben eine große Rolle spielten, die Webstühle in der »Dunk« standen und heute oft nur noch der Name »Bleiche« auf jene Flächen hinweist, die früher zum Bleichen der gewebten Leinwand dienten. Heute ist solch handgewebte Leinwand eine ausgesprochene Rarität geworden und vielleicht eine Chance im Zeichen größerer Frei-

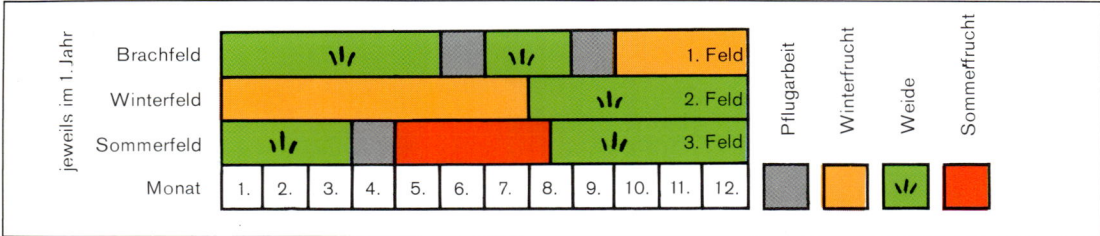

		Brachfeld									1. Feld	Pflugarbeit	Winterfrucht	Weide	Sommerfrucht
jeweils im 1. Jahr	Winterfeld								2. Feld					
	Sommerfeld								3. Feld					
	Monat	1.	2.	3.	4.	5.	6.	7.	8.	9.	10.	11.	12.	

Die Dreifelderwirtschaft.

den Tälern und weiten Flächen der Donaualb – wo im übrigen auch die Anerbensitte galt –, der Bauer sein Auskommen fand.

Dreifelderwirtschaft. Nur dem Fleiß des Albbauern ist es zu verdanken, daß dennoch, abgesehen von den Hungerjahren der früheren Jahrhunderte, einigermaßen ausreichende Ernten eingefahren werden konnten von den Gewannen, die seit dem 9. Jahrhundert in der traditionellen Dreifelderwirtschaft betrieben wurden. Im ersten Jahr wurden Dinkel und Roggen als Winterfrucht angebaut, im zweiten als Sommerfrucht Hafer, Gerste, Hülsenfrüchte, Flachs und Hanf. Im dritten Jahr blieb der Boden bis zur Einführung des Kartoffelanbaues brach liegen.

Hungersnot trieb im 19. Jahrhundert Tausende zur Auswanderung nach Amerika.

zeit und der Suche nach sinnvollen Liebhabereien, das Handweben wieder aufleben zu lassen.

Doch lassen wir alte Oberamtsbeschreibungen zum Thema des Älblers zu Wort kommen. So lesen wir beispielsweise in der Oberamtsbeschreibung von Heidenheim aus dem Jahre 1844: »Mit Ausnahme weniger eingewanderter Gewerbeleute sind die Einwohner schwäbischen Stammes, und im Durchschnitt ein gesunder, kräftiger Menschenschlag, der in der Regel ein hohes Alter erreicht. 80 und 90 Jahre sind nicht selten, besonders auf der Alp und in Orten, in denen der Landbau vorherrschend ist.«

Und über die Ernährung wird folgendes gesagt: »Auf der Alp sind Mehlspeisen vorherrschendes Nahrungsmittel, in den Orten des

Die »Dunk«, ein Kellerraum unter der Wohnstube, war der Arbeitsraum des Leinenwebers hier in Laichingen.

Wie seit alters sitzt diese alte Frau im Jahr 1959 in Neenstetten vor dem Haus beim Flachsspinnen.

176

Gerstenernte auf der Flächenalb bei Neenstetten (1959).

Klima und Landwirtschaft auf der Schwäbischen Alb (Quelle: Agrarstrukturelle Rahmenplanung. Ministerium für Ernährung, Landwirtschaft, Weinbau und Forsten Baden-Württemberg, 1972).

Hof einem billigen An-schlag ches durch eine gün-stige H st, die übrigen Kinder zu entschädigen. Bei Übergabe des Guts behal-ten die Eltern ein Ausgedinge, in Wohnung, Geld und einigen Naturalien bestehend.«

Über die landwirtschaftliche Nutzung wird berichtet: »Der Bezirk gehört im Ganzen zu den fruchtbaren und gut gebauten, doch könnte bei gehöriger Benutzung des gegebenen Feldes der Ertrag noch weit höher gesteigert werden. In den Thälern wird fast jedes Fleckchen, selbst die steilen Bergabhänge, zum Anbau benützt und fleißig bearbeitet, auf der Alp steht die Größe der Güter, ihre Entfernung und der unzu-reichende Viehbestand und Futterbau einem besseren Anbau entgegen. . .« »Die gewöhnliche

Brenztales, je nachdem die Einwohner mehr oder weniger von Gewerben leben, ist es das Fleisch.« Und später heißt es: »Arbeitsamkeit, Genügsamkeit und Ausdauer sind Eigenschaf-ten, wodurch sich die Einwohner dieses Ober-amts vorteilhaft auszeichnen. Etwas derb, aber treuherzig ist besonders das Benehmen der Alp-bewohner.«

Machen wir in Gedanken eine Wanderung in südwestlicher Richtung in den Geislinger Raum. In der dortigen Oberamtsbeschreibung finden wir folgende Hinweise zum Älbler von 1842: »Die Einwohner sind vom alten schwäbi-schen Stamme und im größeren Theile des Be-zirkes herrscht die Ulmer Mundart, der Körper-bau hat nichts Ausgezeichnetes und ist mittlerer Statur.« »Der sittliche Zustand ist in den Alpor-ten meist besser, als in den übervölkerten Thal-orten; Gutmüthigkeit und Gefälligkeit sind fast allgemeiner Charakterzug. Die Einwohner sind fleißige Kirchgänger, noch fleißiger aber im Be-such der Wirthshäuser, indem der im Allgemei-nen herrschende Wohlstand auch größeren Le-bensgenuß erlaubt. Die Nahrung ist, zumal bei den Alpbewohnern, kräftig.«

Die Hofnachfolge betreffend wird für die ulmi-schen Gebiete folgendes gesagt: »In den ulmi-schen Orten herrscht der meiste Wohlstand, be-sonders bei den begüterten Alpbauern. Die ge-schlossenen Bauernhöfe suchen diese noch zu er-halten, weshalb von den Eltern gewöhnlich der

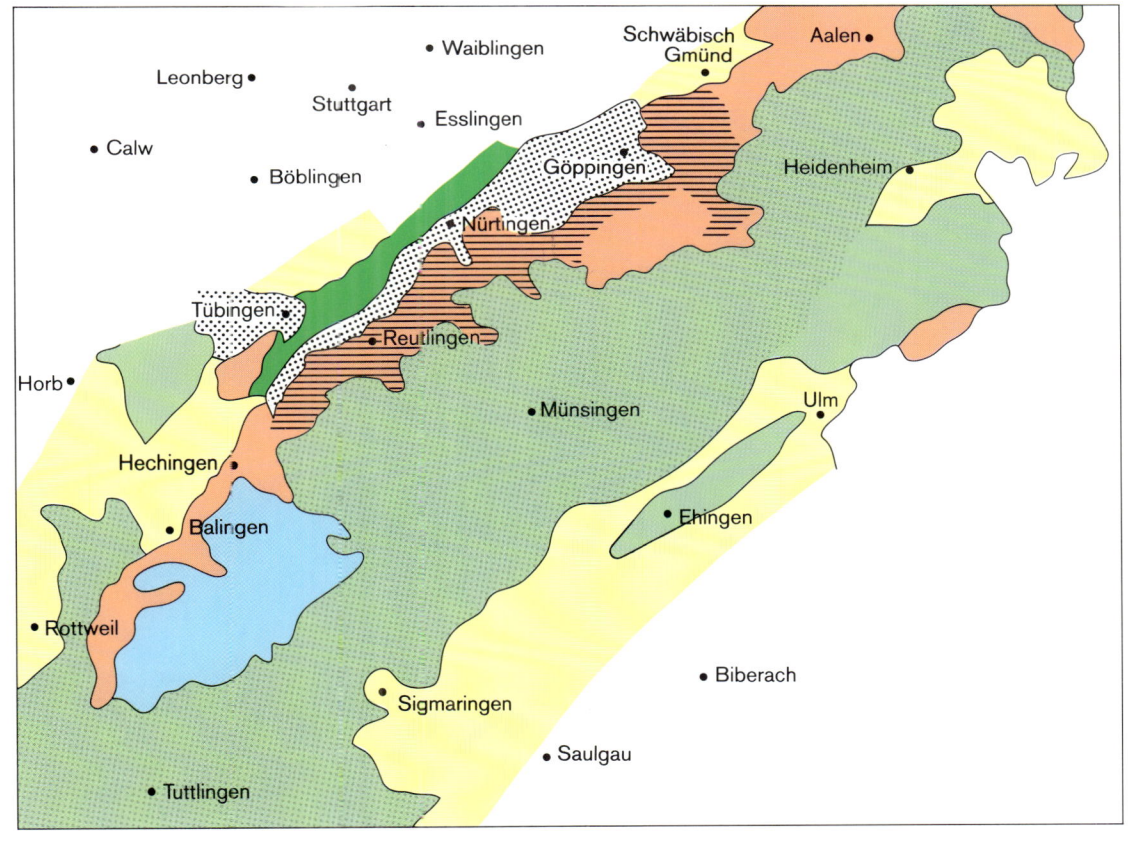

überwiegend gute bis sehr gute Standorte in warmem bis sehr warmem Klima

überwiegend mittelmäßige Standorte in warmem Klima

überwiegend gute Standorte in mäßig kühlem Klima

überwiegend mittelmäßige Standorte in mäßig kühlem Klima

überwiegend noch mittelmäßige Standorte in kühlem Klima

überwiegend ziemlich schlechte Standorte

wärmeklimatische Grenzstandorte für den Ackerbau bis kältere Hochlagen

In wärmeklimatisch günstigen bis sehr gün-stigen Lagen intensive landwirtschaftliche Nutzung möglich

Bewirthschaftung ist die Dreifelderwirthschaft...«, »Das Brachfeld wird in den Thalorten größtenteils angebaut. Die gewöhnlichen Brachgewächse sind Kartoffeln, Klee, Hanf und Flachs, Wicken und Linsenfutter, neuerer Zeit auch Raps. Auch auf der Alp wird die Brach neuerer Zeit mehr angebaut als früher; Wechselfelder kommen auch vor.« Über die Getreidearten ist zu finden: ».. . Dinkel (auch Korn genannt) in großer Menge und guter Qualität; Roggen auf der Alp nur für den Bedarf an Hausbrod und Stroh zum Garbenbinden; Einkorn, nicht sehr viel; Gerste, von welcher nur wenig Wintergerste, aber ziemlich viel Sommergerste

gebaut wird.« Und weiter heißt es »Flachs und Hanf bauen die Thalorte viel und gut; auf der Alp wird fast kein Hanf gebaut und dem Flachs schaden theils die rauhere Witterung, theils die Erdflöhe, so daß er schon eine Reihe von Jahren nicht mehr gerathen ist.«

Ähnliches findet sich auch in der Münsinger Oberamtsbeschreibung von 1825, in der als Feldfrüchte Haber und Gerste, Dinkel, Roggen, Einkorn und der sogenannte Linsenhaber (Haber und Linsen zusammen angebaut) sowie Wicken genannt werden.

Auch vom Oberamt Balingen (Beschreibung von 1880) finden sich noch Hinweise auf die

Dreifelderwirtschaft und die Notwendigkeit der Gewandregulierung und des Feldwegebaues, es sei, besonders auf Weißem Jura noch reichlich Brache vorhanden.

Die Häuser. In den alten Beschreibungen ist auch von den Häusern in den Dörfern die Rede, unterschiedlichen freilich, je nach Stand des Eigentümers, doch überwogen wohl allgemein Fachwerkhäuser, gab es das Flechtwerk zwischen den Balken und Stützen, lehmverschmiert und gekalkt. Wohnhaus und Stall waren unter einem Dach vereint, die Scheune rechtwinklig angebaut oder auch getrennt errichtet.

Das Dorf. Vielfach finden sich Haufendörfer

Hausformen auf der Schwäbischen Alb. Oben links: Zwei aneinandergebaute Seldnerhäuser in Scharenstetten. Oben rechts: Wohnstallhaus in Heuchlingen. Mitte links: Doppelhof mit gemeinsam genutztem Stall in der Mitte in Bermaringen. Mitte rechts: Dreiseithof mit Ausgedinghaus (links) in Bermaringen. Unten: Gasthaus »Grüner Baum« in Böhringen, ein größeres Anwesen im Stil der »Älblerhäuser«. Die Fassade ist allerdings »modern« geworden. Die Klappläden sind verschwunden.

◁ Donnstetten im Jahre 1926. Einige Dächer der typischen Wohnstallhäuser sind noch mit Stroh gedeckt.

Ein Dorf verändert sein Gesicht. Noch in den fünfziger Jahren waren viele Dörfer, vor allem auf der Ulmer Alb, noch unberührt von der Technik. Hier in Neenstetten wird 1957 noch mit Dreschflegeln gedroschen, tragen die Bauern das Blauhemd, auf das Feld geht es mit dem Kuhfuhrwerk, die Dorfstraßen sind nicht geteert, die Dorfjugend badet in der Hüle. Seither hat sich das Dorfbild grundlegend gewandelt: Neenstetten 1987 (unten rechts).

Rechts: Pfronstetten

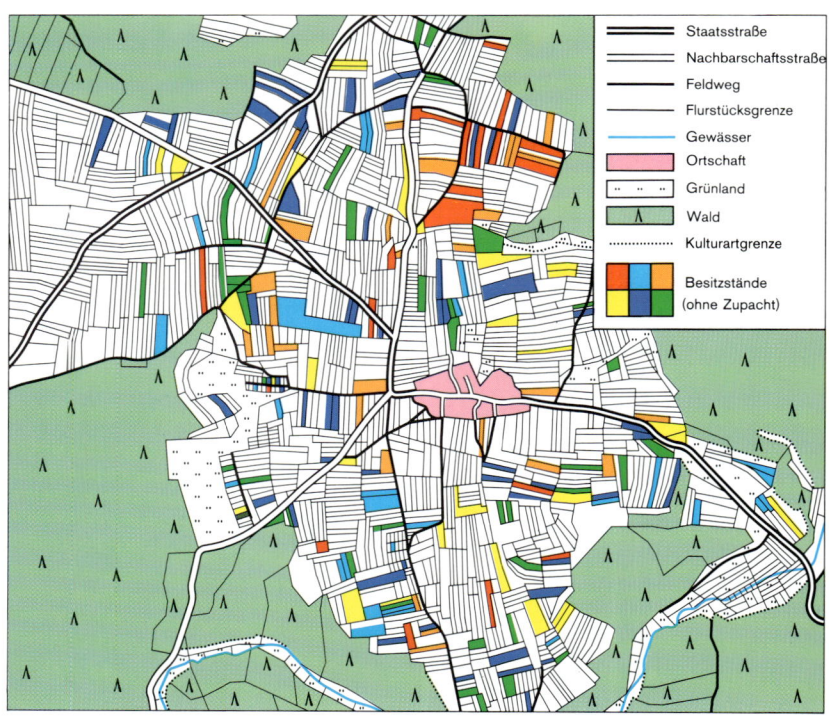
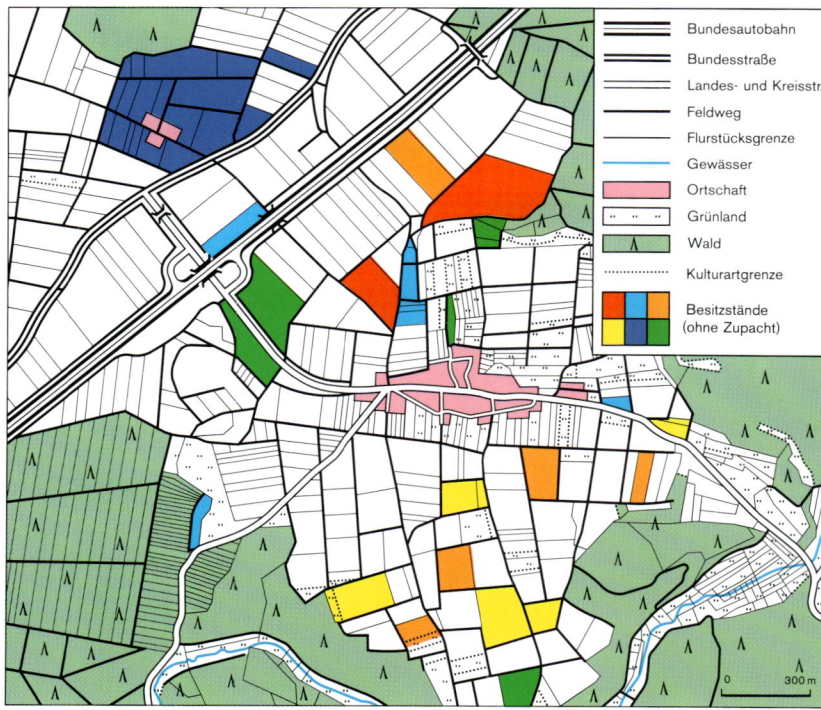

Wandel des Grundbesitzes in Bissingen ob Lontal. Links 1830, rechts nach der Flurbereinigung

1978 (nach Historischer Atlas von Baden-Württemberg, 1980).

mit Kirche und Friedhof in der Mitte, dazu Pfarrhaus und Rathaus, oft um die Hüle – sie ist fast durchweg verschwunden – gelegen. Heute fällt in vielen Dörfern die Hauptstraße auf, die ihr Gesicht meist fast städtisch verändert hat. Die Neubaugebiete sind größer an Ausdehnung, als die Siedlung es insgesamt noch um die Jahrhundertwende war. Gewerbegebiete kamen hinzu, selbst Hochhäuser, oder besser vielstöckige Häuser, sind zu finden, in denen heute oft niemand mehr so richtig gerne wohnt.

Aussiedlerhöfe. Andererseits gibt es Aussiedlungen, Höfe in der freien Landschaft, nur teilweise in kleinen Weilern zusammengefaßt. Sicher sind sie berechtigt, um die Bewirtschaftung zu erleichtern, um Platz zu haben nach der Enge der Dorfnachbarschaft. Dorfsanierung ist nicht nur ein Schlagwort, sondern die Möglichkeit, wirklich etwas zu tun, um das Leben zu erleichtern. Freilich wurde hier manches übertrieben, hat die Planierraupe und Spitzhacke erhaltenswerte Bauten vernichtet. Heute besinnt man sich erneut auf das zu Bewahrende, baut um und aus, erfüllt alte Häuser mit neuem Leben.

Aus den Bauerndörfern sind Wohngemeinden geworden, die meisten »Älbler« arbeiten in Industrie und Handwerk, oft weit entfernt vom Hei-

matort. Diese Pendler nehmen den oft weiten Weg auf sich, um in ihrem Dorf wohnen zu können. Einige bearbeiten noch als »Feierabend- oder Wochenendbauern« das vererbte Land. Damit ist die Abwanderung von den Dörfern gebremst, die Gefahr einer »Bevölkerungserosion« gebannt. Freilich bleibt zu überlegen, wie die Pflege der Alblandschaft gewährleistet wird, die nicht als Selbstzweck oder gar »Museum« anzusehen ist, sondern der Erhaltung dieses liebenswerten Teiles unserer Heimat dienen muß.

Museen. Wie das Leben in unseren Albdörfern sich einst abspielte zeigen einige Museen, etwa das Bauernmuseum in Ödenwaldstetten oder das Freilichtmuseum in Neuhausen ob Eck bei Tuttlingen und das Landwirtschaftsmuseum in Stuttgart-Hohenheim. Die Trachten fanden einen würdigen Platz im gleichnamigen Museum in Pfullingen, sie zeigen die Vielfalt einstiger Bekleidung von den verschiedenen Teilen unseres Landes.

Manches an einstigen Kulturen ist verschwunden, der Weinbau an der Alb, der früher wesent-

lich ausgedehnter war, auf die Gegend um Neuffen, Metzingen und Reutlingen begrenzt. Noch im letzten Jahrhundert wurde als Neuerung auf die Münsinger Alb Hopfenanbau gebracht. Hanf- und Flachsanbau findet man nirgends mehr, die einstigen Getreidearten haben Hochleistungssorten Platz gemacht – was für herrliche Spätzle konnte man aus Dinkelmehl machen! Einen Eindruck davon, wie reich allein der Bauerngarten war, erhalten wir in Ödenwaldstetten, wie vielfältig einst der Pflanzenanbau, erleben wir im Beutenlay nahe Münsingen, wo auch Sträucher und Obstarten eine Heimstatt gefunden haben, die heute sonst weitgehend verschwunden sind. Es lohnt sich, dorthin zu wandern und sich auf das Vergangene zu besinnen!

Die Schäferei. Der Versuch einer Schilderung muß stets unvollkommen bleiben, er wäre aber völlig unzureichend, wollte man nicht eines Berufsstandes gedenken, ohne den die Schwäbische Alb einfach nicht vorstellbar ist, nämlich des Schäfers. Früher und auch heute ist es für ihn nicht ganz einfach, Weideflächen zu finden, doch sind die Wacholderheiden, die typischen Landschaftsbilder unserer Alb, ohne sein Tätigsein nicht denkbar.

Wie viele Schafe einst auf der Alb standen geht

aus der Heidenheimer Oberamtsbeschreibung von 1844 hervor, die über Mergelstetten berichtet: »Die Wolle (1. 1. 1843: 13 338 Schafe, worunter 2277 spanische, 10 911 Bastard- und 150 Landschafe) wird meist an Heidenheimer Fabrikanten und Tuchmacher, zum Theil aber auch auf dem Wollmarkt zu Kirchheim abgesetzt.«

Im Oberamt Kirchheim gab es zur gleichen Zeit 35 594 Schafe, im Oberamt Göppingen, das an der Spitze des Königreichs Württemberg lag, wurden sogar 53 730 Stück gezählt, das Geislinger Oberamt wies nach der Zählung von 1842 9510 Schafe auf; freilich wird hier angemerkt, daß fast alle Schafweiden von auswärtigen Schafhaltern gepachtet seien.

Leider hat die Schafzucht in den letzten Jahrzehnten stark abgenommen, vor allem als Folge der sinkenden Wollpreise, auch des geringeren Verbrauchs von Hammel- und Schaffleisch in der Küche wegen. Umso erfreulicher ist es, daß die Zahl der Schafe auf der Alb wieder etwas größer geworden ist; es liegt auch an uns, dies zu fördern. Hier möchte ich den unvergessenen Richard Lohrmann zitieren, der in Hunderten von Vorträgen über Schäfer und Schafweiden auf der Alb mahnte: »Eßt mehr Hammelfleisch.«

Im Freilichtmuseum Neuhausen ob Eck sollen Häuser aus vorindustrieller Zeit, vor allem von der Südwestalb, erhalten werden, die sonst dem Bagger zum Opfer fallen würden.

Das Bauernhausmuseum in Ödenwaldstetten birgt Ausstattungsstücke früherer Bauernhäuser der Alb. Sehenswert ist auch der Bauerngarten vor dem Haus mit seinen typischen Kräutern und Blumen.

Ein immer seltener werdendes Bild: der Schäfer mit seiner Herde.

Die Industrie hält Einzug

Es war vom Älbler und seinem Dorf die Rede, auch von der bitteren Armut in manchen Teilen. Ist es da verwunderlich, wenn Überlegungen angestellt wurden, wie man den Mangel beheben, der Not begegnen könne?

Bohnerze. Guter Rat war teuer, denn Rohstoffe – natürliche Gegebenheiten für eine industrielle Entwicklung – gibt es auf der Schwäbischen Alb praktisch nicht. Allerdings waren an einigen Stellen Erzlager bekannt. So wurden zum Beispiel im Brenztal Erze abgebaut. Dazu lesen wir in der Oberamtsbeschreibung von Heidenheim (1844) folgendes:

»Die Bohnerze mit ihren dunkelbraunen durch Bohnerzmassen gefärbten fetten Tonen, ein wichtiger Reichthum des Oberamtes werden vorzugsweise auf Nattheimer Markung im Walde zwischen Nattheim und Auernheim in großen Pingen und Löchern gewonnen, doch findet sich die Erzformation auch noch an vielen anderen Punkten, theils in verlassenen oder betriebenen Gruben (Oggenhausen, Mergelstetten, Osterholz etc.), theils in noch nicht aufgedeckten. . . Die Bohnerze. . . werden. . . bergmännisch gewonnen und in Königlichen Hüttenwerken Königsbronn und Wasseralfingen zu Gute gemacht. Nur allein Königsbronn verbraucht davon 25000 Centner. Mit Stufenerz verschmolzen liefert es 30–36 % sehr guten Eisens.«

Im genannten Eisenwerk waren damals 90 Arbeiter beschäftigt, ein Hochofen, zwei Weißöfen, zwei Flammöfen, ein Hammerwerk und andere Werkstätten im Betrieb. Brauneisenstein wurde schon seit 1635 im Stollenabbau oberhalb von Wasseralfingen betrieben. Hüttenwerke sind auch aus dem Bereich der Südwestalb bekannt, etwa in Lauchertal oder das Hüttenwerk Ludwigstal bei Tuttlingen, 1699

von Herzog Eberhard Ludwig von Württemberg gegründet. All diese Hüttenwerke schafften den Anschluß an die Gegenwart nicht. Nur die Schwäbischen Hüttenwerke in Aalen-Wasseralfingen, die kein Eisen mehr gewinnen, sondern Eisen und Stahl verarbeiten und veredeln, sind heute noch ein namhafter Industriebetrieb.

Eisenerzvorkommen und Hüttenwerke auf der Schwäbischen Alb, die früher eine große Bedeutung hatten.

An vielen Orten wurde bis in unser Jahrhundert Bohnerz abgebaut und verhüttet, dargestellt auf der in Wasseralfingen gegossenen Ofenplatte (rechts).

Rechts außen: In Schelklingen prägt die Zementindustrie das Landschaftsbild.

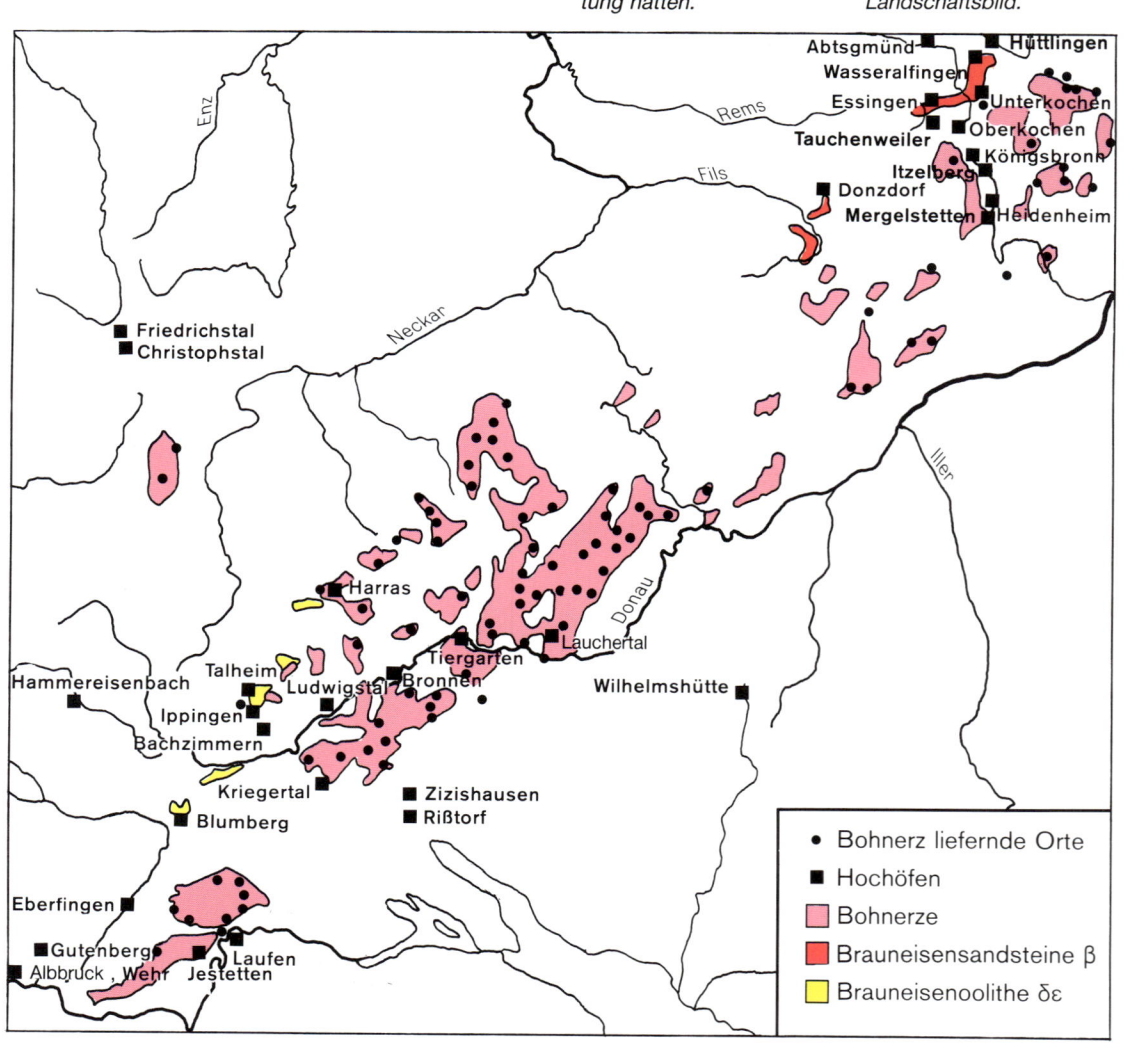

Legende:
- ● Bohnerz liefernde Orte
- ■ Hochöfen
- ▨ Bohnerze
- ▨ Brauneisensandsteine β
- ▨ Brauneisenoolithe δε

Besucherbergwerk »Tiefer Stollen«

Von den 6,5 km begehbaren Stollen ab Braunenberg Südfeld wurden etwa 800 m des waagrecht in den Berg führenden »Tiefen Stollens« behindertengerecht ausgebaut. Die Besucher fahren mit einer Grubenbahn bis zu den weiträumigen Formsand-Abbauhallen in den Berg ein. Diese Sandsteinhallen erstrecken sich (400 m vom Stollenmundloch entfernt) links und rechts des »Tiefen Stollens« auf einer Grundfläche von fast 2500 m². Die Hallen sind durch Abbau von feinkörnigem Sandstein zur Gewinnung von Gießerei-Formsand sowie von Fassadenverkleidungen und Bausteinen entstanden.
In den insgesamt zwölf Hallen informieren Ausstellungen über Erzlagerstättenkunde (Lagerstättenmodell Wasseralfingen), untertagiges Montanwesen (Bergbautechnik, Abbaugeräte, Sicherungsverfahren, Förderung etc.), Eisenverarbeitung (von der Keltenzeit über das Mittelalter bis zur modernen Eisenverhüttung): Eine Ton-Bild-Schau erläutert die historische Bedeutung des Bergbaues der Ostalb.
Anschließend an diesen Museumsteil können die Besucher zu Fuß bis 800 m tief in den »Tiefen Stollen« eindringen, werden durch Querschläge und Überhaustrecken geführt und können die früheren Abbaueinrichtungen besichtigen. Besonders sehenswert sind die ehemaligen Erzabbau- und Erzverladeorte im Unteren Flöz.
Öffnungszeiten: April–September täglich von 9–17 Uhr, Gruppen nach vorheriger Anmeldung (Tel. 0 73 61/7 67 70); während der Wintermonate von November bis Anfang April geschlossen.

Zementindustrie. Etwas gibt es auf der Alb im Überfluß: Steine. Daß daraus über Steinbrüche und Schotterwerke hinaus ein Industriezweig geworden ist, ist dem Ulmer Apotheker Ernst Gustav Leube zu verdanken, der 1838 im Blautal die deutsche Zementindustrie begründete. »Den Bergen entriss er den Stein mit Brand und Gewalt. Neue Reichtümer gab er der Stadt und dem Land zugleich.« Eine Gedenktafel mit dieser Inschrift, in Latein, ziert sein einstiges Wohnhaus in der Kronengasse in Ulm.

Die Weberei. Bedeutsamer für die gesamte Alb aber war die Weberei, vor allem in Heimarbeit betrieben. So wird vom Heidenheimer Oberamt berichtet, daß schon im 13. und 14. Jahrhundert ein starker Warenverkehr mit Ulmer und Günzburger Kaufleuten bestanden habe.
Weit bekannt ist die Laichinger Weberei, jahrhundertelang in Blüte, schon aus dem Mittelalter in Dokumenten belegt. Der Flachs, als Rohstoff, wurde mit Erfolg auf der Alb angebaut und in mühevoller Arbeit vorbereitet zum Garngewinnen und Spinnen. Die Reichsstadt Ulm war lange Zeit Abnehmer, sie verlangte beste Qualität; das galt auch für das Kloster Blaubeuren. In der folgenden Zeit gab es freilich schwere Belastungen, sollte doch unter Herzog Eberhard III. keine Ware mehr außer Landes gehen, 1661 gründete er deshalb die Uracher Leinwandhan-

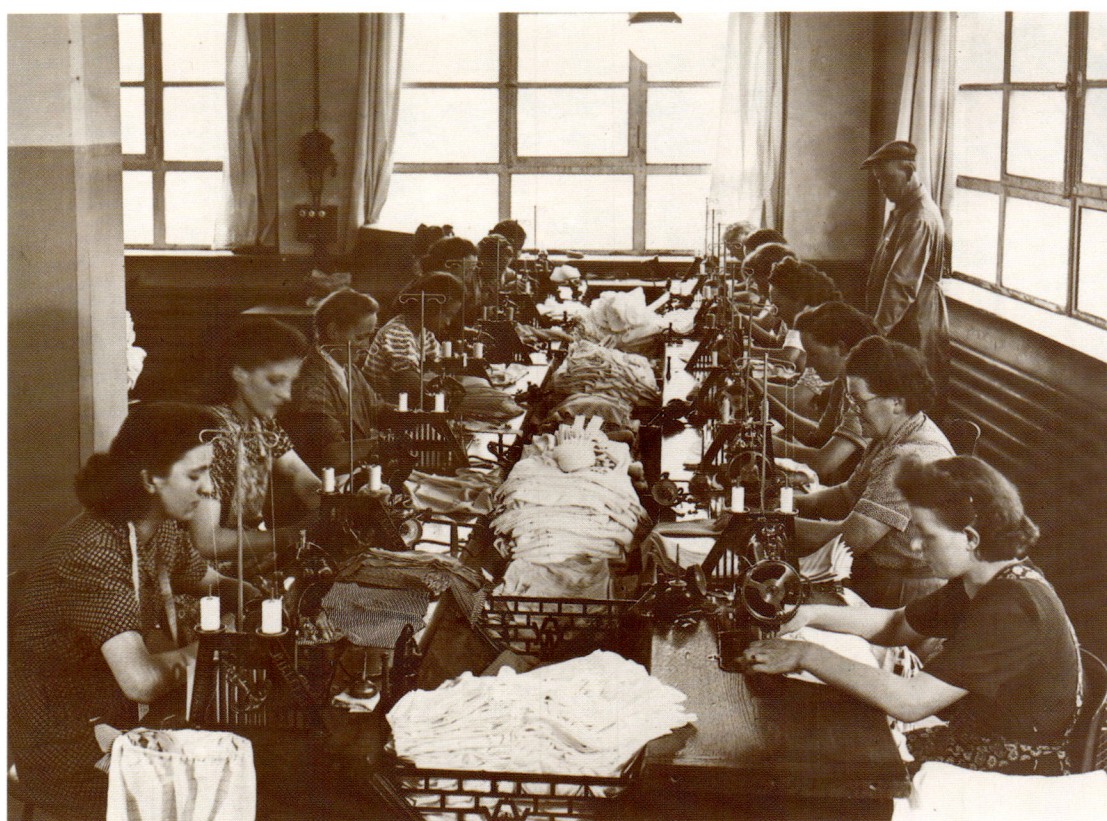

◁ Um 1900 wurde das Laichinger Leinen noch in Heimarbeit gefertigt (links oben und unten: Zettlerin und Spuler).

Aus der Heimarbeit entwickelte sich die Textilindustrie: Nähsaal der Firma Hagenmüller in Tailfingen nach dem Zweiten Welt-

krieg und Saal mit computergesteuerten Pundstrickmaschinen bei Trigema in Burladingen.

Die Firma Voith in Heidenheim baute 1903 die damals mit 12 000 PS größte Zwillingsturbine für die Niagarakraftwerke in

den USA; rechts Voith heute: ein Kaplanturbinenlaufrad für die »Regensburg« in der Fertigung.

dels-Compagnie. Freilich war das Leben der Weber sehr mühevoll, trotz großen Fleißes konnte nur durch die Mitarbeit der ganzen Familie das fürs Leben Nötigste verdient werden. Es war ein weiter Weg über den »Laichinger Webverein« von 1820 zu den modernen größeren Industrieanlagen, etwa ab 1861, die freilich immer noch Handweberei betrieben; erst nach 1908 erfolgte die Mechanisierung.

Eine ähnliche Entwicklung, auch andere Stoffe betreffend, können wir in vielen Teilen der Schwäbischen Alb beobachten. So wies Heidenheim schon in den fünfziger Jahren des vergangenen Jahrhunderts Baumwollspinnereien und -webereien, Tuchfabriken, eine Strickgarn- und Seidenwattefabrik auf – neben einer schon 1618 erwähnten Papierfabrik, einer Webmaschinenfabrik und Messinggießerei. Weltruf erlangte wenige Jahrzehnte später die Maschinenfabrik J. M. Voith, die 1870 die erste Wasserturbine erbaute und im Jahre 1912 die größten damaligen Turbinen der Welt für die Niagarafälle lieferte.

In Mergelstetten wurde 1828 anstelle eines 100

Jahre bestehenden Eisenwerkes die mechanische Wollenspinnerei und Weberei der Gebrüder Zoeppritz errichtet, die ». . . durch ihren ausgedehnten Betrieb einen großen Theil der hiesigen Einwohner theils in, theils außer der Fabrik in Thätigkeit und Nahrung setzt. . . In der Fabrik arbeiten gegen 160 Menschen, außerhalb für dieselbe gegen 40. Spindeln sind 1300 bis 1400, Webstühle 50, Assortimente 6, nebst den erforderlichen Kratzmaschinen in Thätigkeit. Der Betrieb geschieht durch Wasserkraft.« So weit ein Zitat aus der Heidenheimer Oberamtsbeschreibung von 1844.

Aber auch an anderen Orten der Schwäbischen Alb entstanden zahlreiche Industriebetriebe, so vor allem entlang der Talzüge von Kocher und Brenz, Fils, Lauter und Erms, Echaz, Starzel, Eyach, Schmiecha, Prim und Faulenbach und natürlich der Donau im Süden.

Anfänge der Industrie. So zeigt beispielsweise die Karte der Anfänge der Industrie in Baden und Württemberg im Historischen Atlas für die Zeit von 1829/32 eine besondere Verdichtung im Kocher- und Brenztal von Aalen bis

Giengen mit folgenden Betrieben: Wolle- und Baumwolle-Spinnereien, Bandweberei, Bleicherei, Bergbau mit Hammerwerk, Eisenwaren, Blech- und Metallwaren, Papiererzeugung und eine Pulverfabrik.

Im Filstal gab es ebenfalls Papierfabriken, eine Bleicherei, Wolle-Spinnerei sowie Leinenverarbeitung und Bandwebereien. Im Lautertal finden sich Papiererzeugung, Musikinstrumente, Baumwollweberei, Flechtwaren. Das Ermstal war geprägt durch Wolle- und Baumwolle- sowie Leinenweberei, Papierfabriken und Fahrzeugbau.

Im Tal der Echaz überwog damals die Papiergewinnung, daneben spielten die Fabrikation von Pulver und Wollespinnereien eine Rolle. An der Eyach gab es Wolle- und Leinenwebereien. Blaubeuren und Münsingen hatten Leinenwebereien, ebenso Laichingen, Papier wurde in Blaubeuren und Herrlingen erzeugt.

Wie hat sich seitdem die Industrielandschaft verändert? Zwar sind die genannten Täler auch weiterhin bevorzugte Standorte für solche Betriebe geblieben, aber die Einführung der

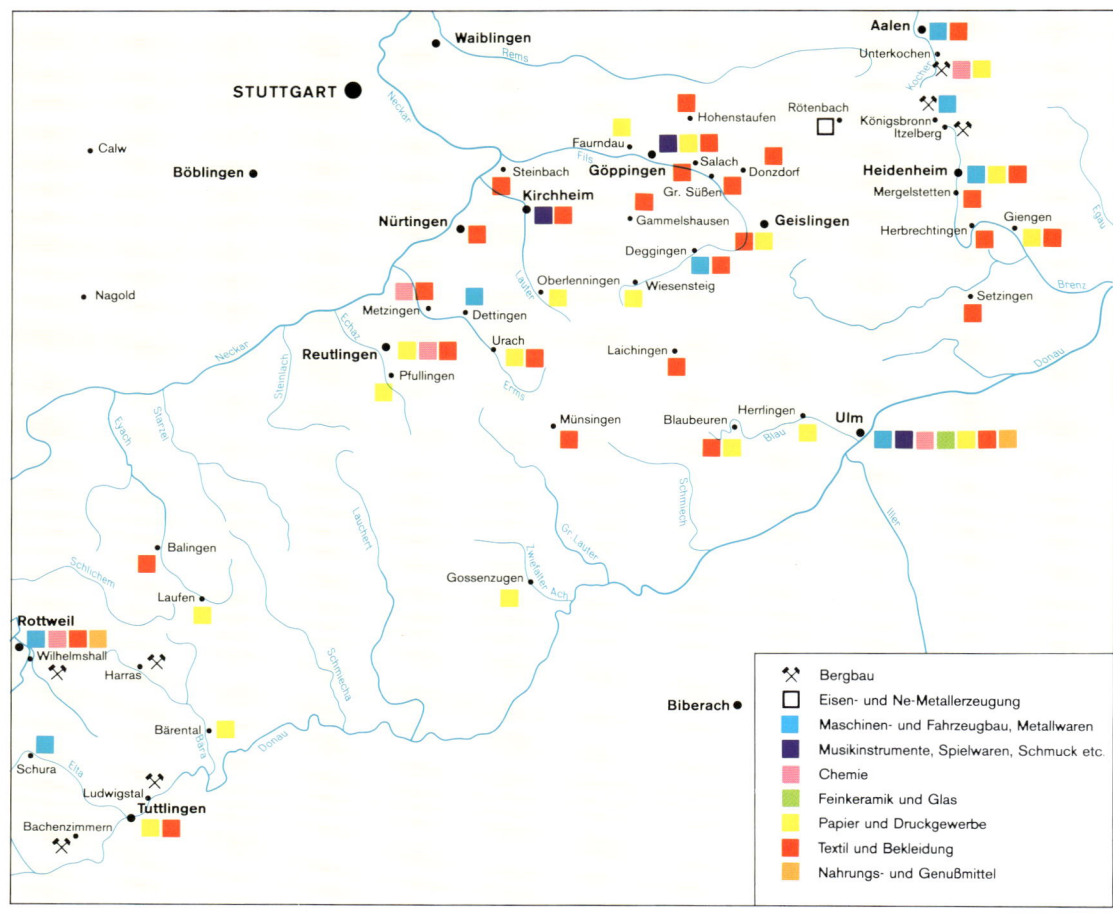

STUTTGART

Waiblingen
Aalen
Unterkochen
Calw
Hohenstaufen   Rötenbach   Königsbronn
Böblingen   Itzelberg
Faurndau   Salach   Heidenheim
Steinbach   Göppingen   Donzdorf   Mergelstetten
Kirchheim   Gr. Süßen   Giengen
Nürtingen   Gammelshausen   Geislingen   Herbrechtingen
Deggingen
Oberlenningen   Wiesensteig   Setzingen
Metzingen   Dettingen
Nagold   Urach
Reutlingen   Laichingen
Pfullingen
Münsingen   Blaubeuren   Herrlingen   Ulm
Balingen
Laufen   Gossenzugen
Rottweil
Wilhelmshall   Harras
Bärental   Biberach
Schura
Ludwigstal
Bachenzimmern   Tuttlingen

⚒ Bergbau
☐ Eisen- und Ne-Metallerzeugung
🟦 Maschinen- und Fahrzeugbau, Metallwaren
🟪 Musikinstrumente, Spielwaren, Schmuck etc.
🟥 Chemie
🟩 Feinkeramik und Glas
🟨 Papier und Druckgewerbe
🟧 Textil und Bekleidung
🟧 Nahrungs- und Genußmittel

Dampfmaschine und später jene der elektrischen Energie haben die vorherigen Standortzwänge überwunden, die Betriebe konnten sich nun auch abseits der Täler ansiedeln. Zweige des Maschinenbaues, der Feinmechanik, Optik und schließlich Elektronik übernahmen die führende Rolle. Geniale Erfinder und Tüftler lebten auf der Alb, nur wenige seien genannt: Philipp Matthäus Hahn, von 1764–1770 Pfarrer in Onstmettingen, war ein begnadeter Erfinder von Waagen und Uhren. Die Erzeugung von hochwertigen Messern und chirurgischen Instrumenten ist mit dem Namen Johann Jakob Storz aus Tuttlingen verbunden. Dort entstanden auch bedeutende Schuhfabriken.

Trossingen wurde berühmt durch die Hohnerschen Musikinstrumente, Reutlingen durch seine Leder- und Leinenindustrie; in Balingen und Ebingen entstanden bedeutende Fabriken für Waagen und Spiralbohrer, im ganzen dortigen Bereich aber auch zahlreiche Betriebe für Trikotagen, ebenfalls zwischen Hechingen und Sigmaringen. Papierfabriken dehnten sich aus, so etwa jene in Reutlingen oder Oberlenningen. Die Württembergische Metallwarenfabrik in Geislingen muß ebenso genannt werden wie

Anfänge der Industrie auf der Schwäbischen Alb (nach Historischem Atlas von Baden-Württemberg, 1980).

Fertigungsgebäude der Plaquéwarenfabrik Geislingen, Vorgängerin der WMF, 1853 gegründet.

Die Metallspielwarenfabrik Märklin in Göppingen und die Papierfabrik Scheufelen in Oberlenningen.

Märklin-Spielzeug in Göppingen, die Steiff-Tiere aus Giengen an der Brenz und nicht zuletzt die Ansiedlung von Zeiss in Oberkochen nach dem Zweiten Weltkrieg.

Besonders die Textilindustrie aber brachte durch zahlreiche Filialen Arbeitsmöglichkeiten in die Dörfer selbst, damit wurde das sonst nötige Pendeln zwischen Wohnort und Arbeitsstätte verringert. Freilich ist in letzter Zeit eine rückläufige Bewegung zu beobachten, werden mehr und mehr kleinere Zweigbetriebe geschlossen, leidet die Textilindustrie unter der Billigkonkurrenz aus dem Fernen Osten.

Doch der Älbler wurde im Laufe der Industriegeschichte mit manchen Schwierigkeiten fertig, auch dank seiner Sparsamkeit, nicht zuletzt aber durch den Erfindungsreichtum, durch das »Brettlebohren«, wie man's schwäbisch nennt – immer der Konkurrenz eine Nasenlänge voraus sein. Man kann sich selbst von solchen Leistungen überzeugen, zum Beispiel im Waagenmuseum in Balingen, im Musikinstrumentenmuseum in Lautlingen und Trossingen, im Museum für chirurgische Instrumente im Heimatmuseum in Tuttlingen und im Museum der Trikotindustrie in Albstadt-Ebingen.

Mustergültiges Beispiel für eine Arbeitersiedlung ist das »Gmindersdorf« in Reutlingen. In den Jahren 1904–1913 wurde es von der Spinnerei Ulrich Gminder nach Plänen von Theodor Fischer, Professor an der Technischen Hochschule Stuttgart, für zuwandernde Arbeiter gebaut.

Die Notwendigkeit, Heimatvertriebenen, die bei Scheufelen in Oberlenningen arbeiteten, Wohnungen zu verschaffen, führte 1953 zur Gründung der Siedlung Hochwang auf der Albhochfläche nahe bei Erkenbrechtsweiler.

Elektrizität. Die eben erwähnte Standortunabhängigkeit dank Energieversorgung mit Elektrizität ergab sich erst zum Ende des vorigen Jahrhunderts. Zunächst waren es Einzelanlagen, 1882 in Reutlingen, Göppingen sowie Ebingen, dort bei der Samtfabrik Ott. 1883 baute die Firma Gröber in Neufra eine solche, 1884 folgten die Papierfabrik Stollberg in Süßen, in Scheer die Holzstoff- und Papierfabrik. In Honau wurde 1884 die Olgahöhle elektrisch beleuchtet mittels einer eigenen Anlage, der sich 1885 die dortige Baumwollspinnerei anschloß. Im gleichen Jahr entstanden Anlagen in Metzingen, Heidenheim, Wasseralfingen, vier Jahre später jene in Geislingen bei WMF und Kö-

nigsbronn. Die Gutenberger Gußmannshöhle wurde von einem Mühlwerk aus beleuchtet. Allgemein kann man aus jenen Anfangszeiten der Elektrizitätsgewinnung feststellen, daß etwa 68 Prozent der Anlagen mit Dampfkraft, 18 Prozent mit Wasserkraft und 12,5 Prozent unter Verwendung von Gaskraftmaschinen betrieben wurde.

Kraftwerke finden sich aus jener Zeit, 1893 in Bopfingen und Sigmaringen; 1894, mit Wasserkraft betrieben in Pfullingen, ebenso in Riedlingen und Urach; 1895 folgten unter Ausnützung von Dampferzeugung Tuttlingen und Ulm, Dettingen benützte die Wasserkraft der Lauter ab 1895.

Industriebauten der Gründerzeit.
Links oben: Eisenlohr in Dettingen an der Erms.
Rechts oben: Gebr. Haux in Albstadt-Ebingen.

Links unten: Conzelmann zur Rose, Albstadt-Tailfingen.
Rechts unten: Linder & Schmid in Albstadt-Ebingen.

Wie sehr hat sich seitdem die Versorgung mit Elektrizität gewandelt, wie intensiv wurde die Landschaft durch die zahlreichen Freileitungen verändert, wie viel sicherer aber auch die Versorgung gestaltet, wie sehr stiegen unsere Ansprüche an die Nutzung des elektrischen Stromes!

Wege, Straßen und Schienen über den Berg

Schon in früher Zeit verbanden Wege die Landschaften auf der Alb sowie die nördlich und südlich von ihr, weite Teile der Schwäbischen Alb waren ja sehr früh besiedelt. Diese Wege oder Saumpfade umgingen Hindernisse, vermieden sumpfige Talmulden und benutzten bevorzugt die flachen Wasserscheiden im Südwesten und Nordosten.

Straßen der Römer. Erst die Römer bauten befestigte Straßen, überwiegend aus militärischen Gründen, zur raschen Truppenbewegung, zur Versorgung und Verbindung der einzelnen Kastelle.

Aus jener Zeit sind besonders folgende Straßen bekannt: Von Rottweil nach Tuttlingen, dann donauabwärts Richtung Ulm, mit einer nördlichen und einer südlichen Trasse in der Gegend des Bussen; die Remstalstraße Cannstatt–Lorch–Aalen und deren Weiterführung einerseits in Richtung Heidenheim, andererseits nach Oberdorf am Ipf und Regensburg.

Die Straßen vom Kastell Sulz über Lautlingen nach Süden oder über Burladingen benützen die Täler von Starzel und Fehla.

Die Alblimesstraße verband die Kastelle Burladingen, Gomadingen, Donnstetten, Urspring und Heidenheim miteinander.

Die wichtigste Römerstraße führte von Mainz über Heidelberg, Cannstatt, Urspring, Faimingen nach Augsburg, heute noch ungefähr der Verlauf der Autobahn.

Heer- und Handelsstraßen. Die römischen Straßen wurden nach dem Ende der Römerherrschaft zunächst wohl weiterbenutzt, später jedoch die vorrömischen Straßen bevorzugt, die mehr den Gegebenheiten des Geländes Rechnung trugen.

Noch heute künden von den Landstraßen aus der Zeit der fränkischen Könige und späteren Kaiser Namen wie Heerstraße, Königs- und Kaiserstraße.

So wurden für die Mittlere Alb etwa sieben bis acht ziemlich parallel verlaufende, von Nordwest nach Südost führende Heerstraßen nachgewiesen. Kaiser Otto der Große benutzte 965

In steilen Kehren überwindet die Lochenpaßstraße den Albtrauf.

auf seinem Weg von Pavia nach Worms die Straße durch das Echaztal. Diese Heerstraßen spielten im Bereich der östlichen Alb auch im Hochmittelalter eine bedeutende Rolle als Handelsstraßen zu den wichtigen Messen z. B. in Frankfurt und Nürnberg oder zum wichtigen Handelsplatz Augsburg.

So hieß die Straße vom Süden über Ulm, Geislingen, Cannstatt »Frankfurter Straße«, die über Ulm, Giengen, Nördlingen führende »Nürnberger Straße«. Wichtig war in diesem Zusammenhang auch die Straße Cannstatt–Schwäbisch Gmünd–Aalen–Nördlingen.

Eine weitere, stark befahrene Handelsstraße war von Ulm bzw. von Süden aus die Straße über Laichingen, Urach, Metzingen, Kirchentellinsfurt nach Tübingen und von dort als »Rheinstraße« über Weil der Stadt, Pforzheim und Ettlingen an den Rhein.

Die »Schweizer Straße« überquerte die Alb über Dußlingen, Hechingen, Rottweil nach Schaffhausen.

Neben den Hauptverkehrswegen gab es zahlreiche kleinere Wege und Saumpfade am Steilanstieg der Schwäbischen Alb, außerdem die heute noch benützten »Steigen« mit ihren charakteristischen Kehren – zum Beispiel die Honauer Steige an der Straße Zwiefalten–Pfullingen.

Die württembergischen Herzöge ließen im 17. und 18. Jahrhundert die Straßen ausbauen. Aus dem Jahr 1695 gibt es eine Anordnung, die Straßenränder mit Obstbäumen oder anderen Baumarten zu bepflanzen.

Schwäbische Alb-Straße. Heute ist die Alb durch zahlreiche gut ausgebaute Bundes-, Land- und Kreisstraßen erschlossen. Sie folgen größtenteils alten Straßenzügen, sogar die Trassenführungen der Autobahnen entsprechen im

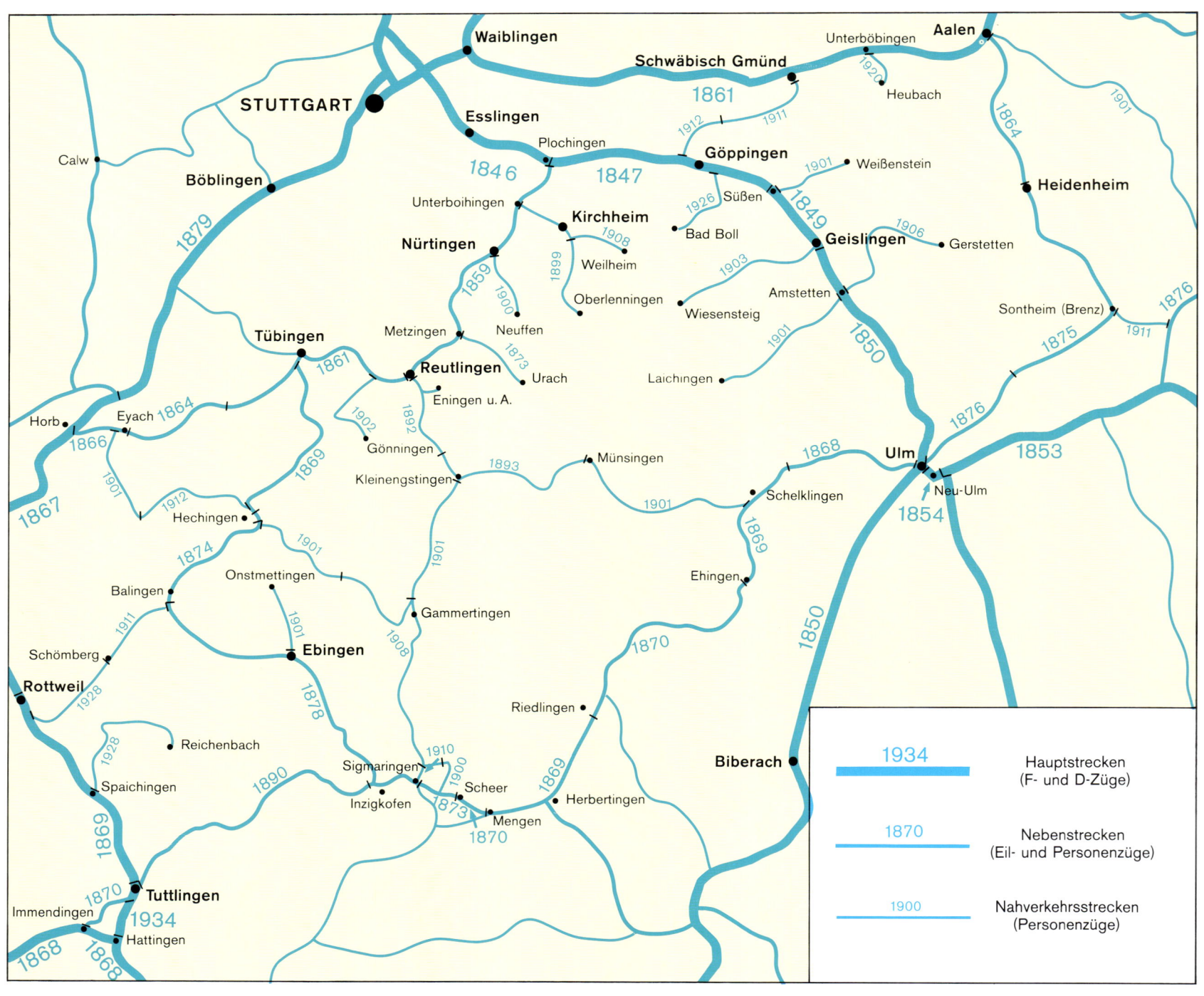

Waiblingen

Aalen

Unterböbingen

Schwäbisch Gmünd

1861

1920

Heubach

STUTTGART

Esslingen

Plochingen

1912

1911

Göppingen

1901

Weißenstein

1864

1901

Calw

1846

1847

1926

Süßen

Heidenheim

Böblingen

Unterboihingen

Kirchheim

Bad Boll

1849

1879

Nürtingen

1908

1906

Gerstetten

1859

1899

Weilheim

Geislingen

1900

Oberlenningen

Wiesensteig

Amstetten

1903

Sontheim (Brenz)

Tübingen

Metzingen

Neuffen

1901

1876

1875

1861

1873

Reutlingen

Laichingen

1850

1911

Horb

Eyach

1864

Urach

Eningen u. A.

1868

Ulm

1853

1866

1869

Gönningen

1902

1892

Münsingen

1876

1867

1901

Kleingstingen

1893

Neu-Ulm

1912

Schelklingen

1854

Hechingen

1901

1869

1874

1901

Onstmettingen

1901

Balingen

Gammertingen

Ehingen

1911

1908

Schömberg

Ebingen

1850

1870

Rottweil

1928

Riedlingen

Biberach

1928

Reichenbach

1878

1934 — Hauptstrecken (F- und D-Züge)

1910

Spaichingen

1890

Sigmaringen

1900

Scheer

1869

1870 — Nebenstrecken (Eil- und Personenzüge)

1869

Inzigkofen

1873

Herbertingen

1900 — Nahverkehrsstrecken (Personenzüge)

Mengen

1870

Tuttlingen

1870

1934

Immendingen

1868

1868

Hattingen

Grunde den alten Verbindungen Speyer–Ulm–Augsburg, Würzburg–Ulm oder Stuttgart–Schaffhausen.

Den Touristen führt die »Schwäbische Alb-Straße« durch landschaftlich besonders reizvolle Gegenden. Sie beginnt in Tuttlingen und führt über Spaichingen, Meßstetten, Albstadt, Burladingen, Großengstingen, Urach, Wiesensteig, Geislingen, Heidenheim und Neresheim nach Nördlingen. Es lohnt sich, auf dieser Strecke die Schwäbische Alb zu erleben, wobei man sich die Zeit nehmen sollte auszusteigen und zu wandern.

Schienen über den Berg. Was war es für die Menschen für ein Fortschritt, als die ersten Eisenbahnen gebaut wurden. Die Termine ihrer

Die Erschließung der Alb durch die Eisenbahn. Die Jahreszahlen bezeichnen die Inbetriebnahme der Strecken. Die meisten Nahverkehrsstrecken sind heute wieder stillgelegt. Mit dem Bau der Eisen-bahnstrecke Geislingen–Ulm, eröffnet 1850, gelang die erste Gebirgs-überquerung auf dem Kontinent. Hier ein Holz-schnitt mit dem Zug auf der Geislinger Steige, 1850.

Inbetriebnahme zeigen Karte und Tabelle. Es gab freilich in Deutschland – im Gegensatz zu Frankreich – keine einheitliche Planung. Die einzelnen Länder nahmen meist keine Rücksicht auf die Planungen und Bedürfnisse ihrer Nachbarn. Manche Strecken muten uns heute in ihrem Verlauf recht merkwürdig an, sie weisen Kurven und Knicke auf, die von der Landschaft überhaupt nicht vorgegeben sind, sondern vom politischen Willen diktiert wurden, Egoismen dokumentieren, Zeugnisse der einstigen Kleinstaaterei sind.

Die Geislinger Steige. Am 15. Juni 1843 wurde im Königreich Württemberg, nach langen Vorbereitungen, die sogenannte »Eisenbahnkommission« gebildet und im gleichen Jahr das Eisenbahngesetz verabschiedet, das unter anderem die Hauptlinien bestimmte. Die Verbindung Stuttgart–Ulm–Friedrichshafen mußte über die Alb geführt werden. Langwierige Untersuchungen, etliche Gutachten, die einander zum Teil erheblich widersprachen, wurden erstellt. Neben dem Filstal wurden Rems-, Kocher- und Brenztal in Betracht gezogen; da sich hier Bayern querlegte, entschied man sich für die technisch nicht einfache Strecke durch das

Filstal. Für den Albaufstieg gab es phantastische Projekte, doch siegte die ingenieurmäßige Trassierung über die uns allen bekannte Geislinger Steige, und viele erinnern sich gewiß noch des Zwangshaltes in dieser Fünftälerstadt, wenn die »Schiebere« angekoppelt wurde. »I ziag es kaum – i hilf dir schao«, war ein beliebter Kinderreim.

Am 29. Juni 1850 war es dann soweit, die Albüberquerung geschafft, Ulm erreicht.

Weitere Bahnlinien entstanden in den folgenden Jahrzehnten des letzten Jahrhunderts, vor allem die durch das Remstal über Waiblingen, Schorndorf, Schwäbisch Gmünd nach Aalen und Wasseralfingen und weiter nach Heidenheim beziehungsweise Ellwangen oder Bopfingen (Nördlingen).

Erst sehr viel später folgte der Streckenausbau von Heidenheim nach Ulm, es galt erhebliche bayerische Widerstände zu überwinden. Und noch einige Jahre später wurden die Strecken Plochingen–Reutlingen–Tübingen–Hechingen–Balingen und weiter über Ebingen nach Sigmaringen oder die Route Rottweil–Spaichingen–Tuttlingen gebaut; die Strecke durch das Donautal entstand erst lange danach.

Nebenbahnen. Nicht vergessen sollte man jene »Tälesbähnle« oder »Entaköpferla«, die dem bedauerlichen Bahnsterben in den letzten Jahren zum Opfer gefallen sind.

Zu diesen gehört im Südwesten die Verbindungsbahn von Balingen über Schömberg nach Rottweil, 1911 beziehungsweise 1928 eröffnet, für den Personenverkehr 1971 stillgelegt. Wichtiger für die Alb war eine zweite Nebenbahn von Spaichingen nach Reichenbach auf den Heuberg, die 1928 eröffnet und 1966 wieder stillgelegt wurde; ihre Trasse wurde teilweise zum Wanderweg ausgebaut.

Erhalten blieb bis heute die Hohenzollerische Landesbahn mit den Strecken Hechingen–Gammertingen–Sigmaringen sowie (besonders für Museumszüge) Kleinengstingen–Gammertingen (1901) und für den Güterverkehr Eyach–Hechingen.

Unvergessen ist die Bahnstrecke Reutlingen–Honau–Lichtenstein–Schelklingen über Münsingen, von der lediglich Teilstücke noch in Betrieb sind, bedauerlicherweise aber nicht mehr die Zahnradbahn, die die Honauer Steige mit Ächzen und Knarren überwand, der älteren Generation von Schulausflüglern zum Lichtenstein noch in lebhafter Erinnerung. Zwischen 1892 und 1901 wurde diese landschaftlich schöne Strecke fertiggestellt.

Schon 1873 war die Urach-Metzinger Eisenbahnlinie in Betrieb genommen worden, sie wurde 1976 stillgelegt.

Auch die Strecken Geislingen–Wiesensteig (1903/1969/80) und Süßen–Weißenstein (1901/1969/80) sind nicht mehr in Betrieb.

Eine Schmalspurbahn führte in kühnen Kurven, Tunnels und über Brücken auf das Härtsfeld. Beginnend in Aalen, vorbei an Unterkochen-Ebnat nach Neresheim und von hier aus in südlicher Richtung nach Lauingen und Dillingen. Nicht allein die Härtsfelder erfaßt Trauer beim Erinnern an jenes Bähnle, die »Schättere«. 1906 war die Gesamtstrecke in Betrieb, 1972 erfolgte das »Aus« auch für den Güterverkehr. Ein neues Kapitel Eisenbahngeschichte der Alb wird dann aufgeschlagen, wenn die derzeit in der Planung befindliche Bundesbahn-Schnellfahrstrecke Stuttgart–Ulm–Günzburg einmal gebaut wird.

Röhren auf den Berg

Die Schwäbische Alb ist die wasserärmste Landschaft Deutschlands und flächenmäßig das größte Karstgebiet. Es weist unterirdische Entwässerung verschiedenster Art auf, viele Höhlen, auf die schon vorher eingegangen wurde, Dolinen- und Erdfälle, oft in ganzen Feldern zusammenliegend. Charakteristisch sind auch die breiten Trockentäler, besonders zur Donau hin, die nur in Ausnahmefällen noch Wasserläufe aufweisen, aber auch die Quelltöpfe, aus denen das Wasser oft in gewaltigen Mengen austritt.

Viele Teile haben aber keine solchen Wasservorkommen. Diese Wasserarmut war für die Menschen immer ein großes Problem, das bis Ende des letzten Jahrhunderts nur unzureichend zu lösen war.

Es gibt genügend Stoßseufzer über die Wasserarmut der Alb, der einprägsamste, sich wohl auf die Zisternen beziehend oder gar die Hülen, lautet: »für 'd Leut tät's scho no, aber's Vieh sauft's nemme!«

Zisternen und Hülen. Es war aber auch eine eigenartige Flüssigkeit, die als Wasser zur Verfügung stand. Dazu ein Abschnitt aus der Oberamtsbeschreibung Münsingen von 1825. »Ein Hauptmangel der Alpbezirke ist der Mangel an Quellwasser, der zwar in den Thälern gemeiniglich durch fließendes Wasser ersetzt wird, desto drückender aber auf dem Gebirge wird, wo die meisten Orte kein anderes Wasser haben, als was sie von den Dächern in Cisternen und Hülen sammeln, und wenn diese auch vertrocknen, wie es in dürren Sommern häufig geschieht, ihr Wasser oft Monate lang Stunden weit in Fässern herbey holen müssen. . . . Die Cisternen erhalten ihren Zufluß in der Regel von den Dächern, und sind diese, wie gewöhnlich, Strohdächer, so erhält das Wasser eine gelbliche

Hüle in Lonsingen.

In solchen Dachbrunnen wurde das Regenwasser aufgefangen.

Das erste Pumpwerk. Das große Verdienst zweier Männer war es schließlich, daß die erste Albgruppe der Wasserversorgung zustande kam. Es waren dies der spätere Baudirektor und Geheime Rat Karl Ehmann und Schultheiß Fischer von Justingen, die dafür sorgten, daß Wasser vom Pumpwerk bei Teuringshofen, das von der Wasserkraft der Schmiech angetrieben wurde, auf die Alb nach Justingen gefördert wurde und neben dem Dorf auch noch Ingstetten und Hausen, mit zusammen 1320 Einwohnern versorgen konnte.

Widder im Pumpwerk für die Burg Hohenzollern.

Farbe und einen widerlichen Geschmack. Um es vor Fäulnis und Insekten zu bewahren, wird gemeiniglich Salz hineingeworfen, durch das Hineinwerfen etlicher Scheiter Birkenholz wird ihm der widerliche Geschmack und Geruch benommen. Die Cisternen sind cylindrisch gebaut, 15–20 Fuß tief und oben mit einer viereckigen Einfassung von Quadern versehen.

Die Hülen, Hülben, Rösen, welche zum Tränken des Viehs dienen, sind eine Art von kleinen Seen, worin die Flüssigkeit zusammenläuft. Sie haben gemeiniglich ein sehr unreines, stinkendes und eckelhaftes Wasser, und sehen wie große Mistlachen aus, weil aller Unrath darin fließt; dessenungeachtet trinkt das Vieh das Wasser und bleibt gesund dabey.«

Diese Hülen waren mit Lehm abgedichtete Dorfteiche, in denen sich, wie Georg Wagner 1959 in seinem Buch über die Alb schreibt: ». . . das Regenwasser der Dorfstraßen sammelte, in denen die Pferde geschwemmt wurden, Gänse und Enten sich tummelten, zu denen das Vieh zur Tränke getrieben wurde. In Notzeiten holte man dort sogar das Wasser zum Kochen. Einer

grünbraunen Jauche gleich verdiente ihr Inhalt oft kaum den Namen Wasser. Und in Brandfällen wurden dadurch manchmal sogar die Spritzen verstopft.«

Bei längeren Trockenzeiten mußte das Vieh oft sehr weit bis zur nächsten Tränkemöglichkeit getrieben werden, mußte Wasser in Fässern von den Quellen im Tal geholt werden. Damit war das Wasser zu einem kostbaren Naß geworden, recht teuer auch durch das Hinauffahren, und es wurden immer wieder Überlegungen angestellt, wie diesem Notstand abgeholfen werden könne.

Es gab zwar zum Beispiel in Heidenheim eine 1606 gebaute Förderleitung vom Tal zum Schloß Hellenstein, die leider den Dreißigjährigen Krieg nicht überstand, oder ab 1715 die sogenannte »Wasserkunst«, die mittels eines Widders die 130 Meter Höhenunterschied von Güterstein bei Urach nach St. Johann überwand, eine ausgesprochene Druckleitung, aber niemand wagte viele Jahrzehnte lang, an eine Versorgung der Albhochfläche mittels Pumpwerken zu denken.

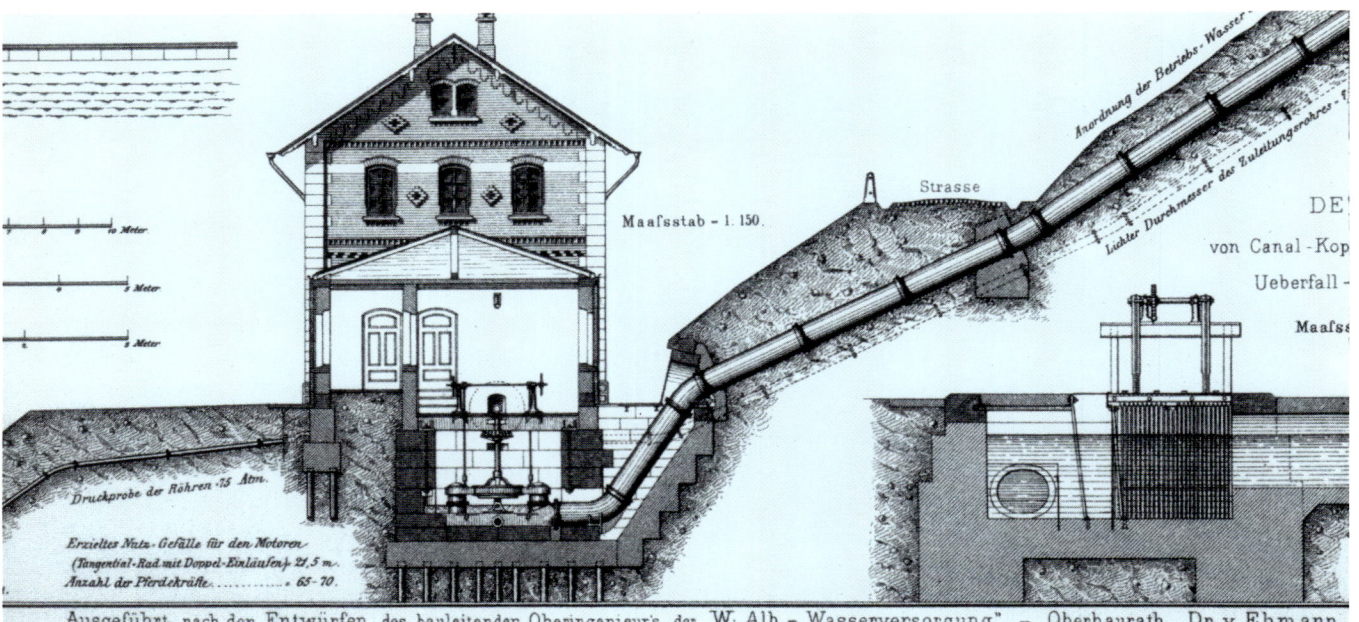

Ausgeführt, nach den Entwürfen des bauleitenden Oberingenieur's der „W. Alb - Wasserversorgung", - Oberbaurath Dr. v. Ehmann.

Oberbaurat Karl von Ehmann war der Schöpfer der Albwasserversorgung. Hier sein Plan des Pumpwerks Eybtal (Albgruppe I) mit Tangential-Rad, einem Turbinenvorläufer.

In Buttenhausen-Seeburg arbeitet noch die Kolbenpumpe mit Transmission und Rïemenantrieb, erbaut 1908.

Das war der Anfang für die heutige gute Versorgung der Schwäbischen Alb mit Wasser, die vielfach ergänzt werden konnte. Es darf in diesem Zusammenhang an zwei weitere großartige Leistungen in unserem Land erinnert werden: die Landeswasserversorgung von Langenau her und die Bodenseewasserversorgung aus Sipplingen, die beide letztlich dazu beitrugen, daß ein solch immenses Industriezentrum, besonders im Mittleren Neckarraum, entstehen konnte.

Die einstigen wasserkraftbetriebenen Anlagen sind weitgehend verschwunden. Als die Wasserkraft zum Betrieb von Pumpen nicht mehr reichte, wurden Dampfmaschinen, später Gasmotoren und dann Elektromotoren eingesetzt. Freilich gibt es noch vereinzelte Wasserversorgungsanlagen, die das uralte Prinzip des Widders, der, auf dem Rückstoßprinzip beruhend, mittels Wasserkraft eine kleinere Menge Wasser in die Förderleitung drückt, ausnutzen. Eine solche versorgt beispielsweise das Wanderheim Franz-Keller-Haus und andere Bauten auf dem Kalten Feld, auch bei Drackenstein steht noch eine solche Anlage. Heute jedoch machen wir uns kaum eine Vorstellung beim Aufdrehen des selbstverständlich überall vorhandenen Wasserhahns, wie es einmal auf der Alb war, bevor eine zuverlässige Versorgung geschaffen werden konnte.

Die Neuentdeckung der Alb

Grenzen der Natur bilden sich überall dort, wo der Mensch die Landschaft zu intensiv nutzte. Es war Robert Gradmann, der schon zu Ende des letzten Jahrhunderts darauf hinwies, daß neben der Modernisierung der Landwirtschaft – damals konnte man noch nicht ahnen, welche Fortschritte die Motorisierung und Mechanisierung, Flurbereinigung und Aussiedlung brächten – vor allem der Massentourismus eine Gefahr für Pflanzen und wildlebende Tiere bedeute.

Während des letzten Jahrhunderts brachte die schnell fortschreitende Industrialisierung mit der Zusammenballung der Menschen in den Städten eine Gegenbewegung, die sich mit dem Schlagwort »Hinaus ins Grüne« umschreiben läßt. Fahrten über Land, Wanderungen und Spaziergänge, das Anlegen von Schrebergärten wurde beliebt.

Verschönerungsvereine stellten sich die Aufgabe, die Umgebung der Städte zu erschließen. Aussichtspavillons, Ruhebänke, Unterstellhütten und Türme entstanden, man organisierte Wanderungen und Ausfahrten, die Eisenbahn ermöglichte Rundwanderungen mit ihren Rundfahrbilletts, zum Beispiel auf den Traifelberg und nach der Wanderung weiter von Metzingen zurück ins Herz Württembergs.

Auch die Erhaltung der Orts- und Stadtbilder war eine der Aufgaben der Verschönerungsvereine, damals – in der sogenannten Gründerzeit – war man recht rasch bei der Hand mit Abbruch und Neubau, möglichst in Form der »Rentenhäuser«, die ein dauerhaftes Einkommen gewährleisten sollten.

Schließlich sei noch der aufkommende Schneeschuhsport, wie er damals hieß, erwähnt, dem Sonderzüge hinauf auf die Alb dienten, die Anfang unseres Jahrhunderts ein gewiß so wichtiges Wintersportzentrum war, wie es heute das Allgäu oder Vorarlberg, die Schweiz oder Tirol und andere Gebiete sind.

Etwas anderes kam hinzu: die Landschaft wurde für den Erholungsuchenden entdeckt, gewiß zum Teil aus einem romantischen Gefühl des »Zurück zur Natur« als Gegenbewegung zur Monotonie der Arbeit, zum Mangel an Bewe-

Die führenden Männer des Schwäbischen Albvereins im Jubiläumsjahr 1913 (von links nach rechts): Oberförster Muff, Apotheker Hölzle, Oberförster Bofinger, Prof. Eugen Nägele, Gustav Ströhmfeld, Reallehrer Eisele, Ernst Camerer, Pfarrer Dr. Engel.

Das Wanderheim Burg Teck des Schwäbischen Albvereins ist ein beliebtes Ausflugsziel.

Auch die Anlage von Wanderparkplätzen gehört zum Schutz der Natur.

gung, auch im Sinne der Ertüchtigung des Körpers, dem freilich wesentlich mehr abverlangt wurde als heute.

Die Gründung des Schwäbischen Albvereins. Als der Bau des Teckturms im Jahre 1888 den Verschönerungsverein Kirchheim vor eine fast unlösbare finanzielle Aufgabe stellte, wurden die nahegelegenen Verschönerungsvereine um Spenden angegangen. Dr. Valentin Salzmann, ein Arzt aus Esslingen, verband mit seiner Antwort die Anregung, man möge sich doch treffen, um eine gemeinsame Arbeit zu besprechen. Es ist heute noch lesenswert, wie damals die Einladung zur eben erwähnten Zusammenkunft lautete.

»Bei Albbergtouren drängte sich mir wiederholt der Gedanke auf, wie vorteilhaft es gewiß bei manchen Arbeiten von Verschönerungsvereinen sein müßte, wenn gemeinschaftliche Beratung benachbarter Vereine ausginge (Wegweiser, Bänke, Schutzhütten, Aussichtstürme auf Bergrücken, die zwei Bezirke trennen usw.) und daher Delegierte der Vereine des Albtraufs von Geislingen bis Reutlingen jährlich einmal zusammenkämen.«

Major Raisch, Oberreallehrer Maurer, Apotheker Hölzle aus Kirchheim/Teck, Apotheker Dr. Koch und Oberförster Muff aus Neuffen, Oberamtsbaumeister Koch aus Nürtingen, Kunstgärtner Rall aus Eningen unter Achalm, Professor Nägele und Oberamtsrichter von Martens aus Geislingen, Oberförster Bofinger aus Reutlingen sowie Dr. Salzmann und Redakteur Bechtle aus Esslingen trafen sich im Waldhorn in Plochingen. Aus diesem Treffen ging noch im selben Jahr der Schwäbische Albverein hervor. Das gesamte Gebiet des Albtraufes vom Ipf bis zum Heuberg und darüber hinaus auch die Hochfläche der Alb sollte in das Vereinsgebiet einbezogen werden. Der Verein wuchs in den folgenden Jahren sehr rasch, schon 1898 konnten 22 000 Mitglieder gezählt werden, 1913, beim 25jährigen Jubiläum waren es dann rund 42 000, heute gehören dem Schwäbischen Albverein 116 000 Mitglieder an.

Geradezu modern wirkt die Satzung, die sich der Verein 1899 gab: »Der Albverein stellt sich die Aufgabe, für dieses Gebiet alle diejenigen Einrichtungen zu treffen und zu fördern, welche geeignet sind, Wanderungen zu erleichtern und deren Genuß zu erhöhen, insbesondere die Kenntnisse des Gebiets nach den verschiedensten Beziehungen zu verbreiten und den Fremdenverkehr in demselben zu heben.«

Ziele und Aufgaben. Die dazu nötigen Maßnahmen waren unter anderem die Herstellung und Unterhaltung von Wegen, das Aufstellen von Wegweisern, Höhenbezeichnungen, Tafeln und Ruhebänken, der Bau von Schutzhütten, Aussichtstürmen und Wanderheimen, das Freilegen von Aussichten, die im Walde zugewachsen waren, die Herstellung von Orientierungstafeln und Panoramen, das Zugänglichmachen und Erforschen von Höhlen, das Pflanzen von Bäumen sowie Anpflanzungen der verschiedensten Art, die Sorge um die Erhaltung und das Zugänglichmachen von sehenswerten Altertümern. Ferner waren wichtige Ziele die Pflege geschichtlicher Erinnerungen und der Volkstrachten, das Bemühen um gute Verkehrsverbindungen im Bereich der Alb und von Verkehrserleichterungen, die Herausgabe von Blättern und Verzeichnissen empfehlenswerter Ausflüge, von guten Wanderkarten, die Veranstaltung von Wanderungen, Zusammenkünften und Festfahrten und die Verbindung mit verwandten Vereinen.

Die Wanderwege waren eine besondere Aufgabe. Schon 1900 wurde eine einheitliche Weg-

Ein charakteristischer Wegweiser.

Karte der Hauptwanderwege des Schwäbischen Albvereins.

bezeichnung, zum Beispiel für die beiden Hauptwanderwege entlang des Nord- und Südrandes der Schwäbischen Alb und der Zugangswege und Zwischenlinien entwickelt. Heute gibt es zehn Hauptwanderwege, von denen der Alb-Nordrandweg eine Länge von 330 Kilometern aufweist und von Donauwörth nach Tuttlingen führt. Die Südrandlinie ist mit den gleichen Anfangs- und Endpunkten 260 Kilometer lang. Der Wanderweg Baden-Württemberg vom Main zum Oberrhein führt auf der Strecke Hechingen-Tuningen über die Südwestalb, der Hauptwanderweg 4 quert die Ostalb zwischen Aalen und Langenau. Interessant ist der Hauptwanderweg 5 Pforzheim–Schwarzer Grat, der die Alb von Reutlingen bis Munderkingen überschreitet. Von Lorch nach Friedrichshafen führt der Hauptwanderweg 7, er überschreitet die Alb auf der Strecke Göppingen, und schließlich ist der Hauptwanderweg 9 bei seiner Albüberquerung im Abschnitt von Spaichingen bis Nendingen an der Donau anzutreffen.

Zahlreiche weitere Wanderwege und viele

Wanderheime des Schwäbischen Albvereins

1. Burg Teck
2. Nägelehaus
3. Pfannentalhaus
4. Rauher Stein
5. Roßberghaus
6. Wasserberghaus
7. Burg Derneck
8. Eninger Weide
9. Eschelhof
10. Franz-Keller-Haus
11. Friedberg
12. Füllmenbacher Hof
13. Juxkopfhütte
14. Lochenhütte
15. Nusplinger Hütte
16. Rathaus Dürrwangen
17. Sternberg
18. Weidacher Hütte
19. Weinsberg
20. Jugendzentrum Fuchsfarm

Rundwanderwege bietet die Schwäbische Alb jedem Wanderer, kleinere und größere Strecken, alle sind gut bezeichnet. Hilfreich sind die vom Schwäbischen Albverein herausgegebenen Wanderkarten 1:50 000, die Wanderführer der Reihe »Natur–Heimat–Wandern«, die viel Wissenswertes vermitteln und bei der Vorbereitung und zum Nacherleben der Wanderungen eine zuverlässige Lektüre sind, und die Reihe »Hauptwanderwege«, die neben kurzen Beschreibungen auch Kartenausschnitte enthält.

Aussichtstürme. Wenn eben unter den Zielen des Vereines die Errichtung von Bauten die Rede war, so können wir heute feststellen, daß dieses Ziel weitgehend erreicht wurde. Bemerkenswert ist, daß zunächst Türme errichtet wurden, anfangs meist Holzgerüste, der erste – und einzige – eiserne Turm steht auf dem höchsten Berg der Schwäbischen Alb, dem *Lemberg*, er wurde 1899 eingeweiht und liegt in 1015 Metern Meereshöhe. Westlich davon, auf dem *Lupfen* bei Talheim in 977 m Meereshöhe, erlaubt der gleichnamige Turm einen weiten Ausblick besonders über die Baar. Der *Gansnestturm* (795 m) oberhalb von Fridingen an der Donau bietet einen schönen Blick ins Donautal und auf den Heuberg.

Weiter nach Osten schließt sich der *Raichbergturm* bei Albstadt-Onstmettingen an, 956 m über dem Meer nahe dem Wanderheim Nägelehaus

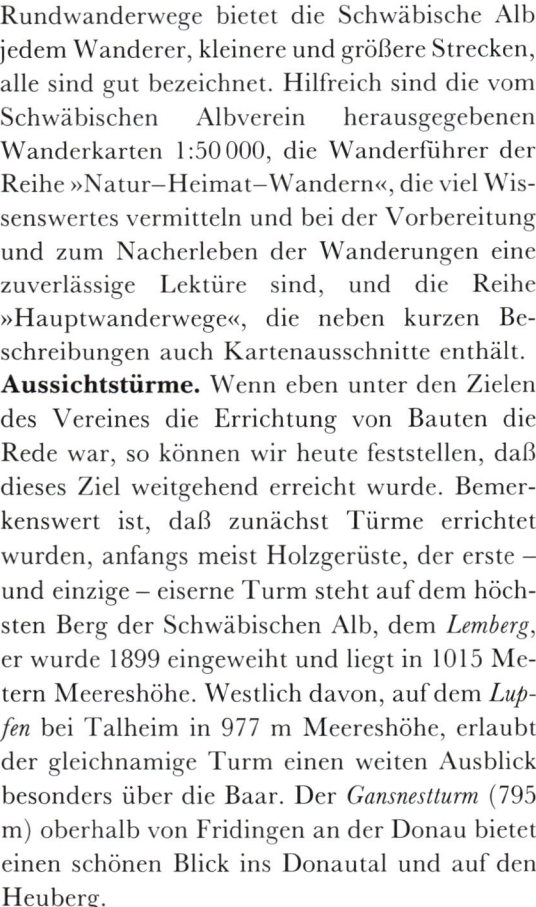

Der Schönbergturm oberhalb Pfullingen, die »Gefrorene Unterhose«.

Wanderheim Franz-Keller-Haus auf dem Kalten Feld.

gelegen, er erlaubt an klaren Tagen einen prachtvollen Blick auf die Alpenkette.

Wenn wir auf der Alb weiter nach Nordosten gehen, so folgen als nächste Türme jener auf dem *Roßberg*, an den das gleichnamige Wanderheim angebaut ist, in 869 m Meereshöhe, und die sogenannte »gefrorene Unterhose«, der Doppelturm auf dem Schönberg oberhalb Pfullingen, 793 Meter über dem Meer.

Richtung Münsingen steht der *Sternbergturm* bei Gomadingen auf 844 Meter Höhe; fast am Albtrauf, weiter vorne, der Turm auf der Hohen Warte, 820 Meter hoch gelegen mit einem sehr schönen Blick, besonders auf das Albvorland.

Weiter südlich, nahe Trochtelfingen auf 849 Meter Höhe über dem Meer, steht der *Augstbergturm*, der einen weiten Blick über die Kuppenalb erlaubt. Der *Römersteinturm* in der Nähe von Donnstetten in 874 Meter Höhe vermittelt einen weiten Blick Richtung Münsingen und Laichingen, also auf große Teile der Mittleren Alb, sowie aufs Lautertal und ins Albvorland der Kirchheimer und Nürtinger Gegend. Fast wie vom Flugzeug aus betrachtet wirkt die Aussicht vom *Teckturm*, der 775 Meter hoch gelegen ist.

Weit reicht die Sicht über die Filder Richtung Stuttgart, ins Neckartal und auf die Alb, zum Hohenneuffen über die Baßgeige.

Dann folgt ein großer Abstand; zwar gibt es eine ganze Reihe von Aussichtspunkten, auch einige Türme, aber sie gehören nicht dem Albverein, zum Beispiel der *Ödenturm* oberhalb Geislingen und das *Staufeneck* bei Süßen.

Auf dem Volkmarsberg oberhalb Oberkochen steht der *Volkmarsbergturm* in 743 m Meereshöhe mit großartiger Aussicht auf Albuch und Härtsfeld.

Wanderheime. 1913 wurde zum 25jährigen Bestehen des Albvereins das *Roßberghaus* eingeweiht, vorher war schon eine ganze Reihe von *Schutzhütten* errichtet worden, zum Beispiel am Dreifürstenstein, Zellerhorn, Bolberg, Braunenberg, Lochen und Schachen bei Buttenhausen. Heute gibt es der Alb entlang sechs große, verpachtete Wanderheime, beginnend mit dem *Pfannentalhaus* bei Lauingen-Haunsheim im Landkreis Dillingen über das *Wasserberghaus* bei Schlat im Landkreis Göppingen zur weitbekannten *Burg Teck* bei Owen, Kreis Esslingen, und weiter zum *Roßberghaus* oberhalb Gönningen, dem *Nägelehaus* auf dem Raichberg bei Onstmettingen und zum *Rauhen Stein* ob Beuron im Donautal. Dazwischen liegen nicht ständig geöffnete Wanderheime, von denen nur das *Franz-Keller-Haus* auf dem Kalten Feld bei

Schwäbisch Gmünd, die *Weidacher Hütte* im Alb-Donau-Kreis, *Burg Derneck* im Großen Lautertal, *Sternberg* bei Gomadingen, die *Eninger Weide* oberhalb Eningen unter Achalm, *Lochenhütte* und *Nusplinger Hütte* im Zollernalbkreis und schließlich das Wanderheim mit Jugendzentrum *Fuchsfarm* auf dem Raichberg erwähnt werden sollen.

Aber auch außerhalb der Schwäbischen Alb gibt es verschiedene Wanderheime und Türme, die dem Schwäbichen Albverein gehören, dabei auch solche, die nur zum Rasten, ohne Übernachtung, geöffnet sind.

Die Schilderung der Wanderheime und Übernachtungsmöglichkeiten wäre unvollständig, wollte man die *Naturfreundehäuser* vergessen, die sich als gute Stützpunkte bei Streckenwanderungen anbieten. Entlang der Alb und auf der Alb selbst sind dies unter anderem, im Osten beginnend, die Häuser am *Braunenberg* bei Aalen, *Am Hahnenschnabel* bei Heidenheim, *Hasenloch* bei Giengen, *Himmelreich* südöstlich Bargau, *Haldenberg* bei Uhingen, *Spatzennest* bei Weidach, *Im Ried* bei Blaubeuren, das *Boslerhaus* am Albtrauf, *Römersteinhaus* bei Donnstetten, die *Rohrauer Hütte* bei St. Johann, in Dettingen an der Erms, *Am Lindenplatz* bei Eningen unter Achalm, das *Richard Joner-Heim* oberhalb Albstadt-Ebingen und das Naturfreundehaus im Donautal oberhalb Neidingen. *Jugendherbergen*, teilweise als

Schullandheime genutzt, bieten vor allem auch der Jugend das Erlebnis Schwäbische Alb.

Die Segelflieger haben schon recht frühzeitig die Schwäbische Alb entdeckt, hier soll nur an den Hornberg bei Schwäbisch Gmünd oder das Klippeneck oberhalb von Spaichingen erinnert werden. Auch sonst gibt es zahlreiche Start- und Landeplätze für Segelflugzeuge, auch für den Schleppstart mit Motorflugzeugen.

Oasen der Ruhe. Die wachsende Zahl von Erholungssuchenden hat besonders im bevorzugten Ausflugsgebiet aus dem Mittleren Neckarraum zu starken Überlastungen der Landschaft geführt. Als Beispiel sei hier der Raum Schopfloch-Ochsenwang angeführt. Die Flurbereinigung schuf, gemeinsam mit den Naturschutzbehörden und dem Schwäbischen Albverein sogenannte »Oasen der Ruhe«, legte Parkplätze an und kanalisierte gewissermaßen den Erholungsverkehr.

Freilich zeigte sich recht bald, daß mit der zunehmenden Mobilität und Freizeit die Maßnahmen nicht genügten und besonders an sonnigen Frühlingstagen, aber auch bei guten Schneeverhältnissen, die Parkplätze nicht ausreichten. Daher wurden ähnliche Maßnahmen auch an anderen Stellen durchgeführt, um eine Entlastung dieses Erholungsraumes zu erreichen.

In diesem Zusammenhang müssen auch die

Roßbergturm mit Wanderheim.

Wanderheim Nägelehaus auf dem Raichberg.

Segelflieger auf der Hahnweide bei Kirchheim. Im Hintergrund die Teck.

zahlreichen Wanderparkplätze auf der ganzen Schwäbischen Alb erwähnt werden, die auf den Wanderkarten verzeichnet sind, jeweils eine Orientierungstafel tragen, die kürzere oder längere Rundwanderungen anbietet.

An zahlreichen Stellen der Alb wurden Schilifte gebaut, viele Gemeinden spuren Langlaufloipen, meist in Zusammenarbeit mit den Forstämtern. Leider nimmt der Drang, abseits solcher gespurter Loipen sich selbst seinen Weg zu suchen, in letzter Zeit erheblich zu. Daß damit das Wild beunruhigt und letztlich gefährdet wird, bedenkt wohl kaum einer, der sich kreuz und quer über die Albhochfläche bewegt.

Landschaft neu empfunden – Rettung tut not

Zersiedelung. Die Landschaft wird aber auch in anderer Weise stark in Mitleidenschaft gezogen, besonders durch die Ausdehnung der Baugebiete. Während in früherer Zeit bevorzugt die Täler besiedelt wurden, greifen die Siedlungen seit dem Krieg, bedingt durch die starke Bautätigkeit, auch auf die Hänge und Plateaus über, die Landschaft wird immer mehr zersiedelt. Die Hangbebauungen im Ermstal zeugen von wenig Gefühl der Planer für die Landschaft; ähnliches gilt für die Plateaubesiedlungen im Bereich von Albstadt, hier Folge der starken Industrialisierung. Andererseits haben die Erfahrungen der letzten Jahre gezeigt, daß die beabsichtigte Verdichtung der Bebauung in Form von Hochhäusern auch keine Lösung ist, nicht nur aus landschaftsästhetischen Gründen, denn das Bedürfnis vieler Menschen, die Freizeit in der Natur zu verbringen, führte zur Anlage jener vielen Wochenendhaus- und Gartenhausgebiete, die wiederum Straßen erfordern. Das Problem der Zersiedelung dürfte kaum zu lösen sein.

Wunden in der Landschaft. Welche Schäden großflächige Landschaftseingriffe zur Folge haben können, kann man an den Baustellen der Autobahn Würzburg–Ulm und der A 8, an der neuen Trassenführung am Albaufstieg am Aichelberg zwischen Kirchheim/Teck und Mühlhausen, verfolgen. Hier bedarf es in Zukunft ausgedehnter landschaftspflegerischer Maßnahmen, um die Schäden auf ein erträgliches Maß zu begrenzen.

Ähnliches gilt für Steinbrüche und Bergkieshalden. Es muß an das Dettinger Hörnle erinnert werden, das seinerzeit zum Prüfstein dafür wurde, was wichtiger sei: die Zementerzeugung oder die Erhaltung eines landschaftlich besonders prägnanten Sattels zwischen Ermstal auf

Die Terrassenhäuser unter dem Nägelesfelsen in Bad Urach sind nicht verkraftet. Die Schafweide unterhalb des Waldrandes und die alten Streuobstwiesen sind verloren.

Autobahnbau Ulm–Würzburg bei Nattheim. Eine Autobahn bedeutet immer einen schwerwiegenden Eingriff in den Naturzusammenhang. Dasselbe gilt für Schnellbahntrassen.

Durch die Flurbereinigung im Jahr 1984 wurde der Kornbühl nicht schöner. Vor allem der Ringweg unmittelbar unter der höchsten Erhebung und die Wegspinne nach allen Seiten nehmen dem Berg seine Ruhe und seinen alten Reiz. Kornbühl bei Salmendingen. Wege, Wege, Wege, vor der Flurbereinigung 1984 und seither.

Wie elend sich ein begradigter Bach ausnimmt zeigt die Bildseite rechts. Der bolzgerade Landwirtschaftsweg, der Betonziegel und der eingezwängte Bach werden auch durch das Schild »Landschaftsschutzgebiet« nicht besser. ▷

der einen und Neuffen mit dem Steinachtal auf der anderen Seite. Die Steinbrüche im Blautal sind Landschaftswunden großen Umfangs, für die langfristig eine auch geomorphologisch befriedigende Eingliederung nötig ist.

Von der Flurbereinigung gibt es erschrekkende Beispiele der Ausräumung ganzer Landschaften, Beseitigung von Hecken und Feldgehölzen, die für die Albhochfläche so charakteristisch sind, der Begradigung von Bächen und ihrer Umwandlung in geometrisch starre Abflußrinnen. Zum Glück hat in den letzten Jahren ein Umdenken eingesetzt, wird dem Erhalten mehr Gewicht gegeben als dem Umgestalten und Neuschaffen.

Aufforstung. Sorgen bereiteten und bereiten die vielen Aufforstungen in Wiesentälern der Schwäbischen Alb. Häufig wurden in den fünfziger und sechziger Jahren einzelne Flurstücke quer über das Tal hinweg aufgeforstet, handtuchartig schmal, aber abriegelnd und kleinklimatisch ein Hindernis bildend. Bei Spätfrösten bilden sich sogenannte Kälteseen, oberhalb gelegene Kulturen erfrieren. In Trockentälern bereiten die Aufforstungen bei periodisch auftretenden starken Niederschlägen Schwierigkeiten, es kommt zu Stauungen beim Abfluß und in der Folge zu starken Erosionen.

Natur- und Landschaftsschutz. Die geschilderten Veränderungen und Zerstörungen der Landschaft müssen abgemildert oder ganz verhindert werden. Dazu ist eine systematische Untersuchung über die Belastbarkeit der Gebiete nötig. Das erfordert viel Zeit und erhebliche Mittel. Ziel muß es sein, das besonders Schützenswerte, soweit es noch nicht sichergestellt ist, möglichst bald unter Naturschutz zu stellen.

Wasserverschmutzung. Ein brennendes Problem ist die starke Belastung der Gewässer. Gewiß ist schon einiges zur Verbesserung der Gewässergüte getan worden, doch die Bilder verschmutzter Flüsse – Kocher und Schmiecha, Echaz und Erms, besonders jedoch der Fils – gehören noch nicht der Vergangenheit an. Die starke Nährstoffanreicherung ist unübersehbar, das Bild der »blühenden« Donau mit dem Flutenden Hahnenfuß spricht Bände, Fahnen von Schmutzwasseralgen sind in vielen Bächen zu sehen. Zwar gibt es schon zahlreiche Klär-

anlagen, doch ist vielerorts die wichtige dritte Klärstufe, die der chemischen Reinigung, noch nicht gebaut. Diese Stufe soll Phosphate und andere Nährstoffe zurückhalten und damit unsere Bäche und Flüsse noch mehr entlasten.

Die Freizeitgesellschaft bringt neue Belastungen bisher ungestörter Landschaft wie das Klettern an markanten Felsen im Donautal. Einschränkungen zum Schutz des Wanderfalkens, der hier Brutplätze findet, sind unumgänglich, wenn diese extrem gefährdete Vogelart überleben soll. Auf der Donau und der Großen Lauter nahmen Kanu- und Schlauchbootfahrer so überhand, daß bestimmte Abschnitte gesperrt werden mußten, weil keine Rücksicht auf die Brutzeiten von Vögeln genommen, wild gezeltet, Standorte geschützter Pflanzen zertrampelt, mit Autos kreuz und quer durch die Wiesen gefahren wurde.

Auch andere Freizeitbetätigungen stören in der Landschaft und zerstören sie. Dazu gehört das Betreiben von Modellflugzeugen mit Motorantrieb, das glücklicherweise eingeschränkt wurde. Wer erinnert sich nicht jenes durchdrin-

Der Wanderfalke war vom Aussterben bedroht. Heute nistet er wieder an den Albfelsen.

Donau mit blühendem Flutendem Hahnenfuß.

genden Geräusches der hochtourigen Kleinmotoren, das dem Wanderer den Genuß der Stille verdirbt. Welch ein Ärgernis stellt das Grasskifahren dar auf Flächen mit einer nur dürftigen Grasnarbe, die sich nicht regenerieren kann, wenn sie zerstört wird. Das gleiche gilt für das Gelände im Bereich von Skiliften und in extremem Maße für den Moto-Cross-Sport, der ganze Landschaftsteile in Schlamm- oder Staubwüsten verwandeln kann, ganz zu schweigen von der Lärmbelästigung. Die Drachenflieger haben – durch den Transport der Fluggleiter mit Fahrzeugen und durch die Schaulustigen, die ihr Sport anzieht – schwere Schäden in der Landschaft angerichtet. Deshalb waren und sind Beschränkungen notwendig. Eine schwere Belastung bedeuten auch die manchmal riesigen Campingplätze, die teilweise ganzjährig mit Wohnwagen aus dem Mittleren Neckarraum belegt sind.

Auch scheinbar kleine Maßnahmen gehören dazu, so etwa die Erhaltung der alten Fußpfade, die dem Wanderer viel angenehmer sind als die

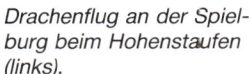

Drachenflug an der Spielburg beim Hohenstaufen (links).

Campingplätze sind nur selten in die Landschaft eingebunden. Campingplatz Westerheim.

Außer der Donau gibt es keinen größeren Fluß im Bereich der Alb. Die kleineren Flüsse leiden unter der wachsenden Beanspruchung: Bootsverleih an der Großen Lauter.

Alle wollen sich am selben Platz erholen und natürlich auch parken, hier am Sielenwang-Sattel (unten).

Wirtschaftswege mit Hartbelag, die zudem die Landschaft oft rechtwinklig durchschneiden und so Umwege erfordern. Sie sind auf die Bedürfnisse einer motorisierten landwirtschaftlichen Bearbeitung zugeschnitten. Die alten Fußpfade dagegen sind direkte Verbindungen von einem Ort zum anderen, waren einst Kirch- oder Friedhofswege und sind auch kulturgeschichtlich erhaltenswert.

Lebensräume bewahren, gefährdeten Tieren und Pflanzen eine Zuflucht bieten, Kostbarkeiten der Landschaftsgeschichte erhalten, das waren wichtige Motive schon recht frühzeitiger Unterschutzstellungen.

Es war ein weiter Weg von der ersten Unterschutzstellungen, die zum Beispiel der Schwäbische Albverein im Jahre 1913 auf dem Hersberg bei Burgfelden auf der Südwestalb zur Rettung der dortigen Weidebuchen erreichte über das erste Banngebiet »Untereck« zur Sicherung der urwaldartigen Bestände im Jahre 1924 durch das Forstamt Balingen bis zu den heute

insgesamt 54 Naturschutzgebieten mit 1665 Hektar Fläche, die über die ganze Alb verstreut liegen.

Naturschutzgebiete sind – nach der gesetzlichen Definition – »rechtsverbindlich festgesetzte Gebiete, in denen ein besonderer Schutz von Natur und Landschaft in ihrer Gesamtheit oder in einzelnen Teilen

– zur Erhaltung von Lebensgemeinschaften oder Lebensstätten bestimmter wildwachsender Pflanzen- oder wildlebender Tierarten,

– aus wissenschaftlichen, naturgeschichtlichen oder landeskundlichen Gründen oder

– wegen ihrer Seltenheit, besonderen Eigenart oder hervorragenden Schönheit

erforderlich ist.«

Aufgrund solcher gesetzlicher Voraussetzungen, auch schon nach dem früheren Reichsnaturschutzgesetz, wurden ab 1937 die verschiedensten Landschaftsteile, kleinere und größere unter Schutz gestellt, wobei dieser Schutz umfassend ist und höchstens gezielte Pflegemaßnah-

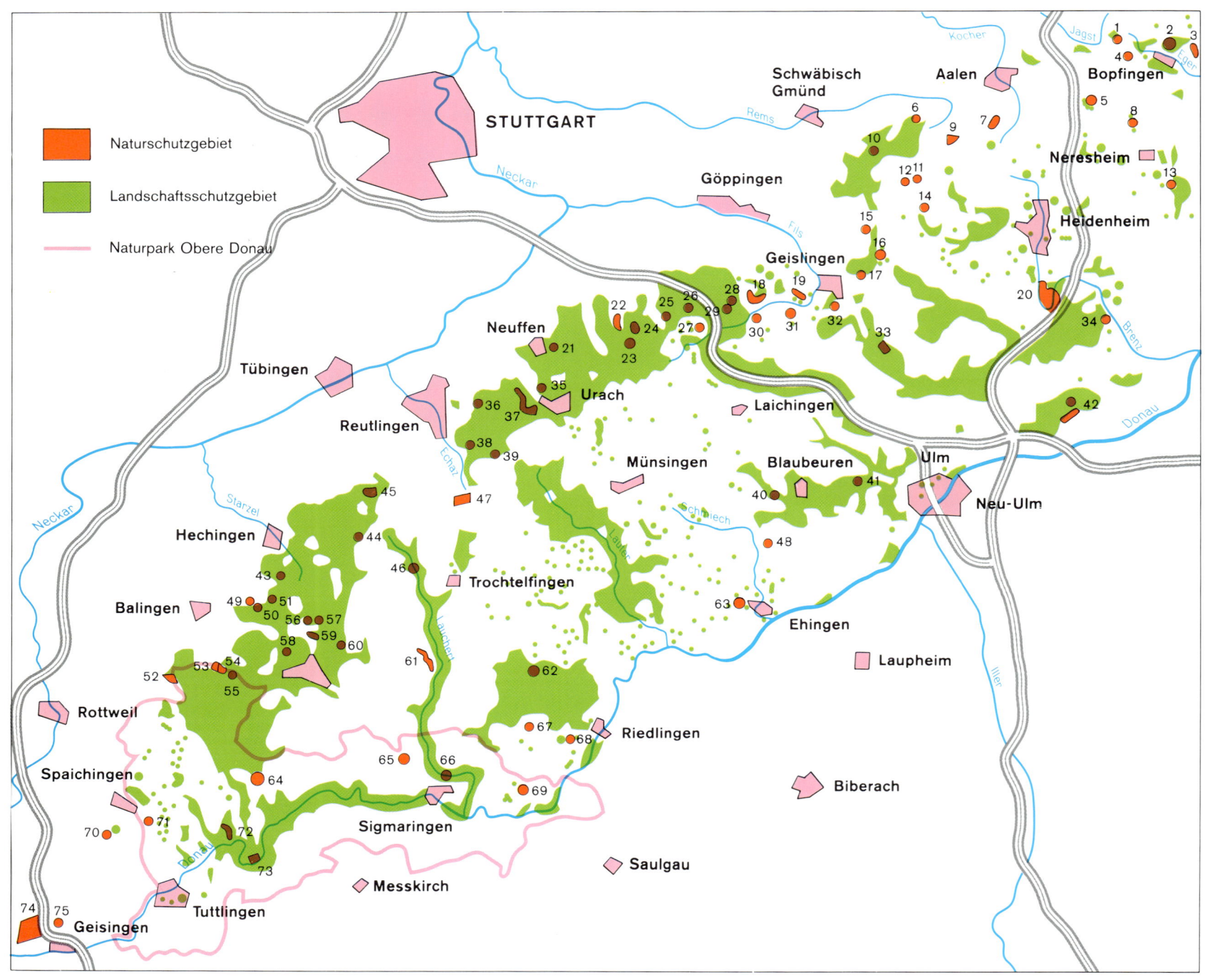

Karte der Natur- und Landschaftsschutzgebiete.

1987 kam neu hinzu das Naturschutzgebiet im hinteren Lenninger Tal.

men zuläßt, nicht aber Eingriffe, die die Natur beeinträchtigen, das Naturschutzgebiet stören, beschädigen oder verändern können.

Diese Schutzgebiete reichen von verhältnismäßig großen Flächen, wie etwa im Bereich ehemaliger *Hutewälder* auf der Südwestalb im *Irrendorfer Hardt* oberhalb Beuron bis zu extremen Felshängen im Bereich um Bad Überkingen oder einer *Hülbe* auf der Ostalb am Märtelesberg bei Steinheim/Albuch mit nur einem Fünftel Hektar Fläche. Interessant sind auch urwaldähnliche Bereiche im bereits erwähnten *Untereck* oberhalb Albstadt-Laufen und in der *Tannhalde* nahe Zwiefalten.

Zeugnisse heute überholter Wirtschaftsformen zeigen sich im *Greuthau* beim Lichtenstein auf der Reutlinger Alb, einer ehemaligen Großviehweide, die heute in Teilen noch als Schafweide genutzt wird. Besonders eindrucksvoll ob ihres Blumenreichtums sind die ungedüngten einschürigen Wiesen, wie sie am *Irrenberg* und an der *Zellerhornwiese* auf der Balinger-Ebinger Alb zu finden sind. Schafweiden und Hutewälder prägen das *Dellenhäule* auf dem Härtsfeld und den *Volkmarsberg* bei Oberkochen. Interessante, pflanzenreiche Hochwiesen treffen wir in der Nähe Gruibingens im Landkreis Göppingen in den Gebieten *Heide auf dem Oberen Leimberg*, *Dachswiesle* und *Heide am Hillenwang*.

Die Erdgeschichte präsentiert sich uns besonders deutlich im *Randecker Maar mit der Zipfelbachschlucht* nahe Kirchheim/Teck, im *Felsental* bei Geislingen, im *Schopflocher Moor*, dem einst größten Moor der Schwäbischen Alb, sowie im Flachmoorbereich der Faulenbachsenke nahe Spaichingen im *Dürbheimer Moos*.

Mächtige Felspartien zeigt der *Stiegelesfels* im Durchbruchstal der Donau zwischen Fridingen und Beuron. Von besonderem landschaftlichem Reiz ist das *Eselsburger Tal* mit den bekannten Steinernen Jungfrauen, es bietet einen bunten Wechsel zwischen Hangwäldern, Steppenheide, Felsen und Heideflächen.

Die *Flaumeiche*, eine Art Südosteuropas, kommt unter anderem im Naturschutzgebiet *Nägeles-*

Naturschutzgebiet Irrenberg auf der Balinger Alb (oben) und Naturschutzgebiet Hundsrücken mit einem neuen Bergrutsch.

Das Naturschutzgebiet ▷
Das Naturschutzgebiet »Stiegelesfels« ist ein Kernbereich im Naturpark »Obere Donau«. Schutz ohne Pflege funktioniert aber auch hier nicht.

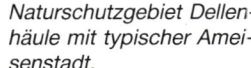

Naturschutzgebiet Dellenhäule mit typischer Ameisenstadt.

Parkartige Landschaft im Naturschutzgebiet Irrendorfer Hardt.

Naturschutzgebiet Dürbheimer Moos auf der Wasserscheide bei Spaichingen.

felsen oberhalb Bad Urach vor. Bergrutsche der jüngsten Zeit zeigen sich besonders eindrucksvoll im Naturschutzgebiet *Hundsrücken* oberhalb von Bisingen im Zollernalbkreis.

Die Umgebung von Albstadt-Ebingen bietet zahlreiche interessante Schutzgebiete, die sich besonders durch das Vorkommen wertvoller Pflanzengesellschaften hervorheben. Im Frühjahr können wir in den donauwärts gerichteten Albtälern große Vorkommen des Märzenbechers sehen, so etwa im *Hintelestal* zwischen Fridingen und Mühlheim an der Donau.

Aber auch landschaftsprägende *Wacholderheiden* liegen in Naturschutzgebieten, hier finden sich alle Stadien der Sukzession mit Verbuschung und Wiederbewaldung. Das *Bargauer Horn*, das auch typischen Trockenwald und zahlreiche Gebüschgruppen aufweist oberhalb Weiler ist hierfür ein gutes Beispiel. In der *Gromberger Heide* bei Lauchheim sehen wir die Entwicklung der Heide mit dem Vordringen von Holzarten besonders deutlich. Ein Wechsel von Wacholderheide, Steppenheide, Hangschutthalden und Felspartien zeigt sich im *Oberen Berg* bei Deggingen-Bad Ditzenbach.

Täler und Schluchten bieten landschaftlich Besonderes, aber auch abwechslungsreiche Lebensräume für Pflanzen und Tiere. Das gilt zum Beispiel für das *Dossinger Tal* bei Neresheim, ein tief eingeschnittenes Trockental mit prächtigen Felsen, oder das *Magentäle* bei Böhmenkirch, ein enges, bewaldetes Tal des Albuchs mit schönen Weißjurafelsen. Nicht weit davon entfernt liegt die *Teufelsküche*, eine besonders reizvolle Schlucht mit charakteristischen Waldgesellschaften. Bei Geislingen an der Steige sehen wir im *Felsental* die unterschiedlichen Ausprägungen eines naturnahen Tales.

Im Naturschutzgebiet *Rabensteig* bei Blaubeuren sind es die steilen Süd- und Südwesthänge des Tiefentales, die alle wichtigen Waldgesellschaften dieses Teiles der Schwäbischen Alb nahe beieinander bieten.

Diese Schilderung ließe sich selbstverständlich noch weiter fortsetzen. Jeder Wanderer kann aber anhand der Karte 1:50 000 selbst die Naturschutzgebiete an der eingetragenen Signatur »NSG« oder der Bezeichnung »Naturschutzgebiet« erkennen und im Gelände aufsuchen. Allerdings sollte dabei selbstverständlich sein, daß man auf den Wegen bleibt und jede Störung der Tiere, jedes Beschädigen oder gar Entfernen von Pflanzen unterläßt. Etwas anderes gehört noch dazu, nämlich sich ruhig zu verhalten und nicht mit Kofferradio oder Tonbandgeräten oder ähnlichem die Natur zu »verlärmen«. Wieviel mehr an den eigenen Geräuschen der Natur vernimmt man auf diese Weise!

Einen Überblick der Naturschutzgebiete zeigt die Kartenskizze, die auch die Landschaftsschutzgebiete einschließt, sowie den Bereich des Naturparks »Obere Donau«.

Landschaftsschutzgebiete. Etwas weniger intensiv geschützt sind die Landschaftsschutzgebiete. Ein Blick auf die Karte zeigt, etwas vereinfachend drei Gruppen der Flächenausdehnung. Da sind zuerst die vielen Punkte zu erkennen, *Sommerschafweiden* umfassend, die in den dreißiger Jahren vor allem wegen der Bedeutung der Schafzucht sichergestellt wurden. Sie finden sich noch im Bereich der Landkreise Alb-Donau, Heidenheim, Reutlingen und Tuttlingen. Die zweite Gruppe umfaßt *größere Täler*, teilweise mit den zugehörigen Hängen, besonders der zur Donau entwässernden Flüsse: Lone, Blau, Große Lauter, Lauchert mit Fehla und Bära. Vor allem in den Jahren nach dem Zweiten Weltkrieg entstanden schließlich – in der dritten Gruppe zusammengefaßt – großflächige Landschaftsschutzgebiete. Beispiele dafür sind unter anderem das *Hungerbrunnental* mit 2900 ha im Kreis Heidenheim, ein Trockental mit periodisch fließender Quelle, ferner das *Lautertal* im Kreis Reutlingen mit 10 000 Hektar. Die *Reutlinger und Uracher Alb* mit 9200 Hektar umfaßt den gesamten Albtrauf und große Teile der anschließenden Albhochfläche. Die *Riedlinger Alb*, die neben dem zum Landkreis Biberach gehörenden Teil auch Flächen des Landkreises Reutlingen umfaßt, ist auf 8500 Hektar geschützt. Den gesamten Albrand im Kreisgebiet Tübingen, zum Teil interessante Bergstürze oberhalb Mössingen einschließend, sichert ein 2800 Hektar großes Landschaftsschutzgebiet. Es schließen sich an das *obere Starzeltal mit dem Zollerberg* auf einer Fläche von 9080 Hektar und der *Große Heuberg* westlich Albstadt-Ebingen mit 14 900 Hektar. Immer wieder werden Landschaftsschutzge-

biete mit Naturschutzgebieten verwechselt, deshalb sei hier die gesetzliche Definition gegeben. »Landschaftsschutzgebiete sind rechtsverbindlich festgesetzte Gebiete, in denen ein besonderer Schutz von Natur und Landschaft

– zur Erhaltung oder Wiederherstellung der Leistungsfähigkeit des Naturhaushaltes oder der Nutzungsfähigkeit der Naturgüter,

– wegen der Vielfalt, Eigenart oder Schönheit des Landschaftsbildes oder

– wegen ihrer besonderen Bedeutung für die Erholung

erforderlich ist.«

Wenn wir die eben beispielhaft geschilderten Gebiete auf solche Zweckbestimmung des Schutzes hin betrachten, müssen wir erkennen, daß sie wahrlich solchen Schutz verdienen. Es würde zu weit führen, ähnlich den eben genannten Naturschutzgebieten nun die Gesamtfläche anzugeben. Einen Eindruck von der Verbreitung vermittelt die Karte.

Naturpark »Obere Donau«. Im Bereich des Oberen Donautales befindet sich der Naturpark »Obere Donau«, einer der fünf Naturparks unseres Landes. Seine Kernzone ist das *Durchbruchstal der Donau* durch die Alb zwischen Tuttlingen und Sigmaringen. Im Nordwesten wird dieser Naturpark vom Großen Heuberg, im Westen von der Baar begrenzt, im Osten verläuft die Grenze von Herbertingen über Ertingen-Veringendorf bis Frohnstetten und – unter Umgehung des Truppenübungsplatzes Heuberg – westlich Meßstetten im Norden dem Albrand entlang über Gräbelesberg–Hörnle–Lochen–Schafberg–Plettenberg nach Deilingen und vom Oberhohenberg–Lemberg–Klippeneck zum Dreifaltigkeitsberg bei Spaichingen.

Diese großartige Erholungslandschaft, die auch zum Beispiel die Naturschutzgebiete »Irrendorfer Hardt«, »Stiegelesfels« und »Hintelestal« einschließt, ist ein ideales Wander- und Feriengebiet. Besonders reizvoll ist eine Wanderung auf den *nördlichen Donautalhöhen*, etwa von Fridingen nach Sigmaringen, vorbei an prägnanten Felsenpartien oder eine Fahrt mit dem historischen Dampfzug von Sigmaringen nach Tuttlingen. Aber auch eine Wanderung an den *Tausendern der Schwäbischen Alb* entlang, sei es vom Lochen über den Schafberg zum Plettenberg oder von Deilingen über den Oberhohenberg-Hochberg zum Lemberg und weiter zum Klippeneck und Dreifaltigkeitsberg gehört besonders im Herbst zu den schönsten Erlebnissen auf der Alb. Hier kann sich jeder die ihm zusagende Strecke auswählen und die Landschaft mit den Ausblicken aufs Albvorland und hinüber zum Schwarzwald genußvoll erleben.

Naturdenkmale. Eine weitere Gruppe von Schutzobjekten fällt flächenmäßig weniger ins Gewicht, in ihrer Bedeutung aber sehr wohl. Das sind die Naturdenkmale, bei denen wir zwei Gruppen unterscheiden können, zum einen Einzelschöpfungen der Natur, beispielsweise seltene, *alte Bäume, Quelltöpfe, Erdfälle*, zum anderen flächenhafte Gebilde, etwa kleinere *Pflanzenstandorte, Bachtälchen, Gebüschgruppen, Felspartien.*

In der Geschichte des Naturschutzes in unserem Lande waren es gerade diese Gebilde, die zuerst die Aufmerksamkeit der Bürger auf sich zogen. Der Schutz von Bäumen ist ein uralter Brauch, hier sei nur an die Gerichtslinden, die ehrwürdigen Eichen, an Wettertannen, an besonders geformte, oft mit Sagen verbundene Bäume erinnert.

Zahlreich sind solche Naturdenkmale auf der ganzen Alb, sie stehen auf Kuppen, am Dorfrand; auch Ahorne und Ulmen können recht alt werden, sie prägen – zusammen mit Weidebuchen, Linden und einzelnen Fichten entscheidend das Bild der Landschaft.

Das Gewicht des Schutzes hat sich allerdings in den letzten Jahren, nachdem die meisten Einzelschöpfungen schon länger unter Schutz gestellt wurden, auf die flächenhaften Naturdenkmale verlagert. Man mag freilich im Zweifel sein, was noch unter den Begriff der Einzelschöpfung fällt und was schon als Flächendenkmal einzustufen ist. Das ist jedoch eine Frage der Auffassung, wichtig ist dagegen, daß diese Naturdenkmale, die durch ein entsprechendes Schild gekennzeichnet werden, den gleichen intensiven Schutz genießen, wie er den Naturschutzgebieten zukommt.

Bei der Seltenheit von Wasservorkommen auf der Alb, jedenfalls in großen Teilen, ist es kein Wunder, daß zum Beispiel Feldhülen als Naturdenkmale geschützt sind. Ähnliches gilt für Dolinen und Erdfälle, die in etlichen Landschaften der Alb sehr verbreitet sind, auch immer wieder neu sich bilden. Leider wurden sie in der Vergangenheit häufig als Abfallgruben benutzt und sahen entsprechend aus. Sie verdienen verstärkt unsere Aufmerksamkeit und sollten vermehrt geschützt werden.

Von den Naturschutzbehörden, Naturschutzbeauftragten und dem Naturschutz verpflichteten Verbänden kann hier beim Schutz von Naturdenkmalen noch viel Arbeit geleistet werden. Anzumerken ist dabei noch, daß auch die Umgebung solcher geschützter Denkmale mitgeschützt ist, da von ihr Gefahren für das Naturdenkmal ausgehen können; man denke nur an den Einsatz von Unkrautvernichtungsmitteln in der Feldflur oder an Drainagearbeiten, die kleinere Feuchtgebiete wertlos machen würden. Außerdem muß bedacht werden, daß Naturdenkmale nicht gleich einer Briefmarkensammlung einmal sichergestellt und dann sich selbst überlassen werden dürfen. Neben der Überwachung auf mögliche Schäden ist es besonders die Pflege, die bei alten Bäumen recht hohe Aufwendungen an Geld und große Sachkenntnis erfordert. Auch andere Pflanzenstandorte benötigen eine solche Pflege, zum Beispiel gezieltes Mähen zu genau festgelegter Zeit, sollen nicht seltene krautige Pflanzen durch aufkommende Büsche überwuchert werden.

Wir leben in einer Kulturlandschaft, das sollte man sich immer vergegenwärtigen, und viele unserer wertvollen Schutzgebiete – dazu zählen die flächenhaften Naturdenkmale ebenso wie Natur- und Landschaftsschutzgebiete – verdanken ihr Entstehen erst dem Wirken des Menschen in den letzten Jahrhunderten. Fällt diese einstige Nutzung weg, wie dies bei den einschürigen Wiesen, die nur einen geringen Ertrag brachten, der Fall war, dann verschwinden auch die Kostbarkeiten von Fauna und Flora. Es gehört freilich viel Sachverstand dazu, hier die richtigen Pflegemaßnahmen durchzuführen, die Pflegetrupps der Bezirksstellen für Naturschutz und Landschaftspflege haben sich in den letzten Jahrzehnten dieser Aufgabe im Zusammenwirken mit zahlreichen ehrenamtlichen Helfern unterzogen.

Eines ist jedoch mindestens so wichtig wie Schützen und Pflegen, nämlich Verständnis zu wecken für diese Gebiete und für die Notwendigkeit, sie zu erhalten. Hier ist in den letzten Jahren, wohl beginnend mit dem Europäischen Naturschutzjahr 1970, ein Umdenken und Neubesinnen zu beobachten. Ich erinnere mich an eine Wanderung entlang eines berühmten Pflanzenstandortes in der Gegend von Reutlingen, als ich einige seltene Ragwurzarten fotografieren wollte, und zwei »gestandene« Männer mit festen Spazierstöcken in der Hand mich fragten: »Was wellet se bei osere Dodaköpfla?« Bei »unseren«, das schien mir ganz entscheidend zu sein, es zeigte deutlich, daß man sich um die Kostbarkeiten der Heimatgemeinde kümmerte, aufpaßte, daß ihnen nichts geschah und ich erfuhr später, daß ebendiese Gruppe auch das nötige Mähen besorgte, einen Zaun zum Schutz baute und damit erreichte, daß die seltenen Orchideen sich weiter vermehren konnten.

Zweifellos wird im Zeichen zunehmender Freizeit der Druck auf die Landschaft, auch auf die Schwäbische Alb noch stärker werden. Es kommt jedoch ganz entscheidend darauf an, wie die Nutzung für Freizeit und Erholung behutsam gelenkt wird, damit Schäden vermieden werden. Das Wandern ist das umweltfreundlichste Hobby: Es benötigt keine Flächen und bringt genußvolles Erleben in dem Tempo, das dem Menschen am besten angepaßt ist. Freilich sollte er sich dafür ein offenes Herz bewahren und etwas, was eigentlich die Voraussetzung ist für den Silberstreif, den wir hoffentlich alle am Horizont sehen für unsere Schwäbische Alb: die Liebe zur Heimat!

Wetterbuche bei Bissingen/Teck.

Schlehenhecke am Fuß des Breitenstein.

Literatur in Auswahl

Adam, Karl Dietrich: Das Steinheimer Becken, Steinheim 1980

– und Renate Kurz: Eiszeitkunst im süddeutschen Raum, Stuttgart 1980

Arns, Günter: Über die Anfänge der Industrie in Baden und Württemberg, Stuttgart 1986

Bauer, Ernst W.: Höhlen – Welt ohne Sonne, Esslingen 1971

Bayer, Hans J., Gerhard Schuster: Besucherbergwerk »Tiefer Stollen«, Stuttgart 1988

Binder, Hans: Höhlenführer Schwäbische Alb, Stuttgart 1977

Bischoff-Luithlen, Angelika: Von Land und Leuten der Alb, Stuttgart 1958

Bittel, Kurt, Wolfgang Kimmig und Siegwalt Schiek (Hrsg.): Die Kelten in Baden-Württemberg, Stuttgart 1981

Kloster Blaubeuren 1085–1985, Katalog zur Ausstellung, 1985

Brecht, Martin, und Hermann Ehmer: Südwestdeutsche Reformationsgeschichte, Calw 1984

Brustgi, Franz G., und Robert Holder: Die Schwäbische Alb, Sigmaringen 1970

Christlein, Rainer: Die Alamannen, Stuttgart 1978

Filtzinger, Philipp, Dieter Planck und Bernhard Cämmerer (Hrsg.): Die Römer in Baden-Württemberg, Stuttgart [3]1986

Fischer, Franz: Der Heidengraben bei Grabenstetten, Führer zu archäologischen Denkmälern in Baden-Württemberg 2, Stuttgart [3]1982

Fraas, Eberhard: Der Petrefaktensammler, Stuttgart 1976

Franz, Günther: Der deutsche Bauernkrieg, 1980

Gaiser, Gerd, und Hermann Baumhauer: Schwäbische Alb, Stuttgart [3]1981

Geyer, Otto F., und Manfred P. Gwinner: Der Schwäbische Jura, Sammlung geologischer Führer, Berlin 1962

–: Geologie von Baden-Württemberg, Stuttgart 1986

Gotik an Fils und Lauter, Göppingen 1986

Gradmann, Robert: Das Pflanzenleben der Schwäbischen Alb, Stuttgart 1950

Hahn, Joachim: Kraft und Aggression. Die Botschaft der Eiszeitkunst im Aurignacien Süddeutschlands? Archaeologica Venatoria 7, Tübingen

–, Hansjürgen Müller-Beck und Wolfgang Taute: Eiszeithöhlen im Lonetal, Führer zu archäologischen Denkmälern in Baden-Württemberg 3, Stuttgart [2]1985

Hauff, Bernhard, und Rolf Bernhard Hauff: Das Holzmadenbuch, Holzmaden 1981

Hölder, Helmut: Jura, Stuttgart 1964

Holder, Robert, und Hans Widmann: Die Schwäbische Alb, Urach 1969

Huhndorf, Günter: Wurzeln des Wohlstands, Stuttgart 1984

Köhler, Friedrich August: Eine Albreise im Jahre 1790, Tübingen 1979

Kimmig, Wolfgang: Die Heuneburg an der oberen Donau, Führer zu archäologischen Denkmälern in Baden-Württemberg 1, Stuttgart [2]1983

Kloos, Barbara, und Wolfgang Staiger: Mit Schippe, Pferch und Karren, Stuttgart 1983

Koenigswald, Wighart von, und Joachim Hahn: Jagdtiere und Jäger der Eiszeit, Stuttgart 1981

Mörike, Eduard: Das Stuttgarter Hutzelmännlein, München 1976

Müller, Winfried: Vom Schöpfbrunnen zum Wasserwerk, Stuttgart 1981

Münsingen, Geschichte – Landschaft – Kultur, Sigmaringen 1982

Müller-Beck, Hansjürgen (Hrsg.): Urgeschichte in Baden-Württemberg, Stuttgart 1983

–, und Gerd Albrecht: Die Anfänge der Kunst vor 30 000 Jahren, Stuttgart 1987

Natur – Heimat – Wandern, hrsg. vom Schwäbischen Albverein: Albuch – Härtsfeld – Ries, Heidenheim – Dillingen – Donauwörth, Kaiserberge – Geislinger Alb, In Ulm und um Ulm herum, Teck – Neuffen – Römerstein, Naturpark Obere Donau, Reutlinger und Uracher Alb, Lautertal – Zwiefalter Alb – Laucherttal, Zollernalb

Die Württembergischen Oberamtsbeschreibungen: Münsingen 1825, Ehingen 1826, Blaubeuren 1830, Urach 1831, Ulm 1836, Kirchheim 1842, Geislingen 1842, Heidenheim 1842, Göppingen 1844, Nürtingen 1848, Aalen 1855, Balingen 1880 (Reprint)

Oeftiger, Claus, und Eberhard Wagner: Der Rosenstein bei Heubach, Führer zu archäologischen Denkmälern in Baden-Württemberg 10, Stuttgart 1985

Planck, Dieter: Das Freilichtmuseum am rätischen Limes im Ostalbkreis, Führer zu archäologischen Denkmälern in Baden-Württemberg 9, Stuttgart 1983

Reformation in Württemberg, Katalog zur Ausstellung zur 450-Jahr-Feier der Evangelischen Landeskirche 1984, Stuttgart 1984

Reiff, Winfried und Paul Groschopf: Der geologische Wanderweg im Steinheimer Becken, Steinheim 1982

Schlegelmilch, Rudolph: Die Ammoniten des süddeutschen Lias, Stuttgart 1976

Schwab, Gustav: Die Neckarseite der Schwäbischen Alb, Tübingen 1960

–,: Wanderweg durch Schwaben, Stuttgart 1973

Seibold, Eugen: Der Meeresboden, Berlin 1974

Tüchle, Hermann: Kirchengeschichte Schwabens, 1954

Wagner, Eberhard: Eiszeitjäger im Blaubeurer Tal, Führer zu archäologischen Denkmälern in Baden-Württemberg 6, Stuttgart 1979

Wagner, Georg: Einführung in die Erd- und Landschaftsgeschichte, Öhringen 1950

– (Hrsg.): Die Schwäbische Alb, Essen 1972

– und Adolf Koch: Raumbilder zur Erd- und Landschaftsgeschichte Südwestdeutschlands, Stuttgart 1961

Wais, Ruth: Albführer von Julius Wais, Bd. I, Stuttgart 1962, Bd. II, Stuttgart 1971

Walzer, Albert, und Hans Widmann: Die Schwäbische Alb in Dichtung und Malerei, Stuttgart 1964

Weinland, David Friedrich: Rulaman, Stuttgart 1875 (1986)

Die Zeit der Staufer, Geschichte – Kunst – Kultur, Katalog der Ausstellung 1977, Bd. III, S. 119 ff.

Ziegler, Bernhard: Der schwäbische Lindwurm, Stuttgart 1986

Kloster Zwiefalten, hrsg. von der Vereinigung von Freunden der Geschichte Zwiefaltens, seines Münsters und Klosters e. V., 1986

Register

Landeskunde und Geschichte bei Theiss

Schwäbische Alb

Von Hermann Baumhauer und Joachim Feist.
112 Seiten mit 80 Farbtafeln. Dreisprachig.
Der neue Bildband über die Traumlandschaft der
Schwaben. Die informativen und brillant geschrie-
benen Texte von Hermann Baumhauer zeigen
zusammen mit den achtzig meisterhaften Farbfoto-
grafien von Joachim Feist den Reichtum und die
faszinierende Vielfalt der Schwäbischen Alb.

Hinter der blauen Mauer

Bilder von der Schwäbischen Alb.
Von Ernst Waldemar Bauer und Petra Enz-Meyer.
144 Seiten mit 184 farbigen Abbildungen.
Die Schwäbische Alb: ein Wunder der Erde. Ernst
Waldemar Bauers Streifzüge zu den Besonderheiten,
dem Markanten der »blauen Mauer« in einem reich
bebilderten, faszinierenden Buch.

Die Wilhelma

Ein Paradies in der Stadt. Von Wilbert Neugebauer.
190 Seiten mit über 300 farbigen Abbildungen.
Ein Buch für jeden Tier- und Pflanzenfreund, eine
einzigartige Dokumentation zum 140jährigen
Jubiläum, die uns teilhaben läßt am Leben und
Wachsen eines geretteten Paradieses inmitten der
Großstadt.

Das große Buch vom Schwarzwald

Von Hartwig Haubrich, Wolfgang Hug und Herbert
Lange. 215 Seiten mit 391 farbigen Abbildungen.
Der große Bildband von der Entstehung des
Schwarzwalds vor Jahrmillionen bis zur heutigen,
vom Menschen geprägten Kulturlandschaft.

Im Schwarzwald daheim

Leben und Arbeit in alten Fotografien. Von Alwin
Tölle und Wolfgang Hug. 116 Seiten mit 94 Tafeln.
Alwin Tölle, seit vierzig Jahren im Schwarzwald
daheim, hat Täler und Höhen der Landschaft, Höfe
und Felder der Bauern, ihr Tagwerk und ihre Feste,
ihre Trachten und ihre Bräuche mit der Kamera
festgehalten.

Badener Land

Von Wolfgang Hug und Walter Gruber.
112 Seiten mit 80 Farbtafeln. Dreisprachig.
Das Buch ist eine Liebeserklärung an Baden.
Es lädt zu einer außergewöhnlichen Entdeckungsreise zu den einzelnen Regionen ein:
vom Markgräflerland, der Toskana Deutschlands,
bis zum Madonnenländchen im Taubergrund.

Unser Land Baden-Württemberg

Hrsg. von Ernst Waldemar Bauer, Rainer Jooß und
Hans Schleuning. 335 Seiten mit 617 Abbildungen,
davon 331 in Farbe.
Die handliche Gesamtinformation über Baden-
Württemberg mit allem Wissenswerten aus
Geschichte, Natur, Geographie, Wirtschaft, Technik,
Politik und Zeitgeschichte.

Baden-Württemberg

Bild einer Kulturlandschaft. Von Hermann
Baumhauer. 256 Seiten mit 156 ganzseitigen
Farbtafeln.
Ein farbiger Geschenkband, der zu über 150 ausge-
wählten, besonders eindrucksvollen kulturhistori-
schen Sehenswürdigkeiten führt.

Baden-Württemberg in der Mitte Europas

Von Reiner Rinker. 78 Seiten mit 64 Farbtafeln. Text
und Bildlegenden dreisprachig.
Baden-Württemberg: eine glückliche Mischung aus
Gottesgaben und Menschenwerk. Dies zeigen die
bestechend schönen Farbtafeln mit Landschaften,
Städten, Fachwerkdörfern, Burgen, Schlössern und
Kirchen.

Museen in Baden-Württemberg

Hrsg. vom Museumsverband Baden-Württemberg.
Bearbeitet von Karin Baumann. 3., völlig neu bear-
beitete Auflage. 496 Seiten mit 396 farbigen
Abbildungen.
Der reich bebilderte Führer durch die vielfältige
Museumslandschaft in Baden-Württemberg:
930 Museen und Sammlungen von A bis Z.

Aus tausend grünen Spiegeln…

Eine poetische Entdeckungsreise in Baden-Württemberg. Hrsg. von Thomas Vogel.
144 Seiten mit 60 farbigen Abbildungen.
Poetische Texte und stimmungsvolle Bilder führen
uns durch Baden-Württemberg. Die ausgewählten
Geschichten und Gedichte stammen sowohl von
zeitgenössischen Autoren als auch aus der Feder
großer Dichter der Vergangenheit.

Romanik in Baden-Württemberg

Von Heinfried Wischermann. 337 Seiten mit 195
Tafeln, davon 22 in Farbe und 56 Abbildungen im
Text. Die erste zusammenfassende Darstellung der
romanischen Baudenkmäler in Baden-Württemberg.
Neben einem allgemeinen Überblick werden im
topographischen Teil 70 Kirchen und einige
Profanbauten ausführlich vorgestellt.

Barock in Baden-Württemberg

Von Volker Himmelein, Klaus Merten, Wilfried
Setzler und Peter Anstett. 256 Seiten mit 168 Tafeln,
davon 78 in Farbe.
Mit diesem Werk wird dem Leser die barocke
Kunstlandschaft Südwestdeutschlands in Text und
Bild erstmals im großen Zusammenhang und in
vielen Details vorgestellt.

Württemberger Weinkunde

Von Hans Georg Frank. 228 Seiten mit 36 Farbtafeln.
Alles über den Württemberger Wein, von den Mühen
im Wengert bis zum geliebten Viertele: Rebsorten,
Weinlandschaften, Weinorte und Weinlagen,
Weinlehrpfade und Weinmuseen.

Landeskunde und Unterhaltsames bei Theiss

Lieber Fiskus

Nicht nur heitere Betrachtungen eines Steuerzahlers. Von Karl Napf. Mit einem Vorwort von Manfred Rommel. 160 Seiten mit 10 Zeichnungen von Mechtild Schöllkopf-Horlacher.
Kurioses und Lustiges, Ärgerliches und Brisantes aus der Steuerszene. Ein neues Meisterwerk des bekannten Autors.

Der neue Schwabenspiegel

Von Karl Napf. 208 Seiten mit 14 Zeichnungen von Mechtild Schöllkopf-Horlacher.
Nicht ganz ernst gemeinte Betrachtungen über schwäbische Leut' von heut', z.B. »Die Kehrwöchnerin«, »Der Daimlerarbeiter«, »Der Häuslebauer«, »Der Tüftler« und viele mehr.

Der Schwabe als solcher

Von Karl Napf. Eine heitere Charakterkunde. 158 Seiten mit 14 Zeichnungen von Mechtild Schöllkopf-Horlacher.
Karl Napf gelingt es wieder einmal auf unnachahmliche Weise, die Facetten schwäbischer Wesensart zu beleuchten. So wird der Schwabe mit Scherz, Satire und Ironie, aber nicht ohne Bewunderung geschildert.

Die Hochzeit in Steinhausen

und andere heitere Geschichten aus Schwaben. Von Wolfgang Brenneisen. 160 Seiten.
Brillant erzählte, heiter-ironische Geschichten über das Land und seine Leute: Überall im Ländle gibt es unverwechselbare, farbige Charaktere, und immer geschieht etwas Interessantes, Lustiges oder Unglaubliches.

Das entführte Kamel und andere Geschichten aus Baden und Württemberg

Hrsg. von Friedrich A. Schiler. 320 Seiten.
Eine Auswahl der schönsten literarischen Zeugnisse aus Baden und Württemberg. Sowohl Klassiker wie Goethe und Schiller sind in diesem Band vertreten als auch Autoren der Gegenwart wie Martin Walser und Peter Härtling. Die 62 Geschichten und Gedichte aus sechs Jahrhunderten garantieren Lesevergnügen von der ersten bis zur letzten Seite.

Spätzle, Trümmer und Amore

Eine nicht ganz alltägliche Lebensgeschichte. Von Hilde Rota. 200 Seiten.
Die glücklichen Jahre der Kindheit, die dramatischen Erlebnisse während der Kriegsjahre und ihre unbeschwerte Zeit nach 1945 in Italien – all dies beschreibt die Autorin in ihrer Autobiographie sehr lebensnah und fängt auf eindrucksvolle Weise die Atmosphäre jener Zeit ein.

Pferdle & Äffle I
Viecher send au blos Menscha
Pferdle & Äffle II
Lieber gschwätzt wie gar nix gsagt

Von Armin Lang. Jeweils 84 Seiten mit 40 farbigen und zahlreichen Schwarzweiß-Abbildungen. Szenen, Gags und Sprüche des tierisch guten Schwaben-Duos. Für alle Fans, denen die schwäbischen Werbe-Viecher ans Herz gewachsen sind.

Sauglatt

Satire in Schwaben. Hrsg. von Thomas Vogel. 112 Seiten mit 27 Fotos und 30 Zeichnungen von Sepp Buchegger.
Das erste Buch über Satire in Schwaben!
Mit Beiträgen von Uli Keuler, der kleinen Tierschau, Wolle Kriwanek, Christoph Sonntag, Grachmusikoff, The Shy Guys u. v. a.

Gottfried Fingerles schwäbische Lebensfilosofie

Von Fritz Peter Seitz. Mit Zeichnungen von Sepp Buchegger. Hrsg. von Thomas Vogel. 77 Seiten mit 12 Zeichnungen.
Humorvolle Mundartglossen über Menschliches und Allzumenschliches. Aus der Rundfunksendung »Schwäbische Stunde«.

Kleine Geschichte(n) von Baden-Württemberg

Verbürgtes, Überliefertes und Erfundenes von der Früh- bis zur Spätzeit. Von Traugott Haberschlacht. 238 Seiten mit 16 Zeichnungen.
39 historische Purzelbäume zum Schmunzeln und Nachdenken.

Droben stehet die Kapelle …

Ausflüge in die Vergangenheit Schwabens. Von Gunter Haug. 190 Seiten mit 15 Zeichnungen.
Erlebte Geschichte auf fünfzig Ausflügen zu schwäbischen Sehenswürdigkeiten, Museen, Gedenkstätten und Naturdenkmalen.

Badener und Württemberger

Zwei ungleiche Brüder. Von Klaus Koziol. 200 Seiten.
Die Auswirkungen der jahrhundertelangen Eigenstaatlichkeit von Baden und (Alt-) Württemberg im heutigen sozialen, gesellschaftlichen, kulturellen und politischen Leben.

Als Baden noch in Schwaben lag …

Sagen in Baden-Württemberg und ihre historischen Hintergründe. Von Ulrich Maier. 227 Seiten mit 8 historischen Abbildungen.
Der Autor spürt dem historischen Kern bekannter und weniger bekannter Sagen aus Baden-Württemberg nach. Dabei erweisen sich Geschichten von Geistern, Zwergen und Riesen als faszinierende Zeugnisse und wertvolle Quellen südwestdeutscher Geschichte.

Vom Mummelsee zur Weibertreu

Die schönsten Sagen aus Baden-Württemberg. Von Manfred Wetzel. 420 Seiten mit 30 Zeichnungen.
Die 200 schönsten Sagen aus allen Landschaften des Landes, neu erzählt und reizvoll illustriert.

Schneiderfleck und Apfelspatzen

Die beliebtesten »süßen« Rezepte aus UAwg. Von Wolfgang Walker. 140 Seiten mit einigen Illustrationen.
Bewährtes aus Großmutters Küche, Einfaches und aus der Kindheit Wohlbekanntes: gesucht und gefunden in der SDR-Sendung »UAwg«. Über 70 Rezepte für Kuchen, Torten, Süßspeisen und viele andere Köstlichkeiten.